Obra literaria reunida

Letras Hispánicas

Luis Buñuel

Obra literaria reunida

Edición de Jordi Xifra

CÁTEDRA

LETRAS HISPÁNICAS

1.ª edición, 2022

Ilustración de cubierta: Xavier Urrios Henares

PAPEL DE FIBRA
CERTIFICADO

Juan Ignacio Luca de Tena, 15. 28027 Madrid
Depósito legal: M. 33.500-2021
ISBN: 978-84-376-4380-9
Printed in Spain

Índice

Introducción

Si tu suis mes ordonnances, ma poésie te recevra à bras ouverts, comme quand un pou resèque, avec ses baisers, la racine d'un cheveu.

LAUTRÉAMONT, *Les Chants de Maldoror*

Federico García Lorca y Luis Buñuel
en la Residencia de Estudiantes.

ESBOZO DE UNA POÉTICA

En abril de 1846, desde su finca familiar en Croisset, Gustave Flaubert preguntó a su amigo Maxime du Camp:

> ¿Sabes que sería buena idea la de un valiente que, hasta los cincuenta años, no publicase nada, y un buen día, de golpe, presentara sus obras completas y no añadiera más? Por desgracia [...] me pregunto si no sería más inteligente que quedarse en París a hacer carrera, sin antesalas para que te acepten, sin pleitos con los editores, sin saludos a los señores críticos, sin pagos para que escriban tu biografía entre los grandes hombres contemporáneos. Un artista que fuese verdaderamente artista y solo para sí mismo, sin ninguna preocupación[1].

Esto —o poco más o menos— le ocurrió al escritor protagonista de este libro, que bien hubiese podido suscribir las palabras del autor de *La tentación de San Antonio*. La razón es que, si ante los ojos de los historiadores del cine, Luis Buñuel es el máximo representante del surrealismo[2]

---

[1] Gustave Flaubert, *L'Homme-plume*, París, Éditions Mille et une nuits, 2001, pág. 10. La traducción es nuestra.

[2] Hemos optado por el vocablo *surrealismo* en lugar del más indicado en español *superrealismo*, porque Buñuel fue un surrealista, es decir, un miembro y representante del movimiento francés, y no del hispánico, aunque escribió sus textos literarios mayoritariamente en español. Esto es lo que hace su singularidad no solo como cineasta, sino como literato.

cinematográfico y uno de los directores más reputados, ante los de la literatura es más bien poca —muy poca— cosa. Si en el terreno fílmico es conocido como Don Luis, en el filológico es —o ha sido durante largo tiempo— un don nadie. De resultas, ¿son sus logros literarios parangonables con las impresionantes cotas de excelencia conseguidas en el ámbito fílmico? La respuesta es afirmativa, pero es igual de cierto que la orfebrería creativa de sus producciones fílmicas está más curtida que la de sus versos[3]. Ahora, hay que reparar en que, a diferencia de su labor cinematográfica, donde no tuvo equivalente en el uso poético de la cámara, en la literaria se movió en un tiempo y en un espacio en el que la calidad de las composiciones de sus moradores alcanzó una densidad cualitativa sin par en la historia de las letras, por lo que no pudo despuntar como lo hizo en el séptimo arte. Si a esto le añadimos el efecto eclipsante de su cine para con sus textos literarios, la depreciación de estos a los ojos del filólogo aumenta[4].

---

[3] Para Monegal, la práctica literaria de Buñuel «representa más bien un estadio de experimentación, reflejada en su variedad estilística y temática», lo que la minusvalora cualitativamente respecto de la de su compañero Salvador Dalí, cuya literatura «puede entenderse como una demostración de los mismos principios que aplica a la pintura» (1993, pág. 50). Esta oposición no tiene mucha razón de ser. Y no solo porque Dalí pintó desde muy joven y Buñuel, por razones obvias, no podía rodar a esa misma edad, sino porque Buñuel también estaba experimentando cuando realizó sus dos primeras películas, *Un perro andaluz* y *La edad de oro,* cuya fuerza poemática no tiene parangón en la historia de la producción audiovisual. Ello no empece para que la expresión lírica de nuestro protagonista encontrase en la cámara cinematográfica un medio más eficaz para alcanzar sus fines.

[4] Pocos asertos sobre Luis Buñuel han sido tan lúcidos como el siguiente de Sánchez Vidal: «El peor enemigo del Buñuel escritor es, sin duda, el Buñuel cineasta» (Luis Buñuel, *Obra literaria,* introducción y notas de Agustín Sánchez Vidal, Zaragoza, Edición de Heraldo de Aragón, 1982, pág. 13 [la edición fue de Joaquín Aranda]). Monegal es menos entusiasta y, luego de destacar la reducida extensión de su obra literaria, apunta a

Aclarado lo anterior, lo que no puede ponerse en duda es su primigenia vocación lírica[5], cuyos frutos podemos presentar hoy merced al interés y esfuerzo que en su día realizó Agustín Sánchez Vidal[6], el más conspicuo de los estudiosos

---

la inestabilidad de su calidad, para añadir: «El valor intrínseco de algunos de los textos puede ser discutible; tal vez no mereciera nuestra atención, más allá de la mera arqueología, de no haber alcanzado su autor relevancia en otro terreno» (1993, pág. 13). Y los hermanos Pérez Merinero se encargan de puntualizar que los poemas recogidos en su antología son un buen ejemplo de su labor literaria, «muy inferior —bueno, y qué— [sic] a su actividad como director de películas» (1974, pág. 21). Más ecuánime se muestra Millán: «El tono poético empleado por Luis Buñuel en sus creaciones literarias [...] coincide en muchos aspectos con el que hacia 1929 aparecerá en los poetas del 27, como Aleixandre, Alberti y García Lorca (en menor grado Cernuda), así como en otros poetas de la vanguardia, como [...] José María Hinojosa, en su obra *La flor de California,* de 1927, o Juan Larrea, en sus prosas poéticas, tituladas *Diente por diente.* [...] Estos poemas de Luis Buñuel no presentan una calidad comparable a la de su excelente obra cinematográfica. Sin embargo, tienen un gran valor por significar el anticipo de un clima poético, que tendrá su máxima expresión en los poetas del 27 antes mencionados, y en obras escritas alrededor de 1929, como *Pasión de la tierra* de Aleixandre, *Sermones y moradas* de Alberti, *Un río, un amor* de Cernuda, y *Poeta en Nueva York* de García Lorca» (2014, pág. 239). En resumidas cuentas, no se trata de contraponer al poeta con el cineasta. Al revés, ambos son dos caras de una misma moneda, la de uno de los máximos representantes del surrealismo nacidos en España, que se encontró mucho más cómodo componiendo con una cámara que con una estilográfica, pero que, cuando escribió, su coherencia con el credo que en aquel momento seguía, fue ejemplar.

[5] Buñuel llegó a afirmar: «De verdad, soy un escritor fracasado» (Aub, 2020, pág. 509).

[6] En lo que sigue, la deuda con Sánchez Vidal y Antonio Monegal es cuantiosa. Sus trabajos —filológico y semiológico, respectivamente— se han convertido en próvidas guías en este campo, lamentablemente poco seguidas a pesar de que han sobresalido nuevas investigaciones, todas referenciadas en el aparato bibliográfico. También algunos consolidados especialistas en las literaturas de vanguardia —C. B. Morris (quien sitúa a Buñuel nada más y nada menos que al lado de James Joyce entre los innovadores literarios [2000, págs. 50-51]), Juan Manuel Bonet, Juan Cano Ballesta, Francisco Javier Díez de Revenga, Juan Manuel Díaz de Guereñu, Jorge Urrutia, María Clementa Millán o Darío Villanueva, por

de los mundos buñuelianos[7], para dar a conocer y poner en valor la obra literaria de Luis Buñuel cuando a este le quedaba apenas un año de vida[8]. Un corpus en el que no es fácil sumergirse sin abstraerse de su trabajo fílmico. Mas el error sería considerar este factor una limitación a su estudio. Al contrario, su cine nos permite con frecuencia dilucidar, juzgar mejor o complementar algunos extremos de su lírica y justipreciar al poeta, prosista, dramaturgo y ensayista que fue antes de devenir cineasta. Y viceversa, pues, como se ha dicho de su poesía:

> [...] el análisis, conocimiento y divulgación de estos poemas resulta fundamental para completar el panorama de las vanguardias poéticas en España y que se presentan, además, como la prehistoria de un gran artista y son en extre-

---

citar los principales— se han aproximado —tibiamente— a la obra literaria de Buñuel. En el extranjero, los artículos de Gayle Roof son prácticamente los únicos que uno puede hallar. Pese a todas estas contribuciones, todavía cuesta otorgarle el estatuto literario que merece.

[7] A quien Buñuel le confesó: «Hoy yo puedo tener alguna importancia como cineasta, pero hubiera dado todo gustoso a cambio de ser escritor. Es lo que me hubiera gustado ser» (Sánchez Vidal, 1988, pág. 95).

[8] La producción literaria de Buñuel fue recopilada, bajo la supervisión del propio cineasta, por este catedrático de la Universidad de Zaragoza en la ya citada *Obra Literaria* (Zaragoza, Ediciones de Heraldo de Aragón, 1982, y que en adelante será abreviada *OL* cuando nos refiramos a los textos compilados, y *SV* cuando hagamos lo propio con el análisis de Sánchez Vidal en tal compilación), para posteriormente ser recuperada en edición de Manuel López Villegas, *Escritos de Luis Buñuel,* Madrid, Páginas de Espuma, 2000 (en adelante *ELB).* Antes de la publicación de la edición del Heraldo de Aragón, José Francisco Aranda, en su texto sobre el surrealismo español (1981), examinó brevemente la obra poética de Buñuel.

La legitimidad del estudio de Sánchez Vidal fue avalada por el propio Buñuel cuando el 7 de febrero de 1983, quince días antes de su muerte (estando ya muy enfermo), Jeanne Rucar, su esposa, escribió una carta al profesor en la que le dice que Buñuel considera «magistral» su introducción a *OL* (Buñuel, 2018, págs. 766-767).

> mo relevantes para comprender sus filmes, ya que lo que el director de cine plantea en imágenes lo dejó antes puesto por escrito[9].

Presumiblemente, serán numerosos los lectores que, en las páginas que siguen, descubrirán la existencia de unas letras buñuelianas vertebradas por un impar poeta vanguardista —en su doble acepción, estética y política— y un extraordinario analista cinematográfico. Intentaremos acercarlos a esta figura que, ensombrecida por su carrera audiovisual, no ha sido santo de la devoción de las antologías o estudios sobre la vanguardia literaria en España. Por fortuna, la tendencia parece torcerse[10].

Merece la pena cederle a él la palabra para que nos explique la historia de su mocedad, ahorrándonos más explicaciones[11]:

> Nací el 22 de febrero de 1900, en Calanda, un pueblo de la provincia de Teruel, España.
>
> Mi padre había pasado la mayor parte de su vida en América, donde, como mayorista, consiguió amasar casi una fortuna. Cuando andaba muy cerca de los cuarenta años decidió volver a su pueblo natal, Calanda, donde se casó con mi madre, quien apenas tenía entonces los diecisiete. Yo fui el primero de los siete hijos de este matrimonio, los cuales viven ahora en España.

---

[9] González Ángel, 2018, pág. 281.

[10] En la Bibliografía relacionamos las principales antologías que recogen sus prosas, poemas y/o ensayos.

[11] Este *curriculum vitae,* que lleva por título «Autobiography of Luis Buñuel», fue redactado en julio 1939, a petición de Iris Barry (fundadora de la Film Library del MoMA y protectora de Buñuel durante su exilio en Estados Unidos y México), cuando buscaba empleo en el American Film Center de la Universidad de Columbia (Nueva York), institución orientada a la producción de documentales educativos para adultos. El texto completo fue incluido en *ELB,* cuya traducción, de Manuel López Villegas, hemos utilizado, actualizando, llegado el caso, la ortografía y la puntuación.

Mi infancia se deslizó en una atmósfera casi medieval (como en casi todas las provincias españolas) entre mi pueblo natal y Zaragoza. Considero necesario decir aquí (ya que esto explica en parte la dirección del modesto trabajo que he llevado a cabo más tarde) que los dos sentimientos básicos de mi niñez, que permanecieron en mí hasta la adolescencia, son el de un profundo erotismo, al principio sublimado por una enorme fe religiosa, y una permanente conciencia de la muerte. Sería demasiado largo analizar aquí las razones. Baste decir que yo no era una excepción entre mis compatriotas, ya que esta es una característica muy española, y nuestro arte, exponente del espíritu español, estaba impregnado de esos dos sentimientos. La última guerra civil, peculiar y feroz como ninguna otra, lo explicó muy claramente.

Mis ocho años de estudiante con los jesuitas solo aumentaron estos sentimientos en lugar de disminuirlos. Hasta que obtuve el título de bachiller a los dieciséis años, se puede decir que no formé parte de la sociedad moderna. Fui a Madrid a estudiar. El cambio de la provincia a la capital fue tan asombroso para mí como hubiera sido para un cruzado que se encontrase de repente en la Quinta Avenida de Nueva York.

Cuando obtuve el grado de bachiller mi padre me preguntó qué quería estudiar. Yo tenía dos aficiones principales: una, la música (había realizado varios cursos de violín), y la otra, las ciencias naturales. Le pedí a mi padre que me permitiera ir a París a matricularme en la Schola Cantorum[12] y continuar los estudios de composición. Él se negó, arguyendo que en la profesión de artista uno tenía más posibilidades de morir de hambre que de prosperar. Esta era la actitud de cualquier padre español (y quizá la de un padre de cualquier otra nacionalidad). Halagando mi otra afición, me instó a ir a Madrid para estudiar la carrera de Ingeniero Agrónomo.

Por tal motivo, en 1917, me hallé instalado en Madrid en la Residencia de Estudiantes, que es realmente la única

---

[12] La Schola Cantorum es una escuela francesa de música, fundada en París en 1896 con el fin de difundir y engrandecer la música religiosa.

institución moderna de pedagogía en España; inspirada y creada, a imitación de las universidades inglesas, por la Institución Libre de Enseñanza[13].

Una cosa curiosa es que en España las carreras de ingeniero son las más difíciles y honorables que un joven puede seguir. La cosa más aristocrática que se puede hacer en España es estudiar para ingeniero o diplomático. Los únicos jóvenes que tenían acceso a estas carreras eran los que, además de tener la necesaria inteligencia y aplicación, tenían dinero suficiente, ya que su coste era excesivo para el modesto modo de vida español.

En Ingeniería Agrónoma existía la absurda situación de que, aunque era esencialmente una carrera de ciencias naturales, era necesario estudiar matemáticas durante varios años. Y si mis inclinaciones me llevaban al estudio de la naturaleza, no me sentía de ninguna manera inclinado a resolver ecuaciones de grado «n». Sin embargo, estudié matemáticas durante tres años. Con ello consiguieron hacerme odiar mis estudios[14].

Determinado a seguir mi propio camino y sin el permiso de mi padre, me matriculé en 1920 como alumno del conocido entomólogo español Dr. Bolívar, director del Museo de Historia Natural de Madrid[15]. Este año y el siguiente me dediqué al estudio de los insectos[16] que, en lo que a mi

---

[13] La Institución Libre de Enseñanza, inspirada por Francisco Giner de los Ríos, fue un proyecto pedagógico que se desarrolló durante más de medio siglo y que revolucionó la pedagogía española entre finales del siglo XIX y principios del XX.

[14] Un odio que Buñuel canalizó en sus escritos, donde recurrió a las matemáticas como figura expresiva, con toda probabilidad como mecanismo para denunciar su lógica, tal cual preconizaba el poeta francoalemán Yvan Goll, con el que, según se mostrará, tiene muchos puntos en común. Aun así, en sus ensayos sobre el cine, recurrió a axiomas con finalidad didáctica.

[15] En 1920 cambia de carrera y empieza a estudiar Ciencias Naturales.

Ignacio Bolívar y Urrutia (1850-1944) fue un naturalista y entomólogo español, investigador e impulsor del desarrollo de la biología en nuestro país.

[16] Si hay un dato que tanto su obra literaria como la cinematográfica corroboran, es que Buñuel era desde niño un gran aficionado a

futuro económico se refería, era mucho menos lucrativo que si hubiese estudiado música en la Schola Cantorum.

Trabajé con interés durante un año, aunque pronto llegué a la conclusión de que estaba más interesado en la vida y literatura de los insectos[17] que en su anatomía, fisiología y clasificación.

Durante aquel tiempo entablé una estrecha amistad, en la Residencia de Estudiantes, con un grupo de jóvenes artistas que iban a influir fuertemente en la búsqueda de mi camino. Algunos de ellos se han hecho famosos, como el poeta Federico García Lorca, el pintor Salvador Dalí, Moreno Villa, poeta y crítico, etc. Empecé a colaborar en publicaciones literarias de vanguardia, publicando algunos poemas y prefiriendo charlar con mis amigos en el café antes que sentarme ante el microscopio en el Museo de Historia Natural.

Mis nuevas inclinaciones literarias me hicieron comprender que mi meta era el arte y las letras, antes que las ciencias naturales. Así que cambié mi carrera y comencé a estudiar Filosofía y Letras[18] en la Universidad de Madrid, y me gradué en 1924.

No puedo decir que fuera un buen estudiante. Alternaba entre las interminables charlas de nuestro grupo de amigos y la escritura de poemas y los deportes. En 1921 llegué a ser campeón de boxeo *amateur* de España, porque, como dice el refrán, «En la tierra de los ciegos el tuerto es el rey».

---

la entomología y a la zoología en general. Él mismo lo afirmó: «Lo que más me ha gustado, me sigue gustando, y me continúa pareciendo un misterio extraordinario, son los insectos» (Aub, 2020, pág. 527). Además de con Bolívar, también colaboró con Santiago Ramón y Cajal.

[17] Se refiere al libro *Souvenirs Entomologiques. Études sur l'instinct et les mœurs des insectes* (1879-1909) del famoso entomólogo Jean-Henri Fabre, que tuvo una gran influencia en su obra posterior, como iremos poniendo de manifiesto.

[18] En abril de 1921, Buñuel, que no sabe muy bien lo que quiere, se matricula en la Escuela Central de Ingenieros Industriales, para luego pasar a Filosofía y Letras (Sección de Historia), parece ser que por consejo del cervantista Américo Castro.

Una vez acabada la carrera me encontré en una difícil situación. Mi única salida era intentar conseguir una plaza de profesor en un instituto o universidad, una profesión por la que yo no sentía vocación. Como tenía 24 años me di cuenta de que debía pensar seriamente en situarme, pero sin embargo, me sentía más indeciso y perplejo que nunca. Este es un defecto muy común entre los españoles. En lugar de formarse un joven de acuerdo con sus gustos y aptitudes, debe seguir el camino marcado por sus padres. El estudiante, una vez salido del seno familiar y sintiéndose independiente, se siente más atraído por vivir la vida que por estudiar. La Universidad española hacía muy poco, debe admitirse, para atraer a los estudiantes o inspirar afecto.

Mi nerviosismo e incertidumbre desaparecieron inmediatamente cuando mi madre me dio permiso para ir a París. Mi padre había muerto el año anterior.

En 1925 llegué a París sin tener ni idea de lo que iba a ser de mí. Quería hacer algo —trabajar, ganarme la vida— pero no sabía cómo. Continúe escribiendo poemas, pero me parecía más bien un lujo de «señorito». Entonces, como ahora, yo estaba en contra del lujo y de los señoritos, a pesar de que, a causa de mi nacimiento, yo era uno de ellos [...]

Mentiríamos si excusásemos la extensión de la cita, porque ¿quién mejor que Luis Buñuel para contar su biografía hasta los años en que emprendió su carrera artística? Una andadura que se inició en la órbita de la literatura, concretamente en el movimiento ultraísta, con la publicación, en 1922, de la prosa «Una traición incalificable» en la revista *Vltra*[19]. Para entonces ya llevaba casi dos años y medio de amistad con Federico García Lorca, su iniciador y mentor en el campo poético y literario, que había ingresado en la Residencia de Estudiantes dos años después que él, en no-

[19] *Vltra,* núm. 23, 1 de febrero de 1922.

viembre de 1919[20]. Con todo, en la opción ultraísta del joven Buñuel, además de Lorca, pesó la frecuentación de la tertulia del Café de Platerías, uno de cuyos miembros fue su admirado Pedro Garfias, aun cuando quien realmente condicionó su vocación literaria fue Ramón Gómez de la Serna, instigador de las tertulias de otro madrileño café, el Pombo, al que también asistió incondicionalmente.

Si cualquier acercamiento al Buñuel escritor exige tomar muy en consideración a su principal competidor, el Buñuel cineasta, no hay que perder de vista, como hemos sugerido, que la enorme envergadura del director de cine ha hecho que una trayectoria literaria llena de interés haya sido olvidada y, cuando no, despachada sin un aparato penetrantemente crítico. Los poemas, las narraciones breves, el teatro y los ensayos sobre cine —estos dos también breves— elaborados sustancialmente entre 1922 y 1929 hubieran podido tener mejor suerte crítica, ya que algunos se publicaron en las más prestigiosas revistas de las vanguardias del momento, pese a que es igualmente cierto que muchas de sus composiciones poéticas, así como su radical obrita teatral, *Hamlet,* no salieron a la luz hasta bien entrado el último cuarto del siglo XX.

Buñuel manifestó en diferentes ocasiones que le hubiese gustado ser escritor porque estimaba que el mundo del cine, al requerir de enorme capital humano para la realización de una película, era extremadamente agobiante. Envidiaba al pintor o al literato, que pueden trabajar aislados en su casa, y añadía: «Pero no valgo para escribir. Me repito. Lo que a un escritor le cuesta dos minutos a mí me cuesta

---

20 «[...] a Federico se lo debo todo. Es decir, sin él yo no habría sabido lo que era la poesía», le confesó a Max Aub (2020, pág. 509). A pesar de esta confidencia, sus relaciones fueron convulsas y, de hecho, podemos afirmar que cuando en el texto que acabamos de reproducir considera el escribir como un lujo de *señorito,* está aludiendo a Lorca.

dos horas»[21]. Al margen de esta autocrítica, su ausencia de las antologías literarias de las vanguardias españolas —no solo del surrealismo— se justifica únicamente por el desconocimiento de sus textos o por un excluyente encasillamiento como cineasta que ha abortado el interés por los mismos. Si esto puede ser entendible con relación a su obra poética, lo es menos respecto de sus piezas ensayísticas sobre el cine, todas ellas publicadas por dos de las más prestigiosas revistas sobre literatura y arte de la época, la española *La Gaceta Literaria* y la francesa *Cahiers d'Art*.

La ulterior carrera fílmica de Buñuel exploró las posibilidades poemáticas de un medio novel. Los versos de su poesía, analizados hoy a la a menudo cegadora luz del cine, dejan entrever muchas de las ideas e imágenes que alumbran sus películas, conforme atestiguan, con pasmosa coherencia a pesar del casi medio siglo que separa unas de otras, *Un perro andaluz, La edad de oro, Los olvidados, Subida al cielo, El ángel exterminador, Tristana* o *El fantasma de la libertad*. Una lírica cuyos elementos configurantes se gestaron en el lenguaje escrito del que el siguiente retrato sumario nos sirve como punto de partida de este periplo introductorio:

> Cuando uno se asoma al interior de su poesía solo puede percibir imágenes, metáforas, menos palabras más acción. Una poesía llena de sustantivos, verbos y pocos adjetivos[22], una poesía que deja atrás las fórmulas tradicionales

[21] Eso le aclaró a Sánchez Vidal en 1980 *(SV,* pág. 18). Rafael Alberti había ya subrayado dicha dificultad: «Sé que a él le costaba un gran trabajo escribir y sufría muchísimo [...] Lo contaban en broma Federico [García Lorca] y los demás. Luis Buñuel escribiendo sus cosas literarias con un gran dolor, un gran esfuerzo. Hasta que insensiblemente [sic] él fue poco a poco descubriendo su verdadero camino» (Aub, 2020, pág. 510).

[22] En este sentido, hay que recordar la afirmación de Fernández Prat: «Si hay un punto de coincidencia en relación a las categorías léxicas y

> de expresión lírica en consonancia a una voz propia, que si gustamos bandea el creacionismo, ultraísmo y quizás el surrealismo incipiente del cual es una de sus cumbres. Poesía plena de efectos visuales, metáforas chocantes e ilógicas, sin rima, que evita descripciones pero produce contundentes visiones[23].

Pese a su corto recorrido, la literatura de Luis Buñuel se distinguió por un «hermético y cenagoso magma subliminal»[24] fecundado por un pronunciado anarquismo semántico, que nos traslada a los laberintos de lo imaginario y de los arcanos del sueño por diferentes sendas donde acaban imponiéndose las del deseo, la religión y la muerte. Su mundo poético, narrativo, dramatúrgico y ensayístico está impregnado todo él de una savia onírica, y a menudo espectral, que fluye bajo una límpida y fresca atmósfera lírica, para generar así un corpus tan convulso, virulento[25] y oscuro[26]

---

gramaticales entre las más diversas posturas programáticas vanguardistas, este es, sin duda, el de la eliminación, o cuando menos atenuación, del uso del adjetivo» («Lengua, gramática y expresión de la vanguardia», en Javier Pérez Bazo [ed.], *La vanguardia en España. Arte y literatura,* Toulouse, Cric & Ophrys, 1998, pág. 63).

23 Cabezón, 2015, págs. 6-7.

24 Agustín Sánchez Vidal, *Buñuel, Lorca, Dalí: el enigma sin fin,* Barcelona, Planeta, 1988, pág. 112. En adelante, esta referencia la abreviaremos *BLD*.

25 Luis García Jambrina sostuvo que, en la literatura de Buñuel, a diferencia de sus compañeros de la generación del 27, «hay una mayor virulencia en el uso de las imágenes y una explícita renuncia a embellecerlas, por lo que siempre tienden a ser bastante bruscas en su desnudez. Solo Lorca en *Poeta en Nueva York* sería capaz de reunir idéntica capacidad crítica y subversiva» («Cine y literatura en la generación del 27», material inédito citado por José Manuel López de Aviada, «Cambio estético y compromiso político en Buñuel (1929-1933): *Un perro andaluz* y *Las Hurdes. Tierra sin pan*», *Pensamiento y Cultura,* núm. 7, 2004, págs. 126-127).

26 «La oscuridad no es un mundo entre muchos en la poesía moderna: es inherente a ella» (John E. Jackson, *La poésie et son autre. Essai sur la modernité,* París, José Corti, 1998, pág. 11). La traducción es nuestra.

como libre. En Luis Buñuel, como en Gérard de Nerval, las virgilianas puertas de cuerno y marfil que separan la realidad del sueño, en vez de cerrarse detrás del durmiente para proteger su reposo, siguen batiendo y no bloquean por completo la luz del día, hasta el punto de que el sueño y la realidad se confunden en su mente[27].

El bastidor intelectual de esta lírica fue un contexto europeo de ebullición cultural y literaria del que devino protagonista cinematográfico y a partir del cual evolucionó en consecuencia, pasando de la escritura greguerística al surrealismo más radical en menos de un quinquenio. Su itinerario como escritor es, de esta suerte, un reflejo sinóptico, pero muy revelador, de las cualidades funcionales —y disfuncionales— de las vanguardias española y francesa en la década de 1920, sin perder por ello un impar valor idiosincrásico fundamentado en un sólido e inalterable molde poético.

Del ramonismo al surrealismo

La cuestión del perfil de las vanguardias artísticas españolas de principios del siglo XX es, a diferencia de otros países, resbaladiza y no siempre hay acuerdo entre especialistas y académicos. No es en este espacio donde hay que tratarla, pero no podemos ignorar, en una aproximación como la que nos ocupa, el vínculo que tuvo el futuro cineasta con las emergentes corrientes vanguardistas de nuestro país[28]. La lírica de Buñuel empezó a transitar *con* —más

[27] Nerval inicia su *Aurelia* (1855) con las siguientes palabras: «El sueño es una segunda vida. No he podido traspasar sin estremecerme esas puertas de marfil o de cuerno que nos separan del mundo invisible». La traducción es nuestra.

[28] El ultraísmo, pongamos por caso, más que un movimiento, fue «un fermento y un catalizador de inquietudes» en un momento en que se

que *por*— el creacionismo hasta llegar al surrealismo después de cruzar el ultraísmo. El signo vanguardista correspondiente al lugar donde se encontraba identifica su trazabilidad, participando, más o menos directamente, de todos estos ismos a través de la escritura para devenir a continuación el adalid del surrealismo cinematográfico. O sea:

> Buñuel presta una mantenida atención y fidelidad a Ramón Gómez de la Serna, lo más parecido que había en España al vanguardismo, para picotear fugazmente en lo menos caduco del ultraísmo, pasar, esquivándolos limpiamente, por encima de neopopularismos, neogongorismos y casticismos de toda laya y se sitúa en primera línea del surrealismo hasta reconducir la situación en favor de este movimiento, del que aparece como gran valedor y catalizador en relación con el grupo de La Residencia de Estudiantes[29].

La relación de Buñuel con el creacionismo es «brumosa», ya que la existencia de esta corriente también lo fue[30].

---

materializan las distintas formas de superar el modernismo (Germán Gullón, «Ultraísmo, creacionismo y surrealismo», en *Poesía de la vanguardia española [Antología],* Madrid, Taurus, 1981, pág. 23).

[29] *SV,* pág. 15; quien más adelante explica: «Mientras los antiguos compañeros de la Residencia andan ocupados con un Góngora que Buñuel no duda en calificar, provocativamente, como "la bestia más inmunda que ha parido madre" [carta a Pepín Bello de 17 de febrero de 1929], él se adentraba de lleno en el surrealismo y quemaba etapas rápidamente, rechazando el magisterio de Ortega y Juan Ramón Jiménez» *(SV,* pág. 25). Hay que hacer notar que Buñuel había participado en el acto en honor a Góngora que se organizó en Madrid por miembros de la generación del 27, tal como testimonió Gerardo Diego (M.ª del Carmen Molina Barea, «Góngora: atracción y aversión de la vanguardia española», *Anuario del Departamento de Historia y Teoría del Arte,* vol. 26, 2014, págs. 108-109).

[30] Esta precisión la hace Díaz de Guereñu (2000, pág. 127). En cambio, otros investigadores van en disímil dirección: «Fue [el creacionismo] algo sólido y duradero [...] Fue un movimiento que contribuyera acaso

No es que la meteorología de la geografía ultraísta indicase cielos despejados, pero al menos contaba con la visibilidad suficiente para esbozar una silueta de movimiento vanguardista, lejos, eso sí, de otros que lo precedieron y sucedieron allende nuestras fronteras. Por lo cual, si la niebla empezó a escampar con la llegada del ultraísmo, no desapareció hasta que Buñuel salió del territorio hispano y se trasladó al más sereno de los entornos, el parisino, donde el soleado surrealismo empezaba a brillar con descomunal fuerza. Ello no obsta para que fuese el propio aragonés quien, en un «Noticiario» de los publicados en *La Gaceta Literaria* que se le atribuye[31], subrayase la complexión cinematográfica del creacionismo:

> De todos los poetas, ¿no es el creacionista el que se halla más cerca de lo fotogénico, el de poesía más cinegráfica?[32]. Sus versos actúan por grandes planos como el cine. Cójase si no un poema, pónganse números de orden delante de cada verso y lo habremos transformado en *scénario*[33].

---

más que el ultraísmo a la generación del 27» (Robert Gurney, «El creacionismo de Juan Larrea», en José Luis Bernal [ed.], *Gerardo Diego y la vanguardia hispánica,* Cáceres, Universidad de Extremadura, 1993, pág. 131).

31 *SV,* pág. 65. No nos cabe la menor duda de que fue redactado por Buñuel, tanto por el registro, el tono y el vocabulario como por el uso de las fuentes de información.

32 Este adjetivo, que significa 'cinematográfico', es un galicismo que hemos mantenido en algún momento de este estudio preliminar por estar enraizado en la época en que se gestó la lírica escrita y audiovisual de Buñuel, quien lo utilizó regularmente en razón de que ya realizaba labores de ayudante de dirección en la industria del cine francés.

33 Antes de ahondar en el supuesto creacionismo de Buñuel, es conveniente prevenir que cuando habla de *scénario* se refiere, como veremos más adelante, al guion técnico de la película, el que indica los planos, movimientos de cámara y otros elementos de la gramática audiovisual, y que contrasta con el guion literario, que lo forjan los diálogos del film.

Ultraísmo y creacionismo fueron dos vías compatibles para practicar la modernidad literaria del momento: respectivamente, uno lo hizo más visceral y abiertamente, mientras que el otro mostraba preocupaciones más formales. Si, bajo la exigencia de una nueva sensibilidad, los ultraístas hicieron circular un aire de libertad, los creacionistas, aspirando a elaborar una estética coherente, produjeron una verdadera doctrina de la metáfora y de la ruptura lógica, inspirada en el cubismo, que prefiguraba la que, con intransigencia intelectual, tutelaría André Breton[34]. De ahí que las primeras creaciones textuales de Buñuel encajen mejor en el ultraísmo, por mucho que tal empeño no es ni por asomo cómodo, según se observa en las escasísimas exégesis sobre sus vínculos con ambas tendencias o intencionalidades vanguardistas realizadas por irrefutables expertos en la materia, como Juan Manuel Díaz de Guereñu (creacionismo) y Juan Manuel Bonet (ultraísmo)[35].

Díaz de Guereñu —que en el título de su ensayo aclara que se mueve en el terreno de la conjetura— apunta algunas coincidencias entre la poesía de Buñuel y la de Juan Larrea por mediación del poema del primero «No me parece ni bien ni mal», que se enmarca plenamente en su etapa de experimentación con la escritura surrealista[36]. De su

---

[34] Serge Salaün, «Présentation», en Serge Salaün (dir.), *Les avant-gardes poétiques espagnoles. Pratiques textuelles,* París, Presses de la Sorbonne Nouvelle, 1995, págs. 7-16.

[35] Díaz de Guereñu (2000) y Bonet (2000). Ambas son aportaciones estimables que, desgraciadamente, no abrieron el camino del examen en profundidad de las imbricaciones discursivas, formales, temáticas y pragmáticas entre estas dos corrientes literarias y la poética de Buñuel.

[36] Hablaremos más adelante sobre algunas de las analogías entre Larrea y Buñuel, que no son de extrañar atendiendo a la estimación que este tenía por el bilbaíno. En una carta dirigida a Pepín Bello, de 14 de septiembre de 1928, Buñuel es contundente respecto a sus preferencias líricas, focalizadas en los autores creacionistas: «Nuestros poetas exquisitos, de élite, auténticamente antipopulacheros son: Larrea, el primero; Garfias (lástima de su limitación y escasez de imaginación, sus funciones se-

parte, Bonet[37] aporta algunas pinceladas sobre la composición poética más significativamente ultraísta, «Teorema»[38], sin olvidar otras, como «Diluvio», donde «las imágenes buñuelescas siguen siendo deudoras de los modos del Ultra»[39], para a renglón seguido apostillar que el anarquismo inicial[40] de Buñuel debe relacionarse con su paso por el ultraísmo, tal como declaró en su día el propio autor. Comoquiera que sea, la verdad es que los estudiosos de las vanguardias españolas, seguramente sobrepasados por la labor cinematográfica del personaje, lo consideran un poeta residual, que escribió sus textos en un periodo de transición que su posterior carrera en el cine enterró definitivamente. Resulta como si otorgarle un lugar destacado entre los actores literarios de la vanguardia demandase un esfuerzo intelectual que no va con el filólogo, pues ese puesto ya lo tiene en el cine; como si el reconocimiento cinematográfico y el literario fueran excluyentes[41]. Esa ha sido su maldición; su pasaporte para engrosar, si la hay, la lista de poetas malditos de la generación del 27.

---

rían divinas si solo tuviera la mitad de fantasía de Federico); Huidobro; a veces el histrión de Gerardo Diego».

[37] Bonet no incluye a Buñuel en su selección de la lírica ultraísta española, *Las cosas se han roto. Antología de la poesía ultraísta,* Sevilla, Fundación José Manuel Lara, 2012.

[38] Opinión que comparte con Sánchez Vidal y Monegal. A pesar de este rasgo, en «Teorema» ya se atisba su talento surrealista (se estima que fue compuesto en París, el año de su desembarco en la capital gala, 1925), constituyendo un punto de inflexión respecto de su obra literaria anterior.

[39] Bonet, 2000, pág. 101.

[40] Sánchez Vidal le tilda de «anarquista ultraísta» *(SV,* pág. 18).

[41] En realidad, él mismo intuía que sería valorado como escritor en función de su carrera cinematográfica, negándose durante bastantes años a que se publicara su obra literaria. Pensaba que la idea de editarla estaba «inspirada más que por el interés objetivo de una antología de mi "obra literaria", por una cierta simpatía hacia mi cine. No creo en cambio que mis "escritos" tengan valor por sí mismos aunque bien pudieran completar una biografía» (carta manuscrita de 4 de marzo de 1974 enviada a Manuel López Villegas y publicada en *ELB,* pág. 8).

Lo cierto es que el de Calanda encajó sobradamente de entrada con el ultraísmo y después con el surrealismo. Acorde con el primero, el discurso poético del Buñuel principiante procede más por enunciados que por oraciones subordinadas: «Fogonazos de máquina fotográfica para reflejar una realidad distorsionada por el ojo del disparador, formando un cuadro como a brochazos luminosos»[42]. Por eso se ha argüido con sensatez que los mimbres dadaístas-surrealistas que eclosionan en sus dos primeras películas, *Un perro andaluz* y *La edad de oro,* no provienen exclusivamente de su colaboración con Dalí —cosa comúnmente aceptada—, sino de una personal gestación cuyas primeras manifestaciones las encontramos en sus textos escritos[43].

Unos textos que ilustran una poética donde adivinamos, como no podía ser de otra manera, huellas y resonancias identificables o conjeturables, estas últimas más numerosas y vivificantes. Algunas son herencias, otras, parentescos, y el resto, ecos que resuenan fruto del espíritu de un tiempo. Ahora bien, el caso de Luis Buñuel presenta el obstáculo de su hermetismo cuando es cuestión de hablar de influjos y de sentidas admiraciones. Lector empedernido, muy celoso de evitar cualquier menoscabo a la autoría de sus obras, seguidor y militante de un movimiento de vanguardia muy sectario a la hora de valorar a narradores y poetas —a los que se idolatraba u odiaba sin término medio—, y conocido más por lo que calló —o no enfatizó— que por lo que dijo, es normal que la interpretación de su obra literaria haya estado recorrida por un determinado afán de identificar tal o cual antecedente. Se trata, en resumen, de intentar fijar fuentes claras de inspiración y afinidades ra-

---

[42] Jorge Urrutia, «El movimiento ultraísta», en Gabriele Morelli (coord.), *Treinta años de vanguardia española,* Sevilla, El Carro de la Nieve, 1991, pág. 89.

[43] Fuentes, 2000, pág. 19.

zonables, algunas de cosecha propia y otras compartidas con sus compañeros vanguardistas.

Como gran leedor, sus gustos literarios fueron siempre muy exigentes y cambiantes con la edad. Con todo, debemos ir con pies de plomo a la hora de sacar conclusiones de qué literatura apreciaba o no. De lo que no hay duda es de que en su lírica se tejieron relaciones alusivas con la obra de Ramón Gómez de la Serna —ascendiente seminal del que se alejó progresivamente, pero nunca abandonó—, los poetas Benjamin Péret[44] y el ya nombrado Juan Larrea, Jean Epstein[45]en lo ensayístico, asomando también otro cineasta mayor, con quien comparte la utilización del humor como vivero de extrañamiento[46], Buster Keaton. Posible-

[44] Buñuel manifestó la impronta del poeta francés: «cuando hice *Un perro andaluz,* me estaba acordando constantemente de sus poemas» (Aub, 2020, pág. 268). Este ascendiente —que iremos desmenuzando a lo largo del libro— no se limitó a cuestiones compositivas y de lenguaje, sino que se extendió a la concepción de la poesía como el instrumento de combate revolucionario que Péret defendió en su panfleto *Le déshonneur des poètes* (1945). En sus últimas composiciones es donde esto más se nota.

[45] Es parecer unánime entre los analistas que la figura de Epstein fue clave en su aprendizaje cinematográfico, especialmente a través de sus escritos sobre cine; mas no se insiste con suficiente solidez en que su ensayo de teoría literaria *La Poésie d'aujourd'hui. Un nouvel état d'intelligence* (1921) inspiró análogamente el corpus lírico buñueliano. Desde luego, la huella más profunda del ultraísmo en Buñuel fue, más que unas pautas identitarias de un pretendido movimiento vanguardista, la proyección que sobre el aragonés ejerció la admiración que sus miembros sentían hacía Epstein, basada en la propuesta de este de sustituir poéticamente el «pensamiento-frase» racional y lógico por un «pensamiento-asociación» (Villanueva, 2015, pág. 212). En otras palabras, el peso de Epstein no fue formal, sino conceptual, extendiéndose a toda su producción, incluida la literaria.

[46] El extrañamiento es el recurso utilizado en la literatura y en el arte para trastornar nuestra acostumbrada percepción de lo *normal* y cuestionar la realidad. Es la traducción más cercana al vocablo francés, más exacto para nuestras intenciones, *dépaysement*.

mente son más «aires de familia»[47] que otra cosa, pero las afinidades son muchas y a menudo palmarias. Todo ello sin olvidar la única figura tutorial de la herencia con la que Buñuel se identifica, el marqués de Sade[48], así como a otro personaje fundamental, cuyo rastro es subrepticio, pero cuyos paralelismos, por poco que se hurgue en su obra, son notorios: el poeta, dramaturgo y narrador francés Raymond Roussel[49]. Todo el universo literario y fílmico de Buñuel deja ver, a modo de palimpsesto, transferencias, ecos o alusiones que revelan una estirpe rousseliana. Su obra lite-

---

[47] Acertada expresión de Darío Villanueva que, a mayor abundamiento, recalca los parentescos entre el buñueliano *El perro andaluz* (título que debía finalmente tener la compilación *Polismos)* y *Poeta en Nueva York* de Lorca: «Sería [...] muy aventurado postular algún tipo de influencia del aragonés en la poesía "no putrefacta" de Lorca, pero de lo que caben pocas dudas es de la identidad de estilo entre unos y otros poemas, justificable a causa de la huella común dejada en los dos autores por el teórico del cine y la poesía Jean Epstein» (2015, pág. 185). Más adelante nos ocupamos del tópico de la putrefacción. El caso de Keaton, con independencia de que sea un *pariente* geográficamente lejano, no impide que su ascendencia se hiciese notar, y mucho, en Buñuel y sus compañeros residentes. De todos modos, en cuestiones de coincidencias y reminiscencias, lo más probable es que estemos en la órbita del inconsciente colectivo de Carl Gustav Jung *(La dinámica de lo inconsciente [Obra completa. Volumen 8],* Madrid, Trotta, 2011, 2.ª ed.).

[48] A tenor de sus propias declaraciones, Sade fue quien más rotundamente le marcó y al que más admiró. «La lógica de Buñuel es la razón implacable del Marqués de Sade», sentenció Octavio Paz *(La búsqueda del comienzo,* Madrid, Fundamentos, 1974, pág. 100). Ahora, nuestro literato no dejó pasar la ocasión de manifestar que a finales del siglo XX ya no le interesaba Sade (Aub, 2020, pág. 502), presumiblemente por haber perdido todo su poder de subversión después de los acontecimientos que marcaron el siglo XX.

[49] Por encima de cuestiones de lenguaje y estilo, ambos comparten el ser miembros de familias pudientes y, como resultado, que sin financiación propia no hubieran irrumpido en la esfera fílmica y literaria. Sin el dinero de su madre Buñuel nunca hubiese podido realizar *Un perro andaluz,* y Roussel autofinanció siempre la publicación de su obra literaria y aun las representaciones de sus piezas teatrales.

raria al completo está salpicada de referencias al tema de la repetición[50], cuyos orígenes, remotos en la filosofía, tienen una especial relevancia en la literatura decadentista francesa, a la que tanto apego tenía, y que el trabajo de Roussel, asimismo ensalzado por Dalí y todos los surrealistas, potenció. Buñuel no hizo nunca mención del autor de *Locus Solus* —al menos públicamente—, pero no podía desconocerlo, hasta el punto de que el filósofo Gilles Deleuze, quien remarcó la unión existente entre ambos a partir de la idea de repetición, llegó a afirmar: «No descarto que Buñuel le haya conocido»[51]. Adscrita a la repetición está la cuestión del desdoblamiento y la tan rousseliana de la transmutación, como salta a la vista en la producción del turolense, cuya carga onírica nos remite inevitablemente a la fenomenología de la ensoñación propuesta por Gaston Bachelard: «la ensoñación, al transportar al soñador a otro mundo, hace del soñador otro ser diferente de sí mismo. Y, sin embargo, este otro ser sigue siendo él mismo, el doble de sí mismo»[52]. El onirismo de la lírica de Buñuel responde a esta tesis, que deviene el fundamento ontológico no solo de la presencia

---

[50] «Siempre me he sentido atraído, en la vida como en mis películas, por las cosas que se repiten» (Luis Buñuel, *Mi último suspiro,* Barcelona Random House Mondadori, 2012, pág. 303).

Aprovechamos para remarcar que la primera edición española de *Mi último suspiro* (memorias redactadas originariamente en francés) es de 1982 y fue a cargo de Plaza & Janés, que más adelante pasó a formar parte del grupo editorial Penguin Random House, que publicó la edición de 2012 en su colección Debolsillo. Por más que, en 2018, Taurus, otro sello del mismo grupo editorial, lanzara una nueva versión en formato cuarto menor, hemos optado por referirnos siempre a la edición de bolsillo de 2012, al ser la más asequible y no haber sido, hasta la fecha, descatalogada. Dado su carácter primordial como fuente de información, abreviaremos *MUS* esta edición de las memorias en aras a una identificación más rápida por parte del lector.

[51] Gilles Deleuze, *Cine I. Bergson y las imágenes,* Buenos Aires, Cactus, 2009, pág. 402.

[52] Gaston Bachelard, *La poétique de la rêverie,* París, Presses Universitaires de France, 1960, pág. 86. La traducción es nuestra.

del doble, sino de la confusión de identidades a la que recurre a menudo, como si se tratase de una recreación poemática de la paradoja del gato de Schrödinger. En este punto prorrumpe otra influencia primordial, no solo en Buñuel sino en toda la literatura del siglo XX: Edgar Allan Poe.

Estos serían los protagonistas de la baraja de inspiradores, aguijoneadores y prestamistas no solo de nuestro autor, sino de vanguardistas primerizos y no tan primerizos, y que está igualmente conformada por una retahíla de literatos, a cuya cabeza hallamos, amén de otros que el surrealismo convirtió en la médula de su columna intelectual, al conde de Lautréamont y al propio André Breton[53]. Pero el bagaje letrado de Buñuel era más rico. Y no solo por su extraordinario conocimiento de la literatura rusa decimonónica —que sorprendió a sus colegas galos—, sino por el que tenía de la española, desde la humanística hasta la romántica encabezada por sus respetados Bécquer y Zorrilla, pasando por la de pícaros, la barroca[54]

---

[53] Una lectura detallada de las entrevistas de Max Aub con Buñuel y sus allegados, así como de los ensayos que el escritor redactó al respecto, posibilita descubrir la profunda admiración que nuestro protagonista sentía por el padre del surrealismo, a pesar de haber dejado el grupo en su momento. Por lo demás, el seguimiento casi escrupuloso de los postulados que Breton expuso en sus manifiestos (máxime los del primero) en su filmografía, y particularmente la de su última etapa francesa, evidencian el legado intelectual del francés en Buñuel, a menudo minusvalorado.

De esa misma lectura llama la atención la ausencia (o casi) de Lautréamont, como si Buñuel no quisiera reconocer su traza, escudándose en la de Sade.

[54] Con Cervantes, Quevedo y Gracián a la cabeza, sin orillar a Góngora, pese a lo que dijo sobre él (véase la nota 29). Este último fue el representante del apogeo de lo visual como recurso didáctico y propagandístico en el siglo XVII. «El valor de eficacia de los recursos visuales es incontestado en la época. Venía de un fondo medieval la disputa sobre la superioridad del ojo o del oído para la comunicación del saber a otros. Mientras que en el mundo medieval se optó por la segunda vía, el hombre moderno está de parte de la primera, es decir, de la vía

y de aquellos que la emularon, léase sus admirados Alain-René Lesage y Jan Potocki[55]. Este interés por las letras francesas que trataban de temas propios de este lado de los Pirineos alcanzó asimismo a la figura de Théophile Gautier[56].

Más allá de la narrativa, la lírica y la dramaturgia, es en el campo del ensayo científico donde encontramos la principal mano que movió algunos de los hilos en el proceder literario y cinematográfico de Buñuel. Sobresale la obra del entomólogo francés Jean-Henri Fabre, cuyos *Souvenirs Entomologiques. Études sur l'instinct et les mœurs des insectes* le acompañaron hasta el fin de sus días. Si los personajes de sus películas son observados por el director como si fuesen

---

del ojo» (José Antonio Maravall, *La cultura del Barroco,* Barcelona, Ariel, 1975, pág. 499). De ahí que cuando se habla de que Buñuel podría haber sido un excelente miembro del Barroco hispano, aduciendo que compartía tópicos literarios, se olvida este elemento fundamental, lo visual, que impregnó no solo las artes, sino unas relaciones sociales en las que las apariencias eran el constructo de la reputación. Buñuel, como espécimen de hombre barroco, fue toda su vida prisionero de su imagen pública, lo que tiene una clarísima traslación en toda su obra que, consecuentemente, es barroca por la importancia del ojo como órgano que mira y que nos mira, que nos ayuda a percibir identidades y a que los demás nos perciban y construyan nuestra imagen/reputación.

[55] *Gil Blas* y *El manuscrito encontrado en Zaragoza* son dos novelas que Buñuel leyó más de una vez. El episodio de Gil Blas con el arzobispo de Granada en la novela de Lesage era uno de los pasajes literarios favoritos del maño (Jean-Claude Carrière, *Mémoire espagnole,* París, Plon, 2012, págs. 14-16).

[56] Jean-Claude Carrière informó que el *Voyage en Espagne* de Théophile Gautier era, de los diferentes relatos sobre nuestro país que se pusieron de moda en la Francia decimonónica, el favorito de Buñuel *(ibíd.,* págs. 35-36). De Gautier tuvo que estimar Buñuel no solo el delicioso humor negro del diálogo «La Trépassée et le ver» incluido en *La Comédie de la mort* (1838), sino también el acercamiento a la androginia de su primera novela *Mademoiselle de Maupin* (1835). Sobre los vínculos con Gautier, véase también la nota 293 (segundo párrafo) en el aparato textual.

insectos, ocurre lo mismo en su poesía escrita, donde ya encontramos el mismo efecto de contemplación, pero esta vez bidireccional, ya sea del yo lírico o sobre él, debido a lo cual no es extraño que el ojo, órgano clave en la observación entomológica o de otra índole, tenga un papel más que relevante. Tal como la cámara de cine fue para él una especie de microscopio, con la pluma también persiguió esta afección[57], lo que, evidentemente, no le resultaba tan fácil, y quién sabe si fue la causa de su mudanza al suburbio cinematográfico, donde el objetivo tenía la misma función que la lente microscópica: mirar, pero con el añadido de poder articular un discurso con esa mirada[58].

Llegados a este punto, lo que está claro es que, antes de dedicarse al cine, Buñuel intentó expresarse mediante la literatura, empeño que no abandonó hasta después de la realización de su documental *Las Hurdes, tierra sin pan* (1933). El núcleo de su vocación literaria se sitúa entre 1922 y 1935, a saber: en una etapa del proceso vanguardista español en el que ya se habían consolidado los conflictos

---

[57] Incluso en su crítica de la película *El destino de la carne,* Buñuel se pregunta: «¿Por qué no se establece la costumbre de someter los films, antes de su proyección al público, a un análisis microscópico muy minucioso?».

[58] Este es asimismo el motivo de la admiración de Buñuel por los documentales científicos del director y biólogo parisino Jean Painlevé (1902-1989), renovador del cine científico y cuyos cortometrajes fascinaron a los surrealistas, y en especial *Oursins* (1928), sobre los erizos de mar, que comparte objeto fílmico con el documento *Menjant garotes* que Buñuel rodó mientras realizaba *La edad de oro* (1930). En esta última cinta llegó incluso a emularle cuando utilizó como introducción imágenes de la vida de los escorpiones procedentes del documental científico destinado a escolares *Le Scorpion languedocien,* producido en 1912 por Éclair como parte de su serie *Scientia* (Gubern y Hammond, 2021, pág. 43).

Desde el punto de vista filológico, el mundo submarino capturado por Painlevé se asemeja mucho al ecosistema hídrico que Buñuel describe en sus escritos (véase la nota 168 en el aparato textual). Por añadidura, Painlevé también tuvo su papel, según veremos, en la dramaturgia surrealista.

del periodo prebélico y se atisbaban los cambios que predominarían en los años treinta[59]. Dicha vocación acabó dando sus frutos líricos, dramáticos y ensayísticos, entre los que despuntan sus poemas versolibristas, pero más aún sus poemas en prosa —algunos de ellos auténticos ejemplares de microrrelato— y cuentos dotados de un ímpetu lírico y un alcance provocador de difícil equiparación en nuestra literatura.

Las letras buñuelianas se dividen en tres etapas. La primera, de 1922 a aproximadamente 1925, año de su primer viaje a París, presenta muchas concordancias con la obra de Ramón Gómez de la Serna y sus textos surcan a menudo el piélago del ultraísmo. La segunda, entre 1927 y 1929, es la de la composición de sus poemas surrealistas en verso y prosa que, por lo visto, iban destinados a su recopilatorio *Polismos,* aunque algunos se publicaron en revistas españolas de vanguardia. La última se extiende hasta 1935, fecha de la misiva enviada a Pepín Bello que incluye partes de un cuento inconcluso e indicaciones para terminarlo. Es en este periodo cuando el surrealismo de sus composiciones estalla sin concesiones.

En sentir de Agustín Sánchez Vidal, la postura inicial de Buñuel fue la de adivinar que la base más sólida para emprender una carrera literaria vanguardista no era Juan Ramón Jiménez, como pensaba un gran número de representantes de la Edad de Plata, sino Ramón Gómez de la Serna[60]. Si desraizar al calandino del moguereño es discutible —pues del premio nobel heredó y aplicó el procedimiento de aumentar la narratividad en los poemas en prosa[61]—, Buñuel siempre reconoció la ascendencia del madrileño.

---

[59] Sánchez Vidal, 1999, pág. 159.

[60] Agustín Sánchez Vidal, «El marco cultural español», en David, 1996, pág. 46.

[61] Rasgo propio de la narrativa hiperbreve de Juan Ramón (Teresa Gómez Trueba, *Soplando vidrio y otros estudios sobre el microrrelato español,* Madrid, Páginas de Espuma, 2008, pág. 20).

En 1914, Ramón, como fue conocido en toda Europa, funda en Madrid su famosa tertulia del Café Pombo, que los sábados por la noche se convierte en uno de los círculos artísticos esenciales para la generación del 27, y a la que Buñuel asiste durante cerca de seis años:

> Todos los sábados, de nueve de la noche a una de la madrugada, Gómez de la Serna reunía a su cenáculo en el Café Pombo, a dos pasos de la Puerta del Sol. Yo no faltaba a ninguna de aquellas reuniones, en las que encontraba a la mayoría de mis amigos y a otros[62].

Lo que el futuro cineasta descubrió en la literatura de Gómez de la Serna fue, uno, la poética de las cosas y la manera abultada de verlas, esto es, los *primeros planos* a los que los objetos son sometidos sistemáticamente[63]. Sus libros están llenos de espejos, sifones, armarios, gatos, chimeneas, veladores, cornucopias, etc., que erigen un abigarrado mundo de objetos sobre el que Ramón dejó una mirada que los extraía de su entorno, como si de un primer plano cinematográfico se tratara. Unos planos que, aislados del contexto del que procedían, reclamaban

---

62 *MUS,* pág. 75.

63 El primer plano, en el caso de la figura humana, recoge el rostro y los hombros. Este tipo de plano, al igual que el plano detalle y el primerísimo primer plano, se corresponde con una distancia íntima, ya que sirve para mostrar confidencia e intimidad respecto al sujeto u objeto filmados. En las películas de Buñuel, los objetos tienen una importancia primordial, desplazando incluso al protagonista humano. Pensemos en el maniquí de *Ensayo de un crimen,* la navaja-crucifijo y la cuerda de saltar de *Viridiana* o la pierna ortopédica de *Tristana.* Si en las novelas y libros misceláneos de Ramón encontramos un conjunto insólito y fragmentado de cosas, en la iconografía de Buñuel, los primeros planos son el mejor mecanismo cinematográfico para aislar, realzar y deslocalizar esos objetos y convertirlos en objetos poéticos, como afirmó en alusión a la navaja-crucifijo utilizada en *Viridiana* (Henri Rode, «Le procès de Buñuel», *Cinémonde,* núm. 1402, 20 de junio de 1961, pág. 12).

relacionarse con el mundo de un modo poético, con reglas no inventadas hasta ese momento por ninguno de los lenguajes tradicionales de la literatura[64]. Y, dos, la greguería como reacción a «una época fatigada de la prosa retórica de gran ritmo»[65]. A partir de estas dos ideas, Buñuel edifica una obra literaria abastecida de la capacidad de poetizar, de convertir en emotivo cualquier vocablo o expresión[66].

---

[64] Gubern, 2001, pág. 90.

[65] José Camón Aznar, *Ramón Gómez de la Serna en sus obras,* Madrid, Espasa-Calpe, 1972, pág. 247. La literatura de Buñuel comparte prácticamente los mismos rasgos morfológicos que los de las greguerías: analogía, experimentación verbal, animismo, cosalidad, humorismo, extrañamiento, ingenio, gravedad, intrascendencia, lirismo, instantaneidad, ingenuismo, irracionalismo y absurdo, entre otros (César Nicolás, *Ramón y la greguería. Morfología de un género nuevo,* Cáceres, Universidad de Extremadura, 1988). De esta guisa, la prosa y la poesía de Buñuel se enmarcan en «el experimentalismo metafórico y greguerizante» de la época (Millares, 2013, pág. 53).

Ramón sincretizó todas esas características cuando definió la greguería como «humorismo + metáfora» *(Total de greguerías,* Madrid, Aguilar, 1955, pág. 35). El humor es una materia fundamental de los textos buñuelianos, que regularmente flirtean con la parodia de tendencias literarias pasadas o coetáneas. Como el de Ramón, su humorismo descansa sobre las cosas o convierte a las personas en cosas, confeccionándose adicionalmente con ingredientes derivados del acervo cómico español, desde la novela picaresca a los sainetes de Ramón de la Cruz y de Carlos Arniches, pasando por el teatro renacentista español (especial consideración merece, en este asunto, Lucas Fernández), los entremeses cervantinos o los pasos de Lope de Rueda, todo ello aderezado con una dosis de igual parangón procedente del cine cómico americano de las décadas de 1910 y 1920.

[66] Esto es lo que su otro mentor, Jean Epstein, detectó en la poesía de alguien muy próximo literariamente de Buñuel, Yvan Goll. En concreto, Epstein habla de la expresión «cirujano-dentista» *(Écrits complets. Volume I. 1917-1923: La Poésie d'aujourd'hui, La Lyrosophie et autres écrits,* París, Editions de l'Œil, 2019, págs. 471-472 [cita del artículo «Quelques mots sur la poésie d'Ivan Goll», originariamente publicado en *Le Disque Vert: Revue Mensuelle de Littérature,* núm. 22, junio de 1922]). Volveremos sobre la figura de Goll y sus conexiones con Buñuel.

Ahora bien, es menester señalar que el marco intelectual de Gómez de la Serna le quedó estrecho a un inquieto Buñuel que, más tarde, una vez franqueó el cerco surrealista, tuvo que caer en la cuenta de que las greguerías tenían algo de «alegorías naifs»[67] y dio un paso más, creando greguerías carentes de lógica, irracionales y absurdas, que distorsionaban las significaciones convencionales de los objetos. Su obra está repleta de «disociaciones y asociaciones inusitadas»[68] que parten de una ruptura de la ligazón que une las cosas a su entorno habitual para redefinir su identidad en otro contexto mediante un proceso de extrañamiento asentado en la técnica del *collage* vanguardista. A este respecto, conviene no pasar por alto que

> [...] la poesía es siempre resultado de un proceso de extrañamiento que se opone al uso utilitario, exclusivamente comunicativo, del lenguaje. Con las vanguardias el extrañamiento es doble, pues se efectúa a partir de un lenguaje previamente extrañado: el de los estilos poéticos al uso ya rutinizados y desgastados. Esta es una de las razones por las que el extrañamiento lingüístico alcanza en la poesía vanguardista su grado máximo[69].

---

[67] Así las categoriza Bréchon, quien hace una gradación de las metáforas surrealistas, desde la más sencilla, donde se incluirían las greguerías —este autor pone como ejemplo los aforismos de Malcom de Chazal, que a menudo son una réplica de las greguerías de Gómez de la Serna—, hasta las que generan imágenes cuyo irracionalismo deriva no tanto de un acercamiento de dos términos, sino de su distanciamiento (Robert Bréchon, *Le surréalisme,* París, Armand Colin, 1971, pág. 168).

[68] *BLD,* pág. 98.

[69] Martín Casamitjana, 1996, pág. 195. Esto se observa explícitamente en el reciclaje que hace Buñuel de algunos términos y expresiones propios de la literatura romántica hispana, así como del recurso a una lengua ficticia a partir de raíces léxicas y fonéticas medievales (en especial en su pieza teatral *Hamlet).* En este punto, los nexos con las primeras prosas de Apollinaire son patentes.

Con arreglo a lo formulado, y situándonos en los inicios de la aventura literaria de nuestro protagonista, resulta que, en su primer escrito, «Una traición incalificable», el haber greguerístico de Gómez de la Serna y su *El rastro* (1915) no se oculta en absoluto. Al contrario, se manifiesta explícitamente: los objetos se desvinculan de sus ubicaciones preestablecidas, campando a sus anchas autónomamente, y se reorganizan unos con otros en «desinhibida connivencia»[70]. Otras composiciones son también modelos del eco greguerístico. «Instrumentación», publicada, como la anterior, en 1922, esta vez en la revista *Horizonte,* es su más claro homenaje a Ramón. En ella se describen los instrumentos de la orquesta por intermedio de greguerías. Esta reciprocidad no finaliza aquí, y en un cuento publicado un año más tarde en la misma revista, «Suburbios», Buñuel sigue en la línea de la estética de rastro donde las cosas son lugares y actores privilegiados de una representación espiritual.

Fue en su artículo sobre el cine titulado «Del plano fotogénico» donde Buñuel definió a Ramón como «creador del gran plano en la literatura»[71] y reivindicó la mentada relación genética de la greguería y el primer plano. No es sor-

---

[70] Sánchez Vidal, 1999, pág. 160. Se trata de una descripción muy fílmica, pues es consonante con la definición futurista del cinematógrafo: «Objetos animados, humanizados, maquillados, vestidos, apasionados, civilizados, danzantes. Objetos alejados de su entorno habitual y colocados en una condición anormal que, por el contrario, resalta su asombrosa construcción y vida no humana» (Filippo Tommaso Marinetti, Bruno Corra, Emilio Settimelli, Arnaldo Ginna, Giacomo Balla y Remo Chiti, «Manifesto della Cinematografia Futurista» [11 de septiembre de 1916]. Texto publicado en un díptico por la dirección del movimiento futurista, igualmente reproducido en la revista *L'Italia futurista,* núm. 10, 15 de noviembre de 1916, pág. 1. La traducción es nuestra).

[71] *gran plano:* galicismo *(gros plan)* que equivale a *primer plano,* 'plano que presenta con detalle personas y objetos enfocados desde muy cerca'. El interés de Buñuel por el gran plano tuvo que ser precoz, pues García Lorca le brindó su poemario *Juegos* (1921-1924) con la guasona dedicatoria: «Dedicados a la cabeza de Luis Buñuel / En gros plain [sic]».

prendente, pues, que, tras sus sucesivos fracasos en conseguir la colaboración de García Lorca para confeccionar un guion —y de llevar a la pantalla su proyecto cinematográfico sobre Goya—, en 1927 buscase la de Gómez de la Serna para análoga empresa, quien aceptó la propuesta de lo que en principio se iba a llamar *El mundo por diez céntimos* y que más tarde se tituló *Caprichos*[72]. El 1 de agosto de 1928 le escribe Buñuel a Pepín Bello:

> Estoy haciendo el *découpage*[73] de mi próximo film *Caprichos*. El film se compone de seis cuentos. Comienzo la realización en septiembre u octubre, en sociedad con una firma de París. Tengo en mi cuenta corriente veinticinco mil pesetas destinadas al film *Caprichos*[74].

En sus memorias dio más pormenores sobre este empeño:

> El segundo guion en que trabajé estaba inspirado en siete u ocho cuentos breves del escritor [Gómez de la Serna]. Para enlazarlos se me ocurrió presentar en forma de documental las distintas etapas de formación de un periódico. Un hombre compra un periódico en la calle y se sienta en un banco a leerlo. Entonces aparecerían uno a uno los cuentos de Gómez de la Serna en las distintas secciones del periódico[75].

---

[72] El guion fue publicado con el título «Chiffres» en el núm. 9 de *La Revue du Cinéma,* 1 de abril de 1930.

[73] Recordemos que se refiere al guion técnico de la película. Retornaremos extensamente sobre este concepto clave de la teoría cinematográfica de Buñuel.

[74] *BLD,* pág. 176. Dinero que le había dado su madre y que finalmente sirvió para financiar *Un perro andaluz.*

[75] *MUS,* pág. 129. Ulteriormente declaró: «Las noticias del periódico eran ocho cuentos de Ramón. Trabajé con Ramón dos días; yo solo le daba forma al argumento, que era de Ramón» (Pérez Turrent y De la Colina, 1993, pág. 21).

De todo lo aducido se puede constatar que la pista de Ramón en la obra de Buñuel, por importante que sea —que lo es, y mucho—, es más funcional que ontológica, ya que el calandino dio un paso hasta el surrealismo que el madrileño no pudo, no quiso o no supo dar[76]. A partir de su experiencia con él, Buñuel desarrolló una poética que, a pesar de navegar entre diferentes ismos, es muy coherente y está empapada de una irracionalidad que, salvando algunos textos decididamente gregueristicos como «Instrumentación», posee una sintaxis propia modulada por componentes creadores de imágenes visionarias. En este sentido, veremos que hay elementos, tanto temáticos como estéticos, que ya apuntan a su futura evolución desde las preocupaciones creacionistas/ultraístas a las del surrealismo, porque el bajoaragonés encontró en este movimiento artístico un entorno en el que canalizar sus cualidades literarias y cinematográficas, adelantándose incluso a algunas de las propuestas líricas que preconizó el grupo acaudillado por André Breton.

Irracionalismo y prosodia

Luis Buñuel testimonió la estrategia creativa de su decir literario en una importante carta dirigida desde París a Pepín Bello el 17 de febrero de 1929, todavía no como miembro, pero sí como incondicional del grupo surrealista[77]:

---

[76] *BLD,* pág. 100.

[77] En verdad, la siguiente declaración es una adaptación de la de Breton en el *Primer manifiesto del surrealismo* de 1924: «Hazte traer con qué escribir, después de haberte instalado en un lugar lo más favorable posible para la concentración del espíritu en sí mismo. Colócate en el estado más pasivo o receptivo que puedas. Haz abstracción de tu genio, de tus talentos y del de todos los demás. Di bien alto que la literatura es uno de los más tristes caminos que conducen a todo. Escribe velozmente, sin tema preconcebido, con tal rapidez que te impida recordar lo escrito o

> Cuando te pongas a escribir arroja toda clase de prejuicios, olvídate de lo que la gente califica de literario, de buen gusto, de idiotez, etc., y da rienda suelta a tu instinto. Naturalmente *pasarán días sin que hagas nada,* pero uno vendrá que te cogerá inspirado, en que tu irracionalidad brotará libremente y entonces verás como te saldrán cosas buenas. Luego todo es cuestión de arreglar un poco el estilo —cosa facilísima— y de suprimir lo contingente dejando nada más lo esencial. No te propongas jamás escribir sobre tal o cual cosa, sino toma papel y pluma y deja que tu mano escriba sola. Además, no [se] te ocurra nunca escribir un argumento preconcebido. Por el momento sirvan estos consejos. Estoy seguro de que cuando estemos juntos podré ayudarte eficacísimamente. Estoy seguro también de que harás cosas muy buenas. En el fondo tú has sido siempre un surrealista y nada más que eso y ya es bastante porque el surrealismo *ES* LO ÚNICO INTERESANTE EN EL TERRENO DE LA CREACIÓN ¿ARTÍSTICA?[78].

Tal proclamación de principios literarios amplifica lo instintivo y reduce la intervención consciente a la mínima expresión, que, por si fuera poco, es «cosa facilísima». Ahora, la poca relevancia otorgada al estilo no es tal, y un análisis un poco profundo de sus creaciones literarias así lo confirma. Para empezar, el Buñuel poeta no quiso participar de las ataduras de la métrica —tal como lo acredita su propensión al poema en prosa—, acaso porque fue de los

---

caer en la tentación de releerlo. La primera frase surgirá sola, puesto que cada segundo hay una frase, ajena a nuestro pensamiento consciente, que pugna por manifestarse» (André Breton, *Manifestes du surréalisme,* París, Gallimard, 1985, pág. 41). La traducción es nuestra a partir de la de Aldo Pellegrini (André Breton, *Manifiestos del surrealismo,* Buenos Aires, Argonauta, 2001, pág. 49).

78 Este cuestionamiento de lo que es o no artístico es fundamental en el desarrollo del pensamiento cinematográfico de Buñuel, como analizamos más adelante.

pocos poetas auténticamente surrealistas de su generación[79], si bien sucumbió, siguiendo la estela de todos sus homólogos —pero igualmente como buen cineasta que sería—, a la prosodia, en la que lo esencial es el ritmo, entendido como configuración particular del sonido y del sentido[80], sin abusar de la desarticulación tipográfica, tan apreciada por la mayoría de los practicantes del verso libre de los que formaba parte. Por ello, el versolibrismo buñueliano no equivale a una desatención en la construcción poemática de sus composiciones —ya lo advirtió Jacques Roubaud: «El verso libre no se libra de ser un verso»[81]—. Tómense las de su época surrealista y se certificará que tienen ritmo sin que exista un juego rítmico sostenido. Si los versos de Buñuel incorporan elementos sonoros, en ocasiones cuidados, la rima la puntean ante todo las imágenes. La conjugación de ambos, sonido e imagen, otorga al poema un ritmo vermicular, como el que exigió, en absoluta coherencia con su ecosistema prosódico, al lenguaje cinematográfico, bien que a menudo estos versos parecen tallados a escoplo.

Por encima de esas pautas con las que aconsejaba a su amigo Pepín Bello, los poemas buñuelianos son austeros, siempre breves, vivaces e intensos, lo que los convierte en una muestra de sincretismo estético de las literaturas de vanguardia[82]. De vuelta a los del periodo presurrealista,

---

[79] La afirmación de Max Aub, asentida por Buñuel, de que los únicos poetas surrealistas españoles fueron Buñuel, Picasso y Dalí, a pesar de ser discutible, no es ni mucho menos descabellada (Aub, 2020, pág. 509).

[80] Jean-Michel Maulpoix, *Les 100 mots de la poésie,* París, Presses Universitaires de France, 2018, pág. 122.

[81] *La vieillesse d'Alexandre,* París, Maspero, 1978, pág. 182. La traducción es nuestra. El juego de palabras de Roubaud se aprecia mejor en la frase original: «Le vers libre n'est pas libre de n'être pas un vers».

[82] Rasgo que se reflejó en su intención de titular *Polismos* su frustrado bautizo literario, y nombrar «polismo dramático» su pieza teatral *Hamlet* (carta a Pepín Bello de 22 de agosto de 1927).

contengámonos en «Teorema», donde Buñuel ya hace gala de un dominio innato de los postulados del movimiento fundado por Breton, Soupault y Aragon, y en el que todavía tardaría cuatro años en militar[83]. El poema empieza así: «Si por un punto fuera de una recta trazamos una paralela a ella obtendremos una soleada tarde de otoño». La lectura de este verso, ajeno a cualquier incongruencia léxica, hace que percibamos desde el principio la anomalía: estas palabras se ensamblan de una manera absolutamente nueva. No se da la típica infracción sintáctica de las reglas de subcategorización léxica (sustantivo/adjetivo, sustantivo/verbo, etc.). La construcción sintagmática es intachable y el desconcierto radica más en las categorías léxicas que en las gramaticales. Desde esta óptica, la poesía de Buñuel sigue las reglas de la gramática, pero está perturbada a nivel del vocabulario.

Ahondando en lo anterior, centrémonos ahora en los primeros versos de «*Polisoir* milagroso», que rezan: «En invierno caen al mar los gritos de los semáforos / acribillados de viento y de crucifixión». En lo gramatical, estos versos pueden reducirse a una oración mínima. Son tan correctos sintácticamente como lo es la secuencia con la que se abre la prosa poética de «Palacio de hielo»: «Los charcos formaban un dominó decapitado de edificios [...]». No obstante, ambos íncipits plantean un problema de significado. No es que no tengan sentido —carecerían en todo caso de senti-

---

Estética siempre consonante con la ética que representaba: para Buñuel, el surrealismo era «una moral» (Aub, 2020, pág. 301). Ernesto Giménez Caballero lo captó perfectamente cuando refiriéndose a él, sentenció: «El superrealismo es un refugio de su ansia moral. Es inmoralista por moralidad» («El escándalo de *L'Âge d'Or* en París. Palabras con Salvador Dalí», *La Gaceta Literaria,* núm. 96, 15 de diciembre de 1930, pág. 3).

[83] Lo hizo tras el éxito de *Un perro andaluz,* en el verano de 1929, aun cuando había tenido contactos meses antes con algunos de sus miembros.

do común—, sino que tienen otro sentido; un sentido emancipado[84]. La imagen emancipa el sentido; y lo hace perturbando la posibilidad de aparición de sintagmas sucesivos. Esta es una característica de la imagen surrealista, donde la lógica nos lleva a aceptar que, como ocurre en «Pájaro de angustia», un plesiosauro duerma en el «lecho» que forman los ojos del sujeto lírico[85]. Con Buñuel, al igual que con Benjamin Péret —que lleva a su máxima expresión este tipo de rupturas, razón por la cual el aragonés lo tenía no solo por el mejor entre los poetas, sino por el único que merecía ser juzgado como tal—, lo impredecible se convierte en lo que siempre sucede.

Este extrañamiento —«el efecto resultante de crear todas las condiciones (rítmicas, retóricas, ideológicas, etc.) para que se espere, por pura continuidad, un determinado estilema y sustituirlo súbitamente por otro imprevisible sin dar tiempo al lector a reaccionar»[86]— se afianza en la obra poética de Buñuel una vez comulga con el credo surrealista. Antes, las imágenes de sus primeros poemas destacaban más por la plasticidad asociativa que por el automatismo sintáctico. Esto se ve muy claramente en los títulos. A partir de 1927, y salvo alguna excepción, titula sus composiciones de modo automático, cosa que no hacía en su etapa ultraísta, cuando el título de sus escritos guardaba relación con el texto. Este es otro de los puntos de contacto con Péret; pero hay más, como el elevado número de proposiciones subordinadas[87]. No se trata solamente de un sello cuantitativo, sino que tiene como efecto el sentimiento de

---

[84] Véase la nota 279 en el aparato textual.

[85] El verso al que nos referimos es el siguiente: «Un plesiosauro dormía entre mis ojos», que también abre el poema, así como reafirma la tendencia a perturbar al lector desde el principio, como ocurre con la imagen inicial del corte del ojo en *Un perro andaluz*.

[86] *SV*, pág. 263.

[87] Véase Claude Courtot, *Introduction à la lecture de Benjamin Péret*, París, Le Terrain Vague, 1965, págs. 131-154.

que lidiamos con un recurso sintáctico con cuya usanza estamos familiarizados, pero que, extraña y repentinamente, comienza a actuar por su propia cuenta, yugulando el mecanismo de la oración, hasta el punto de convertirla en un artefacto cuyos fines se nos escapan. Todo ello con una particularidad: no fuerza la frase sintácticamente, lo que genera una tensión entre la subversión semántica y el uso tradicional de la sintaxis[88]. Tensión que extendió a toda su obra cinematográfica, desde *Un perro andaluz* hasta *Ese oscuro objeto del deseo,* película realizada a la edad de setenta y siete años.

En esta línea, en los poemas de Buñuel, la oración relativa no tiene más vínculo que el formal con el antecedente, deviniendo imagen. Tal procedimiento dota a este corpus poético de un hermetismo que responde a una finalidad semántica: sus imágenes, aparentemente surgidas del azar, desconectadas e inexplicadas —visionarias, al fin y a la postre—, así como el proceso que emprende el lector para poder esclarecerlas —la dimensión deconstructiva de la que hablaba Mallarmé—, son una parte esencial de su significación. De suerte que, si nos atenemos a los tres tipos de hermetismo establecidos por Artaud —aquel en el que no entramos porque está cerrado; el que nos permite entrar, pero nos encierra, y el que nos invita a entrar para abrir lo que está cerrado[89]—, la obra poética de Buñuel se sumaría al tercer grupo. Abundando en esta cuestión, estamos inmersos de lleno en la poesía de lo siniestro que preconiza

---

[88] Uno de los ingredientes de la subversión semántica es la presencia de elementos anatómicos como parte del proceso de objetualización del cuerpo (Monegal, 1993, pág. 61).

[89] Antonin Artaud, «Suppôts et supplications», en *Œuvres Complètes XIV (1),* París, Gallimard, 1978, pág. 123. No hemos incluido a Artaud en la nómina de *influencers* buñuelianos, pues forma parte de los surrealistas noveles *tout court.* Ahora, acaso sea el marsellés uno de los vanguardistas que más contactos tiene con el turolense.

Alonso Valero cuando se refiere a los poemas de Dalí, y que no solo puede aplicarse punto por punto a los del de Calanda, sino que se ciñen mucho mejor a su lírica que a la daliniana:

> Así [...] con los poemas [...] [Dalí] muestra su voluntad de revelar lo siniestro y destruir el efecto estético porque no quiere ya situarse dentro de los límites de la estética sino inaugurar lo antiartístico, que no es imposibilidad de todo arte sino necesaria destrucción del arte heredado [...] para dar paso así a un nuevo arte. En definitiva, los cortes de sentido en el discurso, la ruptura de la continuidad semántica (recursos que también emplea García Lorca en los poemas en prosa y que suponen una agresión contra el sistema mismo de la poesía) son un recurso adecuado, una posibilidad más, de dar cuenta de lo siniestro[90].

Abordaremos detalladamente aquello que es *antiartístico* —concepto tan patrimonial de Dalí como de Buñuel—[91].

---

[90] Encarna Alonso Valero, «Federico García Lorca y la escritura de lo siniestro», *Revista de Letras,* vol. 54, núm. 2, 2014, pág. 70.

Del parentesco literario entre Dalí y Buñuel da buena cuenta Monegal, aunque su visión es excesivamente daliniana (1993, págs. 39-56). Ambos fueron un tándem que compartió ideas sobre los caminos que tenía que tomar el arte, que cada uno, por encima de sus colaboraciones, encauzó en su ámbito respectivo. Incluso hay quien se ha situado en el otro extremo, como Rey, que, en su biografía sobre el pintor ampurdanés, resalta la ascendencia del cineasta sobre él: «[Buñuel] Le enseña a Dalí —es el primero— el vértigo, la nada, la rabia. Le obliga, casi por fuerza, a seguirle por los caminos de la ruina y del degüello. *Buñuel impone su presencia, y esa presencia se encarga de que Dalí alumbre. Buñuel es Sócrates y su mayéutica*» (Henri-François Rey, *Dalí en su laberinto,* Barcelona, Editorial Euros, 1975, págs. 99-100. La cursiva es nuestra). Testimonio que validó Pepín Bello a Sánchez Vidal *(BLD,* pág. 119).

[91] Lo significamos porque no parece ser idea común entre los especialistas de las vanguardias.

Entretanto, regresemos ahora al contexto sintáctico para incidir en el uso de la conjunción comparativa *como,* que Breton tenía por la palabra «más estimulante que tenemos»[92], ya que —se pronuncie o no— es el enlace más rápido entre dos términos intercambiables. Buñuel la usa, especialmente a partir de 1927, aunque frecuenta más la metáfora que el símil. Su lenguaje imaginativo descansa más en la ilusión metafórica que en la comparación. Con apenas un grupo de palabras, crea una imagen sin necesidad de conjunciones que ejerzan funciones comparativas: después de una imagen donde lo esencial ya está enunciado, la oración, lejos de zanjarla —lejos de precisar una comparación que el segundo sintagma, anteriormente hurtado al primero, ha agotado—, cobra un nuevo impulso que engendra una nueva imagen, más inesperada, si cabe, que la primera. En el siguiente ejemplo, extraído de «La agradable consigna de Santa Huesca», la conjunción no opera en la primera imagen, sino en la última, lo que conduce a que la relativa que cierra la oración sea casi más brillante que las que la preceden. Es una progresión lírica solo al alcance de pocos[93]:

> El culo de las doncellas será hollado entonces por el trozo de carne que cantará mientras holla y el cántico del trozo de carne será como el gluglú de agua que devolverá la vista a los ciegos.

Pero donde este proceder cobra su cenit de depuración sintáctica, basada en hacer recaer en el verbo —en su presencia y también en su ausencia— toda la fuerza iconográfica del

---

[92] André Breton, *Signe ascendant,* París, Gallimard, 1968, pág. 10.

[93] Las siguientes palabras de Michel Foucault, sobre el proceso de desdoblamiento y transmutación en la obra de Roussel, parecen pensadas para describir lo que estamos intentando explicar: «cada palabra está a la vez animada y destruida, llenada y vaciada por la posibilidad de que haya una segunda —esta o aquella— o ni una ni la otra, sino una tercera, o nada» *(Raymond Roussel,* Buenos Aires, Siglo XXI, 1976 [1977], pág. 21).

verso prescindiendo de la comparación retórica[94], es en ese inusitado poema —probablemente, con *«Cavalleria rusticana»,* el *opus magnum* de su poesía— engastado, cual diamante en bruto, en «Una jirafa», que lleva por título «A Ricardo Corazón de León», y que reproducimos en su totalidad[95]:

> Del coro al caño, del caño a la colina, de la colina al infierno, a la misa negra de las agonías del invierno.
>
> Del corazón al sexo de la loba que huía en el bosque sin tiempo de la Edad Media.
>
> *Verba vedata sunt fodido en culo et puto gafo* era el tabú de la primera cabaña levantada en el bosque infinito, era el tabú de la defecación de la cabra de la que salieron las multitudes que construyeron las catedrales.
>
> Las blasfemias flotaban en los pantanos, las turbas temblaban bajo el látigo de los obispos de mármol mutilados, se empleaban los sexos femeninos para moldear sapos.
>
> Con el tiempo reverdecían las religiosas, de sus flancos secos crecían ramas verdes, los íncubos les guiñaban el ojo mientras los soldados meaban en las paredes del convento y los siglos pululaban en las llagas de los leprosos.
>
> De las ventanas, pendían racimos de novicias secas que producían, con la ayuda del tibio viento primaveral, un suave rumor de oración.
>
> Tendré que pagar mi escote, Ricardo Corazón de León, *fodido en culo et puto gafo.*

---

[94] Lo que no deja de ser una manifestación de escritura elíptica que cede al lector la capacidad de evocar aquello que el poeta silencia (volveremos a tratar del uso de la elipsis por Buñuel cuando nos refiramos a sus microrrelatos). No obstante, al ocultar la imagen dentro del mismo verso, estaríamos más cerca de lo que en el terreno fílmico se conoce como *fuera de campo:* 'aquello que sucede fuera del cuadro de la pantalla y que el espectador debe imaginar visualmente'. En el cine de Buñuel, tanto la elipsis como el fuera de campo fueron signos identitarios de su puesta en escena.

[95] Ambos ejemplos se escribieron en la primera mitad de los años treinta, época en que Buñuel, surrealista reconocido por sus obras fílmicas, trasladó a lo escrito aquello que, por diferentes motivos, no podía trasladar a la pantalla.

Más prolífico se muestra en el uso de conjunciones causales y, en general, de todas las que permiten vertebrar una narración, útiles para una causalidad perturbada y perturbadora al servicio de contar historias irracionales.

Como resultado de este proceder sintáctico, las creaciones líricas de Buñuel no se componen de frases, con todo lo que este concepto implica de limitación, sino de amplios movimientos donde la principal ocupa un lugar muy reducido, al lado de la llamativa proliferación de subordinadas relativas que dirigen el pensamiento, por saltos sucesivos —y de la mano de oraciones coordinadas—, hacia no sabemos qué territorio bastante alejado del punto de partida[96]. La estructura de sus poemas surrealistas está tan vinculada a las imágenes que parece difícil figurarnos que nos pueda transmitir nada más. Ahora bien, atendiendo al hecho de que el núcleo de la convulsión de su poesía no es gramatical, sino léxico, todas las imágenes de Buñuel, tomadas por separado, pueden ser reemplazadas por banalidades carentes de valor poético, sin que la disposición se altere. Veamos un ejemplo de este tipo de sustitución miserable a partir de un pasaje de «El arco iris y la cataplasma»:

> Dentro de unos instantes vendrán por la calle
> dos salivas de la mano
> conduciendo un colegio de niños sordomudos

Podríamos convertir aleatoriamente estos versos en: *Dentro de unos instantes vendrá por la calle / una pareja de la mano / conduciendo un cochecito de madera*. Lo irracional deviene trivialidad sin trasmutación estructural alguna. Luego, la imagen no es producto de la estructura. En otros términos, si la estructura sintáctica de la poesía de Buñuel favorece la aparición de imágenes, no es, en cambio, la causa de esta aparición, lo que la hace sustancialmente surrealista. Se trata,

---

[96] Un recurso que culminará al final de su filmografía, en especial con *El fantasma de la libertad*.

a fin de cuentas, de los efectos semánticos de la escritura automática, que asocia significantes cuyos significados son incompatibles: la representación de la realidad se transmuta —como ocurre en las historias de Raymond Roussel—, dando lugar a varias racionalizaciones en el lector a la hora de pretender explicar el texto. Es a partir de 1924, cuando empezó a relacionarse con los surrealistas en París, que la escritura buñueliana empieza a virar hacia el automatismo por vía de un proceso que prolongará en el cine. La transición no fue, sin embargo, abrupta, por lo que podemos encontrar momentos en que el decir greguerístico permea las composiciones, generando una combinación de escritura automática y selección madurada de vocablos, como ilustra el siguiente ejemplo de «*Polisoir* milagroso», escrito en 1927:

> Un barco puede naufragar en una gota de mi sangre
> de mi sangre cuando cae sobre el pecho
> de una marquesa Luis XV de espuma

En estos versos se dan cita dos imágenes. Ambas son irracionales. Pero si la primera —el naufragio de un barco en una gota de sangre— se extingue por sí misma, sin dar pie a simbolización alguna, más allá de la que el lector quiera conferirle; la segunda —la «marquesa Luis XV de espuma»— encubre una elección razonada de los vocablos para simbolizar un objeto específico: Buñuel está describiendo el derrame de la sangre del narrador sobre una copa de *champagne* del tipo Pompadour, esto es, aquellas cuyo cáliz tiene la forma del seno de la amante de Luis XV, la marquesa epónima[97]. Así, «una marquesa Luis XV de espuma» no es lo que *a priori* parece, una excelsa expresión de escritura automática, sino la selección reflexionada de palabras que figuran un determinado objeto, en un deje gregue-

---

[97] Este tipo de copa se utilizó hasta finales del siglo xx para beber *champagne.*

rístico heredado de su currículo de escritor. Por consiguiente, el automatismo redaccional no es sinónimo de torpeza léxica. No se trata de un juego donde el vocabulario está en las caras del dado que aleatoriamente lanza al aire el poeta, sino de una práctica léxica y una táctica poemática muy acordes con un sólido cuño lírico. Buñuel lo vuelve a demostrar —como analizamos más adelante— con el uso que hace de vocablos técnicos y entomológicos, pero ni acude solo a esas esferas ni es siempre una secuela del ramonismo. Volvamos al poema «A Ricardo Corazón de León» para comprobarlo; en concreto, a los versos tercero y cuarto, que transcribimos de nuevo para facilitar el cotejo:

> *Verba vedata sunt fodido en culo et puto gafo* era el tabú de la primera cabaña levantada en el bosque infinito, era el tabú de la defecación de la cabra de la que salieron las multitudes que construyeron las catedrales.
>
> Las blasfemias flotaban en los pantanos, las turbas temblaban bajo el látigo de los obispos de mármol mutilados, se empleaban los sexos femeninos para moldear sapos.

En este último, la polisemia de la voz *turba* —en español y en francés, idioma en el que se publicó— fortalece la sensación de extrañamiento, al dar lugar a dos imágenes disímiles en función del significado elegido por el lector: o bien 'estiércol mezclado con carbón mineral que se emplea como combustible en los hornos de ladrillos', o 'muchedumbre de gente confusa y desordenada'. Pero lo más sugestivo poemáticamente es que, justo en el verso anterior, aparecen preludiados ambos significados por mediación de las palabras *defecación* y *multitudes*. La escritura puede ser automática, pero encierra una preferencia —meditada, no inconsciente— por conceptos que arman una sólida estructura iconográfica a través de las metáforas y de los términos que la componen. Esta es una de las características cardinales de las letras buñuelianas: la abundante presencia de términos cuya polisemia invita al lector a formarse diferentes imágenes en función de la opción semántica que elija, sin ofrecer pista alguna sobre cuál puede ser la más adecuada —si es que la hay—, sino lo contrario.

Esta sofisticación lírica la singularizó Buñuel en los textos surrealistas, que fueron la tierra fértil idónea para su práctica y depuración, sin que por ello dejara de tejerlos con hilos muy diversos, logrando una singular policromía poemática donde se entrelazan hebras creacionistas, ultraístas y surrealistas aderezadas con alguna hilacha greguerística. En ellos se manifiesta una desbordante energía creadora que, en el marco de su irracionalidad, es unitaria y, con ello, indivisible, en un doble fluir en verso y prosa en continua interrelación. Sus primeras composiciones enteramente surrealistas —«*Cavalleria rusticana*», «Me gustaría para mí», «*Polisoir* milagroso», «No me parece ni bien ni mal», «Al meternos en el lecho» y «*Ménage à trois*», datadas todas alrededor de 1927— suelen utilizar un sistema subconsciente de asociaciones que gravitan, repetitivamente, alrededor de determinadas obsesiones:

> Lingüística y rítmicamente se traduce en variantes encadenadas del estilo de las empleadas por Pepín Bello en «El Ateneísta»[98] o Salvador Dalí en sus poemas (p. eje., los

[98] Este caligrama de Pepín Bello, publicado en *L'Amic de les Arts* (núm. 31, 31 de marzo de 1929, pág. 14) rezaba:

El ateneísta,
el ateneistae,
el aiteneistaie,
el aiteineistaie...
Es una mezcla de marista y
de erisio que me ha subyugado.

Fue muy bien acogido por gente como Giménez Caballero, Dalí o el propio Buñuel, que contempló la posibilidad de encabezar su libro *Polismos* con él.

publicados en *La Gaceta Literaria).* Y no es raro que esa cadencia creada mediante el encadenado aludido sea rota bruscamente por la introducción de un elemento «exótico», a la manera de los anaglifos que se practicaban en la Residencia[99].

Fue precisamente en sus años residenciales cuando Buñuel conoció y se prendó de la poesía de Juan Larrea, con la que en el fondo comparte algunos de los materiales líricos acabados de exponer. Uno y otro «ejemplifican con inusitada nitidez ese tramo que de las primeras vanguardias conduce al surrealismo»[100], aun cuando no es menos cierto que ese paso es más nítido en el vasco que en el aragonés, habida cuenta de su acuñada militancia creacionista. De Larrea parece haber heredado Buñuel, además del uso de la prosa como resorte de la modernidad, el estilo alegórico de notable complejidad que, como hemos repetido, hace que los discursos de sus poemas surrealistas carezcan de una organización asociativa lógica; carencia que implica una ruptura del discurso.

---

[99] *SV,* pág. 265. El anaglifo literario es una figura poética inventada en la Residencia de Estudiantes por García Lorca, Dalí y Buñuel. En virtud de lo que explica Rafael Alberti, consiste en tres sustantivos, uno repetido dos veces, un segundo que siempre es *gallina* y un tercero que no debe mantener ninguna relación con los dos anteriores y que, por tanto, produce sorpresa por lo inesperado de las asociaciones que provoca *(La arboleda perdida. Libros I y II de memorias,* Barcelona, Seix Barral, 1976, pág. 214).

Como muchos de los versos de Buñuel, el anaglifo se sustenta sobre una estructura de asociaciones no convencionales que se abren a perspectivas imprevisibles y, consiguientemente, inciertas. En el *Primer manifiesto del surrealismo* (1924), André Breton ya aconsejaba que «a continuación de la palabra cuyo origen es sospechoso, coloca una letra cualquiera, la l, por ejemplo, y siempre la l, retornando de ese modo a lo arbitrario al imponer dicha letra como inicial del vocablo que ha de venir» *(op. cit.,* 1985, pág. 42. La traducción es de Aldo Pellegrini [André Breton, *op. cit.,* 2001, pág. 49]).

[100] *SV,* pág. 13.

Otra táctica que acompasa esta ruptura es la supresión de la puntuación, procedimiento habitual en la lírica de ambos. En la poesía surrealista, esta ausencia de signos de puntuación tiene, al mismo tiempo, una función antípoda: la de «restablecer la continuidad de la palabra poética»[101]. A pesar de que todo lo relativo al empleo de la puntuación en los poemas en verso de Buñuel es textualmente conflictivo y debe ser analizado con la máxima de las reservas, en ellos la homogeneidad del flujo verbal se extiende más allá del extrañamiento sensorial y expresivo, por lo que el punto —o a veces la coma o el punto y coma— está ahí para únicamente dar paso al nuevo verso. Sus poemas deben leerse, luego, por tiradas, donde el efecto poético proviene, como ha sido alegado, del contraste entre el movimiento continuo de la palabra y la discontinuidad de las imágenes. Únicamente así emerge uno de los rasgos idiosincráticos más distintivos de la verdad lírica buñueliana que la ancla en el surrealismo más radical: una imagen llama a otra no solo por asociación de ideas, sino por contaminación de las impresiones vinculadas a la sustancia de las propias imágenes. En el siguiente fragmento de «Pájaro de angustia» se observa como del cuerpo entero a la mano, de la mano a los músculos y de los músculos a las venas, se hilvana una fantasía de la anatomía humana, asegurando, en suma, la unidad de un texto al pronto inconexo:

> Tu cuerpo se ajustaba al mío
> como una mano se ajusta a lo que quiere ocultar;
> despellejada
> me mostrabas tus músculos de madera
> y los ramilletes de lujuria,
> que podían hacerse con tus venas.

Este ejemplo, a más de autenticar a través del punto y coma del segundo verso esa función de la que hablábamos

---

[101] Bréchon, *op. cit.*, pág. 177.

en el párrafo anterior, evidencia la revelación que producen los versos, cuya factura debe necesariamente ser capaz de provocar un efecto sorpresivo, de novedad, y no, como criticaba Louis Aragon, de reiteración[102]. Por esta razón, la poesía buñueliana no es un descubrimiento, sino un deslumbramiento. Sus composiciones son, por esencia, tormentosas y cada imagen, como reclamaba el escritor francés, produce un cataclismo. Es una poesía que «arde»[103]. Si el lector está dispuesto a participar de esa revelación, de ese asombro, de ese deslumbramiento, aceptará sin discusiones la fe en la imagen que Buñuel —como cualquier poeta surrealista— plantea.

No hace falta decir, a tenor de lo expuesto, que esta estrategia poemática encierra un elemento teleológico decisivo: el humor. Una simple lectura al azar de los textos reunidos en esta edición sería muestra suficiente para persuadirnos de que el humor es idiosincrásico de la producción de nuestro versista y prosista, aquí y en su cinematografía[104]. Amén de los recursos propios de la greguería y del gag cinematográfico, que atraviesan toda su creación literaria, encontramos otros elementos humorísticos, entre los que brilla el introducir una *lógica* bordada con oropeles de la más seria de las deducciones. En «Bacanal», sin ir más lejos, Buñuel *razona* a partir de postulados aberrantes:

> Cuando cruzamos los pulgares para formar un aspa
> se renueva el martirio de San Bartolomé
> que como se supo después era un fauno
> o un miembro
> que se crispaba delante de la cruz

---

[102] Louis Aragon, *Traité du Style,* París, Gallimard, 1928, pág. 194.

[103] *Ibíd.*, pág. 140.

[104] A decir verdad, algunos de los estudios que sobre su obra se han realizado desde la filología acentúan este aspecto. Así, se ha destacado el sentido del humor de su primer texto, «Una traición incalificable» (Díez de Revenga, 2005, págs. 49-50) y su capacidad de subvertir los principios de identidad y causalidad (Martín Casamitjana, 1996, págs. 181-184).

Asimismo, el humor puede nacer, como en el ya mencionado primer verso de «Teorema», de deducciones totalmente primitivas, en las que no solamente se confunden causa y efecto, sino donde la cercanía sintáctica de términos junto con un parentesco de sentido muy lejano genera una discutible y humorada filiación lógica.

A estas alturas, los ejemplos aportados arrojan una última información que no queremos dejar de reseñar. Estamos observando como aquel «arreglar un poco el estilo» que le sugería a Pepín Bello una vez que el instinto hubiese guiado la escritura, no parece ser tan parco. Y esto se nota sobremanera en el uso de los recursos retóricos, escritos y fónicos, que Buñuel no rehuyó: hipérbaton, aliteraciones, paronomasias, polisíndeton, epánodo, anáforas, anadiplosis e incluso algún retruécano, entre otras figuras de estilo. Aun así, no alardeaba ni abusaba de su manejo, aunque sí recurrió regularmente a ellos en su decir ensayístico. Efectivamente, es en sus ensayos y textos cinematográficos donde más resaltan por su marcado carácter experimental al estar, en principio, genéricamente desubicados. La presencia de estos resortes estilísticos refrenda que detrás de algunos de sus versos había un *animus* prosódico límpido. Uno de los más perceptibles es la aliteración, como acontece en el fragmento con el que se inicia «Ramuneta en la playa»:

> Se había dicho muchas veces a Ramuneta:
>
> —La Venus de Milo tendría algún interés si la vistieran con un mallot de seda verde. En cambio a V. Ramuneta con sus dos trenzas rubias le iría mejor un mallot de seda cielo-azul.
>
> Y ahora —corza en el mar— corretea por la playa, ceñida en un adolescente, tiernamente modelado mallot azul, terso disimulador de su gracia plástica, templado sobre su perfecto cuerpecillo por las clavijas incipientes de los senos.

Las aliteraciones en [v/b] y en [ch] presentes en la primera oración dan paso a la aliteración en [v] de la segunda estrofa[105] y a otra en [c] y en [t] de la tercera. Esta redundancia, que persigue los efectos de sonoridad propios de la lírica, se refuerza aquí con los ecos de un mismo término, en este caso *mallot,* que exteriorizan una voluntad de recordar, de detallar, en un modo que se aproxima a la figura retórica del epánodo. Con este recurso, Buñuel consigue desarrollar la idea del cuerpo estilizado y, por ende, erotizado por la prenda de baño, motivo que transita por toda la composición.

La primera frase de «Lucille y sus tres peces» presenta aliteraciones en [es] y en [c/z]. Estas últimas dan paso a las formadas por [cruz], para finalmente terminar de nuevo en [c/z]: «Cada mes de abril, tres peces rojos, tres peces japoneses cruzaban y descruzábanse en silenciosas espirales sobre la dulce faz de Lucille».

En sus cuentos también hay momentos aliterativos, como el siguiente de «El ciego de las tortugas», vigorizado por el uso anafórico de la preposición *contra,* que da paso a las aliteraciones en [c] y en [r] de las oraciones que siguen:

> —Señores —continuaba—, son el aseo, la limpieza, la curiosidad de las casas.
>
> Contra los ratones.
>
> Contra las correderas.
>
> Contra las cucarachas.
>
> —Esta vez sí que se ha «colao» —dijo el mismo travieso chiquillo—. Para usted es distinta cosa cucarachas que correderas.
>
> —Y para todos. Las cucarachas viven en las casas y las correderas van por la calle, se paran en el corro del ciego de las tortugas, y le queman la sangre con sus objeciones.

Visto lo anterior, es hora ya de cambiar de lente y, de la mano de Josep Pla, adentrarnos en los motivos que pueblan la producción escrita buñueliana.

---

[105] Que apuntilla con la elección de la abreviatura de *usted,* «V.».

El cronista catalán conoció a Buñuel a su llegada a París en 1925, es decir, en el epicentro de su actividad literaria. Con su lucidez habitual, Pla estimaba que era un anarquista «visceral, granítico y acerado», preocupado primordialmente por el problema del mal, «que consideraba consustancial con la constitución burguesa de las instituciones y de la gente, y que solo veía posible corregir con una convulsión psicológica y social»[106]. Es así y esto se nota en su obra, tanto fílmica como literaria. La poesía de Buñuel es la expresión de una persistente tirantez entre el bien (la naturaleza, que simboliza la vida, el amor, el deseo) y el mal (la violencia, la mutilación, la muerte). Y es en esta dialéctica donde la naturaleza y sus elementos juegan un papel privilegiado. No es naturaleza muerta —ni mucho menos paraíso artificial—, sino naturaleza de aromas fúnebres[107], donde el bestiario —a veces hermafrodita, a menudo sexualmente indefinido, y otras, anfibio o, incluso, teriomorfo— contradice y se opone a la separación de los elementos que opera el acto demiúrgico de creación del cosmos (agua/tierra/aire; femenino/masculino; hombre/animal, etc.). Estos ingredientes aliñan un hábitat donde la putrefacción es tópico —y *topos*— privilegiado.

Fue hacia mediados de los años veinte cuando en nuestros medios artísticos y literarios hizo furor la palabra *putre-*

[106] Josep Pla, *Retrats de passaport,* Barcelona, Ediciones Destino, 1970, págs. 314-319. La traducción es nuestra. Esta descripción recuerda la de Ernesto Giménez Caballero: «Luis Buñuel, aragonés. Un cíclope. Tallado en planos recios. Con una silueta heraclida. Y un rostro xilográfico» («El cineasta Buñuel», *La Gaceta Literaria,* núm. 24, 15 de diciembre de 1927, pág. 4).

[107] En coherencia con la afirmación de Epstein sobre el cine y que fue uno de los principios rectores de la cinematografía de Buñuel: «À l'écran il n'y a pas de nature morte», según profundizaremos más adelante.

facto (atribuida a Pepín Bello), la más generalizada de cuyas acepciones fue la referida a todas aquellas personas o cosas que se tenían por caducas o trasnochadas. Se convirtió en uno de los términos clave de la constelación creativa gestada alrededor de Buñuel, Lorca y Dalí en la Residencia de Estudiantes, con la que designaban las manifestaciones artísticas pasadistas y/o falsamente modernas. «*Putrefacto* equivalía, así, a grado extremo de consunción por inmovilismo, e implicaba, como vituperio, el emparejamiento con el mal olor que trasciende todo cadáver insepulto»[108]. El sentimiento de putrefacción se capta mejor si se conecta con la noción de *carnuzo*[109]. Al rememorar los paseos de infancia con su padre, Buñuel cuenta:

---

[108] Rafael Santos Torroella, *«los* putrefactos» *de Dalí y Lorca. Historia y antología de un libro que no pudo ser,* Madrid, Publicaciones de la Residencia de Estudiantes, 1998, pág. 17.

En este punto debemos incidir en que se tiende a incluir dentro de la consideración de *putrefacto* el Romanticismo español, cuando si eso hubiese sido totalmente cierto, ni Zorrilla ni Bécquer hubieran sido fuente de inspiración de Buñuel, Dalí, Lorca y el resto. Lo *putrefacto* frecuentemente es más teleológico que ontológico, aunque la atribución de uno u otro epíteto era cuestión subjetiva de sus creadores; o sea, eran *putrefactas* las líricas o narrativas pretendidamente modernas, no las que, formando parte de su tiempo, seguían los cánones o tendencias del momento. Si ello no fuese así, sería *putrefacto* todo lo antiguo, lo anterior a una época; pongamos por caso, Cervantes. Solo desde este razonamiento pueden entenderse las críticas que Buñuel y Dalí hicieron a Lorca con motivo de algunas de sus piezas teatrales, como *Mariana Pineda* o *Así que pasen cinco años,* obras de las cuales Buñuel dejó bien claro que «Federico *quiere* hacer cosas surrealistas, pero falsas, hechas con la inteligencia, QUE ES INCAPAZ DE HALLAR LO QUE HALLA EL INSTINTO» (carta a Pepín Bello de 17 de febrero de 1929 [reproducimos los subrayados ortotipográficos de Buñuel]).

[109] *Carnuzo* apunta directamente a Pepín Bello y a Buñuel, respecto de quien, su amigo de la infancia José Repollés recuerda: «De Calanda sacó precisamente lo del balago. En Calanda, al cementerio del asno, de los burros, le llaman *el balago*. Entonces, Luis, con estos gustos tan extraños que tiene, pues solía ir con amigos al balago, y precisamente de este balago salió también la voz *carnuzo. Carnuzo,* en calandino [sic], es la carne del

> Un día sentimos un olor terrible en uno de aquellos olivares. Un olor a putrefacción. «¿Qué será?» Mi padre se quedó atrás fumando un cigarrillo. Yo me metí entre los olivos y vi un inmenso animal rodeado de unos buitres enormes, que parecían curas. Los campesinos, cuando las bestias de labor morían, las dejaban al aire libre para que al pudrirse abonasen la tierra. Más tarde, teniendo yo veintitantos años, maté a un burro con un rifle para esperar a los buitres[110].

No debe extrañarnos, pues, que la descomposición carnal se convirtiese en motivo recurrente de todos los géneros que abordó nuestro escritor —el ensayístico incluido—, y que sus únicos habitantes visibles, los gusanos y larvas[111], protagonizaran y simbolizaran las descripciones de sus composiciones. El ejemplo más revelador lo encontramos en «Ramuneta en la playa»:

> Sobre tu frente, Ramuneta, un anélido de luz y bajo tus pies desnudos un azul marino esculpe frisos sin saberlo.
>
> En el oro de la arena se estrella un concurso de olas: discóforos las ondillas finas, platelmintos las verdes algas.

En estos versos libres observamos primero la exquisitez científica del narrador, que llega al extremo de utilizar un

---

animal muerto. Esta palabra la adoptaron Lorca y Alberti, que aún la sigue usando, y pasó también a *Un perro andaluz*» (Aub, 2020, pág. 76).

[110] Pérez Turrent y De la Colina, 1993, pág. 15. Otra versión de este recuerdo la encontramos en *MUS* (pág. 21).

[111] *gusano:* «1. Nombre común que se aplica a animales metazoos, invertebrados, de vida libre o parásitos, de cuerpo blando, segmentado o no y ápodo. 2. Nombre de las larvas de cuerpo blando, alargado y cilíndrico de muchos insectos y de las orugas de los lepidópteros» *(DLE).* Sacamos a colación la polisemia del término, pues es menester precisar que en el proceso de putrefacción de un cadáver intervienen las larvas de mosca. Buñuel utiliza este término como metáfora de la imagen aislada en «*Découpage* o segmentación cinegráfica», aunque es más proclive a emplear el genérico *gusano* cuando no se refiere a un filo o género concreto.

vocabulario excepcional en el ámbito mismo de la biología: son gusanos tanto los discóforos como el platelminto[112]. Más común es un anélido[113]. De esta forma, los gusanos son los invertebrados paradigmáticos del relato que, de un lado, valen como connotación del movimiento marino y, de otro, remiten a los cuerpos en descomposición, entorno putrefacto del que son los únicos residentes vivos perceptibles. En concreto, la viveza y dinamismo de un cuerpo joven y atlético como el de la protagonista, Ramuneta, se desarrollan entre aromas de putrefacción representados por el uso de términos vermiculares, generando así oposiciones sensoriales como las que abrigaba el propio autor, que quería romper con las corrientes artísticas *putrefactas* que todavía atenazaban la valoración estética de una obra de arte.

Siete años más tarde, en «Una jirafa», nos encontramos otra vez con estos representantes aventajados de lo putrefacto, aunque aquí la alusión no es connotativa, y los vocablos tampoco son técnicos, sino que describen la situación propia derivada del proceso de descomposición carnal:

> En el fondo de la mancha una bellísima rosa mayor que al natural fabricada con cáscaras de manzana. El androceo es de carne sangrante. Esta rosa se pondrá negra algunas horas después. Al día siguiente se pudrirá. Tres días más tarde, sobre los restos aparecerá una legión de gusanos.

---

[112] Los discóforos son gusanos con anillos cortos o no anillados con ventosa terminal y central. Los platelmintos, o gusanos planos, son un grupo de animales invertebrados que incluye aproximadamente veinte mil especies, la gran mayoría parásitas y hermafroditas (como la tenia). Acaso fue el hermafroditismo, manifestación de la confusión sexual, una de las razones de la elección del animal, con lo que veladamente homenajeaba a Lautréamont.

[113] Seguimos en el territorio vermicular, donde los anélidos son un tipo de gusano de cuerpo casi cilíndrico, con anillos o pliegues transversales externos. Viven en el mar, en el agua dulce (la sanguijuela, por ejemplo) o en tierras húmedas (como la lombriz).

Si estos dos ejemplos atestiguan la fascinación por los animales vermiformes, su certificación nos llega con el uso metafórico de la motricidad vermicular a la hora de describir las funcionalidades de su más personal contribución a la teoría cinematográfica, el *découpage* —o guion técnico del film—, herramienta que servirá para segmentar la película en trozos que «se sucederán después vermicularmente, ordenándose en colonia, para componer así la entidad film, gran tenia del silencio, compuesta de segmentos materiales (montaje) y de segmentos ideales *(découpage)*», para más adelante, en un alarde microentomológico, afirmar:

> Una imagen aislada representa muy poco. *Mónada* simple, sin organizar, en donde la evolución se detiene y se continúa a la vez. Transcripción directa del mundo: *larva cinematográfica*. La imagen es elemento activo, *célula* de acción invisible, pero segura, frente al plano que es el elemento creador, el individuo apto para especificar *la colonia*[114].

En su momento versaremos sobre la profundidad lírica de algunas de sus críticas y artículos cinematográficos, de la que estos pasajes son unas de sus mejores muestras; como lo son de la importancia de la iconografía gusanosa representada por la tenia[115], cuyo movimiento simboliza el discurrir de la narración fílmica. A través del uso metafórico de la fauna microscópica y entomológica, Buñuel transmite que su idea del cine era una idea tan viva[116] como una tenía que evolucionaba en un entorno en descomposición como el representado por el cine mayoritario que se hacía en aquel momento[117].

---

114 «*Découpage* o segmentación cinegráfica». La cursiva es nuestra.

115 Gusano, también platelminto, que vive parásito en el intestino de otro animal.

116 O lo que es lo mismo: antiputrefacta, como expondremos.

117 Lo que no era una crítica al cine comercial estadounidense, antes lo contrario. No está de más recordar que Jacques-Bernard Brunius tachó

Así pues, gusanos y larvas son componentes esenciales de esa naturaleza buñueliana de aromas fúnebres a la que hacíamos referencia, que conviven con otros animales en su bestiario: golondrinas, gallinas, buitres, mastines, palomas, milanos, cabrillas, corzos, mariposas, hormigas, sapos, lapas, piojos, bisontes, cocodrilos, hipopótamos, hipocampos, medusas, etc., y aun plesiosauros y diplodocus; más los que dan título a uno de sus escritos postreros y a su primer film: la jirafa y el perro, respectivamente. Y valga añadir el uso de verbos como *aullar* y *croar* o la reiterada alusión a los balidos. No faltan tampoco referencias a protozoos, como la mónada del pasaje anteriormente transcrito[118] o la ameba, mediante los cuales construye singulares microcosmos. Esta biota no estaría completa sin la flora, representada por los sauces y su polen, los trigos o las flores (rosas, jacintos, etc.) a veces rojas, otras negras, que suelen ser símbolo de sexo y muerte. Hay también referencias a elementos telúricos, como la tierra, las piedras y las grutas, así como a astronómicos: las estrellas, el Sol o el planeta Saturno. Sin perder de vista, por supuesto, la omnipresencia del agua, y el viento, en clara referencia a sus orígenes bajoaragoneses, donde la convivencia con el cierzo era usual. A este medio ambiente acuoso y anemófilo se suma incluso la nieve.

Otra de las imágenes frecuentes de su literatura es la de los objetos esféricos[119]. De ellos, el ojo es uno de los dominantes antes de su llegada al cine, arte cuya técnica sustituye al órgano de la vista de quien maneja la cámara, al interponerse entre este y lo captado. El ojo sirve para ver y ser

---

de «gongorismo fotográfico» la afección estilística de algunos films franceses de la época, como la, por otra parte, tan estimada por Buñuel *La pasión de Juana de Arco* (Jacques-B. Brunius, *En marge du cinéma français,* Lausana, L'Âge d'Homme, 1987 [1954], pág. 57).

[118] Aun cuando su acepción pudiese ser otra o Buñuel quizá quisiese jugar con la polisemia del vocablo (véase la nota 668 en el aparato textual).

[119] Monegal, 1993, pág. 46.

visto, observar y ser observado, como el pintor ante su autorretrato, pero despojado de cualquier efecto reflejo. Como el incipiente cinematógrafo, los poemas de Buñuel son textos sobre la mirada: la mirada del sujeto lírico y la mirada sobre él[120]. Lo principal no es sin más lo que observa, sino el mismo yo lírico como sujeto/objeto observado[121], asiduamente por sí mismo, como en la siguiente estrofa de «Diluvio»: «Mis diez dedos no tenían hueso y mis ojos, también mis ojos me acechaba de lejos, más grandes que nunca, grises para siempre, con la ferocidad de los demás ojos».

Esta estrategia alcanza su máxima expresión en «Palacio de hielo», donde el yo lírico cuenta cómo uno de los personajes narra una noticia en la que, otro personaje, un supuesto cronista, observa al autor representado por partes de su anatomía, en este caso esféricas:

> Una enfermera viene a sentarse a mi lado en la mesa del café. Despliega un periódico de 1856 y lee con voz emocionada:
>
> «Cuando los soldados de Napoleón entraron en Zaragoza, en la VIL ZARAGOZA, no encontraron más que viento por las desiertas calles. Solo en un charco croaban los ojos de Luis Buñuel. Los soldados de Napoleón los remataron a bayonetazos».

---

120 Mirada equivalente a la del entomólogo, que, en el cine de vanguardia anterior a 1929 (fecha de la primera película de nuestro autor), muy a menudo tuvo como objeto los propios ojos; como ocurre en las composiciones escritas y fílmicas de Buñuel, quien dio cartas de nobleza al tema con la más famosa de sus escenas, la de la amputación ocular de *Un perro andaluz*.

121 Establecemos la dicotomía porque la observación sobre el sujeto lírico o sobre partes mutiladas de su cuerpo (entre ellos, los ojos del final de «Palacio de hielo») actúa como un mecanismo de cosificación a través de una mirada que puede tener poderes hipnóticos que desproveen al hipnotizado de su capacidad volitiva y, consecuentemente, lo despojan de su *alma*.

Más allá de los casos de alternancia entre heterodiégesis y homodiégesis de este último fragmento (que también encontramos en *«Cavalleria rusticana»),* los dos pasajes de «Diluvio» y «Palacio de hielo» acabados de transcribir tienen en común también la presencia del agua. La literatura de Buñuel es un conjunto textual perlado, que tiene mucho que ver con la pasión que por lo hídrico tuvo el cine francés desde finales de la Primera Guerra Mundial hasta la llegada del cine sonoro[122]. Un cine que a Buñuel le tocaba muy de cerca y que emergió en un contexto intelectual marcado por empeños científicos y filosóficos tendentes a repensar los marcos del tiempo y el espacio. De ellos brotaron modelos propuestos por gente como Einstein, Bergson[123] y, en menor medida, Heisenberg[124], de los que el calandino tomó buena nota, y a cuyo pensamiento acabó poniendo carne narrativa en su cuento «Por qué no uso reloj», directamente marcado por este clima, y en donde:

> [...] además de hacer referencia directa a la admiración que la figura de Einstein despertaba por entonces, también ironizaba acerca [de] la calificación del Tiempo como «relativo», considerándolo como todo un insulto. Decidió jugar con el prestigio y las teorías de este físico alemán para hacer chistes relacionados con la introducción del nuevo concepto de relatividad[125].

---

122 Sobre este tema, véase Éric Thouvenel, *Les images de l'eau dans le cinéma français des années 20,* Rennes, Presses Universitaires de Rennes, 2010.

123 Según el filósofo francés Henri Bergson (1859-1941), solemos concebir el tiempo como una sucesión de instantes de la misma duración, basada en el movimiento de las manecillas del reloj, fruto de una operación del intelecto, que *espacializa* el tiempo, es decir, lo concibe como un cuerpo físico y lo divide en segmentos iguales.

124 En 1927, el precoz físico teórico Werner Heisenberg (1901-1976) enunció su principio de la incertidumbre por el cual es imposible medir simultáneamente de forma precisa la posición y el momento lineal de una partícula.

125 Martínez Herranz, 2018, pág. 254.

Estos modelos científicos no influyeron directamente en el arte cinematográfico, pero instalaron en el público de la época la creencia de que la situación del ser humano en el mundo y, en especial, sus relaciones con el tiempo y el espacio estaban cambiando, alzándose la idea del tiempo como cuarta dimensión, retomada a una escala más esotérica por el movimiento teosófico, que influenció mucho al preceptor cinematográfico de Buñuel, Jean Epstein[126]. Todo ello desembocó en la creencia de que los fenómenos que dirigen el funcionamiento del universo, además de poderse explicar a partir de postulados de la mecánica cuántica, debían reconsiderarse sobre el modelo de una mecánica de los fluidos, y no de los sólidos. Así, la percepción del mundo perdía en estabilidad y ganaba en términos de maleabilidad y plasticidad[127]. Estos rasgos se trasladaron al cine francés y encontraron justamente en Epstein a uno de sus guías. De tal forma, en *Cœur fidèle* (1923)[128], el director francés utiliza la sobreimpresión del agua y de los rostros de los protagonistas sobre la base de la denegación momentánea de la profundidad en beneficio de un acopio de motivos (diversos rostros, diversas imágenes de agua a diferentes escalas y desplazamientos a diferentes velocidades) que los convierte en permeables entre ellos, forjando un efecto de saturación visual. Esta saciedad estética es idéntica a la que en el plano lírico consigue Buñuel en sus poemas mediante la conjunción de imágenes (no necesariamente acuáticas) con recursos retóricos que generan el efecto acuoso de fluidez, como acontece, pongamos por caso, con el uso de las aliteraciones y de alguna concatenación.

---

[126] Epstein manejó el concepto de fotografía espiritista, que no era más que la transposición al terreno de la mística *fin de siècle* de la sobreimpresión visual.

[127] Thouvenel, *op. cit.*, pág. 12.

[128] En una carta dirigida a Pepín Bello el 8 de noviembre de 1927, Buñuel le comenta que hay muy pocas películas francesas realmente extraordinarias. Entre ellas se encuentra *Cœur fidèle*.

Después de todo, el corpus literario de Luis Buñuel muestra como el alcance del lenguaje es mucho mayor que el de limitarse a las palabras del vocabulario de un idioma. El uso de una extensa nómina de figuras retóricas es una coartada para relacionar al ser humano —a quien cosifica, al vaciar precisamente de significación los contenidos del lenguaje[129]— con el cosmos, determinando su poder de representación y transformación de la realidad, lo cual es ya el anuncio de un «poeta de raza»[130].

André Breton, en 1924, lo resumió perfectamente a partir de una interrogación que debió suscitar la atención de espíritus revolucionarios como el de Buñuel: «¿No depende la mediocridad de nuestro universo esencialmente de nuestro poder de enunciación?»[131]. Dicho de otra forma, vinculada también con el líder del surrealismo, las imágenes irracionales de Buñuel tienen un valor añadido —ya aludido, aunque con otro enfoque—: el alquímico. Mucho se ha dicho sobre la relación entre el surrealismo y el misterioso mundo de la alquimia y el esoterismo. El interés de Breton por los textos alquímicos salta a la vista, máxime a partir del *Segundo manifiesto*. Para él, la imagen debe agregar, convertir algo en más visible[132]. La única trayectoria posible es la que va del plomo al oro («Busco el oro del tiempo», reza su epitafio funerario). La alquimia tiene en cuenta el plomo como la materia vil solo sobre la base de sus posibilidades evolutivas. La materia vil permanece vil únicamente si el alquimista no intenta transmutarla y, tan pronto como se acerca al atanor alquímico, todo es posible. La al-

129 Ibáñez, 1996. Las máximas cotas de expresión y concentración de este proceder las encontramos en *Hamlet*.

130 Usurpamos a Vittorio Bodini estas palabras que dijo en referencia a Larrea *(Los poetas surrealistas españoles,* Barcelona, Tusquets, 1971, pág. 53).

131 «Introduction au discours sur le peu de réalité», en *Œuvres complètes,* tomo II, París, Gallimard, 1992, pág. 276.

132 Breton, *op. cit.,* 1968, págs. 11-12.

quimia nunca se adhiere a lo inmóvil y es, antes que nada, esta virtud dialéctica la que atraerá a Breton. La poesía de Buñuel —más afecto al primer manifiesto que al segundo— está igual de bien situada —a menudo, mejor— que cualquiera otra para permitirnos verificar este proceso de transformación ascendente. Su universo está compuesto por la *materia vil* de nuestro cosmos cotidiano: los animales, las plantas y las cosas más banales. Pero, a estos objetos, Buñuel les otorga una movilidad singular y jaeces, cuando menos, inesperados, en una concepción hilozoísta de los mundos que describe[133]. Por eso podemos trasladar la idea, también bretoniana, de que, si Victor Hugo abolió la distinción entre palabras nobles e innobles, Buñuel —como otros surrealistas, pero más sistemáticamente, puede que por ser este un rasgo muy greguerístico— abole la distinción entre objetos nobles e innobles[134].

Poemas cinegráficos y cinepoemas

En la obra de Buñuel, las imágenes circulan de la literatura al cine, pasando de una piel a otra. Pese a que lo «peculiar de su mundo poético asombrará a media Europa a través de la película *[Un perro andaluz]* [...] se perfilaba ya en los escritos de que esta, en gran parte, deriva»[135]. Las conexiones entre sus trabajos literario y fílmico se articulan

---

[133] El hilozoísmo es la doctrina metafísica que considera a la materia no solo como activa, sino también como viviente, es decir, dotada de espontaneidad y sensibilidad.

[134] Esta peculiaridad le diferencia de sus estimados escritores decadentistas, que desvalorizaron la naturaleza para trasladarse a otros entornos poemáticos más consonantes con las tendencias intelectuales y artísticas del momento, como la ciudad y lo maquínico, con los que Buñuel también coqueteó, pero en mucho menor grado que otros poetas y narradores.

[135] *SV*, pág. 25.

por el uso de procedimientos cinematográficos en sus textos escritos y por las similitudes de tono, registro y temas abordados. En esta alianza tuvo mucho que ver el cineasta y filósofo Jean Epstein. Buñuel se fue a París en 1925 y al año siguiente decidió dedicarse al cine tras ver el film *Las tres luces* de Fritz Lang. Con la pretensión de aprender el oficio ingresó en la Académie de Cinéma fundada por Jean Epstein y los actores Camille Bardoux y Alex Allin, postulándose como ayudante del primero[136]. En 1927 aparecen sus primeros escritos sobre el cine.

> Desde que llegué a París yo iba al cine con frecuencia [...] hasta tres veces al día. Por la mañana, gracias a un pase de prensa proporcionado por un amigo, veía películas norteamericanas, en proyección privada [...] Por la tarde, una película en un cine de barrio. Por la noche iba al Vieux Colombier o al Studio des Ursulines[137].

En su artículo «Tragedias inadvertidas como temas de un teatro novísimo», ya dejó entrever que su poética se fundamentaba en dotar al objeto de un estatuto que le conceda una esfera de actividad propia y lo libere de la simple antropomorfización, fruto de la huella indeleble del futurismo mediada por Gómez de la Serna. Pero, si exceptuamos la gran urbe como personaje literario, no es que comulgara en demasía con los temas predilectos del movimiento de Marinetti. No encontramos en su lírica onomatopeyas referidas al ruido urbano o al maquinismo, ni representa-

---

[136] Buñuel colaboró con Epstein en sus películas *Mauprat* (1926) y *El hundimiento de la casa Usher* (1928).

[137] *MUS,* págs. 109-110. El Théâtre du Vieux Colombier y el Studio des Ursulines eran dos salas de espectáculos parisinas, la primera dedicada principalmente al teatro, aunque proyectó películas como las de Epstein, y la segunda al cine, acogiendo además del estreno de *Un perro andaluz,* el de otras películas de vanguardia. Ambas siguen operando hoy en día.

ciones de máquinas, coches o aviones; ni prácticamente referencias al deporte, del cual era practicante destacado. Sin perder sus lazos con estos protagonistas de la vanguardia literaria, debe hacerse hincapié en lo crucial que fue su proximidad con Epstein a la hora de perimetrar la topografía de las letras buñuelianas. En este marco, elucidemos que la estela epsteiniana no fue únicamente empírica, sino también teórica: en la escritura poética de Buñuel retumban con fuerza los postulados del ensayo de Epstein *La Poésie d'aujourd'hui. Un nouvel état d'intelligence* (1921), uno de los pocos textos, allende los manifiestos, de teoría literaria de las vanguardias de principios del siglo XX. Si los ensayos cinematográficos del francés fueron los que realmente repercutieron en su concepción del cine, los literarios no lo fueron menos. Al respecto, cedamos la palabra a Antonio Monegal, que captó perfectamente la cuestión:

> La lectura comparada de los textos de Epstein y los de Buñuel permite comprobar cómo no solo existen planteamientos comunes, sino que ambos manejan incluso una misma terminología. Epstein era conocido en los círculos literarios españoles por su libro *La Poésie d'aujourd'hui, un nouvel état d'intelligence* (1921) y por sus colaboraciones en *Esprit nouveau* y *Vltra*[138]. Se hicieron eco de sus ideas tanto Guillermo de Torre como García Lorca, concretamente de su definición de la metáfora como un teorema en el que se salta sin intermediario de la hipótesis a la conclusión[139].

Guillermo de Torre, amén de introducir a Epstein en España, fue quien lo presentó a Buñuel. No es difícil inducir que este conocía los textos publicados en *Vltra,* ni que su voluntad de trabajar con el francés derivase de tal conocimiento, a pesar de que llegase a declarar, con su habitual

---

[138] Revistas de vanguardia francesa y española, respectivamente.
[139] Monegal, 1993, pág. 79.

capacidad tergiversadora respecto de su vida profesional, que aprendió muy poco con él[140]. En este punto, sintonizamos totalmente con Urrutia, que sostiene que Buñuel «buscó a Epstein, sin duda, porque este había llegado al cine desde la propia reflexión poética»[141].

La teoría lírica de Epstein descansa sobre el principio de que la poesía moderna implica la sustitución de una lógica racional por una lógica onírica[142]; la poesía equivale a lo irreal y lo surreal[143]. No es forzoso, pues, pensar el cine a partir del propio cine, sino que Epstein piensa el cine a partir de la poesía literaria. Esta es la primera y más importante enseñanza que sacó Buñuel de su mentor en Francia, como se observa en la traslación, que no adaptación, de los poemas y prosas que debían armar el proyecto de libro *El perro andaluz* (título definitivo del original *Polismos)* a la película *Un perro andaluz.* Esto es axiomático en sus primeras películas *(Las Hurdes, tierra sin pan* inclusive) y aunque luego este aspecto quede difuminado o, incluso, eclipsado —salvo ciertos destellos cegadores como *Los olvidados* (1950)— la verdad es que estuvo perpetuamente presente en su puesta en escena. El de Calanda entendió siempre el cine como un artefacto lírico y así lo dijo en su conferencia «El cine, instrumento de poesía», pronunciada en la Universidad Nacional Autónoma de México en 1953 y de la que nos ocuparemos en este estudio preliminar.

---

140 Aranda, 1975, pág. 51.

141 Urrutia, 2002, pág. 149. A diferencia de Buñuel, Epstein no se dedicó a la poesía como poeta, sino únicamente como teórico.

142 Gérard Leblanc, «La poétique epsteinienne», en Jacques Aumont (dir.), *Jean Epstein. Cinéaste, poète, philosophe,* París, Cinémathèque Française, 1998, págs. 25-38.

143 «El cine es el más poderoso medio de poesía, el medio más real de lo irreal, de lo "surreal", como habría dicho Apollinaire» (Jean Epstein, *Écrits complets. Volume II. 1920-1928: Bonjour cinéma, Le Cinématographe vu de l'Etna et autres écrits,* París, Editions de l'Œil, 2019, pág. 290. La traducción es nuestra).

Esta ósmosis entre poesía y cine es bidireccional, dado que ambos están estrechamente amalgamados; por lo cual se infiere el interés del uso cinematográfico que del lenguaje poético hace nuestro autor. Como muestra, en «Diluvio» Buñuel adoptó el registro visual de la cámara lenta para dar a la fantasmagórica composición la textura onírica que requería[144]. Se ha subrayado como principal fuente de inspiración cinematográfica la secuencia del sueño de *La fille de l'eau* de Renoir, película que Buñuel tenía en alta estima, y que transcurre durante un diluvio[145]. No obstante, el uso del ralentí es una de las marcas de fábrica de la puesta en escena de Epstein[146], con quien Buñuel ya había colaborado en 1926, año de su redacción, en virtud de lo cual su impronta también se nota en esta y otras producciones literarias. La parte final de este poema en prosa es el máximo exponente de lo que acabamos de sugerir. En ella, el desarrollo *in crescendo* de la acción se basa en una escritura cinematográfica de imágenes tan potentes como perturbadoras, que culmina con un clímax trágico para el sujeto lírico —con tan grandiosas como increíbles correspondencias con la icónica escena subfluvial de la cinta *La noche del cazador* de Charles Laughton (1955)— y cuyo efecto Buñuel remata con un *plano final* menos tenso, ya melancólico, que cierra la composición en un ejercicio de profunda poética onírica. Si la primera parte de este pasaje la hemos reproducido antes, merece la pena hacer lo propio con todo el fragmento referido para dar una idea fiel de lo expuesto:

---

[144] Textura basada sobre la lógica y la analogía, factores que Buñuel irá abandonando posteriormente (Monegal, 1993, pág. 37).

[145] *BLD,* pág. 111. Esta escena también resuena en la secuencia de la selva tropical de su película *La muerte en este jardín.*

[146] Sobre este tema, véase Rafael Gómez Alonso, «El efecto impresionista en el discurso fílmico de Jean Epstein: *El hundimiento de la casa Usher*», *Index.comunicación,* núm. 7 (2), 2017, págs. 85-106.

> Llovía. Llovía. Llovía. Llovía.
>
> Por todas partes entre grietas de agua y resplandores glaucos acechaban unos ojos grises de mirar metálico, con ferocidad de escualo, los ojos de todos los habitantes de la ciudad, todo ojos, todo ferocidad.
>
> Mis diez dedos no tenían hueso y mis ojos, también mis ojos me acechaban de lejos, más grandes que nunca, grises para siempre, con la ferocidad de los demás ojos.
>
> Junto a mí pasó flotando mi novia ahogada impulsada por el temblor de su velo nupcial, medusa de amor y muerte.
>
> Llovía. Llovía. Llovía. Llovía.
>
> En el reloj de la catedral dieron las doce burbujas de la noche.
>
> Llovía.

A la luz de lo que venimos diciendo, no es preciso subrayar que la obra escrita de Buñuel comprende una colección de composiciones poéticas que pueden considerarse cinetextos propiamente dichos, a saber: «un escrito de poeta destinado a ser realizado, que se emancipa de la literatura y el teatro, y que intenta inventar un nuevo lenguaje con sus propias especificidades»[147]. A lo mejor no sean cinetextos intencionales, pero sí son vocacionales, en el sentido de que tienen una propensión fílmica, al margen de si fueron o no pensados, en principio, para convertirse en una obra audiovisual. Lo ha testado sagazmente Ibáñez respecto de «Palacio de hielo»:

> La constante, casual e imprevista aparición de objetos y sugerencias visuales (gags, metáforas continuadas) en el escenario propuesto crea «suspense» al modo cinematográfico y logra mantener la atención de los lectores. Para ello se cuenta con la abundancia de sustantivos y formas verbales

[147] Carole Aurouet, *Le Cinéma des poètes. De la critique au ciné-texte*, Lormont, Le Bord de l'Eau, 2014, pág. 215. La traducción es nuestra.

(«formaban», «me contaron», «se inclinan», «pende», «balancea», «aullando», «soy», «es», «no quedan», «sonríen», «bizquean», «van a comer», «se abre», «aparece», «me saca», «los arroja», «quedan», «viene a sentarse», «despliega», «lee», «entraron», «encontraron», «croaban», «remataron»), en la que domina el tiempo presente y la estructura VER + RECONOCER: vemos paisaje repleto de charcos y reconocemos el torreón de la infancia. Vemos una puerta[148] cerca de la que pende un cadáver y reconocemos en él al poeta/narrador. Vemos un esqueleto con ojos y reconocemos a la dama/madre en la ventana que se abre. Vemos que la dama/madre/verdugo afila sus uñas, y reconocemos la castración («quedan mis órbitas...»). Vemos como la enfermera abre un periódico y reconocemos los ojos de Luis Buñuel siendo rematados por los soldados napoleónicos[149].

Es en estos poemas de profundo sello surrealista donde se observa más claramente el giro de la poética buñueliana desde el vanguardismo hispano al surrealismo francés, que alcanza su cenit con sus cuentos de la década de 1930. En ellos encontramos todos los elementos que hemos analizado anteriormente, causa por la cual constituyen la mejor muestra de la costura lírica de Luis Buñuel: inspiración, vocación, alquimia, ruptura, delirio, cólera, compulsión y humor, entre los más destacados. En otras palabras, todo un dispositivo dinámico —secreción auténtica, continua y rítmica a la vez[150]— que, en una acción de incontrovertible tropología, metamorfosea valiéndose de dos principios muy bachelardianos: la imaginación[151] y la ensoñación.

---

[148] En realidad, es una ventana, pero en *OL* aparece *puerta*.

[149] Ibáñez, 1996. Este autor concluye que, por consecuencia, «la poesía se convierte en guion cinematográfico y el discurso poético en montaje».

[150] En términos similares se ha descrito la poesía de Péret (Pierre Cheymol, *Les aventures de la poésie,* tomo II, París, José Corti, 1988, pág. 332).

[151] Nos referimos a la facultad de la imaginación concebida por Bachelard como el poder no solo de formar imágenes, sino más bien de *de-formarlas*.

Muchos versos y pasajes contenidos en estos escritos son expresiones verbales de las imágenes delirantes de sus primeras películas, introduciendo a veces los temas más inesperados y contradictorios. Esta lírica también encontró en la morfología de las greguerías y, en especial, en la cosalidad[152], su silueta, aboliendo la línea que separa al sujeto del objeto:

> Tanto en los poemas [en principio destinados a *El perro andaluz]* como en el filme *[Un perro andaluz]* observamos motivos obsesivos del cineasta, como la fragmentación del yo; el interés por el alma de los objetos que conduce a una cosificación de las personas y, por tanto, a la obsesión con el maniquí que tantos autores vanguardistas comparten, en tanto que objeto antropomórfico por excelencia, y las mutilaciones, que cobran una importante relevancia estructural en sus creaciones a través del método del *collage*. Todo ello contribuye al extrañamiento y a epatar al lector/espectador pasivo[153].

Después del éxito vanguardista de sus cintas *Un perro andaluz* y *La edad de oro,* Buñuel no renunció a su vocación poética, aun cuando su producción fue muy parca, limitándose a algunos poemas, a unos extraordinarios cuentos escritos con la inestimable inspiración de Pepín Bello y a un cinepoema, publicado en 1933, «Una jirafa» («Une girafe»), que encierra a la vez un texto escrito y un caracte-

---

[152] Entendida como la «obsesiva y constante orientación hacia el objeto» (Nicolás, *op. cit.,* pág. 104), que guio a muchos de los protagonistas de la vanguardia de ese tiempo.

[153] González Ángel, 2017, págs. 87-88, que añade: «La fragmentación o abolición del yo que es una de las características de la obra de Gómez de la Serna y su gusto por los objetos y lo pequeño —sobre todo los insectos—, se puede apreciar en la figura del doble, que podemos encontrar en las escenas de la lucha entre el ciclista y su doble depravado de *Un chien andalou* [...] y en la escena del personaje reconstruido con su ropa» (pág. 88).

rístico objeto surrealista[154]. No sabemos cuándo se redactó, pero se publicó en mayo de 1933, en el número 6 de *Le Surréalisme au service de la révolution*. Con él, Buñuel imprimió su firma literaria en el órgano de expresión más exclusivo del movimiento surrealista, cuando ya no militaba oficialmente en él[155].

«Una jirafa» fue articulada —nunca mejor dicho— por Buñuel como parte de la sorpresa que él y el escultor Alberto Giacometti iban a llevar a la fiesta que los vizcondes de Noailles dieron en abril de 1932 en su casa de Hyères[156]. Cada uno de los artistas invitados colaboró con alguna cosa para la ocasión. La aportación de Buñuel y Giacometti consistió en una jirafa de tamaño natural que incorporaba un texto:

> Instigado por Breton [...] en una hora escribí los textos de *Une girafe*. Pierre Unik[157] me corrigió el francés, después fui a ver a Giacometti a su estudio [...] y le pedí que dibujara y recortara [...] una jirafa de tamaño natural [...] Las manchas de la jirafa estaban montadas con bisagras y podían levantarse. Debajo, se leían las frases escritas por mí en una hora[158].

---

154 Monegal, 1993, pág. 71.

155 La participación de Buñuel y otros autores en la revista después de haber abandonado el grupo, o haber sido expulsados de él, es fruto de un acercamiento derivado del nuevo rumbo de la Asociación de Escritores y Artistas Revolucionarios impulsado por Paul Vaillant-Couturier en septiembre de 1932, si bien esta aparente reconciliación saltó por los aires en julio de 1933 (véase Gubern y Hammond, 2021, págs. 186-201).

156 Charles de Noailles y su esposa Marie-Laure, vizcondes de Noailles, fueron unos de los mecenas más importantes del siglo xx. Financiaron *La edad de oro,* entre muchas otras producciones y obras artísticas de las vanguardias.

157 Pierre Unik (1909-1945), escritor, poeta y periodista francés perteneciente al grupo surrealista, trabajó junto con Buñuel en la producción del documental *Las Hurdes, tierra sin pan.*

158 *MUS,* pág. 148. Esta celeridad en su composición avalaría la idea no solo de que algunos pasajes, como el poema «A Ricardo Corazón de

El texto que confeccionó Buñuel para estas manchas ha desaparecido. Lo que nos queda es la recomposición que él mismo hizo posteriormente y que es la versión que hoy conocemos. Se han insinuado pertinentemente conexiones entre este producto literario y el próximo film de su creador, el documental sobre Las Hurdes —en el que Unik colaboró—, a partir de las alusiones españolas de las manchas primera, sexta y decimoprimera, «evocaciones aparentemente serias de una tierra premoderna y feudal de polvorientos remansos rurales, de campesinos sin tierras, iconos católicos y putrefacción» que anticipan algunos temas que reaparecerán en el citado documental[159].

El descriptivo íncipit de «Una jirafa» opera como un manual de instrucciones que aglomera al mismo tiempo una obra plástica y literaria, puesto que el texto servía de alguna manera como guion para la construcción del objeto[160]. De hecho, debía de haber sido el primer poema audiovisual de la historia, a pesar de las limitaciones técnicas que generaba su realización, quedando en última instancia como un ejemplo de *ars combinatoria* que anticipa algunos recursos fílmicos que seguirá utilizando en su carrera cinematográfica[161]. Por eso en él se afirma tajante e hiperbólicamente: «TODO ES ABSOLUTAMENTE REALIZABLE». No obstante, las limitaciones materiales para la puesta en escena de algunas de sus pautas hicieron que bajo cada una de las manchas se añadiese la descripción escrita de la acción o acciones pretendidas, lo que apunta a que algunas de las

---

León» o párrafos enteros de «La agradable consigna de Santa Huesca» (véanse las notas 421, 467 y 474 en el aparato textual), ya estaban escritos e iban destinados a otros fines, sino de que Buñuel se enfrentó al texto como si de un *découpage* se tratase, ya que, recordémoslo, escribir literatura le suponía una inversión enorme de esfuerzo y tiempo.

159 Gubern y Hammond, 2021, pág. 143. Estos ecos podrían también provenir de la comarca bajoaragonesa donde creció.

160 Monegal, 1993, pág. 71.

161 Baumert, 2010, pág. 50.

manchas solo podían haberse reproducido cinematográficamente.

Se trata de la creación de un cineasta y dramaturgo, y prácticamente cada una de las veinte manchas posee mimbres genéricos propios, aunque a todas las une su índole cinematográfica, pues podrían pasar por «planos numerados del guion técnico de una película»[162]. Algunas son composiciones poéticas, otras se asemejan a acotaciones y diálogos teatrales, encontramos algún bosquejo de microrrelato y todo el conjunto es parejo a un guion o una escaleta de un proyecto audiovisual, ergo, un *découpage*. «Una jirafa» está plagado de hechuras de la iconografía buñueliana: el ojo de la segunda mancha en el que se refleja el espectador recuerda el ojo cortado de *Un perro andaluz,* al igual que lo hace la mariposa de la muerte que aparece en la mancha novena. Las gallinas picoteando o Cristo riéndose a carcajadas son imágenes a las que el realizador recurriría en más de una ocasión a lo largo de su filmografía, y la escena de la orquesta con cien músicos de la cuarta mancha debería haber aparecido casi veinte años más tarde en *Los olvidados,* pero la propuesta fue descartada por ser económicamente inabordable. Eso es lo que ha hecho que se lo haya considerado un gigantesco *collage,* incluso la expresión más clara de la utilización del *collage* como resorte poético[163]:

> «Une girafe» es seguramente un ingenio, un *collage ad hoc* de breves piezas individuales, algunas antiguas, originadas en los poemas inéditos de Buñuel de los años veinte, y otras nuevas (por lo menos una sección parece proceder

---

[162] Gubern y Hammond, 2021, pág. 143.

[163] En el mismo número de *Le Surréalisme au service de la révolution* en el que se publicó «Una jirafa» se podía leer el texto de Max Ernst «Comment on force l'inspiration», donde el artista sostenía que el *collage* era la máxima expresión del fundacional encuentro entre el paraguas y la máquina de coser de *Los cantos de Maldoror* (pág. 43).

> del guion de *L'Âge d'or)*[164]. Algunos, o todos, de tales segmentos pueden haber tenido una génesis automática en su origen, pero han conocido, como es habitual en esta técnica, una abundante elaboración posterior. No es posible pronunciarse sobre esto en detalle, debido a la carencia del manuscrito original[165].

Lo acabado de exponer no provoca únicamente que sea superfluo solidar que «Una jirafa» complementaba la poesía visual cinematográfica desarrollada en sus primeras películas al concurrir el mismo universo surrealista que Buñuel mostró en ellas[166], sino que otorga a esta sin par creación una naturaleza calidoscópica: amén de cinepoema puede considerarse una poesía visual, adelantada a su tiempo, pues su intención también tenía algo de *performance.* Es una obra a caballo entre lo literario, lo visual y lo objetual. Como sucede con gran parte de la producción literaria de Buñuel, revela el alcance de sus planteamientos, que tendrán diversas repercusiones en su cine. Por eso tiene vocación de cinetexto y puede valorarse como tal, a pesar de que su creador ya había parido dos obras maestras del surrealismo fílmico. Incluso podemos aproximarnos a él como la secuela no cinematográfica y aparentemente menos brillante de *Un perro andaluz,* o pudiera ser un final alternativo a *La edad de oro,* en el que la jirafa que vemos precipitarse a través de la ventana, antes de dar paso a la escena final del actual montaje, se abriese, mostrándonos todas sus manchas[167].

«Una jirafa» supone, por consiguiente, una culminación en la hibridación genérica de los escritos que componen la obra que estamos analizando. Una hibridación que ya esta-

---

164 Título original francés de *La edad de oro*.
165 Gubern y Hammond, 2021, pág. 142.
166 Fuentes, 2000, págs. 26-28.
167 Esta sugestiva idea fue sostenida por Paul Hammond, 1997, pág. 12.

ba presente en sus poemas en prosa, cuyo examen, a partir de la aparición del microrrelato como género con perfil propio en la teoría hispana de la literatura, puede acometerse desde esta nueva perspectiva genérica. Veámoslo y aprovechemos para seguir profundizando en la prosística buñueliana.

Prosas

En *A contrapelo,* Joris-Karl Huysmans expone, por idea interpuesta de su protagonista el duque Jean Floressas des Esseintes, que el poema en prosa constituye «el jugo concreto, el osmazomo de la literatura». Eso mismo ocurre con la mayoría de los textos de Buñuel, que conforma —como el *jugo* huysmansiano— lo que Marc Fumaroli denominó, con su acostumbrada agudeza, «una literatura "de segundo grado" que extrae el aroma de la literatura "de primer grado", dada por muerta o por putrefacta carroña»[168]. No nos cabe la menor duda de que el bajoaragonés —tan atraído por Huysmans como por lo putrefacto— suscribiría a rajatabla estas palabras aplicadas a su producción literaria, tan parva como *jugosa.* En efecto, su literatura —ensayos inclusive— se distingue por su compresión proteica alejada de cualquier determinismo genérico[169]. Como fiel epígono de Gómez de la Serna, la hiperbrevedad procedente de la «destilación de la esencia narrativa»[170] no podía dejar de ser

[168] Marc Fumaroli, «Préface», en J.-K. Huysmans, *À rebours,* París, Gallimard, 2011, 2.ª ed., pág. 394. La traducción es nuestra.

[169] Con singular sentido del humor, el sobrino de Buñuel, Pedro Christian García Buñuel, tildaba de *textículos* los relatos cortos de su tío (2000, pág. 61), un término que este, con toda certeza, hubiese suscrito, y que ya fue utilizado por Alejandra Pizarnik en el título de una de sus prosas.

[170] Descripción tomada de Irene Andres-Suárez y que, como ella misma apostilla, se traduce en, a menor extensión, más concentración e intensidad (2012, pág. 27).

un componente definitorio de su prosa. Una prosa a la que últimamente se han acercado desde una perspectiva histórica los estudiosos de ese nuevo *género* tan genuinamente hispánico que es el microrrelato. No vamos a entrar aquí, más allá de lo estrictamente necesario, en el pantanoso territorio de los géneros literarios, porque, en el contexto vanguardista de principios del siglo XX, «rompen su incomunicación en un juego en el que las fronteras se desdibujan para dar paso a la libertad creativa»[171], o sea, que poemas en prosa —y su forma de expresión, la prosa poética—, verso libre y microrrelato designan un espacio de transición, donde prosa y poesía intercambian sus atributos, pierden parte de sus signos de identidad tradicionales —aunque crean nuevos— y cuestionan su distinción. Buñuel contribuyó a la difusión de la estética surrealista publicando

> [...] varios poemas en prosa, además de otros en verso o que mezclan verso y prosa, en los que aparecen la narración onírica, la técnica cinematográfica, el juego de sorprendentes metamorfosis y los motivos de la modernidad junto con imágenes típicamente surrealistas, como las referidas a las escenas de muerte, descomposición y mutilaciones[172].

La prosa buñueliana se enmarca, indefectiblemente, en un movimiento literario forjado por propuestas radicales que evidencian que en el seno de las vanguardias, y en cuestión de géneros, no hay lugar para confinamientos perimetrales ni cordones sanitarios: las prosas hispánicas de vanguardia quiebran «la barrera entre verso y prosa, y abren una compuerta de intercambio fecundo y necesario», con-

---

[171] Natalia Vara, «Introducción», en Pedro Salinas, *Víspera del gozo y otros textos del Arte Nuevo,* Madrid, Cátedra, 2013, pág. 27.

[172] María Victoria Utrera Torremocha, *Teoría del poema en prosa,* Sevilla, Universidad de Sevilla, 1999, pág. 344. La autora incluye también a Dalí como artífice de este empeño.

siguiendo así una intensidad metafórica y conceptual que no se ajusta a la narrativa extensa, al tiempo que sustituyen el relato cronológico y horizontal, «por el vertical o inmóvil, es decir, por la exploración en el pensamiento, la irrealidad y el subconsciente»[173]. Y esto es así en prácticamente toda la producción de Buñuel, incluidos aquellos textos que pueden considerarse microrrelatos en función de la postura teorética que uno adopte a la hora de analizarlos[174].

Es indudable que toda la literatura de Luis Buñuel está tejida por composiciones misceláneas, lo que era idiosincrásico en un escritor que se movía como pez en el agua en la parcela de la ficción breve en todas sus acepciones y lenguajes. Ciertamente, el autor de «Una jirafa» —que, a propósito, no deja de ser una suma de *hiperbrevedades*— también se desarrolló con éxito en la del miniaturismo cinematográfico; y no solo porque sus primeras películas fueron cortometrajes o mediometrajes[175], sino porque algunas de sus propuestas más originales —como las que componen esa trilogía justamente caracterizada por la cohesión miniaturista de su estructura— o bien involucran microrrelatos cinematográficos que funcionan independientemente del resto del film *(El discreto encanto de la burguesía)*, o bien pueden abordarse como una suma de ellos *(La vía láctea* y *El fantasma de la libertad)*[176].

---

173 Millares, 2013, pág. 29.

174 Hay que precisar que han sido los especialistas en el microrrelato quienes más atención han prestado a Buñuel en calidad de escritor de estas microficciones, pudiéndose identificar una mayor referencia a las mismas en la bibliografía de la teoría literaria a partir de la aparición de los estudios y recopilaciones sobre el denominado *cuarto género narrativo*. Queda, aun así, bastante camino por recorrer en lo que atañe a un análisis filológico de sus microrrelatos y a su engarce genérico.

175 Por más que *La edad de oro* supera en dos minutos los sesenta establecidos como duración mínima canónica de una película larga, puede considerarse un mediometraje.

176 Precisamente, sobre la pervivencia del microrrelato en el cine de Buñuel y, en concreto, en esta última película, véase Castells (2019).

Una de las razones primordiales de este éxito fue su destreza con el uso de la elipsis[177], que se convirtió en seña de identidad de su puesta en escena durante su ulterior carrera cinematográfica[178], y que coexiste en sus escritos con características que luego fueron asignadas a la minificción. En ellos encontramos, a más de las peculiaridades que se señalarán en el apartado filológico, la temporalidad, la unidad temática, «la transformación de un estado inicial o de un punto de partida en otro distinto y final; la unidad de acción que integre los acontecimientos en un proceso coherente; y la causalidad que permita al lector reconstituir nexos causales en una virtual intriga»[179].

Estos materiales modelan los dos pilares idiosincráticos del microrrelato: brevedad y narratividad[180]; lo que lleva a preguntarnos: ¿de qué hablamos cuando hablamos de narratividad? O, mejor aún, ¿a qué tipo de narratividad nos estamos refiriendo? En este asunto, cualquier exégesis tiene que prestar atención al factor de la voluntad de la prosa de vanguardia de ser sintética, rápida y densa en imágenes, lo que en términos sintácticos se traduce en que, si bien las palabras se suceden linealmente, su elección y asociación se

---

[177] Todos los estudiosos del microrrelato destacan, entre sus rasgos, su factura elíptica.

[178] El dominio de este recurso, que encontramos a lo largo de todo su corpus literario, le permitió utilizar el lenguaje elusivo en el cine, facultándole, por ejemplo, para satisfacer las necesidades de producción de su etapa mexicana, dominadas por las exigencias de rodar ciñéndose escrupulosamente a un calendario y presupuesto estrictos.

[179] Andres-Suárez, 2012, pág. 23.

[180] «Para que un texto *literario* pueda ser considerado microrrelato solo debe cumplir dos condiciones: brevedad y narratividad» (Domingo Ródenas de Moya, «Consideraciones sobre la estética de lo mínimo», en David Roas [comp.], *Poéticas del microrrelato,* Madrid, Arco Libros, 2010, pág. 185. La cursiva es del autor). Irene Andres-Suárez habla de «sustancia narrativa» («El microrrelato: caracterización y limitación del género», en *ibíd.,* pág. 166) que se diferencia del poema en prosa por la progresión dramática ausente en este último (pág. 168).

realizan a partir de procedimientos poéticos y antiprosísticos[181]. Dichas propiedades, presentes en toda la prosa de Buñuel, ya sean cuentos o poemas, configuran su sustancia narrativa y permiten abordar desde la esfera del microrrelato textos como «Lucille y sus tres peces», «*Ménage à trois*» o «Historia decente – Historia indecente», sin que ello excluya su examen con la lupa genérica del poema en prosa.

Por descontado, tenemos que huir de cualquier tentativa de archivarlos genéricamente en pretendidos compartimentos estancos. Esto se observa aún con mayor claridad cuando conviven en una misma composición los ya señalados rasgos discursivos del microrrelato con una alta carga lírica[182]. Pensemos en creaciones como «Teorema», «Diluvio», «Ramuneta en la playa» o «*Cavalleria rusticana*»[183]. Su extensión es la propia de un microrrelato, y así las han catalogado algunos[184]. Pero se nutren de recursos literarios

---

[181] Tania Collani, «Les avant-gardes et la narration», *Cahiers de Narratologie* [en línea], núm. 24, 2013, pág. 4 [https://journals.openedition.org/narratologie/6661]. En consecuencia, la ausencia de narratividad no es causa, sino efecto, de un contexto artístico y literario concreto, por lo que no puede funcionar como requisito *sine qua non*.

[182] Un microrrelato es «una composición en prosa grávida de lirismo» (Irene Andres-Suárez, «Notas sobre el origen, trayectoria y significación del cuento brevísimo», *Lucanor*, núm. 11, 1994, pág. 72). De acuerdo con lo que diremos a continuación, este aserto echa más leña al fuego de las dificultades existentes a la hora de delimitar entre poema en prosa y microrrelato.

[183] Por lo acabado de decir y por su clara apuesta por una estructura poemática, acaso sea «Teorema» el que más difícil encaje tenga como microrrelato. No son microrrelatos «[¡¡¡Descansen en paz los taparrabos!!!]» y «La Sancta Misa Vaticanae» que, aunque tienen la extensión propia del género, son bocetos de un relato corto y de un cortometraje, respectivamente.

[184] Ródenas de Moya y Darío Hernández consideran este último como tal. De hecho, el primero incluye en la nómina de microrrelatos buñuelianos a «Ramuneta en la playa», «Historia decente – Historia indecente» (citado como «Una historia decente»), «[¡¡¡Descansen en paz los taparrabos!!!]» (citado como «Proyecto de cuento», título con que aparece

más propios de un texto poemático que de las microficciones, donde el lenguaje prima sobre el sentido, difuminando así los contornos de la narratividad que reclaman los teóricos de lo *micro*literario. Así pues, son composiciones que circulan por un limbo que no permite una identificación genérica, porque, abundando en lo expresado anteriormente, «las prosas de vanguardia son un género sin género, esto es, sin poética ni marbetes, porque su diversidad difícilmente admite teorizaciones»[185]. Por ello nos preguntamos si en materia de microprosas buñuelianas no sería más sustancioso cambiar de lente y fijarnos en un dato aséptico de toda consideración teórica: en cómo sus textos, ya de por sí breves, alojan microhistorias que, extraídas, podrían considerarse excelentes ejemplares de hiperbrevedad literaria. Esto pasa, en particular, con la «Inscripción para la lápida del trozo de carne» del cuento —a su vez corto— «La agradable consigna de Santa Huesca», con la narración que conforma la segunda parte de ese escrito híbrido que es «Tragedias inadvertidas como temas de un teatro novísimo», con los versos en mayúsculas que irrumpen en medio del poema «Al meternos en el lecho», o con el relato incluido en la última estrofa de «Palacio de hielo»[186]. Sintiéndose

---

en *OL* y que pasó a *ELB)* y *«Ménage à trois»* (2008, pág. 111). El segundo añade «Una traición incalificable», pero excluye «Historia decente – Historia indecente» (también titulado «Una historia decente»), y glosa otros que sitúa en la frontera entre «el poema en prosa narrativo y el microrrelato lírico»: «Redentora», «No hay Dios» (citado como «Olor de santidad», título con el que se publicó en *La Gaceta Literaria)* y «Palacio de hielo» *(El microrrelato en la literatura española. Orígenes históricos: modernismo y vanguardia* [tesis doctoral], Tenerife, Universidad de La Laguna, 2013, pág. 247). Dicho sea de paso, tal vez habría que situar prácticamente toda la prosa buñueliana en esa frontera de la que nos habla Darío Hernández.

[185] Millares, 2013, pág. 30.

[186] Pueden detectarse huellas cervantinas en este procedimiento, siendo la referencia principal el relato «El curioso impertinente» incluido en el *Quijote,* cuyo ascendiente sobre su cine ha sido evidenciado por Sherry

tan cómodo en el entorno microficcional, en términos audiovisuales y literarios, no es extraño que llevase este extremo a la práctica incluso para experimentar con la frontera entre realidad y ficción en esa joya que es «Noticias de Hollywood».

Si la vecindad del microrrelato con el poema en prosa está delimitada por una divisoria difusa, el linde con el cuento no está para nada definido. Aun cuando la descripción morfológica del microrrelato ha mostrado sus características formales y estructurales, estas no son exclusivas, sino que también las encontramos en el cuento (individual o combinadamente) y con la misma función[187]. Ello se verifica cuando comparamos los microrrelatos de Buñuel con sus cuentos cortos, como «Una traición incalificable», «Por qué no uso reloj», «Suburbios» o la trilogía con la que clausuró su carrera literaria. Estas narraciones comparten requisitos con las minificciones: poca caracterización de los personajes, uso de la elipsis, o juegos formales y temáticos con el título; lo que genera, igualmente, el despojamiento de elementos prescindibles, la desrealización de la historia, que en Buñuel es una constante, con la consecuente potenciación del valor metafórico y simbólico del relato[188].

Algunas de las más meritorias narraciones cortas de Luis Buñuel se sitúan, en términos de extensión, a medio camino entre el microrrelato y el cuento[189], como acontece, en la órbita fílmica, con sus primeras producciones, *Un perro*

Velasco («Buñuel Goes Medieval. From Sewing to Cervantes and the *Vagina Dentata*», en Stone y Gutiérrez-Albilla, 2013, págs. 362-377).

[187] David Roas, «El microrrelato y la teoría de los géneros», en Irene Andres-Suárez y Antonio Rivas, *La era de la brevedad. El microrrelato hispánico,* Palencia, Menoscuarto, 2008, págs. 53.

[188] Roas, *op. cit.,* 2008, págs. 53-54.

[189] Como explica Calvo, la hiperbrevedad no es un signo identitario exclusivo del microrrelato. Dicho en otras palabras: «La brevedad de lo breve deberá mantenerse en el territorio flexible de la lógica difusa» (Ródenas de Moya, *op. cit.,* pág. 186).

andaluz y *La edad de oro,* ejemplos de mediometraje. En la primera de ellas, que es también su primer escrito, «Una traición incalificable», brota ya su «capacidad imaginística y metafórica [...] su gusto por la hipérbole [...] por la plasticidad de las secuencias, las formas y los resultados de acumulaciones, como si de una película se tratase»[190]. Estos atributos son fruto del influjo de Gómez de la Serna, que se manifiesta a través del uso de greguerías, y del cine cómico estadounidense, Buster Keaton ante todo. No obstante, si de precuelas fílmicas se trata, el texto recuerda mucho a algunas de las películas de Georges Meliès y del también turolense Segundo de Chomón, donde, en aras a experimentar con las posibilidades del nuevo medio, el mobiliario y otros objetos del ajuar doméstico cobraban vida propia en lo que puede considerarse el albor de los efectos especiales. Parece como si Buñuel hubiese querido homenajear a estos artífices del séptimo arte. Así, «Una traición incalificable» tiene una concepción fílmica en la que el viento es el héroe y, por intermediación de él, Buñuel aparenta rememorar su infancia aragonesa, en la que el cierzo era un elemento climático idiosincrásico. Seis años después, en 1928, cuando colaboró con Jean Epstein en la dirección de la película *El hundimiento de la casa Usher,* hallamos retumbos del cuento que nos ocupa en una fascinante secuencia donde la función dramática del viento provoca la caída al ralentí de libros de una librería del interior de la mansión de los Usher. No sería de extrañar, visto este antecedente literario, que la participación de Buñuel hubiese sido, si no decisiva, como mínimo notable en la concepción y puesta en escena de dicha secuencia[191].

El registro greguerístico —que alcanzó su cenit en «Instrumentación», prosa donde se describen a través de gre-

---

[190] Díez de Revenga, 2005, pág. 49.
[191] Lo mismo opina Gómez Alonso *(op. cit.,* pág. 89).

guerías veintidós instrumentos de una orquesta— prosiguió hasta la última producción de su primeriza etapa de cuentista, «Por qué no uso reloj»[192], donde encontramos una concepción del tiempo derivada de la teoría de la relatividad y su flacidez, representada pictóricamente en los relojes blandos de Dalí y en varios poemas de Lorca[193]. Se trata, según hemos reparado, de un texto cercano a la reflexión filosófica —bergsoniana, para más señas— sobre la preocupación metafísica por el tiempo y las consecuencias de los postulados de Einstein. Además de incluir varias greguerías, Buñuel se entretiene en jugar con una serie de lugares comunes sobre el tiempo y las diferentes dimensiones de la palabra: filosófica, física o mitológica, así como su uso paródico[194].

Con anterioridad había publicado Buñuel «Suburbios» y «El ciego de las tortugas». Del primero, comulgamos plenamente con el sentir de Díez de Revenga, que lo evalúa como muy valioso atendiendo al tema que abraza y al género al que se adscribe, remarcando que trata un motivo relegado de la literatura, el del suburbio; un suburbio «con toda su fuerte personalidad, los ecos sórdidos que lo conforman, pero también con el encanto de lo vulgar, de lo marginado, de lo socialmente proscrito [...] Pero sobre todo lo que se destaca es el encanto de esta estética rupturista, recamada de las metáforas más atrevidas, de las personificaciones más sugerentes y de las imágenes y visiones más efectivas»[195]. Se trata asimismo del primer antecedente de la denuncia social que en su cine encarnarán magistralmente el documental *Las Hurdes, tierra sin pan* y *Los olvidados,* y que literariamente acentuó en sus últimos relatos.

---

[192] El uso de la greguería no desapareció nunca de su obra literaria, la ensayística incluida.

[193] Véase Katona, 2017.

[194] Monegal, 1993, pág. 35.

[195] Díez de Revenga, 2005, pág. 191.

Así lo vio también Aranda, quien insinuó la influencia de *La busca* de Pío Baroja, novela que el calandino se interesó en adaptar al cine[196].

Desde esta aproximación, «Suburbios» forma un díptico con «El ciego de las tortugas». Ambos reúnen las preocupaciones y temáticas que Buñuel plasmará visualmente en *Los olvidados*. De una inicial lectura del segundo —recuperación buñueliana de *El lazarillo de Tormes*—, puede inferirse que la construcción del protagonista impedido de este cuento es menos crítica y más reverente que el trato que reciben los invidentes en su obra cinematográfica. No nos llevemos a engaño y recordemos la animadversión hacia los ciegos por parte de su autor. Según recuerda el poeta Homero Aridjis, cuando le preguntó a Buñuel su valoración de Borges, le espetó: «Detesto a los ciegos»[197]. En esta línea, el texto puede interpretarse también como un ataque a su habilidad en disimular con su minusvalía capacidades para desarrollar otros sentidos —o sea, a aquello que nuestro narrador consideraba una hipocresía—, lo cual, teniendo en cuenta la revista a la que iba dirigida, Buñuel lidió sutil y sibilinamente[198]. A diferencia del resto de sus producciones en verso y prosa, «El ciego de las tortugas» es, junto a «Por qué no uso reloj», un texto dialogado, cercano a una micropieza teatral, donde se dice más de lo que se expli-

---

[196] Aranda, 1975, pág. 332. Esta ascendencia literaria, que bien pudiera existir, es en cualquier caso secundaria respecto de otras, como la de las novelas rusas del siglo XIX. Buñuel lo atestiguó así: «Todos nosotros descubrimos la pobreza, la auténtica miseria, por los libros. Por la literatura rusa [...] por los escritores rusos» (Aub, 2020, pág. 120).

[197] Entrevista con Homero Aridjis, *Azteca21 Magazine* [en línea], 17 de mayo de 2011 (http://www.azteca21.com/2011/05/17/qdiario-de-suenosq-entrevista-con-el-poeta-homero-aridjis/).

[198] Se publicó en el número de marzo de 1923 de *Los Ciegos. Revista Tyflófila Hispanoamericana*, revista de divulgación del conocimiento sobre la realidad de los ciegos.

ca[199]. Esta cualidad, sumada al hecho de que es su narración más extensa, lo convierten en su creación *a priori* más convencional; pero, por las causas indicadas, detrás de esta apariencia se esconde su fuerza subversiva.

Unas líneas más arriba advertíamos del carácter precursor de «Suburbios» respecto del documental sobre las Hurdes. No es el único. Es conocido que *Las Hurdes, tierra sin pan* inauguró la docuficción cinematográfica, donde el director manipula la realidad, sin alterarla sustancialmente, pero sí para enfatizar aspectos con arreglo a sus finalidades intelectuales, morales y/o políticas[200]. Semejante proceder, con designios totalmente distintos, es el que encontramos en «Noticias de Hollywood», una parodia de las crónicas de sociedad, publicada en la segunda página del número especial de *La Gaceta Literaria* dedicado al cinematógrafo[201], cuyos paralelismos en el decir poemático habría que buscarlos en las *Poesías* de Lautréamont[202] y las *Nouvelles en trois lignes* de Félix Fénéon. Según indica el título, es un conjunto de seis supuestas informaciones contextualizadas en el mundo hollywoodiense del momento, en las que su *redactor,* responsable desde hacía aproximadamente un año de la página de cine de la revista, compone con un extraordinario sentido del humor y capacidad de síntesis. La naturaleza ficcional de los mismos aleja estas microhistorias del

---

[199] Esto podría deberse a la ascendencia de la obra *Les aveugles* (1890), de Maurice Maeterlinck. En ella, el dramaturgo belga describe la experiencia de un grupo de ciegos que se han perdido en una isla donde hablan de sus percepciones no visuales. En el cuento de Buñuel, las percepciones no visuales del ciego son una constante que sirve para canalizar las actitudes y comportamientos del narrador.

[200] En el caso que nos atañe, el discurso era propagandístico, denunciando la situación en que se encontraba la actual mancomunidad extremeña (véase la nota 218).

[201] *La Gaceta Literaria,* núm. 43, 1 de octubre de 1928.

[202] Ya en el poema «Teorema» se atisbaban semejantes concordancias (véase la nota 148 en el aparato textual).

género periodístico para acercarlas al del microrrelato, siendo algunas de ellas ejemplos de extrema depuración narrativa[203].

Adentrémonos ahora en la que acaso es la faceta más estimulante del Buñuel literato: la de cultor de cuentos surrealistas, de los escasos cuentos que el surrealismo nos ha legado. Se trata de una trilogía escrita con la complicidad coadyutoria de Pepín Bello entre 1933 y 1935. Es en esta parcela de la narrativa breve donde se concentran sus trabajos inconclusos, extremo que solo ha sido señalado respecto del boceto [¡¡¡Descansen en paz los taparrabos!!!]. Cierto, a poco que se repare en ello, se verá que «La agradable consigna de Santa Huesca» y «[Querido Pepín]» son creaciones inacabadas, cuyo texto pertenece a una etapa avanzada de la comunicación epistolar con la que los dos amigos trabajaban en busca de una precisión narrativa de la que, de momento, no hay pruebas de que se alcanzara. Sin embargo, con la excepción de [¡¡¡Descansen en paz los taparrabos!!!], no se trata ni de lejos de esbozos, sino de narraciones que podrían pasar por definitivas, pese a que solo «La descomunal batalla de las catedrales y las vagonetas» aparenta serlo, pues aun habiendo podido quedar inconclusa a nivel redaccional, no se la puede considerar así desde un punto de vista argumental.

De entre estos relatos cortos descuella el díptico compuesto por este último cuento y «La agradable consigna de

---

[203] Las afinidades del microrrelato con el periodismo tuvieron su origen en las propias del poema en prosa con la práctica de la información. En relación con esta procedencia, Jean-Pierre Bertrand asevera: «El poema y el artículo de prensa (y en particular la noticia o la crónica) tienen en común la capacidad de sentir y comprender la vida moderna en todos sus rincones, en sus hechos grandiosos y viles, en sus grandes y muy pequeñas historias, pero la ventaja del poeta es poder expresarlo» *(Inventer en littérature. Du poème en prose à l'écriture automatique,* París, Seuil, 2015, pág. 148. La traducción es nuestra).

Santa Huesca»[204]. Ambos constituyen un compendio de *Los cantos de Maldoror* y Sade que los convierten en cúlmenes de la narrativa surrealista a nivel mundial. Ahora bien, su análisis requiere contextualizarlos en un momento políticamente relevante para su autor, hasta el punto de constituir muestras de una literatura militante y contestataria[205], de prosas de disenso, rebeldía y revolución, sin perder una pizca, antes lo contrario, de su temperatura poética y fuerza surrealista. En ellos encontramos al Buñuel escritor quintaesenciado, al que se sitúa como uno de los más aventajados paladines de la idea que su estimado Benjamin Péret tenía de lo que era un poeta:

> [...] el poeta lucha contra toda forma de opresión: la del hombre por el hombre en primer lugar y la opresión de su pensamiento por los dogmas religiosos, filosóficos o sociales. Combate para que el hombre alcance un conocimiento para siempre perfectible de sí mismo y del universo. Esto no conlleva que deba desear poner la poesía al servicio de una acción política, inclusive revolucionaria. Pero su cualidad de poeta lo convierte en un revolucionario que debe combatir en todos los terrenos: el de la poesía, con los medios propios de esta, y en el terreno de la acción social sin confundir jamás los dos campos de acción, so pena de restablecer la confusión que se trata de disipar y, por tanto, de dejar de ser poeta, es decir revolucionario[206].

---

[204] Buñuel ya llevaba un año fuera del grupo liderado por André Breton cuando empezó a componer esta tríada, cuyo contenido demuestra que no se había separado ni un milímetro de la usanza de la doctrina surrealista.

[205] Literatura que no debe confundirse con la de fines propagandísticos, pues el hermetismo e irracionalidad de la propuesta son antagónicos con los rasgos discursivos de simplicidad y claridad requeridos por la propaganda.

[206] Benjamin Péret, *Le déshonneur des poètes,* París, Éditions Mille et une nuits, 1996, pág. 10. La traducción es nuestra.

Buñuel consideraba que su película *Un perro andaluz* era una desesperada llamada al crimen. Tal desesperación también rezuma por los poros de estas dos narraciones que atesoran, juntamente con la violencia ideológica y física de Sade, elementos de la fenomenología de la agresión que Gaston Bachelard detectó en el conde de Lautréamont[207]. Una fenomenología apoyada en la doble llamada a la carne y a la sangre que invade los reinos de la cólera del padre de Maldoror. Esto se produce también en estos cuentos, imbuidos por las circunstancias sociopolíticas de la España del momento. Recordemos lo que Buñuel le decía a Pierre Unik en una carta de 10 de enero de 1934:

> Estamos siempre en estado de guerra y esto por miedo de que se pueda hablar sobre la infame represión del movimiento [anarquista]. Hitler ha hecho mucho menos que nuestros Lerroux y Gil [Robles]. He enviado a Hernando [Viñes], para que te lo entregue, una carta de un diputado radical-socialista a Lerroux, y que me parece un documento precioso para ayudar a la campaña internacional contra la represión.

Estas palabras son cosecha de una crisis política nacional e internacional sobre la que Gibson[208] ha hecho hincapié a partir de dos acontecimientos históricos, cada uno en su ámbito: la masacre de Casas Viejas —hito clave en la represión del movimiento anarquista al que se refiere en la carta a Unik y que causó estupor en la opinión pública— y la situación en Alemania que Buñuel cita[209]. De ahí que sos-

---

[207] Gaston Bachelard, *Lautréamont,* París, José Corti, 1939, pág. 9.

[208] En ningún caso Gibson establece esta relación, pues no cita este cuento en su exhaustiva biografía, pero no deja de ser revelador que destaque muy pertinentemente estos hechos históricos.

[209] Gibson, 2013, págs. 526-527. Dejando de lado el auge del nacionalsocialismo, en España, en el actual pueblo gaditano de Benalup-Casas Viejas, antes Casas Viejas a secas, el 11 de enero de 1933, unos quinien-

tengamos que el inicio de «La agradable consigna de Santa Huesca» es una recreación, menos fiel que la que en su día hizo de los fusilamientos del 3 de mayo en la cinta *El fantasma de la libertad,* de la matanza de los anarquistas en Casas Viejas de principios de enero de 1933, y que el trozo de carne asada que protagoniza la historia es una mención a esos libertarios quemados vivos por la Guardia Civil[210]. Esta idea de carne muerta forma parte de la casi abusiva concentración de ideas-imágenes del relato: «[Buñuel h]a mezclado una de sus constantes, la del *carnuzo,* con el tema eucarístico y el recordatorio a los maristas, que reaparecerá en "El arco iris y la cataplasma" y *La edad de oro*»[211]. Y, al

---

tos braceros anarquistas, hartos de las condiciones de miseria en que se veían forzados a subsistir, proclamaron el comunismo libertario y cercaron la casa cuartel de la Guardia Civil. En la riña murieron un sargento y un número de la Benemérita. Las órdenes de Madrid fueron tajantes, en el sentido de que había que reprimir aquel altercado urgentemente. Así que unas horas más tarde llegó al pueblo un fuerte contingente de guardias de asalto que ordenó el incendio de la choza donde se había refugiado un grupo que se negó a entregarse. Solo dos se escaparon de las llamas, pero fueron acribillados en el acto. Al día siguiente, el capitán de artillería al mando del destacamento, Manuel Rojas, mandó fusilar a doce sospechosos.

210 Ello no excluye una clara relación hipertextual con el primer eslabón de la complicidad literaria entre Buñuel y Bello, *Hamlet,* como indicamos en la siguiente nota al pie; sin olvidar que en el mecanuscrito de «Bacanal» aparece «carne ardiendo» (penúltimo verso).

211 *SV,* pág. 255. Anticipemos que el cuento se terminó de redactar en 1933, y no en 1927 como sugiere este autor. De ahí que hable en futuro. Comoquiera que sea, la constante de que nos habla Sánchez Vidal siguió existiendo en la literatura de Buñuel posterior a su irrupción en el mundo del cine.

El texto contiene muchas ideas que desarrollará durante toda su filmografía, que lo convierten en un excelente ejemplo de las distintas formas de hipertextualidad, pues, según subraya Gérard Genette, hay hipertextualidad incluso si un texto B no habla en absoluto del texto A, pero no puede existir sin él *(Palimpsestos. La literatura en segundo grado,* Madrid, Taurus, 1989 [1982], pág. 14). En el corpus literario de Buñuel hay numerosos casos de este tipo, como la relación entre *Hamlet* y «Una jira-

mismo tiempo, se incrusta en el imaginario metafórico de la carne asada al que Salvador Dalí, por esas mismas fechas, aludía en su respuesta a la encuesta llevada a cabo por la revista *Minotaure*[212]. Para el pintor ampurdanés, que se apropió rápidamente la metáfora del *carnuzo* y sus derivadas en su imaginario, el arte realista clásico se asemeja a una pata de cerdo asada que es reducida «a hueso mondo por el academicismo y la imitación»[213].

Con los mismos mimbres está entreverado «La descomunal batalla de las catedrales y las vagonetas», el más convulso de los cuentos de un Luis Buñuel soliviantado con la realidad que le circundaba y a la que el relato está igualmente apegado. Para aprehender mejor la fuerza y lo que representa en el corpus buñueliano no solo hay que situarse de nuevo en el momento histórico en el que fue compuesto, sino atender a la situación profesional de su autor. Si el cuento fue escrito en octubre de 1933[214], esto es, unos cinco meses después del rodaje de *Las Hurdes, tierra sin pan*[215], no es ningún dislate inferir una superposición de temas, obsesiones y preocupaciones entre ambas obras, como ocu-

---

fa» a través de la figura de Ricardo Corazón de León, enterrado en la catedral de Ruan, espacio que aparece en las acotaciones de la pieza teatral. A todo esto, la alusión a la capital de Normandía, plaza en la que Juana de Arco murió quemada viva en la hoguera, instaura un nuevo vínculo hipertextual entre «La agradable consigna de Santa Huesca» y *Hamlet*.

212 «Émancipation de la peinture», *Minotaure*, núms. 3-4, diciembre de 1933, págs. 18-19 (la encuesta fue conducida por el director artístico de la revista E. Tériade).

213 Guillermo Carnero, «La chuleta asada como metáfora epistemológica en el pensamiento de Salvador Dalí», *Cuadernos Hispanoamericanos*, núm. 431, 1986, pág. 125. Estamos, como señalaremos más adelante, en la onda artística e intelectual que inauguró, en la esfera fílmica, la presencia de elementos quirúrgicos circundando *La encajera* de Vermeer en *Un perro andaluz*.

214 *BLD*, pág. 257.

215 Filmación que tuvo lugar del 23 de abril al 22 de mayo de 1933.

rrió con «Una jirafa»[216]. En este orden de ideas, es significativa la referencia al Partido Republicano Radical Socialista Independiente que hacía en la anterior carta a Pierre Unik. Buñuel debió sentir, como todos los militantes de izquierda —él lo hizo en el Partido Comunista de España—, una gran decepción con los acontecimientos de 1933 y las consecuencias electorales que inauguraron el bienio radical-cedista de la Segunda República[217]. Este fue un plantío propicio para que reflejara tal sacudida no solo a través de la literatura, sino también por vía cinematográfica. Si en el documental denunció la situación de miseria en que se encontraba la comarca cacereña no solo captando la realidad, sino adulterándola para acentuar la dimensión propagandística de su discurso[218], en «La descomunal batalla de las catedrales y las vagonetas» siguió fiel a su condición de escritor surrealista sin perder el carácter militante y contestatario que ya tenía la película, cuyos tópicos se interpenetraban soterradamente.

En efecto, en todo el cuento subyace la cuestión del poder de la Iglesia, tema que sobrevuela también toda la pelí-

---

[216] Esta conexión entre los acontecimientos de Casas Viejas y el documental sobre Las Hurdes la hace también Mainer, quien, en su historia de la literatura española de los primeros cuarenta años del siglo XX vincula directamente el ensayo de Ramón J. Sender *Casas Viejas* (1933) con *Las Hurdes, tierra sin pan* (José-Carlos Mainer, *Historia de la literatura española. Modernidad y nacionalismo. 1900-1939,* Barcelona, Crítica, 2010, pág. 391).

[217] El PRRSI fue un partido político español de ideología republicana de izquierdas y de breve existencia durante la Segunda República Española debido a sus desavenencias internas.

[218] «Gracias a la conferencia de Buñuel en Nueva York ante los estudiantes de la Universidad de Columbia, y confirmado por los descartes del film conservados por la Cinémathèque de Toulouse, sabemos que el documental se basó en escenificaciones de los personajes organizadas según órdenes muy precisas de Buñuel, con ensayos previos y repeticiones. Es decir, se trató de una puesta en escena intensamente intervencionista y elaborada que aleja a la obra de la espontaneidad tradicionalmente —e ingenuamente— atribuida al género documental» (Gubern y Hammond, 2021, pág. 219).

cula[219]; y la relación entre la opresión religiosa y los hurdanos oprimidos, con la que Buñuel articula muchas de sus imágenes, está condensada en el título. Un cuento que, por añadidura, aglomera los motivos idiosincrásicos de su producción escrita, así como su bestiario y sus actos escatológicos, y es una patente manifestación del espíritu provocador que en aquel momento no podía canalizar en el cine tal como lo había hecho en sus dos películas anteriores. De ahí que podamos acercarnos al relato que nos ocupa como un complemento necesario para dar rienda suelta creativa a aquello que los límites del género del documental cinematográfico no le habían permitido. El resultado es su producto literario más radical y subversivo, que raya con lo distópico, donde la contraposición entre la construcción catedralicia y un artilugio como la vagoneta, utilizado en el levantamiento de grandes obras arquitectónicas, y que opera como una alegoría de la contraposición entre opresores y oprimidos, deriva, en manos de un anarquista como Buñuel, en una llamada a la blasfemia que encubre, al igual que ocurre en el documental sobre Las Hurdes, un discurso de denuncia social contra el poder. Ambos, cuento y película, con lenguajes distintos, compartían propósito: poner al lector y al espectador en una situación de incomodidad intelectual que hace imposible la indiferencia ante la crudeza de las escenas que ambas creaciones acumulan[220]. Es en este punto donde la ficción encuentra la medida de su grandeza. Y es desde esta misma lógica desde la que se impone la idea de abyección de Julia Kristeva[221], que Higgin-

---

219 *Ibíd.,* pág. 221.

220 Como sentenció José Ángel Valente, en el documental de Buñuel, «el superrealismo, mordiéndose la cola, es la realidad misma sin recetas de escuela» («La palabra de la tribu», en *Ensayos,* edición de Andrés Sánchez Robayna, Barcelona, Galaxia Gutenberg/Círculo de Lectores, 2008, pág. 167). Pensándolo bien, estas palabras pueden aplicarse a estos últimos cuentos.

221 Virginia Higginbotham, «Luis Buñuel as Intertext in the Narrative Prose of Juan Goytisolo», en Manuel Delgado Morales y Alice J. Poust (eds.),

botham advirtió como denominador común de la obra fílmica de Buñuel y la literaria de Juan Goytisolo[222]. Si, como bien dice esta autora en referencia a *Las Hurdes, tierra sin pan* y a *Campos de Níjar* (1960) y *La Chanca* (1962) del escritor barcelonés, todas estas obras son abyectas en el sentido de que su imaginería violenta trata de recordar a poblaciones enteras olvidadas, explotadas o reprimidas por los más poderosos, entonces «La descomunal batalla de las catedrales y las vagonetas» es el pináculo de la abyección literaria de Buñuel, que fue robusteciéndose a medida que progresó por los vericuetos de la expresión surrealista.

El cuento se inicia con una referencia al patrón de Zaragoza, san Valero, santo que protagoniza su postrimero e inconcluso texto literario, «[Querido Pepín]»[223]. Se trata de una composición inacabada como se desprende de los «Detalles realistas» que Buñuel le indica a Bello al final de la carta en la que el relato está redactado, y que van precedidos de un imperativo, «Que escribas», con el fin de que fuese completando la historia con dichos *detalles*. Simbiosis entre texto onírico y escritura automática[224], lo es asimismo entre epístola y cuento surrealista, donde la violencia y crueldad de los anteriores se ha rebajado, por mucho que no pierde ni un ápice de su ardor libertario, constituyendo un magnífico ejemplar de literatura surrealista.

Lorca, Buñuel, Dalí: Art and Theory, Cranbury, Associated University Presses, 2001, págs. 108-109.

[222] La filósofa y psicoanalista francesa considera lo abyecto como «la violencia del duelo de un "objeto" desde siempre perdido. Lo abyecto quiebra el muro de la represión y sus juicios [...] La abyección es una resurrección que pasa por la muerte (del yo). Es una, alquimia que transforma la pulsión de muerte en arranque de vida, de nueva significación» (Julia Kristeva, *Pouvoirs de l'horreur*, París, Seuil, 1980, pág. 22. La traducción es nuestra).

[223] En *OL* y *ELB* titulado «Carta a Pepín Bello en el día de San Valero».

[224] Aranda, 1974, pág. 54.

La intertextualidad entre los cuentos de esta trilogía sin par de la literatura surrealista es tan palmaria que nos ha compelido a organizar su presentación en el aparato textual de manera que se puedan leer de corrido, con independencia de si entre su composición se intercaló la de «Una jirafa», extremo que no podemos confirmar. De todos modos, los tres cuentos tienen extraordinarios puntos en común con «Una jirafa», por lo que su lectura cronológica, al amparo de las fechas epistolares y de publicación respectivas, no es pragmáticamente sacrílega. Y, de otra parte, el hecho de que sean creaciones inconclusas no afecta a la unidad ética y estética del conjunto; una unidad que cerciora otra de sus producciones más penetrantes, una pieza de teatro breve titulada *Hamlet,* que elaboró unos años antes. Con ella, Buñuel arrastró las estéticas de la irracionalidad y de la brevedad a la jurisdicción de las tablas.

Teatro de lo insólito

En la época de las vanguardias, la valorización del hecho poético se liberó de cualquier consideración artística o literaria. La acusación de la noción de literatura por los dadaístas y los surrealistas tiene como corolario una promoción formidable de la noción de poesía, concebida no ya como un género o una forma predeterminada, sino, a la inversa, como un gesto y una fuerza que sacude y trastorna toda predeterminación, para poner en juego la vida misma. Esto tiene efectos escénicos: el devenir poético del teatro se vuelve urgente para todos los escritores deseosos de investir la utilización de las tablas de un alcance vital[225]. Sintonizando con ello, en 1927 Buñuel escribió, en connivencia con Pe-

[225] Marianne Bouchardon, «Théâtre-Poésie. Limites non-frontières entre deux genres du symbolisme à nos jours», *L'information littéraire,* vol. 57, núm. 4, 2005, pág. 41.

pín Bello, la microficción teatral *Hamlet*[226]. Y lo hizo mientras intentaba fraguar su primer proyecto cinematográfico, lo que no es baladí, porque el andamiaje de la verdad escénica de esta obra insinúa, además del amarre vanguardista recién comentado, formas fílmicas, como muestra el intenso número de detallistas acotaciones, semejante al de un guion técnico de una película[227].

No se trataba de su primer contacto con el mundo teatral. Ya hemos hablado de ese escrito heterogéneo de título evocadoramente vanguardista que es «Tragedias inadvertidas como temas de un teatro novísimo», colmado con unos párrafos ensayísticos sobre la realidad escénica del momento, y en el aparato apendicular publicamos la erudita conferencia que sobre el teatro de marionetas declamó en 1922 en la Residencia de Estudiantes. Pero el empeño no se quedó en el plano reflexivo y en 1926 puso en escena la ópera con guiñol y actores *El retablo de Maese Pedro* de Manuel de Falla —amén de las representaciones de *Don Juan Tenorio* que habían tenido lugar en la Residencia durante su estancia allí[228]—. El *Retablo* se había estrenado en el Teatro San Fernando de Sevilla, como concierto, el 23 de marzo de 1923 y, tres meses más tarde, se presentó, ya como teatro de marionetas, en el palacio que la princesa de Polignac,

---

[226] Es momento de recordar las siguientes sabias palabras, referidas a la tragedia shakespeareana: «*Hamlet* es como una esponja. A menos que se produzca de manera estilizada o anticuada, absorbe inmediatamente todos los problemas de nuestro tiempo» (Jan Kott, *Shakespeare, Our Contemporary*, Londres, Methuen, 1965, pág. 52. La traducción es nuestra).

[227] Herramienta fundamental del Buñuel cineasta, por él denominada *découpage*.

[228] Estas únicamente con actores de carne y hueso. Se conserva el programa de la representación de 1 de noviembre 1920 y también fotos de la puesta en escena que en 1924 hizo Buñuel y en la que, ¡cómo no!, interpreta el papel de don Juan (su rival, don Luis Mejía, era interpretado, ¡avatares de la vida!, por Salvador Dalí). El título de la representación era *La profanación de don Juan*.

Winnaretta Singer, tenía en París[229]. Winnie, como era conocida, se la había encargado a Falla, quien se la dedicó. El estreno de la función dirigida por Buñuel tuvo lugar en Ámsterdam el 26 de abril de 1926. Quién mejor que él para explicar esta historia, pues lo hizo en más de una ocasión:

> [...] Ricardo Viñes[230], el pianista, era amigo de Mengelberg[231] y había dos famosos teatros en Ámsterdam de música sinfónica. En uno de ellos presentó con gran éxito la *Historia del soldado,* de Stravinski[232], y Mengelberg quiso estrenar algo equivalente en el otro teatro. Y encargó a Ricardo Viñes que montara *El retablo de Maese Pedro* variando lo que hizo la princesa de Polignac, que había hecho todo muñecos —o sea, los personajes eran muñecos, y el retablo, de muñecos también—. Entonces, Ricardo dijo a su sobrino Armando que qué españoles había en Ámsterdam o en París. Y dijo: «Buñuel» [...] Y fuimos e hicimos el *Retablo* con una inconsciencia tremenda. Con ocho actores y, además, las marionetas, con Manuel Ángeles Ortiz, Hernando Viñes [...] Los actores eran mi primo Sauras, que hacía de Don Quijote, Cossío hacía de Sancho, [Joaquín] Peinado hizo del ventero, etc.[233]; lo hicimos en

---

229 Winnaretta Singer (1865-1943), princesa Edmond de Polignac, fue una notoria mecenas musical, heredera de la empresa de máquinas de coser Singer Corporation. Encargó numerosas piezas a compositores célebres, y creó diferentes ballts, entre ellos el de *El retablo de Maese Pedro* de Falla.

230 Ricardo Viñes Roda (1875-1943) fue un pianista y compositor español.

231 Joseph Willem Mengelberg (1871-1951) fue un reputado director de orquesta holandés.

232 *L'Histoire du soldat,* traducida del original en francés literalmente como *La historia del soldado* y conocida también como *Historia de un soldado,* es una obra del compositor y director de orquesta ruso Ígor Stravinski (1882-1971), compuesta en 1917 a partir de un texto de su amigo Charles Ferdinand Ramuz para tres actores y siete instrumentos.

233 Pancho Gutiérrez Cossío (1894-1970), Manuel Ángeles Ortiz (1895-1984), Hernando Viñes (1904-1993, sobrino de Ricardo Viñes), Ismael González de la Serna (1898-1968) y Joaquín Peinado (1898-1975)

> Ámsterdam sin saber una palabra de nada. Y yo era el director de escena. Costaba, creo, 200 florines. Tres sesiones dimos, tres[234].

Esta cita es muy ilustrativa y complementa la explicación que dio en su día en el en parte ya reproducido texto «Autobiography of Luis Buñuel»:

> Le [a Ricardo Viñes] sugerí que los personajes humanos fuesen actores, alterando sus caras con máscaras, de tal manera que hubiese una mayor diferencia entre ellos y los títeres, los cuales solo podían ser muñecos. Le pareció una buena idea y le ofrecí llevarla a la práctica. Todavía no puedo comprender por qué aceptó. Fui nombrado «regidor» y consecuentemente me encargué de la parte escénica[235].

La obra fue bien recibida por la crítica. El periódico *El Sol* de Madrid hablaba, en su portada del 28 de abril, del gran triunfo obtenido: «Los críticos y profesionales la han encontrado admirablemente orquestada y de gran inspiración. Obtuvo un éxito inmenso», detallaba la noticia. En lo que se refiere a la labor personal del director escénico, su idea de cambiar los muñecos de marionetas por personajes reales fue discutida, pero es incuestionable que la solución dada a la difícil puesta en escena de la época era muy propia de Buñuel:

---

eran pintores que formaban parte del grupo de artistas españoles radicados en París después del estallido de la Guerra Civil. Pronto se convirtieron en amigos de Buñuel. Su colaboración actoral con el futuro cineasta no terminó aquí, sino que, en *La edad de oro,* Cossío, que tenía una cojera, interpretó al bandido cojo, Ángeles Ortiz al guardabosques que mata a su propio hijo de un disparo y Peinado era uno de los invitados a la recepción del marqués.

Sobre la participación de Ángeles Ortiz en el *Retablo,* véase AA.VV., *Manuel de Falla y Manuel Ángeles Ortiz. El retablo de maese Pedro. Bocetos y figurines,* Madrid, Residencia de Estudiantes, 1996.

[234] Aub, 2020, págs. 132-133.

[235] «Autobiography of Luis Buñuel» *(ELB,* pág. 26).

> En primer lugar, simplificó de un golpe los problemas casi insolubles emanados de la acción simultánea de teatro-guiñol, teatro de marionetas (contemplando la representación del guiñol) y la orquesta y los cantantes (presenciándolo todo). Por otro lado, es característico de Buñuel este afán por humanizar. La ópera, en su concepción primera, acusaba un juego intelectual de vanguardia, con tendencia abstractizante, al que se inclinaba Falla entonces; al convertir a los espectadores de *El retablo* en personajes de carne y hueso, se les daba un hálito natural, convirtiendo a Don Quijote en una presencia y el retablo en una leyenda[236].

Si el tema del teatro de marionetas no le era ajeno, pues ya había pronunciado la antes citada conferencia sobre el tema, los tiros de esta opción de puesta en escena se nutren de la munición presente en los escritos sobre el teatro de Alfred Jarry. Prescindiendo de la determinante estela que el teatro jarryniano dejara en todas las vanguardias, en el acercamiento teatral de Buñuel, ya sea a través de la dirección del *Retablo* o en la escritura de *Hamlet,* resuenan más los textos teóricos del francés que su dramaturgia[237]. En el panfleto *De l'inutilité du théâtre au théâtre*[238], el dramaturgo galo postula la necesidad de «algunas proposiciones contrarias a los principios del teatro naturalista, que habrán de facilitar la irrupción de lo irracional mediante la supresión de todo elemento concreto, presunto o real, capaz de permitir que el espectador siga aferrado a la

---

[236] Aranda, 1975, págs. 48-49. Sánchez Vidal añade que «además de innovaciones, en el *Retablo* había auténticas barrabasadas que el público de Ámsterdam difícilmente podía advertir, como situar la acción en *La Mancha de Aragón» (BLD,* pág. 137).

[237] En el ámbito cinematográfico ocurría lo mismo respecto de Jean Epstein, cuyos textos teóricos le influyeron mucho más que su puesta en escena.

[238] Alfred Jarry, «De l'inutilité du théâtre au théâtre», *Mercure de Italie,* septiembre de 1896, págs. 467-473.

realidad»[239]. En base a esto, Jarry preconiza, por ejemplo, el empleo de la máscara por los actores para expresar el carácter eterno del personaje; en otras palabras, para de algún modo cosificarlo. «Todo ello justifica la identificación del artista con una marioneta, ya que, entonces, el público se halla ante el reverso de la realidad»[240]. Situación que, en la puesta en escena del *Retablo,* Buñuel llevó al extremo cuando convirtió al público de la platea en marionetas de carne y hueso. Un hallazgo que hubiese probablemente agradado al propio Jarry, pues, a su manera, estaba respondiendo al interrogante que encierra el íncipit del antedicho panfleto, el de si es el teatro el que debe adaptarse al público o viceversa. Buñuel apuesta por la segunda opción[241].

La vocación de puesta en escena de Luis Buñuel no surgió repentinamente. De niño, el teatro le hechizaba[242] y no

---

[239] Henri Béhar, *Sobre el teatro dadá y surrealista,* Barcelona, Barral Editores, 1971, pág. 32.

[240] *Ibíd.*

[241] Aun así, no podemos desdeñar las aportaciones de otro personaje fundamental en la concepción escénica buñueliana, a quien es plausible que no conociese cuando elaboró su conferencia sobre el teatro de marionetas, pero sí cuando puso en escena la obra de Falla, pues ya se había instalado en París. Nos referimos al poeta y dramaturgo Pierre Albert-Birot, quien había afirmado: «Fundaré un teatro en el que los actores de cartón tendrán la grandeza natural de un hombre. ¡Qué emoción!» («Théâtre», *París,* número único, noviembre de 1924, s. p. La traducción es nuestra). Sus ideas de puesta en escena fueron en otra dirección, pero la raíz intelectual es la misma.

En otro orden de ideas, esta postura aparenta ser contraria a la unanimista del cine, según la cual era el público quien debía identificarse con las historias y sus personajes, y con la que, según formularemos, Buñuel se alineó. No hay que ver en ello una contradicción, sino una posición acorde con un momento en el que el nuevo arte cinematográfico debía independizarse de la escena teatral y su larguísima tradición artística, a partir de un dinamismo propio del que el teatro carecía (y, de todos modos, una vez emancipado, ya llegaría el momento de experimentar y buscar el acomodo del público).

[242] Lo dictó en sus memorias: «Por la noche, de vez en cuando, mis padres iban al teatro. En Zaragoza había cuatro: el teatro Principal, que aún existe, muy bonito, con muchos dorados, en el que mis padres ocu-

podemos olvidar que, a pesar de su relevancia, Jarry no fue una figura aislada. La progresiva decadencia de la práctica teatral en la segunda mitad del siglo XIX no podía dejar indiferentes a los medios literarios, en cuyo seno empezó a gestarse la reacción a partir de la década de 1880. Una de las causas de la mediocridad de las realizaciones teatrales de aquellos años era la falta de coordinación entre sus diversos componentes: actores, regidor, escenógrafo, figurinista, etc. La regeneración del teatro debía pasar, pues, por el surgimiento de una nueva figura, la del director de escena que impusiese un criterio unificador, luchase por someter a los actores —recordemos que el teatro del siglo XIX estaba dominado por las grandes estrellas de las artes escénicas—, e incluso llegase a medirse con el autor en la interpretación del texto[243]. Si bien su carrera cinematográfica le reservó tener que lidiar con este último aspecto, en su época literaria Buñuel debió sentir la necesidad de ejecutar alguna puesta en escena teatral como contribución personal a finiquitar cualquier legado del teatro decimonónico. De ahí que quepa preguntarse si fue este hecho, o bien el éxito de la representación de la obra de Falla lo que le hizo plantearse la posibilidad de seguir en el mundillo teatral[244], ya

---

paban un palco de abono. Allí se daban representaciones de ópera, de teatro por alguna compañía de gira o conciertos. Casi tanto empaque como este tenía el Pignatelli, hoy desaparecido. El Parisina era más frívolo y estaba especializado, sobre todo, en la opereta. Había, por último, un circo, en el que a veces se presentaban también comedias y al que me llevaban con bastante frecuencia» *(MUS,* pág. 37).

243 En esta inflexión es clave la figura del actor, productor, director escénico y escenógrafo británico Gordon Craig (1872-1966), quien definirá el rol del director de escena como creador total y como un capitán de barco, y al actor como una *supermarioneta,* un elemento plástico más, con capacidad de movimiento. Las ideas de Craig sobre el teatro de marionetas están también en el origen de la vocación titiritera de Lorca, Buñuel y otros dramaturgos como Albert-Birot.

244 Sánchez Vidal afirma que la composición de esta tragicomedia «obedece, seguramente, a los estímulos de una posible dedicación teatral que el éxito allí [Ámsterdam] le haría plantearse» *(SV,* pág. 262).

que poco después compuso su única obra escénica, *Hamlet*. Se trata de una pieza que se enmarca en la tradición española del teatro breve[245], donde, esquematizando mucho un argumento de mal condensar, Hamlet —que no es abiertamente identificado como príncipe de Dinamarca— va al encuentro de su amada Leticia, hasta que al final la encuentra para darse luego cuenta de que son la misma persona. Pepín Bello afirmó que la escribieron en 1927:

> El *Hamlet* lo escribimos al mismo tiempo. Esa técnica la practicamos con frecuencia durante nuestras reuniones dominicales en el Café Castilla. Íbamos allá por la mañana, para desayunar, beber y conversar. Después comíamos —bien regada la comida— y luego, café y alguna copa. Pasábamos en el café todo el día, como quien hace un viaje. Y una de las actividades que más nos agradaban era la escritura automática: Buñuel y yo nos sentábamos en mesas separadas y escribíamos sin parar. De pronto uno de los dos reía, lo cual significaba que había logrado una frase feliz[246].

Pero el grado de coautoría de Pepín Bello —aquí y en los cuentos de la década de 1930— es de mal preciar, sin que ello implique negarle la capacidad creativa para idear situaciones. Bello fue el complemento de la creatividad lírica de Buñuel, la gasolina ideal para que el motor dramatúrgico de su amigo carburase con éxito. Más que un coautor fue un inspirador, porque ni poseía la habilidad o voluntad literaria necesaria (como demuestra la escasez de textos que nos legó), ni la calidad, a años luz de la de Buñuel[247].

---

[245] *Hamlet* ha sido tildado de ejemplo de microteatro por su hiperbrevedad (Andres-Suárez, 2012, pág. 37).

[246] Pepín Bello, «Posdata sentimental», *Cuadernos hispanoamericanos,* núm. 603, septiembre de 2000, pág. 45.

[247] *Un cuento putrefacto,* su único documento literario escrito en solitario que conocemos, es de una simplicidad opuesta a la complejidad e

Hamlet fue rescatada por Agustín Sánchez Vidal, dándola a conocer en *OL*[248]:

> Me costó mucho convencer a Buñuel para que consintiera en publicar su *Hamlet,* obra por la que sentía, a la vez, una gran fascinación y aprecio y un considerable pudor. No hay que extrañarse de ello, porque un examen nada exhaustivo de esta pieza dramática permite sorprender en bruto multitud de claves de films posteriores: las columnas vertebrales de algunas de sus más importantes películas están ahí[249].

Esta *tragedia cómica,* como la tildó Buñuel[250] —que también la hubiese podido subtitular *tragedia inadvertida*—, no solo es pionera del teatro surrealista en español, sino el único texto dramático hispano que corresponde al modelo original del drama surrealista francés[251]. No hay en ella ni continuidad narrativa, ni se persigue la armonización de las partes con el todo. Lo que hay es un uso libre

---

irracionalidad lírica que Buñuel demostró en su faceta de poeta y narrador. Tampoco acertamos a dilucidar la calidad lírica que algunos perciben en el ya documentado caligrama «El ateneísta», cuyo aprecio por parte de Buñuel procedía más de su humorismo que de sus cualidades literarias.

248 En esta edición, el texto de *Hamlet* adolece de una laguna crucial, pues falta una página del original. García Buñuel (1985) publicó el texto completo (que pasó a *ELB).* Por contra, la antología del teatro español de vanguardia de Muñoz-Alonso (2013) no enmendó el error.

249 Sánchez Vidal, 1984a, págs. 109-110.

250 En el prólogo a su obra *Les mamelles de Tirésias,* que Buñuel conocía bien, Apollinaire considera lo trágico y lo cómico como elementos no excluyentes de la nueva dramaturgia. La indicación *Tragedia cómica* aparece, entre paréntesis y debajo del título, en la copia mecanografiada con correcciones manuscritas —que no podemos atribuir a ciencia cierta a Buñuel— del Archivo Aranda de Filmoteca Española.

251 Urszula Aszyk, «La cuestión del surrealismo en el teatro español anterior a la Guerra Civil», *Actas del XII Congreso de la Asociación Internacional de Hispanistas,* vol. 4, Birmingham, University of Birmingham, 1998, pág. 69.

del tiempo y del espacio. Esta mezcla de absurdidad e irracionalismo, ejemplo perfecto de la alógica que postulaba el surrealismo de Yvan Goll, se basa, como explica Utrera Macías, en situaciones donde el humor adquiere distintos grados retóricos y determinados matices estilísticos, como los cambios de perspectiva y las contradicciones de términos:

> En esta dirección, los ejemplos se presentan en el mismo reparto: por un juego de paralelismo descriptivo y antítesis, Hamlet y Agrifonte quedan convertidos en amantes de Leticia, pero uno «de la parte Superior» y el otro «del punto interesante». Del mismo modo, un sustantivo puede ir provisto de adjetivos que semánticamente no le corresponden, como sucede en «maquillada ira», «luces solubles del día», «barrocos remordimientos» e «inverecundos participios». Algo parecido cabe señalar acerca del valor sinestésico manifestado en expresiones como «el blanco agujero del atardecer» que un invisible pastorcillo «hace sonar». Este *collage* de recursos no evita frases hechas que dejan entreoír ecos de Cervantes, Rubén, Zorrilla, Shakespeare y la astracanada[252].

Buñuel terminó de escribir *Hamlet* durante el verano de 1927 en París, donde las tablas de vanguardia estaban en plena ebullición, pese a que nunca fuese el teatro un género apreciado por los surrealistas. Eran los años del Théâtre Alfred Jarry, compañía fundada en 1926 por Antonin Artaud, Robert Aron y Roger Vitrac, que inició su corta singladura durante los dos primeros días de junio de 1927 con los desaparecidos textos *Ventre brûlé; ou La Mère folle* (de Artaud) y *Gigogne* (de Aron), así como la pieza de Vitrac *Les Mystères de l'amour*. No sería nada extraño que Buñuel asistiese a esas representaciones, a pesar de que es más factible que fuese un lector del teatro dadaísta que se publicó y/o representó en Francia a finales de la década de 1910 y

252 Utrera Macías, 2010, pág. 72.

principios de la siguiente. De ahí que conociese, y posiblemente admirase, las piezas de Pierre Albert-Birot, Georges Ribemont-Dessaignes, Tristan Tzara[253] e Yvan Goll, herederos de la tradición inaugurada por Jarry y seguida por Apollinaire, cuyo *L'Enchanteur pourrissant* dijo Buñuel que leyó durante la pandemia de la gripe española de 1919[254]. De entre ellos, las huellas más explícitas en *Hamlet* —incluso más que la de *Les mamelles de Tirésias,* que es asimismo incontestable[255]— son las de *Larountala* de Albert-Birot (1917-1918) y *Mathusalem* de Goll (1919).

Pierre Albert-Birot es un personaje tan secreto como decisivo de la vanguardia francesa, que renegó de ser etiquetado de dadaísta o surrealista, si bien se relacionó con futuristas y cubistas. Fue el fundador y director de la revista *SIC,* en la que colaboraron Apollinaire, Reverdy, Soupault o Aragon. De su encuentro con Apollinaire nació, ni más

---

[253] Sánchez Vidal también intuye estos antecedentes después de «un somero examen de la biblioteca» de su casa de México *(SV,* pág. 259).

[254] *MUS,* pág. 74. Buñuel debe confundirse con *Les mamelles de Tirésias,* pues la primera y lujosa edición del *Enchanteur,* de 1909 y con grabados en madera del artista André Derain, tuvo una tirada de 106 ejemplares, y no fue hasta 1921 que Gallimard lanzó una reedición reducida de esta obra, de escasamente 125 ejemplares (Michel Décaudin, «L'Enchanteur pourrissant. Notice», en Guillaume Apollinaire, *Œuvres en prose,* tomo I, París, Gallimard, 1977, pág. 1073).

[255] Sánchez Vidal acierta de lleno en la comparación entre la obra de Apollinaire y la que nos ocupa: «Hay muchos elementos comunes con *Les mamelles de Tirésias:* la discusión inicial de Presto y Lacouf (I,4) con un tono dialogal de lógica tan desconcertante como la de *Hamlet* [...] Pero, sobre todo, el mismo problema central vertebra ambas obras: "ÉL = ELLA" *("Caballería rusticana"),* o, como se dice en el Acto IV de *Hamlet,* "Niño = Niña, luego os digo que Hombre es lo que queríamos demostrar". Ciertamente que la transformación de Thérèse en Tirésias responde a un planteamiento distinto que la identificación Hamlet y Leticia, porque en Buñuel prima la cuestión del doble, la disolución o identidad del yo, mientras que Apollinaire anda a vueltas con la impotencia, el priapismo y el desdibujamiento sexual. Los elementos comunes no siempre están utilizados en igual sentido» *(SV,* pág. 260).

ni menos, que *Les mamelles de Tirésias,* encargo de Albert-Birot y cuyo estreno en las tablas, el 24 de junio de 1917, dirigió. Desarrolló un cuerpo teórico sobre el teatro y el cine, creando una estética teatral —el nunismo— que atribuye a la marioneta un rol clave en la escena moderna[256]. *Larountala* era considerada por su autor un *polidrama,* que pudiera ser el germen léxico de *polismos*[257]. Esto nos da una pista de la medida de esta insólita obra como subsidio ideológico de *Hamlet,* cuya lectura[258] Buñuel, no así Bello, debió tener presente mientras componía su micropieza[259]. En cambio, las afinidades y puntos de contacto con el *Mathusalem* de Yvan Goll son de cariz más orgánico, ya que, si algunos tienen que ver específicamente con *Hamlet,* el grueso establece correspondencias con aspectos estructurales de la poética buñueliana[260]. *Mathusalem* se publicó en

---

256 Se trata de una actitud que, en principio, está en las antípodas de las soluciones de puesta en escena que Buñuel ensayó con *El retablo de Maese Pedro,* donde, recordémoslo, incorporó a personas de carne y hueso en el plantel actoral. Sea como fuere, el propio Albert-Birot matizó que no exigía a los actores (cuando los había) hacer de marionetas, sino que debe ser, como la marioneta, un creador no sometido a las órdenes de un director (Geneviève Morin, «La marionnette chez Pierre Albert-Birot: l'exemple de *Matoum et Tévibar*», *L'Annuaire théâtral,* núm. 37, 2005, pág. 173). Una postura que Buñuel, director de cine, podría incluso suscribir atendiendo a la libertad que daba a los intérpretes.

257 Otra concomitancia con Albert-Birot es que, si *polismos* significa 'varios ismos' *(SV,* pág. 23), el nunismo también, pues bajo esta rúbrica el francés pretendía englobar todos los ismos de la modernidad.

258 *Larountala* nunca se estrenó.

259 A diferencia de los de *Mathusalem,* los puntos en común de *Larountala* con *Hamlet* son más instrumentales que estructurales, por lo que serán reseñados en el aparato crítico.

260 Destacamos, por orden cronológico de la historia: 1) Goll tildó *Mathusalem* de drama satírico, y ya hemos dicho que, para Buñuel, *Hamlet* era una tragedia cómica. 2) En el primer sueño del personaje de Mathusalem, los objetos cobran vida y discuten con él (Acto I). 3) En el segundo sueño cinematográfico de Mathusalem, este entra en un teatro donde se representa la escena del cementerio de *Hamlet.* Mathusalem

francés en 1923 y se estrenó en el parisino Théâtre Michel el 10 de marzo de 1927. Sus funciones incluían una proyección audiovisual dirigida por Jean Painlevé[261], lo que pudo fortificar el interés de Buñuel por ir a verlas y hallar alguna inspiración para su *Hamlet* o para futuros proyectos cinematográficos que tenía en mente.

Si *Mathusalem* se erige en un antecedente de *Hamlet,* no es solamente por los motivos aducidos, sino porque el pensamiento teatral de sus autores converge, como corroboran las palabras del francoalemán en la introducción a la pieza, escritas en 1920:

> La sátira moderna se ve obligada a buscar otros medios de excitación. Los ha encontrado en el surrealismo y la alógica. El surrealismo es la más fuerte negación del realismo. Hace emerger la realidad bajo la máscara de la apariencia, favoreciendo así la verdad misma del ser [...] La dramaturgia alógica tiene por objetivo el convertir en ridículas las leyes de

---

sube al escenario y arranca la calavera al príncipe danés y en su lugar le entrega un botín de charol (final del Acto I). Esta escena, junto con otras dos, fueron rodadas por Jean Painlevé, quien también interpretó el papel de Hamlet (véase Roxane Hamery, *Jean Painlevé, le cinéma au cœur de la vie,* Rennes, Presses Universitaires de Rennes, 2008, págs. 42-45). 4) En el Acto II, el loro dice: «No asomarse al exterior», aviso al que más tarde Buñuel y Dalí dieron la vuelta: *Es peligroso asomarse al interior,* que fue uno de los títulos barajados para *Un perro andaluz.* 5) En el Acto V, el personaje del estudiante se desdobla en tres: Yo, Tú y Él, en clara referencia a Freud y los estados de preconsciencia, consciencia e inconsciencia. Se trata de una actualización en términos psicoanalíticos de los personajes desdoblados de *Larountala* (Didier Plassard, *L'acteur en effigie. Figures de l'homme artificiel dans le théâtre des avant-gardes historiques: Allemagne, France, Italie,* Lausana, L'Âge d'Homme, 1992, pág. 344). 6) Al comienzo del Acto IX, el público se convierte en actor (un personaje es descrito como «una voz en el público»), en la línea planteada por la puesta en escena de *El retablo* de Falla. Otros paralelismos se irán desgranando a lo largo de estas páginas, así como en el aparato filológico.

[261] Cuando colaboró con Goll, Painlevé todavía no había iniciado su carrera de cineasta científico.

> todos los días, y de desenmascarar la mentira profunda de la lógica matemática e incluso de la dialéctica[262].

En «Tragedias inadvertidas como temas de un teatro novísimo», publicado en 1923, Buñuel también reclama temas nuevos y originales no tratados hasta entonces por dramaturgia alguna, sugiriendo una solución en la incursión de lo inanimado, es decir, de la negación del realismo de la que nos habla Goll[263]. A pesar del parentesco con *Mathusalem, Hamlet* supone una vuelta de tuerca más en el alogicismo golliano, sin igual en la escena vanguardista de la época, y que anuncia a Eugène Ionesco[264] y otros repre-

---

[262] Yvan Goll, «Préface», en *Mathusalem. Les Immortels,* París, L'Arche, 1963, págs. 9-10. La traducción es nuestra.

A pesar de estos puntos de contacto, no tenemos constancia de que Buñuel se pronunciase sobre la concepción del surrealismo de Yvan Goll —que elaboró su propio «Manifiesto del surrealismo»—, enfrentada a la de Breton, donde segregaba a Freud de su ideario (evitando así confundir arte con psiquiatría) y, a su vez, encumbraba el cine como arte surrealista por excelencia. Todo ello se fraguó efímeramente en el único número de la revista *Surréalisme* (octubre de 1924) dirigida por el propio Goll.

[263] A pesar de que los exégetas de la obra literaria buñueliana han sido unánimes en recalcar las notorias equivalencias de este texto con el prefacio de Apollinaire a *Les mamelles de Tirésias,* hay que reclamar las afinidades, creemos que más sutiles, con las ideas de Goll que, como las de este, también se enmarcan en el espíritu renovador de las artes escénicas de principios del siglo XX.

En contraste, aunque van en el mismo sentido renovador, las ideas teatrales de Buñuel difieren de las de Albert-Birot, quien quiso crear un nuevo arte que expresase la vida moderna integrando en el teatro la pantomima, la acrobacia y los actos circenses en unas tablas múltiples y fragmentadas (Morin, *op. cit.,* pág. 177). El foco de Albert-Birot estaba centrado en lo estético más que en lo moral, lo que, en su escritura, se reflejó a través del uso de caligramas, incluso en sus piezas teatrales. Ya hemos defendido que Buñuel no necesitó repatriar la poesía al territorio de la visión, porque ese lugar lo debía de reservar para el cine: su lírica no jugó con el espacio de la cuartilla en blanco, alineándose sus versos en tradicional armonía.

[264] El dramaturgo rumano-francés no pudo tener conocimiento de *Hamlet,* lo que añade más misterio a esas subterráneas transferencias que

sentantes del nuevo teatro europeo, como Witold Gombrowicz —escritor con quien comparte notables rasgos artísticos y vitales— y Romain Weingarten (autor, en 1948, de *Akara).*

Así y todo, Buñuel ya demostró su capacidad para subvertir el lenguaje teatral en las adaptaciones del libreto de *Don Juan Tenorio* para sus representaciones en la Residencia de Estudiantes[265]. Luego, de casta le viene al galgo, de suerte que estas perversiones léxicas sirven para conocer mejor la influencia que tuvieron las representaciones del *Tenorio* en la aparición de obras del teatro surrealista español como *Hamlet,* que está más cerca de una versión teatral del anaglifo[266] que de otra cosa, lo que la convierte en una pieza muy singular de las artes escénicas de la vanguardia. Pero, puestos a fijar linajes —esta vez fortuitos (la pieza no se conoció hasta su publicación en *OL* en 1982)—, la dramaturgia con la que más intensamente topamos es la de Eugène Ionesco. Al igual que en el futuro teatro del absurdo, la cuestión del lenguaje en *Hamlet* es cardinal[267], lle-

---

suelen existir entre artistas y que desafían el tiempo y el espacio. En cualquier caso, no hay que olvidar que Breton y Péret vieron en Ionesco el teatro que ellos hubiesen querido hacer treinta años antes (Giovanni Lista, *Ionesco,* París, Henri Veyrier, 1989, pág. 110); ni tampoco que Buñuel y Breton acudían a menudo juntos a visitar a Ionesco a su domicilio parisino.

[265] Las representaciones teatrales de la época residencial incluían piezas breves clásicas como pasos y entremeses. Desde este ángulo, hallamos en *Hamlet* el retumbar de los entremeses, pues comparte una de las características fundamentales del género: «En el entremés la óptica jocosa lo deforma todo, el ambiente cómico quita seriedad al acontecer y al personaje» (Eugenio Asensio, *Itinerario del entremés. Desde Lope de Rueda a Quiñones de Benavente con cinco entremeses inéditos de D. Francisco de Quevedo,* Madrid, Gredos, 1971, 2.ª ed., pág. 39).

Tocante a las subversiones de vocabulario de *Don Juan Tenorio,* véase Sánchez Romeralo, 1989.

[266] Véase la nota 99.

[267] Los resultados, desde luego, no son idénticos y, así, la conexión lenguaje-incomunicación, denominador común en la obra de Ionesco,

gando incluso a poderse analizar, como pasa con *Rinoceronte* del dramaturgo de origen rumano, como una sátira del lenguaje estereotipado. En este asunto, la deuda con Artaud es enorme: para el marsellés, la palabra será también la responsable de la distancia que nos separa de lo real. Se estaba anunciando ya esa crisis lingüística que formulará después el posestructuralismo cuestionando el lenguaje verbal como herramienta eficaz de comunicación[268].

Mención aparte merece el tema del título, que parece ser fruto de una estrategia de extrañamiento inferida de los procesos creativos futurista[269], dadaísta y surrealista; si bien cualquier reflexión sobre la elección del homónimo pearcano es mera especulación. Lo cierto es que la obra del dramaturgo inglés formaba parte del maderamen intelectual del grupo de futuros artistas de la Residencia de Estudiantes, acaso por aquello que afirma el personaje de Rubén, en la escena del cementerio de *Luces de bohemia:* «Todos tenemos algo de Hamletos». En el caso de Buñuel, la inferencia se acentúa, habida cuenta de que no podemos pasar por alto, incluso bajo el riesgo de penetrar en el pantanoso —y a menudo yermo— terreno del análisis psicológico, la posible atracción y filiación que sintió con la historia del Bardo de Avon a partir de la experiencia vivida después de la muerte de su padre, cuyo espectro, la noche del día siguiente de amortajarle, se le apareció de manera «agresiva»[270]. No es nada descartable, por tanto, que Buñuel se identifi-

---

no lo es ni en *Hamlet* ni en la filmografía de Buñuel, porque una cosa es la incomunicación y otra la comunicación irracional.

268 Al mismo tiempo y, por otro lado, Artaud reivindicará el valor mágico de las palabras, pero no por su significado racional.

269 La comicidad de *Hamlet* supone un devenir lógico del espíritu vanguardista del momento, en especial de la escena futurista, donde encontramos algunas obritas de puro microteatro, como las de Francesco Cangiullo (1884-1977), cuyo humor provocativo y rompedor de la dramaturgia tradicional anticipa la propuesta buñueliana.

270 Aub, 2020, págs. 256-257.

case con el príncipe de Dinamarca, a quien su difunto padre también se le asoma, y que este hecho fuera uno de los desencadenantes que dio origen al título. A mayor abundamiento, la mayoría de los diálogos de los personajes del *Hamlet* buñueliano apunta a la experiencia de la muerte. Sin embargo, lo que permite a Buñuel y Bello reelaborar, en el marco de una moral surrealista, la obra del de Stratford a partir del tema de la muerte fue el lazo que existe entre ella y el sueño. En *Hamlet* no solo se aborda la muerte como una vivencia desconocida, sino que se la relaciona con la imagen del sueño. Para Buñuel, ambos motivos están unidos por el surrealismo: «La muerte es más ligera que el sueño», dice Mitrídates. Análogamente, nuestro dramaturgo también saca provecho del amor, presente en la relación entre Ofelia y Hamlet en el texto inglés, para exponer otra línea surrealista que asocia el deseo amoroso con el deseo mortal[271].

Sin abandonar el recinto de las conjeturas sobre el título, nos inclinamos a pensar que es una alusión directa a Dalí, como *Un perro andaluz* lo sería a García Lorca. En 1921 falleció la madre de Dalí, Felipa Domènech, y un año más tarde su viudo padre esposó a su cuñada Catalina Domènech[272]. O sea, invirtiendo el género de los protagonistas, la situación es la misma del motivo conductor de la obra de Shakespeare: el de la boda de su madre con su cuñado, el

[271] Desde esta perspectiva se pueden establecer paralelismos con el teatro de Jean Cocteau, en especial con *Orfeo* y *Romeo y Julieta,* conexiones que Sánchez Vidal también establece en base a que tratan de forma cotidiana el mito y la tragedia *(SV,* pág. 259). Hay que clarificar que la fecha de redacción de *Hamlet* es anterior a la publicación de *Romeo y Julieta,* aunque Buñuel pudiera haber asistido a alguna de sus representaciones en París (se estrenó el 2 de junio de 1924), como con toda certeza hizo con *Orfeo,* estrenada, también en la capital gala, el 17 de junio de 1926.

[272] Buñuel tuvo la oportunidad de filmar con ojo entomológico a esta pareja en su cortometraje *Menjant garotes.*

rey Claudio, tío carnal de Hamlet. Esta referencia a un miembro del grupo de residentes podría no ser caprichosa y responder al empeño de que los personajes principales estuviesen inspirados en algunos de ellos. Así, respecto de Agrifonte, leemos en carta de Buñuel dirigida a Bello desde París el 1 de febrero de 1927: «Ayer me encontré con Agrifonte, colorado y antiséptico como siempre». No sabemos si este aserto es cierto o es parte del juego con el lenguaje que salpica toda la epístola, como el del inicio: «Querido Pepín: Ya he salido de París adonde llegaré anteayer Domingo», o el que sigue a su supuesto encuentro con *Agrifonte:* «Me preguntó por tus descendientes» —Bello no tuvo nunca descendencia—. Si, como parece, tal mención no era más que una broma, *Agrifonte* podría aludir a García Lorca[273] por una particular traslación al latín de Fuente Vaqueros, su pueblo natal[274].

Sea como fuere, la cuestión es que el *Hamlet* original tiene elementos, más allá de sus cualidades dramatúrgicas, que interesaron a los dos amigos de la Residencia y dieron pie a significativas relaciones entre ambos textos. Destacamos dos. La primera es todo lo relacionado con la muerte y la putrefacción, de lo que la obra de Shakespeare es un testimonio literario fundamental, con expresiones y metáforas que seguramente les deleitaron[275], tales como «Oh, si esta carne mía se disolviera»[276], «si la carroña sirve para que

---

[273] En aquella época Lorca no estaba en la capital francesa y era, para más inri, objeto de feroces improperios por parte de Buñuel en esa correspondencia con Bello, donde también aprovechaba para repartir a diestro y siniestro contra todo aquel al que consideraba *putrefacto*. La nómina no era corta (véase *BLD,* págs. 153-170).

[274] *Agri:* campos (asociación con *vaqueros,* también plural); *fonte:* fuente.

[275] Algunas de las cuales parecen anunciar greguerías.

[276] I.ii. Aprovechamos para aclarar que todas las traducciones, tanto en el texto como en las notas a pie de página, proceden de las versiones del Instituto Shakespeare editadas por Cátedra en su colección Letras Universales.

la besen»[277] o «tumbas que bostezan»[278]. La otra, más reveladora, es el tema de la subversión de identidades. Es paradigmático, a propósito de esto, el siguiente diálogo entre Hamlet y el Rey (IV.iii):

HAMLET

[...]
Pero, ea, a Inglaterra. Adiós, mi querida madre.

REY

Tu querido padre, Hamlet.

HAMLET

Mi querida madre: padre y madre son marido y mujer; marido y mujer son una misma carne; así pues, querida madre. ¡A Inglaterra!

Lo que, trasladado a la pieza buñueliana, da como resultado la siguiente ecuación o teorema (vocablo más propio de la literatura buñueliana) propuesto por Hamlet a Agrifonte (IV): «Niño = Niña, luego os digo que Hombre es lo que queríamos demostrar»[279].

Todo ello sin perder de vista que Buñuel introdujo en boca de Hamlet su particular «To be or not to be; that is the question»: «Haber o tener, la podredumbre es esa».

Hamlet es, de resultas, una antipieza teatral —un «producto intransferiblemente buñuelesco»[280]— que se enmar-

---

[277] II.ii.

[278] III.ii.

[279] No estamos tampoco lejos de *Macbeth* y de la famosa afirmación de Lady Macbeth: «unsex me here» (I.v), con la que lamenta haber nacido fémina.

[280] *SV*, pág. 264.

ca en el surrealismo hispano, pues contribuye como pocas obras a hacer evidente la absurdidad del universo mental contemporáneo, combinando el delirio verbal de Pansaers[281], Albert-Birot y otros dadaístas ya citados, las aventuras irreales de Breton y Soupault, la lucha de Vitrac contra los valores burgueses y, ya fuera del ámbito de la escena, las fantasías verbales de Péret. Desde este enfoque, *Hamlet* cumple a la perfección, más que ninguna obra de la vanguardia española, con la aportación del surrealismo al teatro:

> [...] la liberación del lenguaje, elemento fundamental y privilegiado del teatro. Únicamente rompiendo la argolla etimológica que aprisiona a las palabras y dejando que jueguen unas con otras se llega a la producción de imágenes sin precedentes, capaz de traducir verdaderamente la arquitectura monstruosa del sueño. Las palabras vuelven al estilo salvaje[282].

Otro ingrediente que convierte a *Hamlet* en el paradigma de la escena surrealista en español es el humor. Efectivamente, estamos ante una obra que es heredera de la tradición de la farsa, desde Aristófanes[283] hasta nuestros días, pasando por el propio Shakespeare[284]. De hecho, Pepín

---

281 La mención del artista y poeta belga Clément Pansaers no es ningún capricho intelectual. Louis Aragon destacó su singularidad respecto del resto de poetas que conoció, valoración que tuvo que transmitir a sus colegas de vanguardia, entre ellos, al de Calanda. Cualquiera que pueda acceder a su obra poética se dará cuenta de que el listón de extrañamiento de sus textos está en lo más alto, a menudo más que incluso Tzara o Ribemont-Dessaignes, y solo al alcance de unos pocos, como Péret o Buñuel.

282 Béhar, *op. cit.*, pág. 19.

283 El tipo de humor, el poder contestatario o la confusión de identidades son ingredientes, entre otros, de la obra del comediógrafo griego presentes en la de Buñuel, cuya deuda con aquel es elevada.

284 Bien es cierto que el *Hamlet* shakespeareano contiene no pocas pinceladas de humor —de humor corrosivo, satírico y absurdo— que

Bello añadió, cuando se refirió a ella, que no conocía ninguna creación surrealista que no sea humorística[285], y Carmen Herrero titula «El discreto encanto de la farsa: *Hamlet* de Buñuel» su lúcido análisis de la obra[286]. Con esta investigadora podemos establecer dos ejes sobre los que se cimienta. En primer lugar, el humor surge tanto de lo absurdo y del quebrantamiento secuencial, reforzado por la ruptura de las expectativas creadas por la historia del drama que se presume que se está escenificando, la tragedia shakespeareano[287], como de la integración de elementos paródicos a partir del modelo del drama romántico, representado por *Don Juan Tenorio* y *Don Álvaro o la fuerza del sino*[288]. Asimismo, se ha indicado que se parodia el estilo de

---

evocan nuevos puntos de contacto entre ambos textos. Sin ir más lejos: «¿Acaso se ahogó en defensa propia?» (V.i), «¿Era Adán de rancio abolengo?» (V.i), o algún momento del diálogo entre Hamlet y Osric (V.ii), que se erigen en modelos anticipados del teatro moderno, pues como acertadamente percibió Kott, la dramaturgia del moderno teatro del absurdo se reúne con, o redescubre, lo grotesco presente en Shakespeare *(op. cit.,* págs. 127-168). En esta línea, tómese en consideración la superposición de motivos existente entre *La comedia de los errores* (1592) y la obra de Buñuel. El multiconfusionismo identitario o el juego léxico de la farsa de Shakespeare no podía más que entusiasmarle.

[285] Bello, *op. cit.,* pág. 45.

[286] Herrero, 2004.

[287] Desde esta perspectiva, las palabras de Antonin Artaud del «Teatro de la Crueldad. Primer Manifiesto» adquieren aquí toda su vigencia: «Nada significan el humor, la poesía, la imaginación si por medio de una destrucción anárquica generadora de una prodigiosa emancipación de formas que constituirán todo el espectáculo, no alcanzan a replantear orgánicamente al hombre, con sus ideas acerca de la realidad, y su ubicación poética en la realidad» *(El teatro y su doble,* Barcelona, Edhasa, 1978 [1938], págs. 104-105). *Hamlet* seguía ensamblando, junto con otras obras dadaístas y surrealistas, el armazón del futuro teatro de la crueldad cuyos fundamentos había establecido Jarry.

[288] No podemos ignorar la estela de la obra de Shakespeare en la de Zorrilla. Si la escena en que Hamlet se entera de la muerte de Ofelia en el cementerio de su ciudad parece inspirar la de don Juan percatándose de la muerte de doña Inés en el panteón que ha mandado construir su

la dramaturgia lorquiana, cuya obra *Mariana Pineda* Buñuel despreciaba por su lenguaje caduco[289]. No ha de chocarnos, por consiguiente, que el calandino encuentre en la farsa su voluntad de rebasar las tradicionales barreras genéricas, temáticas, espaciales y lingüísticas. En segundo lugar, como aplicado surrealista, el afán que le movía al escribir el diálogo era la libertad, el azar y el absurdo. Así se explica la invención de palabras como *fabriquemos,* que Hamlet dice a Leticia, de claras connotaciones sexuales, o las intervenciones de los personajes en las que se combinan las antítesis para crear un lenguaje paródico, laberíntico y absurdo.

Ya que hablamos de lo paródico, detengámonos de nuevo, un instante, en la teoría literaria de Genette[290]. Al hilo de esta lectura posestructuralista, en el *Hamlet* de Buñuel asistimos a un fenómeno de recontextualización paródica donde, a diferencia de, por ejemplo, *Mouchoir de nuages* de Tzara, en el nuevo texto no se inserta el hipotexto[291] shakespeareano que despierta en el lector una sensación de incompatibilidad. En los casos como el de Tzara, la parodia se asimila a un *collage* compuesto por piezas que establecen relaciones específicas de imitación o inversión. Buñuel, usuario, según hemos visto, del *collage,* aquí lo rehúye, al menos como recurso que interfiere en las relaciones intertextuales de su obra con la de Shakespeare[292]: el efecto pa-

---

padre con todas sus víctimas, a su vez resuenan ecos de la escena del *Tenorio* en el *Hamlet* de Buñuel.

289 «¡¡Paciencia y aguantemos nuestras ganas de Marianapinedear!!», le escribió Buñuel a Pepín Bello en noviembre de 1927.

290 Véase la nota 211 (segundo párrafo).

291 Dentro de la categoría más general de la transtextualidad, la hipotextualidad es «toda relación que une un texto A (que llamaré *hipotexto)* a un texto posterior B en el que se inserta de un modo que no es el comentario» (Genette, *op. cit.,* pág. 14).

292 En cambio, no lo sortea si nos atenemos a la noción de *collage* de Max Ernst, que lo consideraba «la explotación del encuentro fortuito, en un plano adecuado, de dos realidades distantes» *(op. cit.,* pág. 43).

ródico de *Hamlet* no es fruto de la colisión de un hipotexto con un nuevo contexto incompatible, sino de una serie acumulativa de rupturas de toda índole. Genette también reflexiona sobre la parodia como forma de expresión que pertenece a la categoría de aquellos textos que declaran explícitamente su derivación de otras fuentes textuales[293]. En nuestro caso, esta declaración se realiza apropiándose del título de la obra primitiva, que es el nombre del protagonista, a pesar de que las conexiones con el *Hamlet* original sean más que lejanas.

Alusión destacada requieren los elementos artísticos paratextuales a partir de los cuales el teatro desarrolla la imaginación escénica: las didascalias[294]. En la obrita que nos ocupa juegan un rol literario en el texto dramático para nada desdeñable. No son ya un complemento del diálogo, sino que tienen una doble función. La primera va dirigida al director que deberá poner en escena la obra —lo que es lógico en un dramaturgo que ya colaboraba con la industria del cine francés y que contemplaba una carrera cinematográfica—, convirtiéndolo en una especie de cómplice del autor, y privilegiando el imaginario a expensas de una representación. La segunda se destina al lector, más que al hipotético espectador. Las didascalias están hechas para ser leídas, lo que implica una denuncia de la imposible coincidencia entre el texto y su representación, entre las palabras y las cosas. De esta manera, Buñuel transgrede la razón misma de existir de estas indicaciones, la de informar y

[293] Genette, *op. cit.,* págs. 20-44.

[294] Preferimos el término *didascalia* a *acotación* —que también utilizamos para aligerar el texto—, pues abarca más elementos que las notas o comentarios de tipo descriptivo que el autor incluye en la obra teatral para explicar detalles relativos a los movimientos y acciones de los personajes sobre las tablas, y todo lo relacionado con la puesta en escena. Así, por ejemplo, el elenco de personajes *(dramatis personae)* es una didascalia que, en nuestro caso, tiene una función muy relevante en el anclaje surrealista de la obra.

explicar. En *Hamlet* —y más tarde con el llamado *teatro del absurdo* y en particular con las obras de Ionesco, más limítrofes con lo insólito que con lo absurdo—, las didascalias adquieren un rol literario en el texto dramático[295]. En consecuencia, asumen una función poética normalmente atribuida al diálogo y sobrepasan en la mayor parte de las ocasiones su función de aclaración para la puesta en escena. La que introduce el Acto II reza así: «*Margarita sola en el prado se limpia arbitrariamente las trenzas. Canta en un idioma jocundo e improvisado*». La primera parte es una acotación clásica, pero en la segunda, la información que se nos ofrece solo va dirigida al lector (y al hipotético director de escena), nunca al espectador, quien se enfrentará a un texto de sonoridades absurdas y lenguaje prácticamente onomatopéyico, desconociendo si se trata de alguna clase de jerigonza. De igual forma, también se utilizan para hacer un uso libre del tiempo y sobre todo del espacio, que se flexibiliza[296]. Baste con señalar la que abre la obra: «*Un campo cualquiera. Aquí y allá sollozantes riachuelos. Al fondo la catedral de Rouen antes de ser manoseada por nadie*».

Numerosos dramaturgos —a partir de Claudel en Francia o Valle-Inclán en España— utilizaron extensas didascalias que no eran ya meras indicaciones de puesta en escena, sino un espacio de literariedad[297]. El texto didascálico adquirió así valores narrativos: conectores que unen las acotaciones entre sí, u oraciones complejas y concatenadas, que reemplazan, por ejemplo, el estilo telegráfico de las indicaciones escénicas habituales. A más de la simple referencialidad, con Buñuel la escritura paratextual adquiere un valor añadido doble: cómico y estético. De este

---

295 Acaece lo mismo con las larguísimas acotaciones de Maeterlinck, en su caso sinestésicas y creadoras de atmósferas sensoriales para el lector.

296 Herrero, 2004, pág. 209.

297 La literariedad es aquello que hace que una obra dada sea literaria y no una obra de otro tipo.

modo, en *Hamlet,* la contribución semántica de las acotaciones es a menudo mucho más rica que la de las réplicas de los personajes. Este elemento muestra el potencial dramatúrgico que tenía Buñuel, y que canalizó a través del cine, ya que las didascalias son instrumentos de la doble ficción teatral, textual y escénica, y constituyen la marca distintiva del texto dramatúrgico en oposición a otros discursos textuales[298].

Otra de las peculiaridades del paratexto que nos incumbe es que es fuente de extrañamiento y de humor. El que sigue al acto de *fabricar* es un excelente ejemplo: «*Los dos fabrican. Ya solo quedan dos ladrillos cuando* HAMLET, *desesperado porque* MARGARITA *no acude a la cita, se pierde entre los demás soldados*». Como hizo años después el teatro de Ionesco, *Hamlet* se estructura a base de sainetes y astracanadas que dirigen al espectador hacia un clímax no trágico, sino alógico (como diría Goll) e insólito, donde el humor es también anticlerical[299]. Las referencias a curas y obispos son recurrentes en su obra literaria, pero igualmente aquí aprovecha la ocasión para, por medio de una acotación, hacer aparecer a un «arzobispo nauseabundo». Buñuel utiliza el paratexto didascálico como resorte humorístico al mismo nivel que el texto dramático, donde, asimismo, se observa el efecto de extrañamiento idiosincrásico de su obra poética[300]. Un extrañamiento y un humor que se extienden incluso a la *dramatis personae,* donde Hamlet es presentado como «*Amante de la parte superior de Leticia*», Agrifonte como «*Rival de Hamlet, amante del punto intere-*

---

[298] Este uso de las didascalias fue llevado hasta el paroxismo por Ionesco, donde la precisión de las acotaciones contrasta con la obligación del lector/espectador de dejarse llevar por la imaginación.

[299] En referencia a la poesía española de vanguardia, Martín Casamitjana afirma que la sátira anticlerical es una tendencia endémica en España, derivada de la identificación entre Iglesia y Estado (1996, pág. 356).

[300] *SV,* pág. 263.

sante de Leticia» y Mitrídates como «*Cadáver recalcitrante*». Así que las didascalias tienen una función crucial en la historia, ya que operan como gags de cine mudo que tanto gustaban en aquella época, otorgando al texto un registro de guion cinematográfico, lo cual abona la tesis de la mayor pisada de Buñuel que de Bello en su composición.

No es necesario puntualizar, a la luz de lo razonado, que un análisis exclusivo de los dispositivos paratextuales de *Hamlet* sería suficiente para probar su afiliación surrealista. Otros tres elementos, sin embargo, refuerzan tal adscripción. El primero es la llamada al espectador, en línea con lo expuesto anteriormente. El teatro surrealista pretende acabar con el foso que tradicionalmente separa al espectador del espectáculo, esforzándose en sacar al auditorio de su pasividad. La provocación y el escándalo son las armas primordiales. Al coger a sabiendas a contrapié sus expectativas y sus hábitos de recepción, de lo que se trata es de forzar a cada miembro del público a reaccionar para atraerlo hacia un espectáculo que, a partir de entonces, no se desarrolla ajeno a él, sino en el cual deviene parte activa. En esta materia no estamos lejos, de nuevo, de los textos analíticos de Jarry, que proponía golpear a la multitud «para saber por sus gruñidos de oso en dónde está y en qué se ocupa»[301]. La misma pretensión preside *Hamlet,* que en esto se asemeja también mucho a *Les mamelles de Tirésias*[302]. Con ello se elabora una estética de lo inaceptable y de lo insoportable, cuyo éxito se mide proporcionalmente a la reacción violenta de rechazo que provoca en el espectador. Pero no se trata solo del escán-

---

301 Alfred Jarry, «Questions de théâtre», en *Ubu,* París, Gallimard, 1978, pág. 348. La traducción es nuestra.

302 Conviene recordar que el confinamiento de Luis Buñuel durante la gripe española en 1919 fue en la Residencia de Estudiantes y que aprovechó para leer. Él mismo subraya en sus memorias la lectura de *Rojo y Negro* (una de las escasas novelas unánimemente aclamadas por los surrealistas) y otro título de Guillaume Apollinaire que no hemos acertado a distinguir (véase la nota 254).

dalo por el escándalo, sino, por añadidura, de llegar al público de la forma más violenta posible e inventar, a partir de ahí, unos sistemas de comunicación y de emoción inéditos.

Nos situamos, luego, en la antesala del teatro de la crueldad de Artaud[303] —para quien hay que ir al teatro como se va al dentista o al cirujano—, que consumará esta inversión de las coordenadas ordinarias del drama. Así pues, el segundo elemento que *Hamlet* comparte con todos los dramas surrealistas es la subversión de los códigos, que exige la puesta en marcha de una violencia textual y escénica tal que arranque al espectador de los lugares comunes en los que se mueve. Con esta finalidad, las estrategias adoptadas son diversas. Allí donde el teatro clásico se aplica en imitar lo real, los dramas surrealistas intentan representar lo imposible. En nuestro caso, esta subversión se aprecia en el mismo título y lo invade todo: texto y paratexto. *Hamlet* se priva de toda coherencia y verosimilitud allí donde el drama tradicional desarrolla sus intrigas lógicamente calculadas. A nivel textual, además de las técnicas presentes en su lírica y que hemos pormenorizado ya, se suma una mayor utilización de pronombres enclíticos con el fin de descontextualizar temporalmente el lenguaje del teatro cervantino y romántico español —generando así un efecto paródico y humorístico—, cuando, en sus textos previos, su función —consonante con el credo ultraísta que profesaba— era más la de esdrujulizar el término y no tanto simular un referente determinado. Desde esta óptica, hay un elemento que no puede pasar desapercibido. Nos referimos a la pri-

[303] El siguiente pasaje de *El teatro y su doble* puede aplicarse perfectamente a *Hamlet:* «El teatro solo podrá ser nuevamente el mismo [...] cuando proporcione al espectador verdaderos precipitados de sueños, donde su gusto por el crimen, sus obsesiones eróticas, su salvajismo, sus quimeras, su sentido utópico de la vida y de las cosas y hasta su canibalismo desborden en un plano no fingido e ilusorio, sino interior» (Artaud, *op. cit.,* 1978 [1938], pág. 104).

mera estrofa de la canción que canta Margarita al principio del Acto II:

> Cridia estroche eka per crilo
> Idrios celían tankar
> Alora e cor per atores
> Non plivía credoyar

Es la única vez, en todo el cuerpo literario buñueliano, en la que encontramos rimas en una forma textual prosódica. Y eso en una circunstancia muy significativa: justo cuando Buñuel sitúa el verso en las fronteras del lenguaje. O sea, en el momento en que el dramaturgo libera el verso de su esclavitud lingüística[304], se somete a las reglas de la rima[305], generando una tensión que deriva en un extrañamiento poemático. Lo que está haciendo con esta canción *jocunda* es alinearse con la idea de Artaud de que el verdadero poema es el que es transmisible con la tensión, con la energía de las palabras y no con el sentido. No se trata ya de no tener sentido, sino de forzar el lenguaje más allá del sentido[306].

No satisfecho con ello, Buñuel da un paso suplementario y traslada la emancipación del sentido al lenguaje paratextual, no dando respiro al lector/espectador: a renglón seguido de esos versos jocundos viene esta acotación y estrofa, donde ya no se fuerza el lenguaje directamente:

---

[304] Según terminología de Pablo Jauralde *(Métrica española,* Madrid, Cátedra, 2020, pág. 22).

[305] Le dijo Artaud a Peter Watson: « [...] et ça rime, ne voyez-vous pas que ça rime, oh cette vie qui ne veut jamais s'en aller» (« [...] y rima, no ve usted que rima, oh esta vida que nunca quiere irse» [Camille Dumoulié, *Antonin Artaud,* París, Seuil, 1996, pág. 131]).

[306] Emancipando así el sentido, como hemos dicho al examinar el irracionalismo de sus textos surrealistas.

(Después de columpiarse en la catedral prosigue:)

Así es la vida ingente
Mucho tararear
Mucha aritmética
Y poca gente

Tanto el choque de lenguajes entre una y otra estrofa que siente el espectador que no tiene acceso al paratexto, como el que aprecia el lector que sí lo tiene, producen el mismo efecto emancipador de sentido. Pero ya no del lenguaje utilizado en esta segunda estrofa por Margarita, que esta vez no es ni jocundo ni parece improvisado. Ahora el sentido se emancipa con respecto del lenguaje didascálico, esto es, con respecto de los epítetos *jocundo* e *improvisado* sobre los que recaía la fuerza de extrañamiento de la acotación precedente, que han pasado de ser fuente de emancipación a diana de esta[307].

Pese a todo, tal vez el elemento —tercero de los propuestos— más característico del *Hamlet* y del teatro surrealista en su conjunto se concreta en la ambición última de hacer surgir el sueño y el imaginario en la escena. En este punto, el teatro se encuentra con la poesía y bebe en el mismo manantial de la escritura automática. Sus diálogos están llenos de ejemplos de este calado, por lo que la poesía más libre encuentra su sitio en la escena teatral, no como elemento decorativo, sino porque hace que el espectador penetre en el territorio de los sueños y del imaginario. En otras palabras, si «un texto de Luis Buñuel es siempre llamativo porque, como ha de esperarse, no se trata de un relato al uso, sino de una avanzada visión de un motivo proscrito en la literatura [...] provocada en la evocación lírica de algo que es sustancialmente rechazable desde el

[307] Este proceder es semejante al que encontramos en la mancha séptima de la prosa «Una jirafa» (véase la nota 427 en el aparato textual).

punto de vista de la literatura tradicional establecida»[308], *Hamlet* es una de las cimas de la orografía surrealista de las letras buñuelianas.

En otro orden de cosas, el de su representación escénica, la pieza no ha tenido suerte en su acceso a los escenarios españoles[309]. Las evidencias son prácticamente nulas, lo que confirma las limitaciones del teatro español para dar cabida dentro de sus estrechas paredes a las mejores obras; no solo las surgidas de los márgenes de las vanguardias, sino incluso las que, siendo claves para esa emergencia, son más conocidas y reconocidas por crítica y público[310].

Concluyendo, *Hamlet* se inscribe en la tradición iniciada por el *merdre* seminal de *Ubú rey*, sacudiendo toda la tradición teatral a través del rechazo de sus convenciones lingüísticas y sociales. La desagregación del lenguaje y el rechazo de toda lógica fueron el signo y el instrumento de la revolución dramática operada por dadaístas y surrealistas[311]. En plena armonía con ellos, *Hamlet* —ensoñación, más que adaptación, del original anglosajón— se articula sobre la deformación de palabras corrientes, la yuxtaposición de réplicas incoherentes o la invención de vocablos

---

[308] Díez de Revenga, 2005, pág. 191.

[309] Sobre las representaciones allende nuestras fronteras, véase Aszyk (2002 y 2017). Destacan las polacas, lo que podría deberse, de acuerdo con esta autora, a una tradición escénica basada en el absurdo y representada primordialmente por Stanislaw Ignacy Witkiewicz y el ya citado Witold Gombrowicz (2002, pág. 222). Aun así, no olvidemos el papel que jugó la pieza de Shakespeare en la construcción de la fecunda teoría escénica polaca a partir del ineludible ensayo de Stanislaw Wyspiański, *Estudio sobre Hamlet* (Oviedo, KRK Ediciones, 2012 [1905]), en razón de lo cual el éxito del texto buñueliano en Polonia bien pudiera deberse a razones atribuibles a sus posibilidades escénicas en un país que forjó la más sólida teoría europea del teatro en el siglo XX.

[310] Solo hay que pensar en las dificultades de representación que tuvo *Luces de bohemia*.

[311] Michel Lioure, *Lire le théâtre moderne. De Claudel à Ionesco*, París, Nathan, 1998, pág. 67.

y sonidos desprovistos de significación alguna, anunciando el teatro del absurdo. En este ejemplar de microteatro no hay lugar para la racionalidad, si no es en el orden cardinal de los cuatro actos que la componen. Cadáver exquisito teatral en estado puro, *Hamlet* se convierte en el máximo exponente de lo que se puede considerar teatro surrealista, nacional e internacional, como lo fue poco tiempo después *Un perro andaluz* en el firmamento cinematográfico[312].

Ensayos y otros textos sobre el cine

Uno de los mayores rasgos distintivos de las primeras vanguardias, y que les imprimió un carácter imborrable en los años veinte del pasado siglo, fue el fervoroso canto a la modernidad y a todo lo que esta significaba: lo deportivo, lo lúdico, el maquinismo, el ritmo acelerado de la vida, el entusiasmo por lo urbano y, por supuesto, el cine[313]. En España, Guillermo de Torre proponía «nuevos motivos vitales y maquinistas, descubiertos por la nueva sensibilidad»[314]. A los jóvenes vanguardistas les fascinaban «los signos de la

[312] La carrera teatral de Luis Buñuel no terminó aquí, sino que, en 1954, ya en el exilio mexicano, se reencontró con su querido *Tenorio*. Para la festividad de Todos los Santos de ese año se produjo una representación de la pieza de Zorrilla, dirigida e interpretada (esta vez en el papel de Don Diego) por Luis Buñuel (Rosa Peralta, *Manuel Fontanals, escenógrafo. Teatro, cine y exilio,* Madrid, Fundamentos, 2007, págs. 261-264). Estaban anunciadas cuatro funciones, los días 30 y 31 de octubre y 1 y 2 de noviembre, pero el éxito de público y crítica fue tal que tuvieron que prorrogarse hasta el 7 de noviembre, fecha del fenecimiento de las tablas buñuelianas, a pesar de que hubo serios intentos por resucitarlas. Fue el caso de la dirección escénica del *Macbeth* de León Felipe, interpretado por Paco Rabal y Nuria Espert, que de entrada Buñuel aceptó, pero luego se echó para atrás, pese a las súplicas de la actriz catalana.

[313] Cano Ballesta, 1985a, pág. 176.

[314] Guillermo de Torre, «Ultra – Manifiestos. Estética del yoísmo ultraísta. Invitación a la blasfemia», *Cosmópolis,* núm. 29, 1921, págs. 51-61.

urbe moderna, industrial y vocinglera: la luminosidad eléctrica de los reflectores, luces de neón, coches, tranvías, chimeneas, el vocear de la prensa matutina, los conciertos de *jazz* y el griterío enloquecido de las competiciones deportivas»[315]. En este ambiente, es bien conocido el gusto por el deporte del lozano Luis Buñuel, actividad a la que se dedicaría con auténtico ardor durante su etapa residencial, bien que su obra literaria es parca en referencias a la actividad física. Santiago Ontañón, compañero del aragonés en la Residencia de Estudiantes, presta un indicativo testimonio acerca del hombracho Buñuel: «Era una furia en ejercicio, de aquí que en principio casara tan bien con los surrealistas por su vitalidad incontenible y aquel deseo suyo de entrar constantemente en acción»[316]. Con estos antecedentes, el salto al cine de Luis Buñuel no fue ninguna extravagancia vanguardista, sino una evolución en los mecanismos de consolidación de su vocación intelectual, pese a que antes de su acceso con letras de oro a la historia del celuloide, se interesó, y mucho, por él, escribiendo críticas y artículos que contenían valiosas reflexiones teóricas sobre lo que el nuevo medio debía ser[317].

Buñuel, que —como el lector habrá deducido— se hubiese movido por la escena teatral con la misma soltura que lo hizo luego en la cinematográfica, dedicó unas líneas al teatro en uno de sus primeros escritos publicados, el ya mencionado «Tragedias inadvertidas como temas de un teatro novísimo», una prosa híbrida entre ensayo y cuento, inspirado por las tesis dramatúrgicas de Guillaume Apolli-

---

[315] Cano Ballesta, 1985a, pág. 176.

[316] Santiago Ontañón y José María Moreiro, *Unos pocos amigos verdaderos,* Madrid, Fundación Banco Exterior, 1988, pág. 73.

[317] La faceta ensayística de Buñuel no solo no ha corrido mejor suerte que la ficcional entre los analistas, sino que brilla por su ausencia en las antologías sobre el ensayo español del siglo XX e incluso en la gran mayoría de recopilaciones de textos críticos sobre el cine.

naire e Yvan Goll[318], predecesores de la corriente crítica que cruzaba el pensamiento reformador sobre el teatro en la Europa de la época, cuyos más ilustres embajadores fueron Antonin Artaud, Luigi Pirandello y Bertolt Brecht, y en la que debe enmarcarse la frugal contribución del de Calanda. Con este manifiesto adornado de ficcionalidad ultraísta —en el que evidencia que la búsqueda de lo novedoso fue una de sus metas—, Buñuel cercioraba que no era un actante más de las vanguardias y su dinámica, sino que, interesado por el sustrato ideológico y teórico que las nutrían, perseguía aportar su inventiva experimental e inflexiva, según se desprende de la siguiente aseveración: «El problema estético que se nos presenta, es el de construir, el de inducir temas *nuevos* y *originales* no tratados aún por ninguna dramaturgia universal».

Más que su análisis sobre el teatro, que se limita a lo contenido en el escrito referido, es más estimulante su aproximación al cine desde las artes escénicas, pues cada vez que tenía ocasión aprovechó para comparar el nuevo medio con el teatro, hecho bastante habitual en el periodismo cinematográfico que estaba emergiendo[319]. Un periodismo que tenía en las tablas el referente a partir del cual el cine debía suponer un salto no solo cuantitativo a través de su tecnología, sino cualitativo a través de su nuevo lenguaje. Esto se vio reflejado en las primeras críticas de cine, especialmente francesas, donde el argumento del teatro filmado era el arma arrojadiza para desacreditar aquellas películas que no cumplían con

---

318 A propósito, Goll, en su ensayo «Das Kinodram» (1920), apuesta claramente por una nueva estética cinematográfica, fundamentada en el movimiento, lo que recuerda al vermicular que Buñuel reclama a la película (véase Eric Robertson, «Yvan Goll et la poésie cinématographique», *Europe,* núm. 899, 2004, pág. 100).

319 Hay referencias al teatro para apuntalar los atributos del cine en casi todas sus críticas y ensayos cinematográficos. Sobre este tema recomendamos la lectura de Roof (1994b), cuyo acercamiento es tan sugerente como discutible.

las expectativas de crear un nuevo lenguaje, autónomo e incluso excluyente del teatral. Recordemos lo que Jean Epstein —con muy poca visión de futuro— afirmó:

> La literatura moderna y el cine también son enemigos del teatro. De nada servirá cualquier intento de conciliación. Dos estéticas, lo mismo que dos religiones, no pueden vivir una al lado de la otra, diferentes, sin combatir. Bajo el doble asalto de las letras y el cine modernos, el teatro, si no muere, se debilitará gradualmente. Está cantado[320].

La influencia de Epstein sobre los ultraístas se canalizó principalmente por intermediación de Guillermo de Torre, que publicó acaso el único intento desde las filas del ultraísmo por teorizar sobre el nuevo medio de expresión, donde podemos leer:

> ¡El Cinema es el auténtico escenario de la vida moderna! Toda representación vital contemporánea, todo trasunto de hechos accionales ha de ser proyectado, para su más amplia exaltación espectacular, sobre el plano dinámico del *film,* y no confiarse a la limitación estática del teatro o del libro. ¡La tensión cinematográfica se halla regulada por el latido de la velocidad![321].

Si comparamos esta proclama con lo sentido por Buñuel después del visionado de la cinta expresionista *Las tres luces* (1923), observamos que la reacción es otra:

> [...] la película me pareció muy mala. Lo que me impresionó fue precisamente esa pared, esa lucha. Me convenció de que el cine podía despertar emociones artísticas. Por

[320] Jean Epstein, *La Poésie d'aujourd'hui. Un nouvel état d'intelligence,* París, Éditions de La Sirène, 1921, pág. 170. La traducción es nuestra.

[321] Guillermo de Torre, «El cinema y la novísima literatura: sus conexiones», *Cosmópolis,* núm. 33, septiembre de 1921, págs. 102-103.

> primera vez sentí una especie de escalofrío, una emoción romántica, y la posibilidad de hacer llegar mi manera de entender el mundo a los demás[322].

Estas emociones contrastan con la descripción del cine que encontramos en los escritos de la vanguardia, donde se valora el dinamismo del nuevo arte, frente al quietismo del teatro. La visión de Buñuel —que no menospreció este acercamiento— es otra, y se alinea con la intención de la concepción unanimista del cine —preconizadora de que el público se identifique con las historias de las películas y sus protagonistas— abanderada por la incipiente crítica cinematográfica francesa, con Louis Delluc a la cabeza[323]. No hay que perder de vista que Buñuel estaba en París cuando escribió la mayoría de sus ensayos y críticas, donde compaginaba la dirección de la página de cine de *La Gaceta Literaria* con su actividad de crítico de la revista artística y literaria gala *Cahiers d'Art*. Es decir, aunque no haya pruebas de que, excepto a Epstein, frecuentase a sus principales representantes, pertenecía —veremos que de mala gana— a esa crítica y, conformemente, plasmó en sus textos inquietudes y deseos análogos a los que habitaban en sus homólogos de la prensa francesa, sintetizados en un cine que debía liberarse de las cadenas literarias y teatrales que lo condenaban a no emanciparse como arte.

En la década de 1920 el cine no es un arte propiamente dicho, ya que su sintaxis está todavía pendiente de defini-

---

322 Aub, 2020, pág. 267.
En «*Découpage* o segmentación cinegráfica» ya certificó la facultad iconográfica de generar emociones: «dos metros de más pueden destruir la emoción de una imagen».

323 Louis Delluc (1890-1924) fue un pionero del cine francés no solo como director, sino como crítico, cuyos escritos influyeron poderosamente sobre Jean Epstein. En «Noticiario», Buñuel escribe: «Luis Delluc, precursor y maestro de los más puros cineastas franceses», lo que ilustra la ascendencia del crítico francés sobre el español.

ción. La crítica tiene que asumir, por tanto, la labor de crear un vocabulario nuevo de descripción y de análisis. Y es lo que hacen los críticos franceses del momento, en especial Delluc: preguntarse cómo hablar de imágenes en movimiento de la misma manera con la que se habla de literatura y de teatro, ya que todo estaba por inventar: las categorías de análisis, un lenguaje que definiese la sintaxis, el sistema de razonamiento, etc. La costura ensayística de Buñuel nos brinda su visión de lo que debía ser el cine, estableciendo categorías de análisis particulares, como el *découpage*, e incidiendo en otras, siguiendo la estela de sus homólogos, sustancialmente los nombrados Delluc y Epstein, así como Germaine Dulac[324].

No fue hasta el estreno en Francia de *La marca de fuego*, en 1916, cuando el cine se desprendió, a ojos de la crítica, de su corsé teatral, generando su propio lenguaje y convirtiéndose en un arte de masas. La película, realizada por Cecil B. de Mille, fue el punto de inflexión, el ejemplo de que el nuevo medio se había desasido de las ligaduras del teatro. Este caldo de cultivo alimentó las ideas de Buñuel que moldearon su visión de las relaciones entre el teatro y el cine. Nuestro crítico no hizo más que seguir el surco de lo que Delluc y sus colegas decían. No se trataba de repudiar el teatro, al contrario, sino de evitar que el cine se convirtiese en un teatro filmado sin personalidad sintáctica y acabase desfalleciendo como nuevo medio que mejor encarnaba las ilusiones artísticas de la vanguardia. Por esto salió al paso de quienes, desde una postura opuesta, degradaban el séptimo arte frente a las tablas. Y lo hizo desde la tribuna de *La Gaceta Literaria* con su opúsculo «Nuestros poetas y el cine», redactado a finales de 1928 en respuesta

---

[324] Germaine Dulac (1882-1942), teórica y cineasta francesa, es la autora de la película *La coquille et le clergyman* (1928), que gustó mucho a Buñuel, quien también apreció sus escritos sobre cine.

a otro de Antonio Machado sobre el futuro del teatro[325]. En él, Buñuel pone nombre y apellidos a los films que considera caducos, pero aprovecha también la ocasión para recomendar al poeta sevillano, sin más justificación que su palabra, visionar algunas películas con la certeza de que cambiará su parecer.

En la línea de sus colegas franceses, Buñuel denuncia la existencia de un cine moribundo, lo que, en la esfera filológica, robustece con su habitual destreza en el uso de los recursos léxicos, esta vez de marcada naturaleza fúnebre. De esta suerte, en un ensayo como «Una noche en el Studio des Ursulines» encontramos la siguiente terminología: *sombras, enmohecidas, ultratumba, patética, asfixia, espiritismo, víctima, senectud, trágico, envejecidos,* entre otras isotopías semánticas. Como señala Roof, se trata de un vocabulario más propio de una de sus estimadas historias góticas del siglo XIX que del análisis de la más nueva forma de expresión artística del momento[326]. De alguna manera, Buñuel retomaba sus planteamientos de cuatro años antes recogidos en «Tragedias inadvertidas como temas de un teatro novísimo», en el sentido de que el cine, como el teatro, debía de introducir un nuevo temario.

Entre esos temas nuevos y originales estaban aquellos que el futurismo puso sobre la mesa vanguardista años antes y que constituían el conjunto más claro de criterios y factores sobre los que se sustentaba la nueva tendencia a ir más allá del modernismo. Uno de los más destacados era el ambiente urbano y el resultante ritmo trepidante de la vida moderna, al que Buñuel recurre y evoca repetidamente[327]. De este modo, en «Metrópolis», crítica del film realizado

---

[325] Antonio Machado, «Sobre el porvenir del teatro», *El Manantial,* núm. 1, abril de 1928, pág. 1.

[326] Roof, 1994b, pág. 153.

[327] No ocurrió lo mismo con sus letras ficcionales, donde, si trató el tema, fue para denunciar la pobreza y miseria de la nueva urbe.

por Fritz Lang en 1927, aprovecha para analizar la eficacia expresiva en la plasmación de esas sensaciones, hallando en la cinta aspectos irritantes, «escenas terroríficas», desmesuradas y de excesiva teatralidad para, a renglón seguido, añadir:

> Pero, en cambio... ¡Qué arrebatadora sinfonía del movimiento! ¡Cómo cantan las máquinas en medio de admirables transparencias, arcotriunfadas por las descargas eléctricas! Todas las cristalerías del mundo deshechas románticamente en reflejos llegaron a anidar sobre el moderno canon de la pantalla. Cada acérrimo destello de los aceros, la rítmica sucesión de ruedas, émbolos, de formas mecánicas increadas, es una oda admirable, una novísima poesía para nuestros ojos. La Física y la Química se transforman milagrosamente en Rítmica.

La proyección en la pantalla de la modernidad, cuyo logro considera fuertemente poético, es lo que Buñuel tilda de elementos puro-líricos de la película. En esta crítica también resuenan ecos ultraístas en el uso de neologismos como *arcotriunfadas,* al igual que haría después en «*Découpage* o segmentación cinegráfica» con el uso de la voz *cineastia.* Por otro lado, el esfuerzo por la experimentación y la expresión de la velocidad y el vértigo, argumento predilecto de los futuristas, ya se encontraba en su microrrelato «No hay Dios», donde, con el verbo, plasmaba una sorprendente aceleración del tiempo a través de la precipitación en el vacío a un ritmo vertiginoso[328]. A pesar de que esta expresión de velocidad y vértigo sea quizá una irradiación de la escena de la feria y el tiovivo de *Cœur fidèle,* de

[328] Cano Ballesta, 1985a, pág. 178. Recursos que utilizó también en el esbozo de cortometraje titulado «La Sancta Misa Vaticanae», elaborado cuando estaba carteándose con Gómez de la Serna sobre sus comunes y frustrados proyectos cinematográficos.

Epstein[329], es más sostenible que la principal fuente de inspiración fuese el cine cómico estadounidense, que era el predilecto de Buñuel y sus compañeros en sus años de la Residencia de Estudiantes y donde la celeridad es material estructural:

> Nos gustaban las películas cómicas norteamericanas. García Lorca, Alberti, Dalí y yo íbamos mucho al cine, para reírnos con Keaton, Ben Turpin, Ambrosio[330]. Sobre todo con Keaton. No nos importaba si el cine era arte o no. Eso sí, nos gustaban el humor y la poesía que encontrábamos en él. Lorca y Alberti hicieron poemas a los cómicos del cine norteamericano[331].

Keaton encajaba mejor que Chaplin no solo con el tipo de arte *antiartístico* que estos residentes defendían, sino también con todo el imaginario surrealista. Por medio del humor más disparatado y vandálico llevaba a cabo la destrucción del verosímil dominante[332]. Buñuel fue agudizando esta postura y, en 1929, cuando Dalí le entrevistó, ante la dicotomía que le planteó el figuerense: «¿Charlot o Buster Keaton?», respondió:

> Charlot ya no hace reír más que a los intelectuales. Los niños se aburren con él. Los campesinos no lo compren-

---

329 Recordemos que esta película es una de las que más se ajusta en un diálogo hipertextual a la lírica buñueliana. Mas no pasemos por alto que, en «No hay Dios», «se describe un sueño en clave de un vértigo que la cámara de cine, desde Cavalcanti a Vertov pasando por *Esencia de verbena* [1930] de Ernesto Giménez Caballero, sabía ya resolver magníficamente» (Villanueva, 2015, pág. 186).

330 Nombre con el que era conocido en España el cómico Mack Swain. A Buster Keaton se le llamaba Pamplinas.

331 Pérez Turrent y De la Colina, 1993, pág. 19.

332 Tomasa Ferreras Sierra, «La generación del 27 y Buster Keaton», *El maquinista de la generación,* núm. 17, 2009, pág. 75.

den. Ha podido llegar a todos los *snobs,* a todas las Sociedades de Cursos y Conferencias del mundo[333]. Las marquesas dicen *C'est délicieux* o lloran cuando ven vacía la pista del circo. Aún hay algún viejo putrefacto, que se mantiene puro y habla del «corazón *ignoble* de Charlot»[334]. Ha desertado del bando de los niños y ahora se dirige a los artistas y a los intelectuales. Pero en recuerdo de los tiempos en que pretendía ser más que un payaso, tengamos para él un piadoso *merde*[335]. Y no volvamos ya nunca a verle[336].

Los valores implícitos en la disyuntiva Keaton-Chaplin no son meramente anecdóticos. Integran la célula de la idea de antiputrefacción que desarrollarán Buñuel, Dalí, Lorca y otros compañeros residenciales, sinónimo de lo antiartístico. Una idea que, irrigada por Buñuel y Dalí con los valores estéticos de lo joven y moderno, ramificará cinematográficamente, dando lugar a la noción de un cine poético o cine antiartístico. Por tal entiende Buñuel un cine como el de Buster Keaton, carente de excesos sentimentales y dra-

---

[333] Alusión a la Sociedad de Cursos y Conferencias, asociación privada que colaboraba activamente con la Residencia organizando, entre otras actividades, conferencias y debates con eminentes personalidades del momento a las que invitaban.

[334] Menta a André Suarès (1868-1948), ensayista, poeta y dramaturgo, uno de los más secretos de la literatura francesa, muy admirado por autores de la talla de Miguel de Unamuno o Stefan Zweig. La cita exacta, mucho más dura, es: «Ce cœur ignoble de Charlot, je voudrais l'écraser comme une punaise» («Este vil corazón de Charlot, me gustaría aplastarlo como a un chinche» [«Il n'y a pas de femme clown. Vous êtes-vous demandé pourquoi?», *Comoedia,* núm. 4937, 3 de julio de 1926, pág. 1]). Esta postura fue defendida por Pierre Benoit, Pierre Mac Orlan y Francis Carco (Micheline Dupray, *Roland Dorgelès. Un siècle de vie littéraire française,* París, Albin Michel, 2000, pág. 269). En la misma línea y en la misma revista publicó Suarès medio año más tarde el artículo «Charlot et son cœur» *(Comoedia,* núm. 5128, 15 de enero de 1927, pág. 1).

[335] No nos sorprendería que, en sintonía con el *Ubú rey* de Jarry, hubiese dicho *merdre* y no *merde;* lo que no tuvo traducción textual.

[336] Salvador Dalí, «Luis Buñuel», *L'Amic de les Arts,* núm. 31, 31 de marzo de 1929, pág. 16.

máticos, de ambiciones de falsa artisticidad que, por el contrario, se vuelca en una plasmación esterilizada y directa de una realidad, que posteriormente el cineasta, a través del montaje del material captado por la cámara, y en base a un *découpage* anterior, configurará como discurso fílmico.

Fotogenia, «découpage» y montaje

El hormigón que el cine de Keaton armó, sirvió para que Dalí y Buñuel cimentaran sus premisas antiartísticas con las que este levantó su edificio teórico con arquitectura ensayística de claro estilo epsteiniano. Más aún, los ensayos del calandino sobre el *découpage* y la fotogenia —sus dos grandes categorías de análisis del nuevo arte de la imagen en movimiento— beben directamente de las fuentes teóricas de Jean Epstein[337]. Una muestra de ello la encontramos en «Del plano fotogénico», artículo en el que Buñuel examina la función y atributos del primer plano, pero donde el trasfondo teórico y el concepto mismo de fotogenia que emplea es tributario del realizador francés, de quien toma prestadas las dos frases que constituirán una de las señas de identidad de sus textos y estilo cinematográficos:

> Silencioso como un paraíso, animista y vital como una religión, la mirada taumatúrgica del objetivo humaniza los seres y las cosas. «À l'écran il n'y a pas de nature morte. Les objets ont des attitudes», ha dicho Jean Epstein, el primero en hablarnos de esa calidad psicoanalítica del objetivo[338].

---

[337] Que estaba «más próximo a Cézanne que a Braque en su forma de entender la fragmentación y rearticulación plástica de la realidad» (Amparo Martínez Herranz, «Triunfar o hundirse. Luis Buñuel en México», en Jesús Angulo y Joxean Fernández [coords.], *Luis Buñuel,* San Sebastián, E. P. E. Donostia Cultura/Filmoteca Vasca, 2020, pág. 87).

[338] «En la pantalla no hay naturaleza muerta. Los objetos tienen actitudes». Principio que no deja de ser la aplicación al cine de la afirmación

Hay que poner, sin embargo, el acento en un aspecto crucial a la hora de establecer los vínculos entre la obra ensayística de Epstein y la de Buñuel. La empresa investigadora del francés no tuvo, ni de lejos, equivalente entre sus coetáneos, más preocupados en demostrar la singularidad del nuevo medio[339], aun cuando esto no significa que no se hiciesen eco de alguna propuesta teórica todavía embrionaria. Durante sus treinta y cinco años de actividad doctrinal, Epstein intentó explicar que el cine era el medio por antonomasia de la varianza de todas las relaciones en el espacio y el tiempo, de la relatividad de toda medida, de la inestabilidad de toda referencia, de la fluidez del universo, en una palabra, del movimiento[340].

Entre semejantes perspectivas, y conociendo muy bien —debido a sus años residenciales— el contexto intelectual y científico del que germinaban, Buñuel tenía necesariamente que encontrar una base común con los planteamientos del cineasta galo, que se reforzaba por esa predilección por el motivo del fluido acuoso que ambos compartían y que el español ya había introducido en su poética. Ahora, si con Epstein aprendió el uso de la cámara, el simbolismo con que este revestía su cine no era santo de su devoción. Esto es innegable si nos fijamos en cómo el rumbo cinematográfico del francés derivó en el uso de símbolos, entre los que el agua se convirtió en protagonista absoluto: al ser el elemento móvil por excelencia, el agua devenía también el objeto fotogénico por excelencia. Buñuel, en cambio, nunca siguió tan radical camino visual —a diferencia de su obra literaria, donde, según hemos constatado, lo hídrico es cimiento esencial—, sin que podamos

---

de Mallarmé en su carta a Henri Cazalis de 30 de octubre de 1864: «Peindre, non la chose, mais l'effet qu'elle produit» [«Pintar, no la cosa, sino el efecto que produce»].

339 Thouvenel, *op. cit.*, pág. 210.

340 Jean Epstein, *Esprit de cinéma,* Ginebra, Jeheber, 1955, pág. 18.

decir que su cine escapase de cierto simbolismo relacionado con lo ácueo, como el que desempeñan las orillas de mares y ríos en algunas de sus producciones. En tales circunstancias, del análisis comparativo de los ensayos de Buñuel y Epstein se colige un denominador teórico inicial: ambos no solo ven en la poesía el equivalente más próximo al cine —y ello tanto a nivel del signo como del discurso—, sino que la consideran un elemento ontológico del medio[341]; bien que:

> Epstein representa la plenitud de la corriente esteticista y romántica, influida por el expresionismo, de la vanguardia cinematográfica francesa de la época. En este sentido, en su manera de hacer cine había poco de aprovechable para Buñuel, quien minimizó la importancia del aprendizaje técnico[342].

Las discrepancias entre sus estilos cinematográficos no impiden que los textos de Buñuel sobre el cine, menos copiosos y profundos que los de Epstein, guarden «una estrecha relación con su labor como cineasta» y revelen «una deuda explícita con la abundante obra teórica» de este[343].

El interés del aragonés por el cine le llevó asimismo a iniciarse como crítico en *La Gaceta Literaria* en 1927, y ya en noviembre de ese año será el coordinador de su sección cinematográfica. Ese mismo año empezó a colaborar, también como crítico de cine, en *Cahiers d'Art,* ejerciendo esta actividad hasta abril de 1929, si bien su producción fue exigua. Buñuel coordinaba la página de *La Gaceta Literaria*

---

[341] Monegal, 1993, pág. 99. Las discrepancias con Epstein partían de posiciones más incompatibles en la práctica que en la teoría, ante todo en materia de gustos.

[342] *Ibíd.,* pág. 77-78.

[343] *Ibíd.,* pág. 78. Monegal se preocupa de refrescar que este aserto ya lo manifestaron en su momento Sánchez Vidal y Aranda.

desde París, donde residía, que era un reflejo, como revela en sus memorias, de sus inquietudes personales y el fruto de las amistades que tenía en la capital francesa: «Gracias a Zervos[344], yo escribía críticas en las "feuilles volantes" de los *Cahiers d'Art* y enviaba algunos de mis artículos a Madrid»[345]. A pesar de publicar diferentes escritos sobre el cine, la realidad es que a Buñuel no le interesaba la crítica cinematográfica, como le dice en una carta de 8 de noviembre de 1927 a Pepín Bello: «A pesar de mis éxitos de crítico, ¡¡qué horror!! *yo no soy crítico*[346]. Yo quiero ser criticado por mis obras. Ahora bien, esto me conviene para abrirme camino». ¿Quiere esto decir que sus críticas se alineaban con la corriente de la época por intereses particulares de su autor? La coherencia de sus ideas sobre el cine con su ulterior puesta en escena demuestra que no.

Sus ensayos sobre el *découpage* y la fotogenia no solo reflejan las teorías de Epstein, sino que encontramos pistas de otros ensayistas cinematográficos, como los ya mentados Louis Delluc y Germaine Dulac, así como Ricciotto Canudo y Émile Vuillermoz —todos ellos teóricos de la fotogenia—, que incidieron igualmente en su concepción de la realización fílmica. Otros artículos manifiestan la herencia surrealista, como «Variations sur Menjou» (y su versión española «Variaciones sobre el bigote de Menjou»), y en las críticas abundan —con un indiscutible tono lírico que comprobaremos más adelante— concepciones muy perso-

---

[344] Christian Zervos (1889-1970), crítico y coleccionista de arte, fue el creador, en 1926, de *Cahiers d'Art,* la revista de arte más prestigiosa de Francia.

[345] *MUS,* pág. 110. «feuilles volantes» era el suplemento de la revista *Cahiers d'Art.*

[346] El énfasis es de Buñuel y no deja de ser una prolongación del sentimiento que abrigaron los poetas del siglo XIX cuando se vieron obligados a ganarse la vida ejerciendo el periodismo, cuyo auge provocó, junto con otros factores como la crisis de la poesía frente a la novela, esta situación que la mayoría de ellos juzgaba como una manera de prostituirse.

nales sobre el cine a partir de los ejemplos de *La dama de las camelias* (Fred Niblo, 1926) y *La pasión de Juana de Arco* (Carl Th. Dreyer, 1928).

Si uno de los fundamentos teoréticos de Buñuel es la tesis de Epstein de que todo tiene sentido para la cámara, de que en el cine —y, según se ha visto, en la poesía— no hay naturaleza muerta, de que los objetos tienen actitudes, la otra idea que guía su aproximación al séptimo arte es que el objetivo de la cámara es un instrumento de humanización que el cineasta debe saber manejar. El joven Buñuel considera que la mirada del objetivo humaniza. Este objetivo humanizador que vislumbra el futuro director de *Un perro andaluz* se alimenta de una asepsia que permite ver todo porque al objetivo de la cámara no lo ciegan ni el sentimentalismo ni la tradición. Un objetivo que es, por consiguiente, un instrumento de poesía; de la poesía entendida como el lenguaje desbocado, veraz y frustrado de los sueños; un lenguaje con luz propia. Mas el cineasta no debe servirse solo del objetivo ni dejarse mandar por él[347]. La mirada del objetivo es una mirada que el cineasta debe utilizar, dictamen que desarrollará en su crítica de *La dama de las camelias.*

Puede llamar la atención que, desde una óptica vanguardista como la de Buñuel, el cine americano sea el modelo. No obstante, lo manifiesta sin reparos en sus ensayos[348]. En «Variaciones sobre el bigote de Menjou» llegamos a leer:

> De ahí el error de tanta gente sesuda, de tanto lastimoso *gustador de arte,* al clamar contra la superficialidad del cine

[347] Véase, sobre este asunto, Mercè Ibarz, *Buñuel documental. Tierra sin pan y su tiempo,* Zaragoza, Prensas Universitarias de Zaragoza, 1999, págs. 84-85.

[348] Herencia igualmente ultraísta: «Rechazando la morfina, me inyecto tres episodios de film norteamericano», sentenció Guillermo de Torre («Diagrama mental», *Vltra,* num. 18, 10 de noviembre de 1921, pág. 4).

americano, sin tener en cuenta que fue el primero en percatarse de que las verdades cinematográficas no forman denominador común con las de la literatura o el teatro. ¿Por qué se obstinan en pedir metafísica al cinema y en no reconocer que en un film bien realizado el hecho de abrir una puerta o ver una mano —gran monstruo— apoderarse de un objeto puede encerrar una auténtica e inédita belleza?

Una lectura superficial de este fragmento podría llevar a confusión bajo la perspectiva de la incompatibilidad entre lo comercial y lo artístico. Inversamente, Buñuel supo siempre diferenciar estos dos niveles del film y lo puso en práctica en todo su cine, incluso en el más comercial realizado en México. Esta misma idea está detrás de su ataque al lenguaje cinematográfico sazonado en demasía con efectos técnicos, como ocurre en películas como *Napoleón* (Abel Gance, 1927) o *Metrópolis*. En su crítica del film de Fritz Lang asegura:

> De la comparación de *Metrópolis* y *Napoleón,* los dos más grandes films que ha creado el cinema moderno, con otros mucho más humildes, pero también más perfectos, más puros, nace la provechosa lección de que el dinero no es lo esencial para la producción cinemática moderna.

Esta visión de un cine puro, que es la que amparará la de antiputrefacción, significa que los excesos técnicos otorgan un alma artificiosa a los objetos captados por la cámara[349]. En cambio, el lenguaje basado en la sucesión armónica *(vermicular,* en términos buñuelianos) de los planos, es la que

---

[349] Asimismo, no hay que olvidar lo que respondió Buñuel al periodista Andrés Ruiz Castillo en una entrevista publicada en *El Heraldo de Aragón* de 26 de julio de 1930: «El aspecto técnico del cine me es indiferente y solo me preocupa el humano. Y esto ya puede llamarse superrealismo, surrealismo como dicen en Francia. Nosotros vamos al escándalo con todas sus consecuencias» (citado por Gubern y Hammond, 2021, pág. 63).

realmente permite que el cine devenga animista y favorezca que estos objetos tengan actitudes, como reclamaba Epstein. Dicha pureza, pues, está reñida con el abuso de exhibiciones técnicas, pero no lo está con esos mismos alardes si se utilizan correctamente, como ocurre en *La dama de las camelias,* donde encontramos un «magistral empleo del *fondu enchainé*[350] en las escenas finales de la casa de campo»[351].

Todos estos principios los desarrollará en «Del plano fotogénico», donde, como hemos informado, hace una interpretación de la función y propiedades del primer plano[352], poniendo el foco en la obra del pionero del cine estadounidense David Wark Griffith[353], en la que el trasfondo teórico y el concepto de fotogenia que emplea son de igual modo deudores de Epstein[354]:

> La Fotogénica [sic] comienza en 1913, cuando, surgido Griffith, coloca el cine por obra y gracia del gran plano, entre las bellas artes [...] Llamamos gran plano —a falta de vocablo más específico— a todo aquel que resulta de la proyección de una serie de imágenes que comentan o explican una parte de la vista total, sea paisaje u hombre. El cineasta concibe por medio de imágenes, distribuidas en planos. Su idea, ya realizada, se compone de una serie de elementos dispersos que luego habrá de acoplar, mezclar,

---

350 *fondu enchainé:* 'fundido encadenado'. A través de esta técnica, la última imagen del plano se va disolviendo mientras, en sobreimpresión, se va afianzando la primera imagen del plano siguiente. Este recurso cinematográfico Buñuel ya lo había practicado en el terreno literario: en sus poemas surrealistas, algunas transiciones entre imágenes son verdaderos encadenamientos literarios, donde el silencio que encadena los versos jugaría el papel del fundido, conformando así el ritmo poemático de su lectura.

351 «La dama de las camelias».

352 Véase la nota 71.

353 Griffith (1875-1948) es unánimemente considerado el inventor del lenguaje cinematográfico y padre del cine norteamericano.

354 Monegal, 1993, pág. 82.

> intercalar; en una palabra, se verá forzado a componer, a ritmar y ya solo con ese acto, comienza el arte [...] Un gran plano de Greta Garbo no es más interesante que el de un objeto cualquiera, siempre que este signifique o defina algo en el drama.

En este texto Monegal detecta la continuidad lógica de su labor divulgadora[355], en la línea de que, después de lidiar con el primer plano, se ocupa de los extremos relativos a la selección y ordenación de los planos en un conjunto unificado: el film; siendo la idea central que la continuidad del discurso se fundamenta en la discontinuidad de sus partes, en estricta coherencia con la misma idea que preside la estructuración sintáctica de su producción literaria. El *découpage,* en su acepción literal de recortar, coincide con la primera fase en la elaboración del *collage,*

> que se completa al juntar las piezas, separadas de su contexto originario, en una agrupación que las dota de un valor significativo distinto. Al igual que en la conjunción de planos, cada pieza del *collage* deriva su significado de la relación sintagmática con el resto de los elementos del conjunto[356].

Uno de los componentes identitarios más sólidos del proceso de producción del cine de Buñuel era su capacidad de llegar al inicio de los rodajes con la película estructurada y montada en su mente. Ello es fruto de la noción de *découpage,* tal cual la define: «esa previa operación fundamental en cinema, consistente en la simultánea separación y ordenación de fragmentos visuales contenidos informemente en un *scénario* cinematográfico»[357]. Siguiendo con las pala-

---

355 *Ibíd.*, pág. 88.
356 *Ibíd.*, pág. 89.
357 «*Découpage* o segmentación cinegráfica». Véase la nota 33.

bras del propio autor, extraídas de «*Découpage* o segmentación cinegráfica»:

> La intuición del film, el embrión fotogénico, palpita ya en esa operación llamada *découpage*. Segmentación. Creación. Escisión de una cosa para convertirse en otra. Lo que antes no era, ahora es [...] La imagen es elemento activo, célula de acción invisible, pero segura, frente al plano que es el elemento creador [...] El cineasta [...] no lo es tanto en el momento de la realización como en el instante supremo de la segmentación. Todos pueden llegar a conocer más o menos bien la técnica fotocinegráfica: solo los elegidos llegarán a componer un buen film. Por la segmentación, el *scénario* o conjunto de ideas visuales escritas deja de ser literatura, para convertirse en cinema [...] dos metros de más pueden destruir la emoción de una imagen.

Esta exhortación se alinea no solo con el antecedente de Epstein, sino con la tendencia imperante en el cine francés de los años veinte, uno de los ascendientes ocultos de su teoría y práctica cinematográfica, de que el cine no es de entrada una cuestión de planos. Los cineastas conocían cada vez mejor la naturaleza del artilugio, su composición fotogramática, y consideraron que la disposición de las imágenes puede producir lo mismo fuerzas que formas, igual intensidades que duraciones[358].

«*Découpage* o segmentación cinegráfica» muestra el cimero saber de su autor sobre la técnica fílmica, desmintiendo cualquier juicio de valor que cuestione el cuidado que volcaba en su puesta en escena, además de conocer al dedillo el mar vanguardista por el que navegaba en aquellos años. Eso no es todo. Hay una idea todavía más concluyente de su personalidad cinematográfica: su interés en separar claramente el *découpage* del montaje:

---

[358] Thouvenel, *op. cit.*, pág. 229.

Escrito o sin escribir: la idea del *découpage* es inmanente a la noción del film, como lo es también la del objetivo. En cuanto al montaje, no es otra cosa que el *manos a la obra,* la materialidad de acoplar unos trozos a continuación de los otros, concordando los diferentes planos entre sí, librándose, con ayuda de unas tijeras, de unas imágenes inoportunas[359].

Todas las ideas de Buñuel sobre el cine expuestas hasta aquí se pueden contrastar con las películas que, como espectador, apreció en su época ultraísta y surrealista, y que luego quiso dar a conocer a través de su actividad como programador en la Residencia de Estudiantes en 1927, donde, con las producciones que seleccionó para ese cometido[360], estaba refrendando didácticamente su idea del cine como dispositivo lírico.

El film como poesía antiartística

Cuando André Breton presentó *Un perro andaluz* en el Palacio de Bellas Artes de México, el 17 de mayo de 1938, dijo: «Se tiene la tentación de atribuir a Dalí, en esta película, la mayor parte de los méritos en su concepción; a

---

[359] «*Découpage* o segmentación cinegráfica». Es decir: la planificación se diseña y establece en el proceso previo al rodaje, no en el posterior (en la moviola), por lo que, en el caso de Buñuel, el montaje «solía consistir en seleccionar la mejor toma, eliminar las claquetas y afinar la duración de los planos» (Agustín Sánchez Vidal, «De Las Hurdes a *Tierra sin pan*», en *Las Hurdes/Tierra sin pan. Un documental de Luis Buñuel,* Badajoz, Museo Extremeño e Iberoamericano de Arte Contemporáneo, 1999, pág. 53). Esto le permitió adaptarse a las condiciones económicas de la producción fílmica, como demostró excelsamente en su etapa mexicana, rodando una película en tres semanas y montándola rápidamente.

[360] Sobre este tema, véase Román Gubern, *Proyector de Luna,* Barcelona, Anagrama, 1999.

Buñuel, los de la ejecución»[361]. Y trece años más tarde, en un texto sobre *Los olvidados,* aseveró que la parte preponderante de su primera cinta procedía de Dalí, mientras que la de *La edad de oro* lo hacía de Buñuel[362].

En *Un perro andaluz* hay muchas ideas e incluso preocupaciones dalinianas, pero no son cruciales. Son complementos a las inquietudes líricas de Buñuel. El más importante texto de reflexión cinematográfica daliniana es «Film-arte fil-antiartístico» [sic][363], dedicado a Buñuel[364], y que alberga muchas ideas que el turolense expuso en su día en sus escritos cinematográficos[365]. Después de todo, estos pensamientos debieron circular por los vasos comunicantes que conformaban las relaciones que se establecieron en la Residencia de Estudiantes en el seno del triángulo Buñuel-Lorca-Dalí, por lo cual no es fácil determinar el grado de propiedad intelectual de las opiniones, temas y procedimientos artísticos de cada uno de ellos. El resultado es que *Un perro andaluz* constituye, más que la epifanía del cine

---

[361] Breton, *op. cit.,* 1992, pág. 1265. La traducción es nuestra.

[362] André Breton, *Œuvres complètes,* tomo III, París, Gallimard, 1999, pág. 1125.

Pocos anhelos intelectuales son tan estériles como el de querer identificar cuantitativamente qué aportaciones son de uno y de otro para determinar la autoría de estas dos obras. Sorprende que pensadores y estudiosos de una valía analítica insospechada (y no nos referimos solo a Breton) hayan caído en tal trampa. Así, sin ir más lejos, intentar atribuir la aparición de un erizo de mar al bestiario daliniano es eludir que la película se rodó en buena parte en Cadaqués y sus aledaños. Si la cinta se hubiese filmado en Calanda, quizás hubiese emergido un melocotón para ser utilizado en un hipotético fundido encadenado como sucede con el erizo de mar, dadas las coincidencias de perfil entre esta fruta y las nalgas del cuerpo humano que en la película son filmadas en primer plano.

[363] Preferimos mantener el título con el error, pues, tratándose de Dalí, no podemos aseverar que sea un fallo de impresión. Y si así fue, se ajustó, como por arte de magia, a su torpe ortografía.

[364] Publicado en *La Gaceta Literaria,* núm. 24, 15 de diciembre de 1927, pág. 4.

[365] *BLD,* pág. 168.

surrealista —ya que ni Dalí ni Buñuel militaban en el grupo cuando la realizaron—, el culmen de la aplicación de las teorías antiartísticas de ambos genios al cine, lo que, dada la naturaleza de este como medio paradigmático del antiarte, la convierte en el opus antiartístico por antonomasia.

El proyecto de *Un perro andaluz* empezó a tomar cuerpo en enero de 1929, cuando Dalí y Buñuel se reunieron en Figueras. El futuro responsable de *El ángel exterminador* aceptó implicarse en él al ver que su colaboración cinematográfica con Ramón Gómez de la Serna se demoraba por razones achacables al escritor madrileño. En la Residencia de Estudiantes, Dalí y Buñuel no solo asentaron su estrecha relación de amistad, sino que evolucionaron hacia posiciones (anti)artísticas muy cercanas, y se declararon enemigos del arte tradicional, de lo subjetivo, de lo trascendental. Ambos buscaban en los productos surgidos de la civilización industrial y del consumo de masas instrumentos expresivos nuevos con los que sustituir antiguos modelos ligados a la tradición artística. En aquel momento, el cine era para Dalí una metáfora con la que ilustrar sus teorías antiartísticas, mientras que para Buñuel era, por añadidura, un proyecto profesional. A pesar de esta diferencia de roles del cine en la vida de cada uno, su colaboración en el proyecto de *Un perro andaluz* no debe sorprendernos. Para Dalí, se trataba de cristalizar lo que en los últimos años había estado defendiendo: una nueva visión de la realidad que aprovecha los recursos técnicos surgidos de la mecanización generalizada del mundo industrial. Buñuel, por su parte, anhelaba sacar el cine del mundo profesional para acercarlo a una actividad antiartística, viaje para el cual no podía contar con mejor compañía que la de su amigo.

Ambos, influenciados por el futurismo, propugnaban la defensa del artista no romántico; del artista que prescinde de su yo interior y se fija más en los hechos concretos, en aquellos que son reproducibles técnicamente. El antiartista es el hombre de su tiempo que admira las obras mecánicas, fáciles de entender, superficiales. Por eso el cine es el gran ejemplo de antiarte, en especial el cine burlesco, cuyo paradigma era el cine cómico americano de la época silente. Dalí justificó el antiarte a partir de un salto histórico para referirse a Vermeer, a quien considera un pintor fotográfico, ya que por lo visto empleó una cámara oscura en sus cuadros para lograr el posicionamiento preciso de sus composiciones. Consecuentemente, el ojo de Vermeer era un ojo objetivo, limpio de romanticismos, que es lo que Dalí y Buñuel quieren introducir en su antiarte[366].

En el contexto intelectual de aquellos años, donde el cine jugaba un papel decisivo en la construcción de la teoría estética, Buñuel y Dalí estaban convencidos de que la mejor manera de realizar una película era utilizando la máquina cinematográfica de la forma más impersonal posible. De ahí que el pintor, durante los meses de elaboración de *Un perro andaluz,* expusiese públicamente su noción del documental[367], que no consideraba antagónica con los textos surrealistas. Así se llegó a la idea de antiarte documental, que no es ya el arte del objeto industrial, sino que es el arte de los hechos objetivos interiores, lo que, desde el punto de vista de la estética cinematográfica, entrañaba que, por ejemplo, el ampurdanés y el maño admirasen los *Kammerspielfilm* alemanes y el uso que hacían de los primeros planos[368].

---

[366] Sobre este tema, véase Félix Fanés, *Salvador Dalí. La construcción de una imagen. 1925-1930,* Madrid, Electa, 1999.

[367] Según explica Lahuerta, entre abril y junio de 1929, periodo en el que Dalí estuvo en París coincidiendo con las «peripecias» de *Un perro andaluz,* escribió «Documental-Paris-1929», una serie de seis reportajes para el diario barcelonés *La Publicitat.* En el primero, publicado el 26 de abril, el pintor expone su concepción de lo que considera un documental (Juan José Lahuerta, «Notas», en Salvador Dalí, *Obra completa, Volumen IV,* Barcelona, Ediciones Destino/Fundación Gala-Salvador Dalí/Sociedad Estatal de Conmemoraciones Culturales, 2005, pág. 984).

[368] El *Kammerspiel* fue un movimiento cinematográfico contemporáneo al expresionismo, que se originó bajo el influjo del productor y direc-

No hace falta anunciar, a tenor de lo anterior, que, en *Un perro andaluz,* Luis Buñuel compartió y ejecutó escrupulosamente la teoría del antiarte. En la película, el ojo del artista es el objetivo cinematográfico, definitivamente desprovisto de la subjetividad propia del Romanticismo. En tal sentido, lo que se aniquila en el prólogo del film es el ojo subjetivo del creador pasadista —lo ejecuta el mismo Buñuel, que ejerce de actor/autor, prolongación de la dualidad yo lírico/yo autoral de algunos de sus poemas y cuentos— para dar paso al ojo objetivo de la cámara cinematográfica, que es la que nos va a explicar la historia a partir de la destrucción del ojo del artista romántico[369]. Esto tiene una derivada nada despreciable que se concreta en la actitud de Buñuel y Dalí hacia García Lorca a partir de 1927. Es harto conocida la animadversión de ambos hacia el *Romancero gitano*[370]. Uno de sus símbolos por excelencia es la luna, cuya presencia en la obra buñueliana no es tan notable, ni posee la riqueza simbólica que tiene en la lírica del granadino. Ahora, sí que adquirió inmortalidad fílmica precisamente en la escena inicial de *Un perro andaluz,* al asociarse, a través del *découpage,* la imagen de la luna que abre la película con la del ojo seccionado por la navaja de afeitar. Este plano inicial puede considerarse una referencia directa a la luna de la poética lorquiana, que una nube también secciona simbólicamente, destruyéndola como hará

---

tor de teatro y cine Max Reinhardt (1873-1943). Se distinguió por un naturalismo íntimo y social basado en el realce de los elementos simbólicos, la interiorización y el despojo de la interpretación. Buñuel pergeñó su particular *Kammerspielfilm* con *Menjant garotes* (véase Xifra, 2020, págs. 85-89).

369 Esta no es una interpretación unívoca, sino una de las muchas a que puede estar sujeta esta escena.

370 Una malquerencia que, según hemos visto, comenzó con *Mariana Pineda,* al menos por parte de Buñuel. Dalí, en cambio, elaboró los decorados para su estreno en el Teatro Goya de Barcelona el 24 de junio de 1927.

inmediatamente después la navaja con el ojo del artista *putrefacto* en que Lorca se estaba convirtiendo, según el parecer de Buñuel y Dalí.

Un perro andaluz es un documental de realidades de un mundo interior, sello de su naturaleza antiartística. No es exactamente un sueño, pero encarna el mundo del inconsciente, de los deseos, del sexo reprimido o desatado. Y es la cámara la que le permite obtener este documento objetivo de esas realidades o hechos. De ello se desprende que no estemos ante una película vanguardista desde el punto de vista visual, ya que está rodada con un estilo clásico. Es un film de mirada cristalina, que responde a las ideas antiartísticas de Buñuel y Dalí; es, hasta cierto punto, un Vermeer cinematográfico. Lo certifica la aparición de *La encajera* rodeada de instrumental quirúrgico, como metáfora de lo desinfectado, de lo que limpia, de lo que elimina la carne putrefacta para dejar el hueso mondo. Un hueso en el que, como en el ojo que se rasga, si somos capaces de ir más allá de la superficie, encontraremos «algo tan suculento como la carne de la irracionalidad delirante, es decir, la médula»[371], o el humor vítreo ocular. Esta idea del hueso pelado cinematográfico define *Un perro andaluz,* pero no es únicamente el fruto de una esmerada aplicación de las teorías antiartísticas, sino que, conforme ha sido subrayado, proviene también de una lírica literaria ajena, salvo raras excepciones, a malabarismos sintácticos[372].

De lo acabado de exponer se colige que *Un perro andaluz,* y también *La edad de oro,* son obras de un poeta, no de un retórico como lo fueron la mayoría de las creaciones fílmicas de los miembros de las vanguardias europeas, que se apoyaron en la técnica cinematográfica y los alardes visuales que teñían, con un cromatismo de moderno, lo que

---

[371] Carnero, *op. cit.,* pág. 125.
[372] Característica que no proliferaba en la poesía escrita del catalán.

a menudo seguía siendo un discurso, en términos de los residentes, *putrefacto*. Opuestamente, *Un perro andaluz* sintoniza con el escrito daliniano «Film-arte Fil-antiartístico», donde el figuerense, siguiendo con lo expuesto por Buñuel en sus críticas cinematográficas previas y en «Del plano fotogénico», pero con otras palabras, encomia al «filmador antiartístico» que «ignora el arte» y «capta seres y objetos insólitos», con ideas muy parejas a las expresadas unos meses antes sobre la fotografía[373], pero ahora aplicadas a la creación cinematográfica.

Unos meses más tarde, Luis Buñuel insiste en el mismo planteamiento en «*Découpage* o segmentación cinegráfica», de grandes coincidencias con las nociones dalinianas, pero añadiendo, como había hecho en «Del plano fotogénico», aquellos ingredientes oriundos de las ya citadas tesis de Jean Epstein, y en particular la idea de que, en la pantalla, no hay naturaleza muerta, sino que los objetos tienen actitudes. Pero si la cámara da vida a los objetos, son estos los que, por su insistente presencia, restituyen al mundo su materialidad. En el cine de Buñuel —al igual que en su obra literaria—, un objeto o un animal puede aparecer de forma aislada, más o menos descontextualizado (como ocurre con la pierna ortopédica de la cinta *Tristana,* o con los caracoles de *Diario de una camarera),* y crear así una distorsión semántica en la cadena sintagmática, pudiendo igualmente integrarse en un proceso de enumeración caótica[374]. Semejante vaivén entre los objetos y el cine surrealista también fue teorizado, a finales de la década de 1940, por Epstein, sin que hiciese referencia a las películas surrealistas del dueto Buñuel-Dalí:

---

373 Salvador Dalí, «La fotografia pura creació de l'esperit», *L'Amic de les Arts,* núm. 18, 30 de septiembre de 1927, págs. 90-91.

374 Claude Murcia, *Un chien andalou. L'Âge d'or,* París, Nathan, 1994, pág. 71.

> El aislamiento de todo primer plano ocasiona una especie de «objeto surrealista», es decir, de «objeto extraño»[375], desviado de su sentido y empleo comunes a favor de un sentido y un empleo especiales, a veces concretamente muy limitado, otras muy amplio en su simbolismo, pero siempre de acuerdo con el clima sentimental, con la ensoñación, suscitados por la película[376].

Cerca de una década y media después Buñuel continuó y desarrolló este razonamiento en la ya mentada conferencia «El cine, instrumento de poesía», que leyó en la Universidad Nacional Autónoma de México, y que fue publicada, con cinco años de retraso, en diciembre de 1958[377]. Con el paso de los años, el contenido de esta conferencia ha adquirido una notable relevancia, porque refleja a la perfección su inalterable visión del cine al tiempo que sirve de guía para la monitorización lírica de toda su filmografía, a pesar de que a menudo se deja llevar por la polémica más que por la reflexión[378]. «El cine, instrumento de poesía» es el manifiesto teórico del proyecto de un cineasta que no cejó en su propósito de creación de un cine nuevo, poético. Esta disertación tuvo un subsecuente apéndice-compendio en el escrito «A statement» («Una declaración»), publicado en la revista *Film Culture* en 1960[379].

---

[375] Que produce extrañamiento *(dépaysé,* en el original). En la edición española de los escritos cinematográficos de Epstein, Mariel Manrique y Hernán Marturet se han inclinado por traducirlo «objeto desterrado» (Jean Epstein, *Escritos sobre cine [1921-1953],* Valencia, Shangrila, 2021, pág. 596).

[376] Jean Epstein, *Écrits sur le cinéma 1921-1953. Tome 2: 1946-1953,* París, Seghers, 1975, pág. 236 (cita procedente del artículo «Le délire d'une machine», publicado en el núm. 42 de la revista *L'Âge nouveau,* octubre de 1949). La traducción es nuestra.

[377] La conferencia se pronunció en 1953 y se transcribió para su publicación en el número de ese mes de la revista *Universidad de México.*

[378] Monegal, 1993, pág. 95.

[379] Véase la nota 155 en el aparato apendicular.

Frente a los prosaicos imperativos de la realidad inmediata y de la trillada prosa narrativa del cine comercial, que se limita a repetir las mismas historias que ya nos habían contado la novela y el teatro del siglo XIX, reivindica los fueros de la poesía para expresar en el cine lo que es propio de él y de la obra artística: la vida del subconsciente, el misterio y la fantasía que amplían la visión de esa realidad[380]. Buñuel es muy crítico con un cine comercial que se ha vulgarizado, al tiempo que lamenta que en ningún otro arte haya tanta desproporción entre la posibilidad y la realización:

> Una persona medianamente culta arrojaría con desdén el libro que contuviese alguno de los argumentos que nos relatan las más grandes películas. Sin embargo, sentada cómodamente en la sala a oscuras, deslumbrada por la luz y el movimiento que ejercen un poder casi hipnótico sobre ella, atraída por el interés del rostro humano y los cambios fulgurantes de lugar, esa misma persona, casi culta, acepta plácidamente los tópicos más desprestigiados.

Lo que es coherente con esta otra afirmación realizada cinco años más tarde:

> Está comprobado desde hace tiempo que el cine posee una cualidad adormecedora, vemos las películas como medio hipnotizados[381]. Y como las escenas son muy rápidas, no se puede ejercer la crítica sobre la marcha, porque perderíamos el hilo de los acontecimientos. El público del cine es conformista; sabe lo que quiere y exige que se lo den como él quiere. Y lo que quiere es no pensar, no complicarse: el asesino tiene que morir, la prostituta tendrá que ser redimida o muerta, el bien triunfará siempre sobre el

---

[380] Fuentes, 1989a, pág. 239.

[381] *Nota bene:* a lo largo de su vida, la hipnosis fue un denominador común en su teorización sobre el cine.

> mal, etc. Esta pereza mental encaja perfectamente con un apetito siempre renovado por ver y oír historias contadas «en folletín» [...] el cine es un negocio muy caro. Se tiende a ir por los caminos conocidos. No ir por ellos, intentar otras cosas que se salgan del cuadro mental de folletinista, es un juego peligroso[382].

Buñuel, que echa en falta y reclama una aproximación poética como la propugnada por Epstein, no aboga por una poesía como lenguaje literario; la poesía es misterio, está vinculada al territorio de la percepción que se abre a lo inexpresable y de la que únicamente el arte puede dar cuenta[383]. En claro seguimiento de la estela del realizador francés, Buñuel asocia el misterio al inconsciente. En este sentido, continúa siendo un surrealista consecuente, ya que, a pesar de pronunciar estas palabras en 1953, no habla de irrealidad, pues como el propio cineasta se encarga de recordar en el mismo texto, para los surrealistas, lo fantástico no existía, todo era real[384]. Ello no impide que considere que el correlato a la poesía y, por extensión, al cine, sea el sueño. Adicionalmente, para Buñuel, decir que el cine es instrumento de poesía es sinónimo de decir, en el sentido más amplio, que es un instrumento al servicio de la revolución.

Si nuestro conferenciante separa, como hizo Epstein, poesía e instrumento es porque no la considera un medio de expresión propiamente dicho, sino «una condición que prefigura el discurso, tanto en su modalidad como en sus objetivos»[385], un modelo similar al que opera el *découpage,* que sería el mecanismo que hace cuajar la expresión poe-

---

[382] Entrevista de Fausto Castillo, *México en la Cultura,* núm. 478, 11 de mayo de 1958, pág. 8.

[383] Monegal, 1993, pág. 95.

[384] Lo que es una derivación de las palabras de Baudelaire respecto de Goya: «El mérito de Goya consiste en crear lo monstruoso verosímil», que bien pueden aplicarse a la producción buñueliana.

[385] Monegal, 1993, pág. 96.

mática. En este aspecto es muy sintomática, en la conferencia que nos ocupa, su oposición expresa al neorrealismo: «La realidad neorrealista es incompleta, oficial; sobre todo razonable; pero la poesía, el misterio, lo que completa y amplía la realidad tangente, falta en absoluto en sus producciones», afirma. Es decir, en el neorrealismo, el rol del objeto no es poético, como ilustra, unas líneas más abajo del mismo parlamento, con el ejemplo del vaso que le contó a Zavattini[386]:

> «Para un neorrealista —le dije—, un vaso es un vaso y nada más que eso: veremos cómo lo sacan del armario, lo llenan de bebida, lo llevan a lavar a la cocina, en donde lo rompe la criada, la cual podrá ser despedida de la casa o no, etc. Pero ese mismo vaso contemplado por distintos hombres puede ser mil cosas distintas, porque cada uno de ellos carga de afectividad lo que contempla, y ninguno lo ve tal como es, sino como sus deseos y su estado de ánimo quieren verlo.» Yo propugno por un cine que me haga ver esa clase de vasos, porque ese cine me dará una visión integral de la realidad, acrecentará mi conocimiento de las cosas y de los seres y me abrirá el mundo maravilloso de lo desconocido, de lo que no puedo leer en la prensa diaria ni encontrar en la calle.

De una lectura entre líneas de sus ensayos de la década de 1920 surgen los principios desplegados en «El cine, instrumento de poesía», porque esos textos hay que entenderlos, además de como una prolongación experimental de su lírica, como una parte de su preparación para llegar a dirigir sus propias películas. Pese a todo, desde la lupa filológica, y sustrayendo a Ródenas de Moya sus palabras referidas a la crítica literaria de la época, podemos afirmar que la cinematográfica de Buñuel «aspiró a la dignidad de la crea-

[386] Cesare Zavattini (1902-1989), guionista de cine italiano, fue uno de los principales teóricos y abanderados del movimiento neorrealista.

ción, quiso ser crítica creadora, en la que fuera compatible la glosa [...] con la creación de una obra literaria propia»[387], de lo que se infiere la afinidad y múltiples concordancias entre prosa de creación y prosa ensayística, por un lado, y, por otro, entre el conjunto de su prosa y sus poemas.

El ensayismo buñueliano no solo refleja las opiniones que circulaban por París: sobrepasa el contenido para insertar su personalidad intelectual y su estilo vanguardista, pues son también ejemplares de prosa experimental. Con este cometido, supo injertar en sus ensayos recursos que emergen del futurismo y que se concretaron en las pautas del ultraísmo, sin perder nunca de vista el potencial iconográfico de las greguerías. A la hora de analizar el motivo larvario o vermicular de la literatura buñueliana hemos puesto de manifiesto la comunión lírica existente entre sus ficciones y ensayos. Aun así, no es solo cuestión de motivos o temas, sino de procedimientos estilísticos que dotan a sus textos cinematográficos de una textura poemática propia de un auténtico vate. En este afán superó la capacidad alegórica de Ramón, como se observa en la greguería utilizada para describir el objetivo de la cámara y el primer plano, respectivamente: «Cerebro con que piensa y palabras que construyen y expresan lo pasado»[388]. Los ecos del movimiento capitaneado por Marinetti se materializan en una predilección por el uso de axiomas y teoremas para significar procedimientos o elementos técnicos[389], si bien tal matematización del discurso no tiene la función vanguardista que encontramos en la poesía futurista y dadaísta, sino que

---

387 Ródenas de Moya, 2000, pág. 115.

388 «Del plano fotogénico».

389 El sexto postulado del *Manifiesto técnico de la literatura futurista* rezaba: «Para acentuar ciertos movimientos e indicar sus direcciones se emplearán signos matemáticos».

En *Los cantos de Maldoror,* Lautréamont ya evocó las matemáticas, como subrayó en su momento Gaston Bachelard *(op. cit.,* 1939, págs. 95-96).

sirve a los intereses didácticos de Buñuel, como ocurre con el siguiente:

> «Fotogenia = Objetivo + *Découpage* = Fotografía + Plano»[390].

En otros casos, amalgama los algoritmos con resortes gramaticales, como el siguiente juego paronomástico a partir de vocablos franceses para referirse a la película *Rien que les heures* (Alberto Cavalcanti, 1926):

> Coordinaciones y combinaciones de sus rayos lumínicos, tomados *n* a *n* nos han dado el film *d'avant-guerre*. Cavalcanti pasa ahora a demostrarnos que tomados a *n+10* años, dan el *d'avant-garde,* expresión purísima de nuestra época[391].

Será en la crítica del film *El Colegial* (1927), de Buster Keaton, donde encontraremos la máxima expresión de lo que estamos diciendo, que aparece dotada del humorismo que le caracterizaba:

> Opondremos siempre en cine, la expresión monocorde de un Keaton a la infinitesimal de un Jannings. Los cineastas abusan de este último, multiplicando por *N* la más ligera contracción de sus músculos faciales. El dolor en Jannings es un prisma de cien caras. Por eso es capaz de actuar en un primer plano de 50 metros[392], y si se le pide

---

[390] «*Découpage* o segmentación cinegráfica». Con este uso parece saldar su peculiar ajuste de cuentas con la ciencia de las matemáticas (véase la nota 14).

[391] «Una noche en el Studio des Ursulines».

[392] Ya que estamos tratando de la retórica de sus ensayos, hacemos notar que Buñuel significa que el plano es largo recurriendo a unidades espaciales: se refiere a la duración (tiempo) de un plano expresando una unidad de longitud (espacio). La especificidad del cine permite estas descripciones sinestésicas. En su artículo anterior sobre el *découpage,* ya falló: «En cinema se intuye por metros de celuloide».

> *todavía más,* llegará a demostrarnos que nada más que con su rostro se puede hacer toda una película que debería titularse: *La expresión de Jannings, o las combinaciones de* M arrugas, *tomadas* n *a* n.

Estos recursos abarcaron también algunas figuras poéticas propias de la ficción. En este punto, lo primero que hay que poner de relieve es que, en materia de relaciones de semejanza, domina —como ya dijimos en referencia a su literatura ficcional— la metáfora sobre el símil, primando la construcción directa de imágenes metafóricas sobre el empleo del adverbio *como,* a veces en un decurso lírico articulado por sucesión vermicular —por utilizar la misma simbología que nuestro ensayista— del que brotan inusitados chorros de intensidad poética, como en el siguiente fragmento de «*Découpage* o segmentación cinegráfica»:

> Esa mano, huracán de pelos, preñada de intenciones inéditas, de alma, desaparece del campo[393]: un golpe de panorámica[394], como un golpe de mar, nos arroja entre los siete vicios capitales de unas miradas. El Universo, lo infinito y lo minuto, la materia y el alma, pueden navegar entre las reducidas márgenes de la pantalla —océano y gota—, que rectangula en el cerebro del cineasta como una dimensión del alma.

En este pasaje concurren, en un mismo párrafo y con marcado contraste, una primera parte surtida de tecnicismos y una segunda con una sucesión de imágenes, mayormente greguerísticas, que dotan al texto de un fondo poemático inusual para un ensayo de este tipo. Buñuel quiere remarcar el poder poético del cine a través del uso de estos *instrumentos de poesía,* como él mismo llamará años más

---

393 Se refiere al campo visual, al espacio que encuadra la cámara.

394 En cine, una panorámica es un movimiento que consiste en hacer rotar la cámara sobre su propio eje (horizontal, vertical u oblicuamente).

tarde al cine. Más aún, utiliza para ello elementos del imaginario líquido, acuático para más señas, que caracteriza sus poemas. Las últimas frases de la crítica de la cinta de Carl Theodor Dreyer, *La pasión de Juana de Arco,* redundan en ello: «Hemos guardado una de sus lágrimas, que rodó hasta nosotros, en una cajita de celuloide. Lágrima inodora, insípida, transparente, gota del más acendrado manantial».

Este registro poético le impele a utilizar figuras y recursos estilísticos discordantes con el género, que ya utilizaba en sus escritos líricos y narrativos —tales como la paranomasia («poros como pozos»[395]), la sinestesia («arrebatadora sinfonía del movimiento»[396]) o la falacia patética[397] (recordemos que el principio rector de la cinematografía buñueliana es el de que los objetos tienen actitudes), así como otros que señalaremos en el aparato filológico—. Todos ellos aderezan una producción ensayística experimental que con el tiempo puede verse como el preludio teórico a su práctica de la dirección fílmica. Una práctica que nunca se desvió ni un ápice de una concepción del cine tan longeva como inquebrantable, con independencia de cualquier tipo de condicionante exógeno[398].

---

[395] «*Juana de Arco* de Carl Dreyer».

[396] «Metrópolis».

[397] La falacia patética, que atribuye sentimientos humanos a objetos inanimados, a la naturaleza o a los fenómenos, es la figura literaria con la que subraya la antropomorfización que tiñe su literatura.

[398] A tenor de lo expuesto, tenemos serias dudas de que la autoría del artículo «Títulos sintéticos», publicado en la página de cine del núm. 30 de *La Gaceta Literaria* (15 de marzo de 1928, pág. 6), sea atribuible a Buñuel. Lo traemos a colación porque Gayle Roof, una de las más brillantes exégetas de la obra literaria de Buñuel, le imputa este texto anónimo, asemejándolo con «Noticiario», que tampoco firmó al estar al cargo de la página de cine de la revista (Roof, 1994b, pág. 159. La autora hace esta aseveración de manera muy discreta, en nota al final del artículo). Sin embargo, además de no ser el único ejemplo de artículo anónimo que se publicaba en la sección de cine de *La Gaceta,* es imposible que el

En suma, la producción literaria de Luis Buñuel, de una inagotable fertilidad iconográfica, acabó bobinada por una impresionante obra cinematográfica que la opacó y desterró a la preterición. Comoquiera que sea, ambas forman un díptico intertextual que permite, a través de un proceso de anticipación/retroacción, entender mejor este corpus literario primerizo que el cine rebañó a los lectores, a pesar de constituir uno de los escasísimos legados de la literatura surrealista en español. Esta edición pretende situarlo en el lugar que merece y cambiar el paradigma. Es ya el momento de que integremos la escritura al relatar la historia de la *poiesis* buñueliana.

---

estilo, el tono, el registro —y menos aún el tema— emerjan de la misma pluma que redactó las críticas y ensayos que nos están ocupando. De ahí que ahorremos su lectura.

Esta edición

Precedentes

Ya hemos hecho hincapié en que la obra literaria de Luis Buñuel fue recopilada por vez primera por Agustín Sánchez Vidal, con la colaboración del cineasta, en 1982, en edición de Joaquín Aranda, sobrino político de Buñuel y director de las publicaciones del periódico zaragozano *El Heraldo de Aragón,* bajo cuyo sello vio la luz (y a la que nos referimos como *OL)*[399]. Entre la recopilación que entregó el catedrático de Zaragoza al editor y la publicación del libro transcurrieron dos años[400]. Demasiado tiempo para una edición que únicamente requería la impresión del material recopilado, ordenado, introducido y glosado por Sánchez Vidal, lo que nos hace recelar, sin miedo a equivocarnos, que no solo algunas de las inexactitudes y lagunas que contiene deben achacarse exclusivamente al editor, sino que se produjeron alteraciones en la estructura acometida por el compilador, que nunca fue el editor de la publicación[401]. En tal confor-

---

[399] No obstante, incluye textos que, por las razones que argüiremos al hablar de los criterios de nuestra edición, no consideramos obra literaria.

[400] Agradecemos la información al propio Sánchez Vidal.

[401] De aquí que el hecho de que Buñuel diese el visto bueno a lo seleccionado por Sánchez Vidal no sea patente de corso para sancionar definitivamente como obra literaria ese contenido: hay pasajes que en *OL*

midad, esa edición debe confrontarse y complementarse con el ensayo *Buñuel, Lorca, Dalí: el enigma sin fin* (Barcelona, Planeta, 1988; que hemos convertido a las siglas *BLD)* del propio Sánchez Vidal, y que incluye no solo las versiones finales de alguna de las composiciones de Buñuel, sino que publica el hasta entonces ignoto cuento surrealista «La descomunal batalla de las catedrales y las vagonetas»[402].

Pocos años más tarde, en 1985, Pedro Christian García Buñuel publica *Recordando a Luis Buñuel* (abreviado *GB),* donde da a conocer algunos textos todavía inéditos de su tío, y, en febrero de 2000, el sello independiente Páginas de Espuma inicia su singladura editorial lanzando *Escritos de Luis Buñuel,* editados por Manuel López Villegas (abreviado *ELB).* Se trata de una edición más cuidada ortográfica y tipográficamente, al tiempo que añade algunos textos de dudoso encaje como obra literaria, directamente importados del libro de García Buñuel. Dicha edición no incorpora aparato crítico alguno, sino solo unas muy escuetas introducciones del editor.

O sea, por lo que se refiere a la fijación de los textos, la obra literaria que nos ocupa presenta considerables problemas derivados fundamentalmente de la impenetrabilidad que la caracterizó hasta que fue recopilada y del secretismo ulterior, dado que ningún compilador o editor, ni por descontado el

se omitieron, como ocurre con *Hamlet* y «La agradable consigna de Santa Huesca», así como con todo el cuento «La descomunal batalla de las catedrales y las vagonetas» —con efectos sobre futuras ediciones, pues estos dos últimos descuidos pasaron a *ELB*—, por razones que solo podía saber Aranda y que Sánchez Vidal desconoce, según nos ha indicado.

402 Esto no quiere decir que las versiones de las composiciones que aparecen en *BLD* deban considerarse como las textuales definitivas, pues hemos detectado, en lo concerniente, por ejemplo, al uso de la puntuación, alguna discordancia en relación con el mecanuscrito original, como ocurre con «El arco iris y la cataplasma». Al ser escasos los escritos originales, sospechamos que variantes de este tipo se podrían repetir. La imposibilidad de acceder a la correspondencia entre Luis Buñuel y Pepín Bello nos obliga a aceptar como versión más fidedigna, al menos en lo referente a ciertos textos, la que aparece en *BLD*.

propio autor, registró visualmente, salvo alguna excepción, las fuentes originales[403]. Por si esto fuera poco, incluso los escritos publicados en las revistas de vanguardia difieren de sus versiones recogidas en compilaciones totales y parciales[404]. Si a esto le sumamos la desaparición, a fecha de hoy, de la mayoría de los manuscritos o mecanuscritos, este corpus estará habitado, si futuros hallazgos no lo remedian, por incertidumbres textuales que, por fortuna, no empañan la emanación ni la valoración de las cualidades poéticas de su autor.

A partir de la publicación de *OL* empezaron a asomar, muy tímidamente, estudios de alcance limitado sobre aspectos puntuales de la literatura buñueliana o sobre alguno de sus textos[405], con una excepción, la tesis doctoral de Antonio Monegal, una muy completa investigación semiológica de la obra literaria de Buñuel, que desembocó en el en estas páginas tan citado *Luis Buñuel, de la literatura al cine* (Barcelona, Anthropos, 1993). Existe, luego, mucho camino por recorrer y diferentes perspectivas a partir de las cuales

---

403 Esto implica que una decena exacta de textos ficcionales, cuyo único conocimiento proviene de lo transcrito en *OL* (9) y *BLD* (1), se reproducen aquí fiando su fijación a lo que en su día hicieron estas ediciones; lo cual, atendiendo a las erratas que presenta *OL* relativas a otros escritos cuya fuente original conocemos, complica, y mucho, su fidelidad con el texto primitivo. A mayor abundamiento, una de las derivadas de estas dificultades textuales son los problemas de datación. Nos hemos basado en *OL* y *BLD*, pero, años más tarde, en un texto de rigor y seriedad científicos indiscutibles, se fecharon «Me gustaría para mí», «*Polisoir* milagroso», «No me parece ni bien ni mal» y «Al meternos en el lecho» —que hasta entonces lo habían sido hacia 1927— hacia 1929 (Hernández Pin y Sánchez, 2009, págs. 207-210). La divergencia no es grave (puede considerarse incluso anecdótica), ya que este bienio es el de sus creaciones apegadas al surrealismo más ortodoxo, pero no deja de ser un ingrediente más de las perplejidades textuales a las que hacemos referencia.

404 El lector lo advertirá en aquellas notas al pie de los textos que sí se publicaron, donde se indican las diferentes versiones de palabras, derivadas de errores de transcripción, algunos de ellos muy sintomáticos de la ausencia del cuidado deseable para cualquier edición de un corpus de este tipo.

405 Los referenciamos en la sección bibliográfica a ellos dedicada.

abordar este acervo literario[406]. Pero antes había que significar los problemas de transmisión textual de los textos inéditos, que todos los analistas y posteriores editores han obviado.

Los precedentes señalados coinciden en incluir o comentar una publicación inexistente que Buñuel acarició durante bastante tiempo. Nos referimos a *El perro andaluz*[407], cuyo título primigenio fue *Polismos*. Lo que sabemos de este proyecto puede rastrearse en su epistolario. Aun así, nada hay en él que nos permita desentrañar el contenido del libro. A falta de más pruebas, hemos optado por no incluir *Polismos*/*El*

---

406 Pongamos por caso el estudio de la lírica de Luis Buñuel desde la sustancial teoría de la poesía superrealista de Carlos Bousoño (véase ante todo *Superrealismo poético y simbolización,* Madrid, Gredos, 1979), como se propuso González Amaya (2013).

407 El artículo, en este caso, es determinado, a diferencia de la película, de acuerdo con lo mencionado por su autor a Pepín Bello en la carta de 10 de febrero de 1929: «El título de mi libro de ahora es EL PERRO ANDALUZ». De todos modos, no creemos que sea un cambio intencionado, pues Buñuel utilizaba el determinado o el indeterminado dependiendo del momento. Incluso en las conversaciones que tuvo con Max Aub, cuarenta años después del rodaje del film, utilizaba constantemente el artículo determinado para referirse a él. Ahora, Sánchez Vidal advierte que Buñuel le «confirmó, en cambio, que los títulos correctos de las dos versiones de su libro eran *Polismos* y *Un perro andaluz» (SV,* pág. 66). A todo esto, hay que añadir la anécdota, contada por el cineasta y escritor Emilio Sanz de Soto, de que cuando José Antonio Primo de Rivera se encontraba con Buñuel en el café Bakanik de Madrid, aquel le saludaba diciéndole «Bonjour, monsieur le chien andalou» y este le corregía: *«un* chien andalou» (Gubern y Hammond, 2021, págs. 292-293). Y para colmo, las declaraciones que hizo en 1966 a Miguel Pérez Ferrero *Donald* en la revista *Blanco y negro* (núm. 2833, agosto de 1966, págs. 84-89), con las que echa más leña al fuego del misterio sobre el cambio de artículo: «Durante nueve meses se proyectó en París *Un perro andaluz* que, con el tiempo, se convirtió en *El perro andaluz»* (pág. 87). Con este «con el tiempo» parece que esté moviéndose en el mismo escenario que el de su cuento «Por qué no uso reloj».

Sea como fuere, nuestro parecer es que, con el uso del artículo indeterminado, Buñuel evita que se tenga como una referencia explícita a Lorca y la extiende así a cualquiera (o a todos) los andaluces de la Residencia de Estudiantes, como parece defender Gibson (2013, pág. 317).

perro andaluz como poemario independiente. Camino distinto siguieron *OL, BLD* y *ELB,* con criterios dispares. Dicho lo cual, sin título ni contenido claros, mejor ahorrarnos las posibles combinatorias y ofrecer los textos que Luis Buñuel compuso en aquellos años de contacto y entusiasmo surrealistas, sin necesidad de seguir una agrupación más intuitiva que documentalmente justificada. No obstante, queremos resaltar que tampoco hay razones de peso para descartar del malogrado volumen cualquiera de los poemas en verso y prosa compuestos entre 1927 y 1929, cuya unidad estilística bastaría por sí sola para abonar su refundición en la compilación *El perro andaluz.* Si a esto le sumamos que todas estas composiciones mantienen relaciones hipertextuales con la película que acogió finalmente el canino título, presumimos que, con independencia de las que con toda seguridad se perdieron con el estallido de la Guerra Civil, las siguientes estaban destinadas a recabar en el poemario:

Me gustaría para mí
Polisoir milagroso
No me parece ni bien ni mal
Al meternos en el lecho
Historia decente – Historia indecente
Cavalleria rusticana
Ménage à trois
Redentora
Bacanal
No hay Dios
El arco iris y la cataplasma
Palacio de hielo
Pájaro de angustia
[¡¡¡Descansen en paz los taparrabos!!!]
A Ricardo Corazón de León[408].

---

[408] Este último poema acabó ubicado en «Una jirafa» (véase la nota 421 en el aparato textual).

Criterios de la edición

Bajo el título *Obra literaria reunida* compilamos —*reunimos*— los textos hoy conocidos, conclusos e inconclusos[409], que Luis Buñuel Portolés compuso con vocación de prosista, poeta, dramaturgo o teórico. Se excluyen, por tanto, aquellos que se urdieron en el marco de un proceso, logrado o frustrado, de producción fílmica, o derivados de su actividad de cineasta, como pueden ser sus escritos autobiográficos o memorias[410]. Tampoco se incluye su correspondencia, que ha sido, está y seguirá siendo publicada *in extenso*. En base a esto, la obra objeto de nuestra edición se concentra exclusivamente entre 1922 y 1935. Por lo demás, con arreglo a los argumentos que se indicarán, hemos acompañado nuestra compilación de un aparato apendicular con textos que rompen con el criterio de partida o son variantes.

Habrá quien nos discuta esta opción[411], pero lo que ocurre con Buñuel es que la mayoría de quienes se acercan a su literatura lo hace pensando en un cineasta que también escribió y que, como si quisiera legitimarlo cuantitativamente, considera literario todo aquello que suscribió oralmente o por escrito. Si ello fuese así, su mayor obra serían sus memorias, *Mi último suspiro* (que citamos como *MUS*), que, no está de más recordarlo, fueron redactadas por Jean-Claude Carrière a partir de lo relatado por Buñuel, siguiendo un

---

409 Contrariamente a las ediciones anteriores, los escritos inconclusos de los que no hay rastro de su título se han titulado con su íncipit.

410 El más exhaustivo de los inventarios de la obra literaria de Luis Buñuel, en el más amplio de los sentidos, es el que ofrece Gibson con convenientes puntualizaciones, pese a que contiene alguna laguna (2013, págs. 810-825).

411 Igual que habrá quien lo haga respecto del recato a la hora de considerar *completa* la obra aquí presentada, aunque la consideremos como tal.

método parecido al que el tándem utilizaba en la elaboración de los guiones cuya paternidad compartieron[412].

Esta misma lógica nos ha llevado a excluir el boceto de cortometraje «La Sancta Misa Vaticanae», así como la serie de escenas que bajo el título «Gags» se incluyen en *ELB*[413]. Análogamente, aquellos apuntes autobiográficos —de procedencia no siempre acreditada—, como «Fragmentos», «Recuerdos medievales del Bajo Aragón», «Pesimismo», «El canto del cisne» —algunos de los cuales se incorporaron ulteriormente a *MUS*— o «Autobiography of Luis Buñuel»[414], currículo vital cuyas primeras páginas hemos reproducido aquí por cuestiones de contextualización biográfica, no tienen cabida en esta edición, como no la tienen sus memorias, ni el inexistente texto surrealista «Sobre el amor», incluido en *ELB,* y que corresponde a las respuestas de Buñuel a un cuestionario sobre tan universal tópico que realizaron los surrealistas entre sus miembros[415].

En lo relativo a las conferencias, se conocen tres: «El guiñol», «Land without Bread» y la más afamada, «El cine, instrumento de poesía». Dado que la segunda es, más que

---

[412] Hay que desmentir al propio Buñuel —en este y otros temas— cuando afirmó ser «ágrafo» y «reacio a la escritura» (Pérez Turrent y De la Colina, 1993, pág. 153), ya que contradice el haber sido coguionista de prácticamente todas sus películas. Una prueba irrefutable de ello es que cuando llegó a México, traía consigo un guion firmado en solitario, adaptación de la novela *Cumbres borrascosas* de Emily Brontë, y titulado *Luz que deslumbra,* que fue el embrión de la ulterior cinta *Abismos de pasión,* en la que la autoría del libreto aparece compartida (Amparo Martínez, «Crónica de un encuentro. Dancigers y el asentamiento de Buñuel en México», *Turia,* núm. 123, 2017, pág. 191).

[413] Aunque algunos son ejemplos de microrrelato.

[414] Todos ellos al completo se incluyen en *ELB,* mientras que alguno también aparece en *OL.*

[415] «Enquête», *La Révolution Surréaliste,* núm. 12, 15 de diciembre de 1929, pág. 71. Se trata del más claro ejemplo de que todo vale a la hora de considerar cualquier cosa escrita, incluso las declaraciones de una entrevista, como obra literaria.

una conferencia, una presentación de principios de la década de 1940 de la película homónima *Las Hurdes, tierra sin pan* previa a su proyección en el MacMillan Academic Theatre de Nueva York, organizada por la Universidad de Columbia[416], y que no complementa en nada sus ensayos sobre cine, no la incluimos. Tampoco es *obra literaria* la que ofreció en la UNAM, de la que nos hemos ocupado en profundidad en el cuerpo introductorio, y cuya publicación años más tarde se realizó a partir de una grabación que su autor desconocía, no pudiéndose, luego, autenticar que la escribiese, pues pudo simplemente dictarla. Incluso así, dado su alto interés como complemento a los ensayos sobre el cine, merece aportarse como apéndice.

No es el único caso. Por lo visto, el 5 de mayo de 1922 Buñuel conferenció en la Residencia de Estudiantes un parlamento titulado «El guiñol», que servía como introducción a la función que el titiritero Félix Malleu ofreció a continuación[417].

---

[416] *ELB*, pág. 43. Las versiones inglesa y española de esta conferencia pueden consultarse en abierto y descargarse en el sitio web del catálogo de Filmoteca Española: http://catalogos.mecd.es/RAFI/cgi-rafi/abnetopac?TITN=17207 (texto en inglés) y http://catalogos.mecd.es/RAFI/cgirafi/abnetopac?TITN=17206 (texto en español).

Todo parece apuntar a que esta proyección tuvo lugar el 18 de marzo de 1940 (Gubern y Hammond, 2021, pág. 215), pero otras fuentes la sitúan en 1941 (véase Gibson, 2013, pág. 821). Gubern y Hammond informan que menos de un mes más tarde, el 10 de abril, Buñuel también dio una charla sobre la película a los alumnos de la Universidad de Columbia (pág. 237), que la referencian como sigue: «Buñuel, Luis, sin tít.º, *ms.*, Museum of Modern Art. Film Study Center, Nueva York, 10 de abril de 1940, 16 pp. [Debate con estudiantes de la Columbia University (Nueva York)]» (pág. 459).

[417] Félix Malleu fue un titiritero conocido sobre todo por ser también domador de leones. Acabó arrastrando un destartalado guiñol por los madrileños jardines del Retiro y paseo del Pintor Rosales, donde, como tantos otros titiriteros populares, se convirtió en un mito sin nombre: el titiritero de Madrid. Allí lo encontraron Buñuel y García Lorca, que, hartos del *putrefacto* teatro español, decidieron que debía actuar en la Residencia de Estudiantes.

Incluso es legítimo cuestionar que Buñuel fuese su único autor. Ni el tono, ni las doctas fuentes utilizadas parecen proceder exclusivamente de su hacer retórico e investigador, en virtud de lo cual no sería de extrañar, como insinúa Ian Gibson, que en su redacción colaboraran Lorca y Juan Chabás[418] —más este que el fuenterino[419]— cuya aproximación histórica a la literatura española[420] comparte corte con algunos de los pasajes del decir académico de «El guiñol», sin que con ello pretendamos eludir los puntos de contacto que tiene con las conferencias pronunciadas meses antes por Lorca acerca del cante jondo[421]. Dado su atractivo por la relación que tiene con los escarceos teatrales de nues-

---

[418] Gibson, 2013, pág. 138. Juan Chabás Martí (1900-1954) fue un poeta, narrador e historiador de la literatura española adscrito a la generación del 27.

[419] Lorca no asistió a la conferencia de Buñuel, al estar en Granada desde el verano de 1921 (véanse las cartas publicadas en Federico García Lorca, *Epistolario I,* introducción, edición y notas de Christopher Maurer, Madrid, Alianza, 1982, págs. 43-89). No regresó a la Residencia hasta noviembre de 1923 (Ian Gibson, *Vida, pasión y muerte de Federico García Lorca. 1898-1936,* Barcelona, Debolsillo, 2016, ed. corregida y revisada, pág. 219). Ello no excluye que, como será anotado, existan conexiones entre este texto y las conferencias que sobre el cante jondo impartió el granadino.

[420] Juan Chabás, *Historia de la literatura española,* La Habana, Pueblo y Educación, 1967.

[421] Hay un dato más, secundario pero revelador, que engruesa nuestras dudas acerca de la propiedad intelectual de la conferencia: fue publicada por vez primera en *GB,* el libro sobre recuerdos y textos familiares del sobrino del cineasta, Pedro Christian García Buñuel. En dicho volumen, además de no citar ninguna fuente (más allá de alguna fotografía) del origen de los textos añadidos respecto de *OL,* se le atribuye, ni más ni menos, «Unión libre», muy conocido poema de André Breton que Buñuel en su día ensalzó. Así se lo dijo a su autor en la carta que le envió el 6 de mayo de 1932 donde le anunciaba su salida del grupo —que no del movimiento— surrealista. Intuimos que debía tener un ejemplar mecanuscrito que quedó entre los documentos manejados por García Buñuel, quien lo consideró un hallazgo buñueliano. Un lapsus que nos ha obligado a manejar tal libro con extrema cautela.

tro autor, la hemos incluido como apéndice, no sin subrayar la falta de pruebas fehacientes de su autoría, no documentada por medio alguno hasta la fecha.

Concerniente ahora a los escritos cinematográficos, tampoco reunimos los siguientes que aparecen en *ELB:* «Viridiana», «A PECIME» y «Carta a *Nuestro Cine*». El último es una misiva a dicha revista cinematográfica para esclarecer o desmentir algunas afirmaciones que aparecían como respuestas a una entrevista realizada por miembros de dicha publicación[422]. Del análisis de contenido de «Viridiana» se desprende que es un breve comentario sobre la película y algunas de sus intenciones. Respecto de «A PECIME», se trata de un saludo a los miembros de la asociación Periodistas Cinematográficos de México (PECIME) con ocasión de una proyección de *Viridiana* que emprendió dicha organización según se deduce de su contenido[423].

Sentado lo anterior, no hay duda de que la obra literaria de Luis Buñuel es, en lo que atañe a sus cuentos y poemas, de naturaleza fantasmal, puesto que, si bien han sido atestiguados, cerca de la mitad están perdidos, al menos de momento. De resultas, estos acusados problemas textuales aconsejan ser muy ponderados a la hora de legitimar como definitivas esas creaciones literarias. Ante este escenario, a la hora de asentar esta edición no hemos podido seguir un criterio homogéneo para todos los textos, si bien la regla general ha sido basarnos, en el caso de las poesías y las prosas, primero y cuando los hay, en los originales, manuscritos o mecanuscritos, que hemos podido consultar en archivos públicos o privados o de los que hay constancia al haberse difundido. En su defecto, y llegado el caso, en el

---

[422] Entrevista realizada por Carlos Rodríguez Sanz, Manuel Pérez Estremera, Vicente Molina Foix y Augusto M. Torres en *Nuestro Cine,* número 63, julio de 1967, págs. 11-18.

[423] En *ELB,* ni este texto ni el anterior están fechados, por lo cual únicamente podemos garantizar que son posteriores al rodaje de *Viridiana*.

texto publicado si así lo fue. Luego, en las versiones definitivas publicadas en *BLD* por Sánchez Vidal. A renglón seguido —y con toda la circunspección derivada de las tachas señaladas—, la edición del Heraldo de Aragón, pues cuando menos se elaboró con la connivencia del propio Buñuel[424], exceptuando aquellos casos de error u omisión manifiesta y glosando en nota a pie de página las divergencias con el texto publicado derivadas de una posible corrección posterior de Buñuel (lo que es muy excepcional). En último lugar hemos seguido la edición de Páginas de Espuma en aquellos textos que no fueron publicados en *OL,* cotejándolos siempre con *GB,* pues parecen provenir de ahí. Para los ensayos cinematográficos seguimos la versión impresa, ya que todos lo fueron o bien en *La Gaceta Literaria,* o bien en *Cahiers d'Art*. A este respecto, hemos traducido de nuevo los textos publicados originariamente en francés (prosas y ensayos), puliéndolos de los errores de las ediciones anteriores. La composición «Una jirafa», escrita también en lengua gala, se ha publicado hasta la fecha en dos traslaciones: la que realizó Max Aub para su proyecto *Luis Buñuel, novela* —que es la inclusa en *OL*—, y la que encontramos en *ELB,* que parece obra de García Buñuel para su libro, también utilizada en la edición limitada y estéticamente muy cuidada de Libros Pórtico, de 1997. Ambas presentan imprecisiones, por lo que hemos acudido al original para ofrecer una nueva y renovada versión española de este importante texto, en consonancia con lo realizado con los ensayos anteriormente aludidos.

La estructuración de la edición presentaba diferentes alternativas. La más sencilla era la cronológica, que es la que

---

[424] Respecto de las variantes de escaso calado (mayormente de carácter ortotipográfico) que existen entre textos publicados en *OL* que lo habían sido en revistas de la época, el editor no aclara si responden a su voluntad o a la de Buñuel, o bien son errores de transcripción/impresión, lo que dificulta todavía más la identificación de la versión más adecuada.

ha primado después de una división previa por categorías y subcategorías genéricas.

En cuanto a la ortografía y la gramática, no hemos pretendido cohonestar el corpus literario buñueliano, pero sí adaptar, en las ocasiones que imperativamente lo demandaban, la ortografía y sus usos a las nuevas reglas, indicando, en el caso de errores manifiestos, en nota al pie, la redacción primitiva del vocablo. Menos pacífica ha sido la cuestión de la ortotipografía. Por regla general, hemos adecuado el uso de las comillas y cursivas, especialmente en los textos cinematográficos, todos ellos con una sobreabundancia de entrecomillados hoy caducos, como es el caso de los títulos de películas o los extranjerismos, así como el uso de la mayúscula en las iniciales de los días de la semana y los meses. Al respecto, solo hemos glosado en nota al pie las discrepancias de orden ortotipográfico con las ediciones anteriores cuando son significativas a la hora de corroborar los problemas de fijación textual existentes, pues haberlo hecho en todos los casos hubiera supuesto un caudal de anotaciones en un aparato textual ya de por sí cargado de ellas. La cosa se complica cuando se trata de la puntuación. Las ediciones y compilaciones (totales y parciales) publicadas hasta el momento no coinciden entre ellas, ni existe armonización entre los textos que incluyen y su versión publicada cuando lo fue, ni tampoco con los mecanuscritos conocidos. A menudo, las sorprendentes variantes de *OL* hacen pensar que quizá fueron debidas a la mano de Buñuel que, décadas después, quiso corregir los textos para la edición de Aranda[425]. En otros casos, se nota más la mano del editor, como ocurre con aquellos poemas que probablemente carecían de puntuación, en consonancia con las estrategias poemáticas de las vanguardias, y que *OL* y *ELB* han resuelto de modo

[425] Es el caso de «*Polisoir* milagroso», «Al meternos en el lecho» y «No me parece ni bien ni mal», en este último por la apuntada influencia de Juan Larrea.

dispar, pero siempre injiriendo algún que otro signo. De lo que no hay duda es que, a la vista de los mecanuscritos originales que conocemos, se verifica un uso anárquico (o vanguardista, que para Buñuel era lo mismo) de la puntuación en un mismo texto. Esto es muy evidente, por ejemplo, en «Tragedias inadvertidas como temas de un teatro novísimo». Por lo demás, hemos corregido, anotándolas, las faltas derivadas de la manualidad propia de los procedimientos tipográficos de la época, y que pueden apreciarse en todas las tribunas vanguardistas que acogieron sus escritos. El caso del uso de las rayas en «Por qué no uso reloj» es una buena muestra de ello. En síntesis, la opción ha sido mantener, salvo en los escasos supuestos que parecen obligados, la puntuación de aquellos textos de los que se tiene constancia del original, aunque tenemos sospechas de que, en algunos casos, la desigual utilización de puntos y comas tiene toda la pinta de ser fruto de una falta de atención, más que de una provocación sintáctica, que tampoco sería descartable.

En las notas a pie de página, allende los susodichos datos derivados de los errores y variantes textuales y de juicios personales, se consignan las contribuciones críticas que han enunciado en sus diferentes exégesis los estudiosos de la producción escrita de Luis Buñuel que hemos considerado de interés[426]. De esta manera, siguiendo la tónica de las páginas que preceden, el lector no tendrá una percepción sesgada y subjetiva de quienes suscribimos, sino coral del

---

[426] Hemos invocado ya el ineludible diálogo que la producción literaria de Buñuel mantiene con la cinematográfica. Aun así, hemos evitado copar las anotaciones, salvo cuando lo hemos considerado necesario, de referencias a su filmografía.

Aprovechamos para puntualizar, en lo referente a las notas a pie de página, que en las informaciones biográficas de personajes citados hemos obviado las de aquellos que consideramos lo suficientemente conocidos. Al ser un criterio subjetivo, pedimos disculpas de antemano por si hemos pecado por exceso o por defecto, como sucede asimismo con la aclaración de los significados de algunos vocablos.

análisis crítico de las letras buñuelianas, que esperamos y deseamos sirva para impulsar nuevos enfoques filológicos o de otra índole en un futuro no muy lejano. Una percepción que podrá complementar con los comentarios a todos los textos que encontrará antes del apartado apendicular y que, de haber constituido notas al pie, hubieran hinchado todavía más un ya de por sí colmado aparato de anotaciones.

Bibliografía, discografía y filmografía

Ediciones de la obra literaria de Luis Buñuel

Ediciones nacionales

Obra literaria, introducción y notas de Agustín Sánchez Vidal [edición de Joaquín Aranda], Zaragoza, Heraldo de Aragón, 1982.

Escritos de Luis Buñuel, edición de Manuel López Villegas, Madrid, Páginas de Espuma, 2000.

Sánchez Vidal, Agustín, *Buñuel, Lorca, Dalí: el enigma sin fin,* Barcelona, Planeta, 1988[427].

Ediciones internacionales[428]

Die Flecken der Giraffe, Berlín, Verlag Klaus Wagenbach, 1991.

---

[427] A pesar de que el encaje de este libro es el del ensayo sobre la vida y la obra (literaria y artística) de Buñuel en relación mutua con sus dos distinguidos amigos, contiene las versiones definitivas de textos fundamentales de su etapa surrealista, así como alguno inédito. Añadamos a ello que fue editado bajo la exclusiva responsabilidad de su autor —cosa que no ocurrió con *OL,* que, según hemos advertido, no editó, sino solo introdujo y anotó—, en atención a lo cual, si bien recoge una parte de la obra literaria, es un complemento inseparable de las dos ediciones existentes. De ahí su inclusión bajo este epígrafe.

[428] Solo se incluye la lista de ediciones completas o basadas en *OL.* Existen numerosos libros y revistas, especialmente francófonas, que en su día publica-

Silmät. Kirjallinen tuotanto, Helsinki, Andalusialainen koira, 1992[429].
Le Christ à cran d'arrêt, París, Plon, 1995[430].
Un tradimento inqualificable. Scritti letterari e cinematografici, Venecia, Marsilio, 1996[431].
An Unspeakable Betrayal, Berkeley, University of California Press, 2000[432].
Hamlet. Tragédia Cómica, Lisboa, Assírio & Alvim, 2000.
De Andalusische hond, Eindhoven, Meulenhoff Boekerij, 2003.
Le chien andalou et autres textes poétiques, París, Gallimard, 2022.

Ediciones hispánicas parciales y referencias en textos sobre su autor

Poemas (inéditos), Santa Cruz de Tenerife, Carlos E. Pinto Editor, 1981.

---

ron algunos de los poemas y ensayos de Buñuel. Entre otros: *Premier Plan* (núm. 31, enero de 1964), *Positif* (núm. 118, verano de 1970, y núm. 147, febrero de 1973), *Cahiers du Cinéma* (que tradujo, en su núm. 223, agosto-septiembre de 1970, los textos publicados en el núm. 1 de la revista española *Griffith* [octubre de 1965]), *Avant-Scène Cinéma* (núms. 315-316, noviembre de 1983, y núm. 492, mayo de 2000) o *Revue Belge du Cinéma* (núms. 33-34-35, 1993). En España, además del inaugural de *Griffith,* el número dedicado a Buñuel de *Nickel Odeon* incluyó algunas de sus críticas y textos sobre cine bajo la rúbrica «Buñuel crítico» (núm. 13, 1998, págs. 90-101). En la geografía anglosajona destacamos la traducción de «Una jirafa» en el número especial que la revista *Contemporary Poetry and Prose* dedicó al surrealismo (núm. 2, junio de 1936, págs. 41-43), a cargo de David Gascoyne.

[429] Es la traducción finlandesa de *OL.*

[430] Esta edición fue, hasta la publicación de *ELB,* la más completa de las ediciones a nivel global, aunque con las mismas lagunas que *ELB* y algún error de bulto, como la sinopsis de *La edad de oro,* un texto debido exclusivamente a Dalí tal cual han testimoniado Gibson (2013, pág. 442) y Gubern y Hammond (2021, págs. 37-38).

[431] Se trata de la traducción italiana de *OL,* que ya había sido publicada años antes por el mismo editor: Luis Buñuel, *Scritti letterari e cinematografici,* a cura di Agustín Sánchez Vidal, Venecia, Marsilio, 1984.

[432] En la página de créditos se indica que es una traducción de la edición francesa de Plon, pero se incorporan algunas variantes respecto de ella.

Una jirafa, Zaragoza, Libros Pórtico, 1997.
Polismos, edición de Javier Herrera, Málaga, Ayuntamiento de Málaga, 2006[433].
Un perro andaluz, edición de Luis Alberto Cabezón, Logroño, Ediciones del 4 de agosto, 2015.
Un perro andaluz y otros escritos de Luis Buñuel, edición de Javier Espada, Bogotá, Fundación Universitaria Área Andina, 2019.
El perro andaluz, Barcelona, Animal Sospechoso, 2022.
GARCÍA BUÑUEL, Pedro Christian, *Recordando a Luis Buñuel,* Zaragoza, Ayuntamiento de Zaragoza/Diputación de Zaragoza, 1985.
— «Cuatro textos de Luis Buñuel», en AA.VV., *Lumen Apothecariorum V. Recuerdo homeopático a Luis Buñuel,* Zaragoza, Iberhome, 2000, págs. 61-97[434].

REFERENCIAS EN ANTOLOGÍAS

ANDRES-SUÁREZ, Irene (ed.), *Antología del microrrelato español (1906-2011). El cuarto género narrativo,* Madrid, Cátedra, 2012.
BUCKLEY, Ramón y CRISPIN, John, *Los vanguardistas españoles. 1925-1935,* Madrid, Alianza, 1973.
HERNÁNDEZ, Darío (ed.), *Un centímetro de seda. Antología del microrrelato español. Orígenes históricos: Modernismo y Vanguardia,* Palencia, Menoscuarto, 2016.
ILIE, Peter (ed.), *Documents of the Spanish Vanguard,* Chapel Hill, The University of North Carolina Press, 1969.
MILLARES, Serena (ed.), *Prosas hispánicas de vanguardias,* Madrid, Cátedra, 2013.
MUÑOZ-ALONSO, Agustín (ed.), *Teatro español de vanguardia,* Madrid, Castalia, 2003.

[433] Esta *reconstrucción* del libro *Polismos* incluye, atribuyéndolo a Buñuel, el poema de André Breton «Unión libre», como hizo en su día *GB.*

[434] En este texto se traducen «Una jirafa», *«Ménage à trois»,* «El arco iris y la cataplasma» y «Palacio de hielo» a quince idiomas, dialectos y variantes idiomáticas como, entre otros, el inglés, el francés, el italiano, el ruso, el finés, el catalán, el euskera, el gallego, el sardo, el aragonés o, incluso, el caló y el esperanto.

Pariente, Ángel (ed.), *Antología de la poesía surrealista,* Madrid, Ediciones Júcar, 1984.
Pérez Merinero, Carlos y David (eds.), *En pos del cinema,* Barcelona, Anagrama, 1974.
Ródenas de Moya, Domingo (ed.), *Prosa del 27. Antología,* Madrid, Espasa-Calpe, 2000.
Rodríguez Fisher, Ana (ed.), *Prosa española de vanguardia,* Madrid, Castalia, 1999.
Rozas, Juan Manuel (ed.), *La generación del 27 desde dentro,* Madrid, Ediciones Istmo, 1987, 2.ª ed.
Utrera Macías, Rafael (ed.), *Cuentos de cine. De Baroja a Buñuel,* Madrid, Clan Editorial, 1999.

Estudios totales o fragmentarios sobre la obra literaria de Luis Buñuel[435]

Agraz, Alba, *El pájaro canta con los dedos. La música en la poesía española de la vanguardia temprana (1918-1925),* Barcelona, Anthropos, 2020.
Aguirre, Arantxa, *Buñuel, lector de Galdós,* Las Palmas de Gran Canaria, Cabildo de Gran Canaria, 2006.
Albert, Mechthild, «Luis Buñuel und die *Gaceta Literaria* (1927-1929)», en Ursula Link-Heer y Volker Roloff (eds.), *Luis Buñuel. Film-Literatur Intermedialität,* Darmstadt, Wissenschaftliche Buchgesellschaft, 1994, págs. 13-32.
Alonso Valero, Encarna, *«No preguntarme nada» (Variaciones sobre tema lorquiano),* Granada, Atrio, 2005.
Aranda, J. Francisco, *Os Poemas de Luis Buñuel,* Lisboa, Arcádia, 1974[436].

[435] Utilizamos la conjunción disyuntiva en lugar de la copulativa porque no se trata de una lista exhaustiva y, por ende, objetiva, de trabajos sobre el tema, sino que es fruto de nuestra elección.

[436] A pesar de tratarse de la edición portuguesa de parte de la obra literaria de Buñuel y tener el mérito de ser la primera compilación (incompleta) de la obra que nos ocupa a nivel mundial, se editó con la propiedad intelectual de Aranda, que incluyó un comentario a los escritos allí incluidos a modo de introducción, mereciendo más la pena como estudio que como inventario textual.

— *Luis Buñuel, biografía crítica,* Barcelona, Lumen, 1975, 2.ª ed.
— *El surrealismo español,* Barcelona, Lumen, 1981.
— «Luis Buñuel écrivain», en Philippe Dubois y Edouard Arnoldy (eds.), *Un chien andalou: lectures et relectures,* Bruselas, Revue Belge du Cinéma, núms. 33-34-35, 1993, págs. 5-10.
Arcega Morales, Jesús Ángel, «La figura de Luis Buñuel en las artes escénicas del siglo xxi», en Guillermo Laín Corona y Rocío Santiago Nogales (coords.), *Teatro, (auto)biografía y autoficción (2000-2018). En homenaje al profesor José Romera Castillo,* Madrid, Visor Libros, 2019, págs. 387-402.
Arias, Raquel, «Un poeta surrealista: Luis Buñuel», en Eduardo Becerra (coord.), *El surrealismo y sus derivas: visiones, declives y retornos,* Madrid, Abada Editores, 2013, págs. 427-444.
Aszyk, Urszula, «En torno al teatro surrealista: Unas notas a propósito de las escenificaciones polacas de *Hamlet* de Luis Buñuel», *ADE Teatro. Revista de la Asociación de Directores de Escena de España,* núm. 91, 2002, págs. 216-222.
— *Fuera de contexto. Obras dramáticas, motivos y mitos españoles en el teatro polaco,* Varsovia, Biblioteka Iberyjska, 2017.
Baumert, Saskia, *Die Faszination der Blicke bei Buñuel. Surreale Spielformen von «La jirafa» bis «Cet obscur objet du désir»,* Berlín, Verlag Dr. Köster, 2010.
Bertetto, Paolo, *L'enigma del desiderio. Buñuel, Un chien andalou e L'âge d'or,* Roma, Fondazione Scuola Nazionale di Cinema, 2001.
Blasco, Francisco Javier y De La Fuente, Ricardo, «Prosa y teatro de la generación del 27», en Francisco Rico (ed.), *Historia y crítica de la literatura española. Época contemporánea: 1914-1939, Primer Suplemento,* edición de Agustín Sánchez Vidal, Barcelona, Crítica, 1995, págs. 360-400.
Bonet, Juan Manuel (2000), «Luis Buñuel, ultraísta», en AA.VV., *Luis Buñuel. El ojo de la libertad,* Madrid, Residencia de Estudiantes/Fundación ICO, 2000, págs. 93-103.
Buñuel, Luis, *El cine, instrumento de poesía,* Zaragoza, Universidad de Zaragoza, 1999.
Cabezón, Luis Alberto, «Prólogo», en Luis Buñuel, *Un perro andaluz,* Logroño, Ediciones del 4 de agosto, 2015, págs. 5-9.
Calvo Carilla, José Luis, «Raíces polisísmicas de *Un perro andaluz*», *Archivos de Filología Aragonesa,* núm. 74, 2018, págs. 245-266.

CANO BALLESTA, Juan, «Luis Buñuel: El joven cineasta y el mundo de las vanguardias», *Turia,* núms. 28-29, 1985a, págs. 171-191.

— «Un Luis Buñuel desconocido», *MLN. Hispanic Issue,* vol. 100, núm. 2, 1985b, págs. 452-454.

— *Voces airadas. La otra cara de la generación del 27,* Madrid, Cátedra, 2013.

CAÑAS, Dionisio: «Poesía y cine: Luis Buñuel», *Plural,* núms. 1-2, 1985, págs. 63-76.

CASTELLS, Isabel, «Tejedor de ensueños, Punzón de ondas, Ovillador silencioso de deseos: Luis Buñuel escritor», *La Página,* núm. 41, 1989, págs. 5-25.

— «El surrealismo al servicio de la minificción: *El fantasma de la libertad,* de Luis Buñuel», *Microtextualidades. Revista Internacional de microrrelato y minificción,* núm. 6, 2019, págs. 64-83.

CONLEY, Tom, «Buñuel Entomographer: From *Las Hurdes* to *Robinson Crusoe»,* en Rob Stone y Julián Gutiérrez-Albilla, (eds.), *A companion to Luis Buñuel,* Malden, Wiley-Blackwell, 2013, págs. 188-201.

DELGADO MASTRAL, Celia, «Los monstruos de Buñuel. Análisis y comentario del texto surrealista *Una jirafa* de Luis Buñuel», *Rolde. Revista de Cultura Aragonesa,* núms. 152-153, enero-junio 2015, págs. 34-49.

DÍAZ DE GUEREÑU, Juan Manuel, «Conjeturando lejanías. Buñuel y los creacionistas», en AA.VV., *Luis Buñuel. El ojo de la libertad,* Madrid, Residencia de Estudiantes/Fundación ICO, 2000, págs. 127-137.

DÍEZ DE REVENGA, Francisco Javier, *Poetas y narradores. La narrativa breve en las revistas de vanguardia en España (1918-1936),* Madrid, Juan Pastor editor, 2005[437].

DUBOIS, Philippe y ARNOLDY, Edouard (eds.), *Un chien andalou: lectures et relectures,* Bruselas, Revue Belge du Cinéma, núms. 33-34-35, 1993.

[437] Un año antes su autor había publicado «La narrativa breve en la revista *Vltra* de Madrid», *Hesperia: Anuario de Filología Hispánica,* núm. VII, 2004, págs. 57-76, que se incluye aquí como capítulo (págs. 37-50).

DUFRÊNE, Thierry, «Buñuel, Dalí, Giacometti y la "Jirafa" de 1932», en Emmanuel Guigon (ed.), *Luis Buñuel y el surrealismo,* Teruel, Museo de Teruel, 2000, págs. 169-187.

EDWARDS, Gwynne, *Lorca, Buñuel, Dalí. Forbidden pleasures and connected lives,* Londres, I. B. Tauris, 2009.

FUENTES, Víctor, «La literatura en el cine de Buñuel», *Actas del IX Congreso de la Asociación Internacional de Hispanistas 18-23 agosto 1986. Volumen II,* Berlín, Fráncfort del Meno, Vervuert, 1989a, págs. 237-243.

— *Los mundos de Buñuel,* Barcelona, Salvat, 1989b.

— *Buñuel: Cine y literatura,* Madrid, Akal, 2000.

GARCÍA DE MESA, Roberto, *Gravitaciones de una máscara,* Santa Cruz de Tenerife, Ediciones Idea, 2008.

GONZÁLEZ AMAYA, Anuar Fernando, *El irracionalismo en la obra de Luis Buñuel. De la literatura al cine* [tesis de Maestría], México, Universidad Nacional Autónoma de México, 2013.

GONZÁLEZ ÁNGEL, Sara, «Luis Buñuel y *Un perro andaluz:* del poema a la secuencia», *Cuadernos de Aleph,* núm. 9, 2017, págs. 78-93.

— «Luis Buñuel poeta o cómo se ve el mundo con ojos surrealistas», en David García Ponce, Laura Pache Carballo y Christian Snoey Abadías (eds.), *El texto de las mil caras. Hibridismo y nuevas tendencias en la literatura española e hispanoamericana,* Sevilla, Renacimiento, 2018, págs. 271-282.

GUBERN, Román, «Gómez de la Serna en los inicios de Buñuel», en Antonio Castro (ed.), *Obsesiones Buñuel,* Madrid, Ocho y Medio, 2001, págs. 88-97.

HAMMOND, Paul, *«Giraffa Camelopardalis Camelopardalis»,* en Luis Buñuel, *Una jirafa,* Zaragoza, Libros Pórtico, 1997, págs. 7-12.

HERRERO, Carmen, «El discreto encanto de la farsa: *Hamlet* de Buñuel», en Isabel Santolaya, Patricia D'Allemand, Jorge Díaz Cintas, Peter W. Evans, Consuelo Sanmateu, Alistair Whyte y Michael Witt (coords.), *Buñuel, siglo XXI,* Zaragoza, Prensas Universitarias de Zaragoza/Institución «Fernando el Católico», 2004, págs. 203-212.

IBÁÑEZ, Juan Carlos, «Anotaciones a la lectura del poema Palacio de Hielo, de Luis Buñuel», *Espéculo. Revista de Estudios Literarios* [en línea], núm. 3, 1996 (https://webs.ucm.es/info/especulo/numero3/bunuel.htm).

KATONA, Eszter, «*La relatividad de los relojes. La (posible) influencia de Einstein sobre García Lorca, Dalí y Buñuel*», en Faix Dóra (ed.), *Paralelismos e interpretaciones en torno a la Residencia de Estudiantes*, Budapest, ELTE Eötvös József Collegium, págs. 69-91.

LAGOS, Manuel, «Visión contemporánea del "Hamlet" de Luis Buñuel», *ADE. Revista Teatral de la Asociación de Directores de Escena de España*, núm. 27, 1992, págs. 67-68.

LINK-HEER, Ursula y ROLOFF, Volker (eds.), *Luis Buñuel. Film-Literatur Intermedialität*, Darmstadt, Wissenschaftliche Buchgesellschaft, 1994.

MARTÍN CASAMITJANA, Rosa M.ª, *El humor en la poesía española de vanguardia*, Madrid, Gredos, 1996.

MARTÍN JIMÉNEZ, Ignacio, «Lo Postmoderno: Lo Asexuado», *Grama y cal: revista insular de Filología* [en línea], vol. 1, junio de 2007, págs. 141-152 (https://www.raco.cat/index.php/GramayCal/article/view/65818).

MARTÍNEZ HERRANZ, Amparo, «Del *découpage* a la mariposa. Construyendo métodos y temas», en Yolanda Hernández Pin y Pilar Sánchez (coords.), *Luis Buñuel y Salvador Dalí, «Un perro andaluz» ochenta años después*, Madrid, SECC/La Fábrica Editorial, 2009, págs. 95-111.

— «Por qué no uso reloj. La elasticidad del tiempo en la obra de Luis Buñuel», en Alberto Castán, Concha Lomba y María Pilar Poblador (eds.), *El tiempo y el arte. Reflexiones sobre el gusto IV*, Zaragoza, Institución «Fernando el Católico», 2018, págs. 251-279.

MILLÁN, María Clementa, «El arte anti-artístico y la nueva poesía: poemas, artículos y manifiestos de Luis Buñuel y Salvador Dalí anteriores a 1930», *EPOS*, núm. XXX, 2014, págs. 235-246.

MIMOSO-RUIZ, Duarte, «Théâtre et cinéma dans l'œuvre de Luis Buñuel: De "Hamlet" (1927) à "L'Âge d'or" (1930)», en Claudine Amiard-Chevrel (ed.), *Théâtre et cinéma années vingt. Une quête de la modernité*, tomo II, París, L'Age d'Homme, 1990, págs. 52-72.

MOLINA, César Antonio, *La revista «Alfar» y la prensa literaria de su época (1920-1930)*, La Coruña, Ediciones Nos, 1984.

MOLINA BAREA, María del Carmen, «Ese "ojo sin moral": Las repercusiones estéticas del cine como "ojo mecánico" desde el ultraísmo al surrealismo», *De Arte*, núm. 13, 2014, págs. 192-215.

MONEGAL, Antonio, *Luis Buñuel, de la literatura al cine. Una poética del objeto,* Barcelona, Anthropos, 1993.

— «Buñuel: de la literatura al cine», en Joaquín Rosés (ed.), *Buñuel a imagen de la letra,* Córdoba, Diputación de Córdoba, 2004, págs. 15-27.

MORRIS, C. B., *El surrealismo y España. 1920-1936,* Madrid, Espasa-Calpe, 2000.

PERAL VEGA, Emilio J., *Formas del teatro breve español en el siglo XX (1982-1939),* Madrid, Fundación Universitaria Española, 2001.

PÉREZ BOWIE, José Antonio, «Algunas notas más en torno a la categoría del cine poético», *1616: Anuario de Literatura Comparada,* núm. 10, 2020, págs. 15-33.

POYATO, Pedro, *El sistema estético de Luis Buñuel,* Bilbao, Universidad del País Vasco, 2011.

PUYAL, Alfonso, «*¡Vaya Marista!,* la versión literaria de *Un perro andaluz*», *Cuadernos de la Academia,* núm. 5, 1999, págs. 237-255.

QUINN, Paul Patrick, «Filosofía de la descomposición. Buñuel y Poe», en Félix Duque (ed.), *Poe. La mala conciencia de la modernidad,* Madrid, Ediciones Arte y Estética, 2009, págs. 225-251.

RÓDENAS DE MOYA, Domingo, «El microrrelato en la estética de la brevedad del Arte Nuevo», en Irene Andres-Suárez y Antonio Rivas (eds.), *La era de la brevedad. El microrrelato hispánico,* Palencia, Menoscuarto, 2008, págs. 77-121.

ROOF, Gayle, «Buñuel and the romantic fantastic: Techniques of doubling in his avant-garde films», *Hispanic Journal,* vol. 13, núm. 1, 1992, págs. 37-50.

— «Approaching "Las Hurdes": The Confrontation of Avant-Garde and "Pueblo" in Luis Buñuel Early Works», *Revista de Estudios Hispánicos,* tomo 27, núm. 1, 1993, págs. 89-111.

— «Gómez de la Serna as Literary Mentor: Ramonian Aesthetics in the Early Work of Luis Buñuel», *Revista Hispánica Moderna,* año 47, núm. 2, 1994a, págs. 353-366.

— «Sombras enmohecidas: film and theater in Luis Buñuel's critical works», *Letras Peninsulares,* vol. 7, núm. 1, 1994b, págs. 143-164.

ROZAS, Juan Manuel, *La generación del 27 desde dentro,* Madrid, Ediciones Istmo, 1987, 2.ª ed.

Sánchez Romeralo, Antonio, «Un *Tenorio* de Buñuel ("Libreto" para una representación en la Residencia de Estudiantes)», *La Torre: Revista de la Universidad de Puerto Rico,* Nueva Época, Año III, núm. 10, 1989, págs. 357-379.

Sánchez Vidal, Agustín, «Sobre un ángel exterminador. (La obra literaria de Luis Buñuel)», en Víctor G. de la Concha (ed.), *El surrealismo,* Madrid, Taurus, 1982, págs. 119-139.

— «La obra literaria de un cineasta», en AA.VV., *Luis Buñuel,* Venecia, XLI Mostra Internazionale del Cinema, 1984, págs. 107-113 [1984a].

— «Buñuel and the flesh», en C. Brian Morris (ed.), *The surrealist adventure in Spain,* Otawa, Dovehouse Editions Canada, 1991a, págs. 205-224.

— «Dudas hamletianas», *ADE. Revista Teatral de la Asociación de Directores de Escena de España,* núm. 22, 1991b, págs. 32-35.

— «D'un Buñuel, l'autre», en Philippe Dubois y Édouard Arnoldy (eds.), *Un chien andalou: lectures et relectures,* Bruselas, Revue Belge du Cinéma, núms. 33-34-35, 1993, pág. 11.

— *Los expulsados del paraíso,* Madrid, Escuela Libre Editorial, 1995.

— «Buñuel escritor», *Turia,* núm. 50, 1999, págs. 158-163.

Tavares, Mirian, «Da poesia de Buñuel ao cinema de García Lorca», *Graphos. João Pessoa,* vol. 9, núm. 1, 2007, págs. 13-23.

Tena, Jean, *«Un chien andalou:* En vers et contre tout», *Co-textes,* núm. 12, 1987, págs. 135-147.

Urrutia, Jorge, «Una reflexión en torno a Menjou», *Cinema* 2002, núm. 37, marzo de 1978, págs. 74-75.

— «Federico García Lorca, Luis Buñuel y Jean Epstein, de la poesía al cine», *El Extramundi y los Papeles de Iría Flavia,* núm. XXXI, 2002, págs. 138-164.

Utrera, Rafael, «Retablo nocturno del *Perro andaluz», Cuadernos de EIHCEROA,* núms. 11-12, 2010, págs. 69-78.

Vergara, Sergio, «Luis Buñuel y Vicente Huidobro: El objeto surreal y el objeto creado. Apuntes sobre dos textos de vanguardia», *Logos: Revista de Lingüística*, Filosofía y Literatura, vol. 12, 2002, págs. 17-40.

Villanueva, Darío, *Imágenes de la ciudad. Poesía y cine, de Whitman a Lorca,* Madrid, Cátedra, 2015.

Xifra, Jordi, *Buñuel et le cinéma,* París, Nouvelles Éditions Place, 2020.

ZINGARINI, Francesco L. Pratizi, *Luis Buñuel. Dalla poesia al cinema,* Florencia, Firenze Atheneum, 2000.

MEMORIAS, CORRESPONDENCIA Y ENTREVISTAS

AUB, Max, *Buñuel. Todas las conversaciones,* edición de Jordi Xifra, Zaragoza, Prensas de la Universidad de Zaragoza, 2020.

BOUHOURS, Jean-Michel y SCHOELLER, Nathalie, *L'Âge d'or. Correspondance Luis Buñuel-Charles de Noailles. Lettres et documents (1929-1976),* París, Les Cahiers du Musée National d'Art Moderne, Hors-Série/Archives, 1993.

BUÑUEL, Luis, *Mi último suspiro (Memorias),* Barcelona, Plaza & Janés, 1982.

— *Vivo, y por eso soy feliz,* edición de Jorge Gorostiza, Almería, Confluencias, 2015.

— *Correspondencia escogida,* edición de Jo Evans y Breixo Viejo, Madrid, Cátedra, 2018.

PÉREZ TURRENT, Tomás y DE LA COLINA, José, *Buñuel por Buñuel,* Madrid, Plot, 1993[438].

PRINCIPALES ESTUDIOS SOBRE LUIS BUÑUEL Y SU OBRA CINEMATOGRÁFICA[439]

AA.VV., *Luis Buñuel. El ojo de la libertad,* Madrid, Residencia de Estudiantes/Fundación ICO, 2000a.

— *Buñuel 100 años. Es peligroso asomarse al interior,* Madrid, Instituto Cervantes, 2000b.

BUACHE, Freddy, *Luis Buñuel,* Madrid, Guadarrama, 1976.

CARNICERO, Marisol y SÁNCHEZ SALAS, Daniel (coords.), *En torno a Buñuel,* Madrid, Academia de las Artes y las Ciencias Cinematográficas de España, 2000.

---

438 Se trata de la edición española de esta importante entrevista. La original mexicana fue publicada en 1986 por la editorial Joaquín Mortiz con el título: *Luis Buñuel. Prohibido asomarse al interior.*

439 Remitimos a la exhaustiva relación de Gibson (2013, págs. 810-903) para aquellos lectores que quieran disponer de una bibliografía detallada sobre Luis Buñuel y su entorno.

David, Yasha (ed.), *¡Buñuel! La mirada del siglo,* Madrid, Museo Nacional Centro de Arte Reina Sofía, 1996.

Del Pino, José M. (ed.), *El impacto de la metrópolis. La experiencia americana de Lorca, Dalí y Buñuel,* Madrid, Iberoamericana-Vervuert, 2018.

Duprat, Arnaud, *Le dernier Buñuel,* Rennes, Presses Universitaires de Rennes, 2011.

Fernández Utrera, María Soledad, *Buñuel en Toledo. Arte público, acción cultural y vanguardia,* Woodbridge, Tamesis Books, 2016.

Fuentes, Carlos, *Luis Buñuel o la mirada de la medusa (Un ensayo inconcluso),* edición de Javier Herrera, Madrid, Fundación Banco de Santander, 2017.

Gabriel Martín, Fernando, *El ermitaño errante. Buñuel en Estados Unidos,* Murcia, Tres Fronteras, 2010.

Gibson, Ian, *Luis Buñuel. La forja de un cineasta universal (1900-1938),* Madrid, Aguilar, 2013.

González Requena, Jesús, *Amor loco en el jardín. La diosa que habita el cine de Buñuel,* Madrid, Abada Editores, 2008.

Gubern, Román y Hammond, Paul, *Los años rojos de Luis Buñuel,* Zaragoza, Prensas de la Universidad de Zaragoza, 2021, 2.ª ed.

Guigon, Emmanuel (ed.), *Luis Buñuel y el surrealismo,* Teruel, Museo de Teruel, 2000.

Hammond, Paul, *L'Âge d'Or,* Londres, British Film Institute, 2020, 2.ª ed.

Hernández Pin, Yolanda y Sánchez, Pilar (coords.), *Luis Buñuel y Salvador Dalí, «Un perro andaluz» ochenta años después,* Madrid, SECC/La Fábrica Editorial, 2009[440].

Jones, Julie, *Más allá de la pantalla con Luis Buñuel,* Zaragoza, Prensas de la Universidad de Zaragoza, 2019.

Kyrou, Ado, *Luis Buñuel,* París, Seghers, 1962.

[440] Todas las citas a esta obra se refieren a la edición de la colección Biblioteca Blow Up Libros Únicos, de la editorial La Fábrica (ISBN: 978-84-92841-01-1), que reproduce en formato de tapa blanda el catálogo de la exposición del mismo título que se editó ese mismo año en dos volúmenes acompañados del DVD de la película.

LARREA, Juan y BUÑUEL, Luis, *Ilegible, hijo de flauta,* edición de Gabriele Morelli, Sevilla, Renacimiento, 2007.
MOLINA BAREA, María del Carmen, *El Surrealismo desde la filosofía de Deleuze y Guattari,* Córdoba, UCOPress, 2017.
SÁNCHEZ VIDAL, Agustín, *Luis Buñuel. Obra cinematográfica,* Madrid, Ediciones J.C., 1984 [1984b].
— *El mundo de Luis Buñuel,* Zaragoza, Caja de Ahorros de la Inmaculada, 2000, 2.ª ed.
SANTOLAYA, Isabel, D'ALLEMAND, Patricia, DÍAZ CINTAS, Jorge, EVANS, Peter W., SANMATEU, Consuelo, WHYTE, Alistair y WITT, Michael (coords.), *Buñuel, siglo XXI,* Zaragoza, Prensas Universitarias de Zaragoza/Institución «Fernando el Católico», 2004.
STONE, Rob y GUTIÉRREZ-ALBILLA, Julián (eds.), *A companion to Luis Buñuel,* Malden, Wiley-Blackwell, 2013.
TALENS, Jenaro, *El ojo tachado,* Madrid, Cátedra, 2010.

DISCOGRAFÍA

PETISME, Ángel, *Buñuel del desierto,* CD, Prames, 1999.

FILMOGRAFÍA DE LUIS BUÑUEL

Como director

Un perro andaluz (1929).
Menjant garotes (1930).
La edad de oro (1930).
Las Hurdes, tierra sin pan (1932).
Gran Casino (1947).
El gran calavera (1949).
Los olvidados (1950).
Susana (1950).
La hija del engaño [o *Don Quintín el amargao]* (1951).
Una mujer sin amor (1951).
Subida al cielo (1952).

El Bruto (1952).
Las aventuras de Robinson Crusoe (1952).
Él (1953).
La ilusión viaja en tranvía (1953).
Abismos de pasión (1954).
El río y la muerte (1954).
Ensayo de un crimen [o *La vida criminal de Archivaldo de la Cruz]* (1955).
Así es la aurora (1955).
La muerte en este jardín (1956).
Nazarín (1958).
Los ambiciosos [o *La fiebre sube a El Pao]* (1959).
La joven (1960).
Viridiana (1961).
El ángel exterminador (1962).
Diario de una camarera (1964).
Simón del desierto (1965).
Belle de jour (1967).
La vía láctea (1969).
Tristana (1970).
El discreto encanto de la burguesía (1972).
El Fantasma de la libertad (1974).
Ese oscuro objeto del deseo (1977).

Como asistente de dirección

Mauprat (Jean Epstein, 1926).
La sirène des tropiques (Mario Nalpas y Henri Étiévant, 1927).
El hundimiento de la casa Usher (Jean Epstein, 1928).

Como productor ejecutivo y supervisor

Don Quintín el amargao (Luis Marquina, 1935).
La hija de Juan Simón (José Luis Sáenz de Heredia, 1935).
¿Quién me quiere a mí? (José Luis Sáenz de Heredia, 1936).
¡Centinela alerta! (Jean Grémillon, 1936).

Como supervisor

España 1936 [o *España leal en armas]* (1937).
Espagne 1937 (1938).

Como montador de versiones ajenas

El triunfo de la voluntad (Leni Riefenstahl, 1935).
Feldzug in Polen (Fritz Hippler, 1939).

Poética presurrealista

Primeras prosas
(1922-1923)

Una traición incalificable

Hacía ya un año que trabajaba en *mi*[1] obra, en *mi* gran obra. Todos los días invertía cinco, seis, diez horas en este trabajo-cumbre que ya se disputaban las mejores revistas literarias del mundo. Los muebles, el parqué y los libros de mi cuarto se complacían al verme trabajar en esta obra genial. Apenas sentado, agrupábanse[2] a mi alrededor la mesa, la librería y la cama, que chirriaban satisfechas[3]. La librería sobre todo, se aproximaba más, de puntillas, y arqueaba sus lomos de libros en actitud expectante[4]. Una araña[5] que tra-

[1] El subrayado hiperbólico del posesivo es el recurso que el narrador utiliza para recalcar su superioridad de artista sobre el intruso y marcar claramente quién es el verdadero héroe del cuento. Salvo la excepción que reseñamos más adelante (véase la nota 9), no se ponen en cursiva otros posesivos no relacionados con la obra y su creación.

[2] El ultraísmo preconizaba entre sus postulados el uso de las esdrújulas, lo que Buñuel solía hacer mediante la enclisis pronominal, y que le servía a la vez tanto para parodiar el lenguaje altisonante de algunas obras contemporáneas de alguno de sus compañeros, léase Federico García Lorca, como para homenajear a otras del Romanticismo o a un autor cuya ascendencia sobre la generación del 27 fue total: Cervantes.

[3] En *ELB: satisfechos.*

[4] En el texto publicado: *espectante.*

[5] Ya en el primer párrafo del corpus literario de Buñuel aparece un elemento de su bestiario. No se trata de un animal cualquiera, pues, como enamorado de la entomología, reconocía un subjetivo riesgo de su afición: el pánico a las arañas. Con todo, en la siguiente frase nos deja claro que este no es el enemigo.

bajaba en una gran casa en construcción de un ángulo, se deslizaba siempre por la polea de su[6] andamio y asentía con las patas.

Mi único enemigo, incitante y bronquista, era el viento. Casi todas las noches, antes de entrar en mi cuarto, le dejaba silbando alegremente entrelazado por los cables de la calle o entreteniéndose en jugar con los papeles que pastaban por el empedrado[7]. Pero apenas me desvestía, y la butaca complaciente sacudíase[8] el polvo, abriendo sus cordiales brazos para recibirme, comenzaba a dar violentos golpes en el lomo de la ventana, queriendo colarse por algún resquicio o intentando abrirla por fuerza; pero *mi*[9] ventana entrecruzaba bien sus dos nervudos[10] y únicos dedos, y se mofaba del viento. Este, para vengarse, zarandeaba con ímpetu salvaje las paredes, silbando estrepitosamente, y arrojaba[11] puñados de polvo y piedras contra la vidriera. Mas yo, a pesar de todo, me mantenía ecuánime, y seguía trabajando.

Una noche, por fin, me juró[12], que si le dejaba entrar, para apreciar mi obra, no volvería a molestarme, antes al

---

[6] En *OL: un.*

[7] Este es un excelente ejemplo del valor añadido que, en términos de gradación iconográfica, tienen algunas de las greguerías de Buñuel respecto de las de Gómez de la Serna, lo que se hace más evidente en las contenidas en su poema de finales del mismo año, «Instrumentación».

[8] He aquí otro ejemplo de lo anotado anteriormente respecto de las esdrújulas.

[9] Este subrayado del posesivo no es coherente con el resto, ya que no hace referencia a la creación artística, por lo que intuimos que puede ser un error de impresión, muy comunes en las publicaciones de la época; extremo que no podemos corroborar ante la ausencia de la fuente prístina. En este sentido, *OL* lo omite.

[10] *nervudo:* 'fuerte, vigoroso'.

[11] En *OL: arrojando.*

[12] La introducción de la coma que sigue es un descuido, pero también es verdad que su presencia ritma todo el párrafo, forzando una lectura por secciones que operan como si estuviéramos ante versos ordenados contiguamente —o, mejor aún, *vermicularmente*— por los signos de puntuación. Si esa hubiese sido la intención, el haber situado la coma

contrario, me traería toda clase de perfumes y de músicas y arrullaría *mi* gran trabajo.

Engolosinado por esta proposición, y además, forzoso es confesarlo, por ese algo de legítimo orgullo de que tan importante personaje se interesase por *mi* obra, me dispuse[13] a acceder. El viento, aullando de alegría, arrancó dos árboles, dio un giro de 45° a algunas casas y repiqueteó todas las campanas de la ciudad en un bandeo triunfal. No contento con esto, alardeó de nigromante[14]. A tres curas que se deslizaban por la calle los transformó en otros tantos paraguas invertidos; hizo de las calles y de las casas Himalayas envueltos en sus nubes[15], y en las mesas de los cafés brotaron a su conjuro trapos, papeles, pajas y otros objetos de la Gran Bisutería del Basurero.

Por fin me decidí a recibirle, considerando su interés en agradarme, y abrí la ventana.

El viento, grotesco se precipitó por los bordes y husmeó inquietamente por todas partes. Donde causó un verdadero terror fue en el cesto de los papeles; reposaban tranquilamente, mas al advertir la presencia del monstruo, asustados, enloquecidos, cabriolaron unos encima de otros, se arremolinaron y huyeron en todas direcciones hasta cobijarse en el cubo y debajo del armario; porque el viento es el gato de los papeles.

Francamente: quedé amoscado[16] ante su informalidad y poco interés demostrado en ojear *mi* obra, por lo cual

---

después de la conjunción *que,* que es donde le corresponde, no hubiese alterado para nada el ritmo. Otro elemento que refuerza el acompasamiento sonoro es la progresiva aliteración en [r].

[13] En *OL: dispuso.*

[14] *nigromancia:* 'adivinación mediante la invocación a los muertos'.

[15] Del recurso hiperbólico de la greguería surgen algunos ejemplos de escaso músculo poético, como este ripio, donde se nota que estamos ante un escritor en formación, que no solo crea, sino que experimenta.

En *ELB: himalayas.*

[16] El empleo de este verbo, en lugar de otros más comunes como *enfadar* o *enojar,* opera como mecanismo de cosificación de las emociones

le amonesté severamente. Entonces, fingiendo mucha atención, revistó los miles de cuartillas, haciéndolas sonar como un prestidigitador la baraja; mas de pronto, de un solo manotazo, las lanzó al espacio por la estupefacta ventana que abría su gran boca de asombro, y se lanzó él detrás.

Quedé aterrado, insensible, desencuadernado[17] para siempre. Se había llevado *mi* obra, *mi* definitiva obra, que volaba convertida en gaviotas por el horizonte.

Juré vengarme sin tardanza[18]. Pronto di en el modo. Cuando le vi dormir en el tejado, donde bostezaban las chimeneas, también adormiladas por su ronquido, puse otra ventana que apenas ajustaba, que se desquiciaba por instantes. Y cayó en la red[19].

Como siempre, al despertarse[20] se lanzó contra ella, pero se encontró apresado, vencido, derrotado por las hendiduras.

(se puede discutir si los animales son cosas, pero en todo nuestro análisis así lo hemos considerado, pues la intención es deshumanizadora). El mismo verbo aparece en el cuento «Por qué no uso reloj».

[17] Este otro ejemplo de cosificación del autor protagonista del cuento es coherente con los efectos del tiempo, cuya concepción filosófica era, como hemos visto en la Introducción, una de las inquietudes intelectuales de la época que Buñuel compartía. El narrador (que es escritor) se convierte en un elemento más de la librería que aparece al principio, lo que, combinado con la preocupación por el paso del tiempo, sugiere que el yo lírico coincide con el yo autoral. No sería la primera vez que se da esta situación enunciativa en su literatura, según ha sido igualmente formulado. Así pues, hay ya algo de autorretrato en este cuento, lo que será una subrepticia constante de toda su producción, tanto literaria como cinematográfica.

[18] La elección de *tardanza* refuerza la idea de venganza, vocablo con el que juega paronomásticamente.

[19] El oxímoron simbólico es evidente: la red es trampa para lo sólido, nunca para lo gaseoso. Desde otro ángulo, el viento se ha antropomorfizado y es un cuerpo que puede quedar atrapado en una red.

[20] En *OL: despertase.*

Hace años que gime tristemente y pide su libertad. Yo, inflexible, allí le tendré esposado con los resquicios de la ventana, siempre cerrada y siempre segura de sí misma. *No se juega conmigo*[21].

[21] Se cierra el círculo: no se puede traicionar al *colosal* escritor que nos ha introducido en la narración advirtiéndonos de su grandeza artística.

Instrumentación

Para Adolfo Salazar[22]

Violines

Señoritas cursis de la orquesta, insufribles y pedantes. Sierras del sonido[23].

Violas

Violines que llegaron ya a la menopausia. Estas solteronas conservan aún bien su voz de media tinta.

Violoncelos[24]

Rumores de mar y de selva. Serenidad. Ojos profundos. Tienen la persuasión y la grandeza de los discursos de Jesús en el desierto.

---

[22] Adolfo Salazar Castro (1890-1958), musicólogo y compositor, fue compañero de Buñuel en la Residencia.

Esta dedicatoria termina, en el texto publicado, con dos puntos.

[23] No es precisamente amable Buñuel con el instrumento que aprendió a tocar; ¿tal vez porque lo intentó y fracasó?

En *OL: de sonido.*

[24] En el texto publicado: *Violoncellos.*

Contrabajos

Diplodocus de los instrumentos. El día que se decidan a dar su gran berrido, ahuyentarán[25] a los espectadores despavoridos[26]. Ahora les[27] vemos oscilar y gruñir satisfechos por las cosquillas que les hacen los contrabajistas en la barriga.

Flautín

Hormiguero del sonido.

Flauta

La flauta es el instrumento más nostálgico. ¡Ella que en manos de Pan fue la voz emocionada de la pradera y del bosque, verse ahora en manos de un buen señor gordo o calvo...![28]. Pero aun así, continúa siendo la Princesa de los instrumentos.

Clarinete

Es una flauta hipertrofiada. Algunas veces, el pobre, suena bien[29].

---

[25] En *OL: ahuyentando.*

[26] En el texto publicado, en lugar del punto siguiente encontramos dos puntos. No tiene mucho sentido atendiendo al uso de los signos de puntuación del resto de la prosa. Este desliz se ha complicado en el resto de las ediciones. Mientras que en *ELB* se mantienen los dos puntos (pero sin recurrir a la mayúscula en *ahora),* en *OL* esta parte de la oración va entre signos de exclamación, prescindiendo de cualquier otro signo de puntuación.

[27] En *OL: los.*

[28] En *OL: gordo y calvo.*

[29] Este buen sonar lo plasmó en esa interesantísima y siempre orillada película que es *La joven* (1960), donde nos ofreció, de la mano del actor Bernie Hamilton, algunas notas de *jazz.*

Oboe

Balido hecho madera. Sus ondas, profundos misterios líricos. El oboe fue hermano gemelo de Verlaine[30].

Corno inglés[31]

Es el oboe ya maduro, con experiencia. Ha viajado. Su exquisito temperamento se ha tornado más grave, más genial. Así como el oboe tiene quince años, el corno tiene treinta.

Fagot

Los faquires[32] de la orquesta son los fagotistas. A veces miran el tremendo reptil que tienen entre las manos y que les enseña su lengua bífida. Una vez hipnotizado, le[33] acuestan en sus brazos, y se quedan extáticos[34].

---

[30] Presumimos que es una manera de rescatar la lírica de Verlaine, bastante vituperada en aquella época (véase Gibson, 2013, pág. 148). La figura de los gemelos pudiera ser una referencia a Rimbaud —amante de Verlaine— o a su verso «Tournez, tournez au son des hautbois» («Girad, girad al son de los oboes») de la composición «Chevaux de bois» del poemario *Sagesse* (1880).

[31] En el texto publicado: *Corne inglés.*

[32] En el texto publicado (y de ahí a *OL* y *ELB): fakires.*

[33] En *OL: lo.*

[34] *extático:* 'que está en éxtasis'. A pesar de la significación que tuvo la hipnosis en la vida del Buñuel de los años veinte, esta es la única vez en que encontramos una referencia explícita a ella en su lírica. Téngase en cuenta que, cuando Max Aub le preguntó si había tenido alguna relación con la hipnosis, Buñuel contestó: «De los veinte a los veintitrés años, mucha [esto es, de 1920 a 1923]. Una vez, en no sé qué teatro, había un hipnotizador que invitó a quien quisiera del público a subir al escenario para hipnotizar a cualquiera de los que estaban ahí. Subimos otra persona y yo, y, efectivamente, miré a una de las personas que estaban allí, la apunté con el dedo y le dije: "Duérmete". Y se durmió. Luego hice muchas experiencias y muchas cosas de hipnotismo y de transmisión del pensamiento» (Aub, 2020,

Contrafagot

Es el fagot del terreno terciario[35].

Harpas[36]

Balcones dorados por donde unas señoritas endomingadas asoman sus bustos.

Xilofón

Juego de niños. Agua de madera. Princesas tejiendo en el jardín[37], rayos de luna.

Trompeta con sordina

Clown de la orquesta. Contorsión[38], pirueta. Muecas.

---

pág. 542). Jean-Claude Carrière llegó a afirmar que en algunas escenas de sus películas los intérpretes actuaron literalmente hipnotizados por Buñuel para poder cumplir con los deseos del director.

[35] Es imposible no sorprenderse ante el potencial iconográfico de esta greguería con solo introducir la referencia al terciario y acentuar así la diferencia de tamaño del instrumento respecto de su homónimo (más pequeño) a partir de la asociación de los reptiles que conocemos hoy con los que habitaban nuestro planeta en la era cenozoica. Asimismo, es un ejemplo del empleo de recursos léxicos temporales (terciario) para significar una diferencia espacial (tamaño), en una especie de sinestesia espaciotemporal. No fue la primera vez que lo hizo (véase la nota 392 en el aparato introductorio).

[36] Este instrumento se omite en *OL*, y de ahí también en la antología de Millares (2013) —que recoge íntegramente la versión de esa edición— y otras, como la francesa de Plon y la estadounidense de University of California Press. No así en *ELB*.

[37] La siguiente coma ocasiona una doble controversia sintáctica: o debe de ser un punto, como en el resto de la descripción, o debe de elidirse y dar lugar a un complemento circunstancial de lugar. Esta última solución es la adoptada por *ELB*. A falta de la fuente primaria, la hemos mantenido.

[38] Bien podría ser que, en lugar de la siguiente coma, hubiese un punto en la fuente primitiva. Esta opción se siguió en la edición fran-

Trompas

Ascensión a una cumbre. Salida del sol. Anunciación. ¡Oh! El día que se desenrollen como un matasuegras[39].

Trombones

Temperamento un poco alemán. Voz profética. Sochantres[40] de vieja catedral con hiedras y veleta mohosa.

Tuba

Dragón legendario. Su vozarrón subterráneo hace temblar de espanto a los demás instrumentos, que se preguntan cuándo llegará el príncipe de bruñida[41] armadura que los liberte.

Platillos

Luz hecha añicos[42].

---

cesa de 1995, pero no en la estadounidense. Atendiendo a que una contorsión y una pirueta son movimientos que, a diferencia de la mueca, involucran todo el cuerpo humano, nos parece que la coma tiene su sentido en lugar del punto.

[39] *matasuegras:* «Tubo enroscado de papel que tiene un extremo cerrado, y el otro terminado en una boquilla por la que se sopla para que se desenrosque bruscamente el tubo y asuste por broma» *(DLE).*

En *OL* esta última frase es exclamativa.

[40] *sochantre:* «Director del coro en los oficios divinos» *(DLE).*

[41] *bruñida:* 'reluciente'.

[42] Si comparamos esta greguería con la siguiente de Gómez de la Serna: «El bombo estornuda por los platillos», confirmamos lo dicho acerca de la mayor potencia visual de las greguerías de Buñuel comparadas con las de su maestro (véase la nota 7), que en este caso tiene su razón de ser en la sinestesia.

Triángulo

Tranvía de plata por la orquesta[43].

Tambor

Truenecillo de bambalina. *Algo* amenazador.

Bombo

Obcecación. Grosería. Bom. Bom. Bom.

Timbales

Odres de aceitunas sonoras[44].

---

[43] El tranvía, símbolo de la modernidad de principios de siglo, es un ingrediente poemático muy presente en las letras buñuelianas.

[44] Este adjetivo se elide en *OL* (y de ahí en las ediciones internacionales). No así en *ELB*.

Suburbios

Motivos[45]

Suburbios, arrabales, casas últimas de la ciudad. A este conglomerado absurdo de tapias, montones, casitas, girones mustios de campo, etc., se refieren estos motivos.

No son los grandes suburbios de un Londres; hampones, sórdidos, pero de gran movimiento fabril. Son aquellos otros de la pequeña capital provinciana, que moran gentes pobres e indolentes, «gentes de calceta y trapería» a lo más[46].

---

[45] Según Sánchez Vidal, este subtítulo acusa un trasfondo vagamente costumbrista o documental *(SV,* pág. 249), en el sentido con el que fue utilizado posteriormente por otros representantes de la vanguardia poética, como Pedro Garfias («Motivo», 1924). No estamos lejos de la Nueva Objetividad de Yvan Goll —expuesta en el número de 12 de noviembre de 1926 del semanario *Die literarische Welt* (y no tan distante de la Santa Objetividad de Dalí)—, corriente literaria que se sitúa bajo la influencia del reportaje periodístico, privilegiando los hechos en bruto, expresados en lenguaje sobrio y veloz (Lionel Richard, «Expressionisme enrichi et prolongé», *Europe,* núm. 899, 2004, pág. 91).

Volviendo al vocablo *motivo,* su acepción como «causa o razón que mueve para algo» *(DLE)* nos remite al tema de la repetición, que marcará toda la obra de Buñuel.

[46] Fernández Utrera ha argumentado con rigor que en este pasaje Buñuel confronta el mundo cosmopolita europeo —el de la industrializa-

Estos suburbios tienen la complejidad anodina y expresiva de la bohardilla[47]. Son como el cuarto para trastos viejos de la ciudad. Allí está todo lo apolillado o inservible que pueda haber[48].

En esa estética absurda que tanto caracteriza al suburbio, todo queda postergado, simbolizado por el objeto que aparece a nuestro paso: la lata vacía, el can hambriento, el ratón despanzurrado o el farol de gas empolvado y torcido.

Toda su perspectiva psicológica y material —hostil y triste— queda rebatida en nuestro último plano espiritual[49]. El alma del suburbio estrangula todo lo que pueda haber en él de vida y movimiento[50]. En la acuarela que inmediatamente pintamos con la paleta de nuestros sentidos no empleamos más que un color: el gris.

Todos los ruidos y rechinamientos que muge la gran boca de la ciudad[51] se hacen allí obsesionantes y quedan engarzados

---

ción y la modernización económica— y el provinciano español —el de la ausencia de desarrollo industrial y del atraso— (2016, pág. 101).

En otro orden de ideas, Buñuel se alinea en este párrafo con la visión de la ciudad del poeta belga Émile Verhaeren (1855-1916) en su poemario *Les Villes tentaculaires* (1895), donde la urbe es un espacio dual, a veces de destrucción y otras de preservación.

47 En *OL* y *ELB* se moderniza el vocablo: *buhardilla*.

48 Reaparece la estética de rastro, vigente ya en «Una traición incalificable».

49 En *OL* y *ELB*: *nuestro último espiritual.*

50 «Hay que ir a buscar los síntomas de vida a los barrios de las nuevas clases populares urbanas y no a los suburbios capitalinos, expresión por antonomasia de la España agónica y agotada» (Fernández Utrera, 2016, pág. 101).

51 Se produce aquí una superposición de campos semánticos propia de la antropomorfización que identifica la ficción buñueliana, y que la desmarca de la tendencia de la lírica de principios del siglo XX por la que, a juicio de Dionisio Cañas, el paisaje urbano se expresa metafóricamente a través de un vocabulario procedente de la naturaleza *(El poeta y la ciudad. Nueva York y los escritores hispanos,* Madrid, Cátedra, 1994, pág. 9). Buñuel, salvo excepciones (algunas de ellas contenidas en este cuento), no era muy dado a este proceder.

en la monotonía que embadurna la atmósfera del suburbio. La alegría pende hecha guiñapos de los aleros, que agitan apenas la brisa de las voces infantiles; de los niños que buscan por los montones y a quienes nunca contaron cuentos[52].

Hiere nuestras miradas de vez en cuando —que tienen[53] para el suburbio el egoísta «Perdone por Dios, hermano», de las cosas caídas— el rótulo «Taberna» con letras degeneradas, enfermas de la médula y que, hasta pierde allí la calidad fuerte y vibrante que como el vino tiene este título en otras partes. De los balcones, cuelgan como trapos puestos a secar, los innumerables crímenes que explicó muchas veces por sus calles el ciego del puntero y del cartelón[54].

Cobijándose bajo las tapias de algún corralejo, vemos a veces los montones de tierra promiscuada con esos cien objetos imprecisos, inutilizables —porque ya cien manos fueron sacando toda su utilidad— y que entierran a nuestra imaginación como en una fosa. Esos corralejos padecen nostalgia de balidos[55], y en el lomo de sus tapias ocre hay joyas de verbena, sucias y olvidadas.

En la observación subjetiva del suburbio se ve al atardecer iluminado por la lamparilla de aceite vespertina, y entonces todo se hace allí más desgarradoramente inerte[56]. Fustiga lúgubremente nuestra alma el trapo ahorcado en el cable eléc-

---

[52] Los recuerdos de su infancia en Calanda están presentes en este cuento, como es el caso aquí.

[53] En *OL* y *ELB: tiene.*

[54] Si todo el relato puede considerarse un antecedente de su película *Los olvidados,* la referencia al ciego es la prueba más evidente de que dicho film recogió diversos temas (¿o no sería acaso mejor hablar de *motivos?)* de su literatura.

[55] Unos meses antes, en «Instrumentación», Buñuel utilizó la misma voz para metaforizar el oboe.

[56] En *OL: En la observación subjetiva del suburbio que se ve al atardecer todo se hace allí más desgarradoramente inerte.* Esta variante parece tener la función de dar sentido a la frase original, pudiendo ser una corrección hecha por el propio Buñuel a la hora de preparar la edición.

trico[57] o los gritos sin eco que cruzan por el aire como murciélagos[58]. A lo lejos, el farol macilento guiña su ojo de ocaso y las sombras vestidas de harapos se cobijan en los quicios[59], extendiendo sus manos silenciosas como implorando algo.

El bostezo inacabable del suburbio, sus ojos ribeteados[60] y marchitos, son siempre el maleficio tremendo de la ciudad[61]. Aun cuando el día dance alegre por los tejados próximos, es inmediatamente apresado por el cepo de la tristeza perenne del suburbio, que es el brochazo negro en la alegría bullanguera[62] de la urbe. Estos barrios en letargo pertenecen al campo de lo irremediable, de lo fatal. Su emoción es emoción de árboles secos[63]. Los habitantes han

---

[57] Este trapo es el protagonista del microrrelato incluido en su siguiente texto «Tragedias inadvertidas como temas de un teatro novísimo», lo que podría indicar que la cronología de la redacción de ambos escritos fue la inversa a su publicación o, cuando menos, sincrónica (véase la nota 76).

[58] Llama la atención el poder evocador de la muerte en esta frase, que nos trae a la cabeza los planos del asesinato de la niña en *M, el vampiro de Düsseldorf,* de Fritz Lang, película rodada ocho años más tarde. Por tal motivo, este cuento —expresivamente limítrofe con la prosa poética— es un claro ejemplo del vigor visual que en aquel momento ya tenía la expresión escrita de Buñuel.

[59] En «Una traición incalificable» encontrábamos también una referencia indirecta al quicio: «los resquicios de la ventana».

[60] *ribeteado:* «Que tiene el párpado irritado» *(DLE).*

En *OL: riveteado.*

[61] Ya en el año 1923, nuestro cuentista intuyó la antropomorfización de la ciudad que, a distinta escala poemática, llevaron a cabo algunos de los más importantes cineastas vanguardistas, como Alberto Cavalcanti, Walter Ruttmann, Jean Vigo o el mismo Fritz Lang, y sobre los que Buñuel fijó su atención como cronista cinematográfico.

[62] *bullanguera:* 'alborotadora'.

[63] En medio de una retahíla de metáforas, surge esta combinación de sinestesia y anáfora que refuerza el alcance lírico de la prosa. A ello también contribuye un recurso, bastante raro en Buñuel, como es la superposición de los campos semánticos de la naturaleza y el paisaje urbano, cuyo uso estaba muy presente en los inicios de la poesía urbana.

En *OL: Su emoción de árboles secos.*

sido víctimas del mordisco rabioso que les produjo el alma del suburbio. Esta suburbiofobia[64] no se cura más que con la inyección prematura de unos sacos de oro[65].

Entre el cortejo de las palabras, figura la de Suburbio, vestida con andrajos, manchada de grasa y en su cara el estigma del golfo que duerme por los portales de las casas.

---

[64] Este es un buen ejemplo de la creación de neologismos preconizada por el ultraísmo.

[65] En este párrafo convergen los resortes propios del lenguaje de vanguardia, la estética de lo sórdido, las metáforas más rebuscadas, los símbolos complejos, todos ellos para ofrecer un panorama de la urbe que es presentada de manera moderna, rupturista y atrevida (Díez de Revenga, 2005, pág. 191).

Tragedias inadvertidas como temas de un teatro novísimo

Es de todos los géneros literarios, seguramente, el del teatro, el menos explotado. Del primitivo al actual, poca o ninguna variación experimentó fundamentalmente.

Ibsen primero, Wedekind[66] después fueron los elegidos para marcar una nueva orientación, en este arte, todavía de una longeva niñez[67]. ¿Y Maeterlinck[68] y Apollinaire, han hecho otra cosa que reformar la vieja composición estructural, que tratar asuntos eternos, pero caducos, de una manera nueva?

El problema estético que se nos presenta, es el de construir, el de inducir temas *nuevos* y *originales* no tratados aún por ninguna dramaturgia universal. Aun cuando la *Chauve-Souris*[69] haya conseguido plasmar de una manera maestra

---

66 Frank Wedekind (1864-1918) fue un dramaturgo alemán cuya primera pieza teatral importante, *Despertar de primavera* (1891), que trata sobre la sexualidad y la pubertad entre unos estudiantes, fue motivo de escándalo por contener algunas escenas de suicidio y de masturbación. Buñuel, probablemente a instancias de Lorca, apreció su dramaturgia.

67 Nótese la antítesis existente entre el adjetivo longevo y el sustantivo niñez.

68 En el texto publicado: *Maeterlink*. En *OL: Mateterlink.*

69 *La Chauve-Souris* o *Théâtre de la Chauve-Souris* era el nombre de una revista itinerante de principios del siglo XX, originaria de Moscú, pero cuya actividad se concentró principalmente en París a partir

la gama de emociones[70], que tiende a despertar el teatro, sin embargo, los medios expresivos están, si no viejos, desprovistos de intereses de continuidad. ¿Cómo hermanaríamos este interés con la novedad del asunto?

Seguramente lo inanimado nos dará amplios temas. Es cierto, que muchas veces se hizo hablar a[71] algún objeto desprovisto de vida, pero siempre lo hacen como un ser humano o superan en lirismos al mejor poeta. Existe la expresión lírica o filosófica pero no la psicológica innata a ellos: esa tremenda y complicada psicología aún tan sin estudiar[72].

En último caso el drama, comedia o lo que fuese, con las costumbres y pasiones de estos extraños personajes, si no[73] impresionaba a un público humano, haría en cambio llorar, reír o estremecerse al otro público de sillas, utensilios de cocina, etc., etc.

---

de 1920. Dirigida por Nikita Balieff (1877-1936), el espectáculo consistía en canciones, bailes y *sketches,* en los que tenían un papel destacado el uso de las máscaras y los guiñoles. Buñuel había hablado ya de ella en su conferencia «El guiñol» (véase el Apéndice II).

[70] Se alinea aquí con los elogios de su amigo Adolfo Salazar hacia los espectáculos del *Théâtre de la Chauve-Souris* en el artículo «La vida musical. Los espectáculos de La Chauve-Souris. Un Petruchka de cámara», publicado en el diario *El Sol,* 21 de junio de 1921, pág. 5.

[71] Esta preposición se omite en *OL.*

[72] Contundente y sustancial declaración, que recoge la aproximación buñueliana a los objetos frente a la antropomorfización tradicional (Roof, 1994a, pág. 358).

Desde otro ángulo, la conexión con Bachelard es interesante, ya que este reconoce que deberíamos ser prudentes a la hora de tratar como sordamente animadas a sustancias que la ciencia de su tiempo tomaba por inanimadas. Esta objetividad transpuesta que amenaza a la imaginación y que tanta desconfianza produce en Bachelard, le hace decir, por otro lado, que no demos el estatuto oficial de inanimadas a cosas y sustancias que, aunque extrañas a nosotros, o limitadas, tienen una vida imaginaria propia *(op. cit.,* 1960, págs. 75-76).

[73] En el texto publicado: *sino.*

Pero lo indudable es que en lo abiótico[74] existen las pasiones.

Hace algunos años compré un pañito de gamuza por el hecho de haberme sido simpático en el escaparate donde residía. Le solía colgar de un clavo, en mi ventana y allí su existencia transcurría tranquilamente. Al entrar yo en mi habitación movía alegre sus bracitos angulares y no cesaba de hacerme señas hasta que le tomaba entre mis manos. Se adhería a ellas tiernamente y comunicaba su dulce calor, con cariño solamente comparable al de una madre que acaricia a su hijo. Su lengua de trapo me solía contar cosas inexplicables para mí, ser humano, al fin y al cabo. Si antes de comenzar la limpieza de mis gafas, no acariciaba su suave y diminuta cabellera, entrelazábase a mis dedos y no cejaba, hasta obtener la deseada caricia. En fin, tanto él como yo, nos cobramos verdadero afecto. ¡Había que verle sonreír entre sus pliegues los días de sol, o llorar arrugado y maltrecho los lluviosos [!]

Mas un día observé que no estaba en su sitio. Recordé su ingenua broma de otras veces escondiéndose por entre los muebles. Al no encontrarle comprendí que algo tremendo había ocurrido.

Tres o cuatro meses pasé en una tristeza, solo explicable por la desaparición de mi amiguito. Pero un día que me encaminaba por las afueras quedé aterrado al contemplar un espantoso cuadro. El huracán hacía rugir de dolor a los postes del camino y ejércitos de nubes con uniformes cárdenos[75], recorrían el cielo sembrando el exterminio. En

---

[74] El uso de terminología biológica es un componente identitario de un Buñuel que practicó la entomología a principios de los años veinte. Además, la palabra riza el rizo ultraísta, al ser no solo esdrújula, sino también un vocablo técnico.

[75] De nuevo una muestra de la cuidada elección del vocabulario. En este caso, no significa 'amoratado', como es usual, sino que es una referencia al uso del adjetivo en el contexto acuático tan corriente en la poética buñueliana, a saber: «Dicho del agua: De color opalino» *(DLE).*

medio de aquel cuadro, pendiente de un cable de telégrafo, yacía muerto mi inolvidable trapo[76]. Le envolvía tristeza de ultratumba, moviendo al viento sus desgarradores harapos y aparecía picoteado sin compasión por la lluvia y el viento. Aun ahora al recordarlo me enternezco.

Este triste caso, demuestra el cariño recíproco, que nos toma *a veces* lo inanimado[77].

Y ese afecto entrañable a nuestra pipa, tetera, bastón o corbata, ¿no es acaso justa correspondencia a sus favores?

Yo sé de una pipa que fue cogida por un hombre de endurecida conciencia, de la mesa de un amigo, y la raptó sin compasión. Pues bien, al encenderla el vil raptor, le chamuscó la nariz. Aquella pipa enfurecida, echaba lumbre por su único ojo.

Otra vez uno de esos regordetes botijos, de afilado pico, se embozaba y no quería darme sus refrigerantes ondas[78], si todos los días no esparcía unas migas por el suelo, que se engullía dando saltitos e inclinándose con graciosa torpeza.

Para un teatro macabro, a lo Edgard Poe[79], el dramaturgo de la nueva generación puede inspirarse en los desvanes de las casas, y dejar los ya exhaustos cementerios[80]. En el

---

[76] Esta es una de las relaciones intertextuales más claras entre los escritos de Buñuel, pues se trata de una referencia directa al trapo ahorcado en el cable eléctrico de «Suburbios» (véase la nota 57). Lo cual indica que este texto pudo ser escrito con anterioridad al cuento citado, aunque por razones editoriales fuese publicado un mes más tarde, y que esta historia se desarrolla en un entorno suburbial de los descritos en su anterior relato. Si la cronología en la que vieron la luz se corresponde con la de su redacción, entonces este podría tenerse por una precuela de aquel.

[77] La cursiva de la locución adverbial no se respeta en *OL*.

[78] *Nota bene:* la oposición entre las ondas refrigerantes del botijo y la lumbre (cálida) de la pipa. Lo importante es la circularidad de los elementos materiales (botijo, pipa) e inmateriales (ondas, humo), en consonante asociación con la del ojo que cerraba el anterior párrafo.

[79] En cursiva en *OL*.

[80] Esta frase parece preludiar algunos de los momentos de *El hundimiento de la casa Usher* de Jean Epstein (1928), adaptación libre de la

desván, «cementerio vecinal de los pisos» pueden verse las viejas cómodas, de vientres abombados por la enfermedad final y que renquean sobre sus patas en los aquelarres de media noche. Jaulas desorbitadas. Baúles grotescos, aún dentro del terror que inspira la muerte. Todo este fúnebre cortejo dando guardia de honor al que fue brasero, encerrado aún en la armadura de hierro con que le sepultaron. En fin, se nota el olor macabro, de cacharros muertos, característico del desván[81].

Mirando el periódico me hallaba, cuando de pronto escuché [un] breve gemido en la percha. Mi luciente pijama, comprado no ha mucho, se acababa de suicidar tirándose al suelo[82]. Mi estupefacción llegó al colmo al recordar, que lo leído últimamente era el formidable incendio del «Gran

---

obra homónima de Poe, donde la mano de Buñuel, asistente del francés, es más que palpable, según se ha ido anotando en estas páginas.

En otro orden de cosas, Concha Mantecón —esposa de José Ignacio Mantecón, amigo de Buñuel, y prima de la pianista Pilar Bayona, primera novia del calandino— le comentó a Max Aub: «Me contaron que, antes de irse a Madrid [Buñuel llegó a la capital de España a principios de octubre de 1917], él leía novelas policiacas en el desván de su casa, completamente a oscuras, con un antifaz y con una linterna eléctrica» (Aub, 2020, pág. 101).

[81] El diálogo con el siguiente pasaje de Gómez de la Serna, referido a las cosas del señor Andreu, es patente: «Estaba ya tranquilo, cuando un día subí a la buhardilla a por cosas, esas cosas admirables e insospechables que se esperan encontrar en los desvanes [...] y vi aquellos baúles, aquellos baúles, aquellas cosas que no se me habían de olvidar nunca. Uno era chato y largo y parecía el ataúd en que él estaba extendido y seco. El otro estaba entreabierto porque no le cabían las cosas dentro; le levanté la tapa y vi dentro cosas crueles y antipáticas: un ros, una espada, y sobre todo vi una dentadura postiza y una manecita de marfil [...]» *(El Rastro,* Valencia, Prometeo, 1918, págs. 79-80).

[82] *Nota bene:* la técnica que usa Buñuel para acentuar la antropomorfización de los objetos, es decir, el dotarlos de vida, es precisamente su muerte, porque no hay mejor forma de demostrar que uno ha estado vivo que su defunción.

Almacén de Tejidos» donde lo adquirí. Las llamas entregadas al saqueo, lo habían destruido por completo. ¿Acaso leyó el pijama la muerte de sus hermanos? ¿La presintió? No lo sé, el caso es que lo afectivo es cualidad de lo inanimado[83].

[83] El texto concluye con esta suerte de definición de la falacia patética, que es también una velada referencia al cine, donde los objetos deben tener actitudes, en línea con el constante diálogo que entre cine y teatro encontraremos luego en sus críticas y ensayos cinematográficos.

El ciego de las tortugas

Por aquellos días estaba recreando mi ánimo[84] con la lectura del interesante libro *Le Monde des Aveugles*[85]. Me parecía increíble el grado de intuiciones a que pueden llegar los ciegos, valiéndose de sus otros sentidos, quintaesenciados a costa de la visión. Es de tal modo grande que llega [un[86]] momento en que su vida puede deslizarse tan normalmente como si disfrutaran de una perfecta euforia[87] visual.

A esta lectura dicha se debió sin duda, el que yo me fijara en el ser más extravagante que vi jamás. Me recordaba su presencia algún resurrecto personaje de nuestra novela picaresca, pero me detenía seguir adelante en estas imaginaciones el pensar que un pícaro estereotipado, si viviera hoy no podría sacudirse de encima la pesada carga de tres siglos más de civilización y forzosamente daría un vulgar timador o un simple aventurero, que embarca para América en pos de fortuna.

---

[84] Como ocurre con muchos escritos de Buñuel, el narrador lo inicia hablando de sí mismo.

[85] Pierre Villey, *Le monde des aveugles. Essai de psychologie,* París, Ernest Flammarion, 1914.

[86] La ausencia del artículo en la fuente publicada se subsana en *GB* y *ELB*.

[87] En el texto publicado: *enforia.*

Aquel personaje que todas las tardes pasaba debajo de mi balcón, llevando en la diestra un garrote[88] y colgada del brazo una misteriosa cesta, era un ciego goyesco. Metido en un traje pardo, de basto tejido, emergía su cabeza de una camisa sucia, cuyo prístino[89] color hubiera sido difícil de averiguar sin recurrir al jabón o a los ácidos.

Aquella testa[90] plebeya me era muy familiar. La había contemplado mil veces en algunos lienzos de Brueghel o de Goya. La protuberada[91] y rugosa frente cobijaba dos ojuelos sin brillo, de los que partían como radios, pequeños y hondos surcos. Aprisionada entre ellos, rampaba[92] una chata nariz suspendida sobre la desdentada boca, temible pozo por el que cuando sudaba caía a raudales el sudor, que afluían allí mil arrugas y arruguillas.

Un día no supe aguantar por más tiempo mi curiosidad y, acechando desde el portal, el sitio por donde debía pasar muy pronto, aguardé. A la hora de siempre le vi avanzar tan[93] tranquilamente como si disfrutara de magnífica vista. No esperé más y me puse en su seguimiento. Él iba sin apenas ayudarse del garrote, lo suficientemente ligero para que yo tuviese que apretar el paso.

Me relamía de gusto al pensar que tal vez, fuese aquel uno de los extraordinarios tipos que acababa de leer en *Le Monde des Aveugles*. Y debía serlo ciertamente, pues con facilidad inexplicable eludía los obstáculos. Esquivaba a los que venían en dirección contraria y al cruzar la calle, paraba matemáticamente en el instante preciso de cruzar veloz algún vehículo[94].

---

[88] La referencia al garrote hay que vincularla al enorme interés que en la época sentían él y sus compañeros de La Residencia de Estudiantes, en especial Lorca, por el teatro de marionetas.

[89] En *GB: primitivo.*

[90] *testa:* 'cabeza'.

[91] En *GB: protuberante.*

[92] En *GB: rameaba.*

[93] Adverbio suprimido en *GB*.

[94] La convergencia entre el tema del automóvil y de la velocidad, tan propio de la influencia futurista en nuestra literatura de vanguardia, y un

De pronto se detuvo y me llamó por señas. Verdaderamente asombrado acudí[95] a su llamamiento y le pregunté qué quería.

—Le he sentido a usted —contestó— venir detrás de mí desde su casa y le llamo para que si desea algo me lo diga.

—Pero cómo es posible que sepa todo eso siendo ciego —dije en el colmo de la estupefacción.

Quedó perplejo un momento como asombrándose de la pregunta, pero pronto se repuso y me contestó:

—Es muy sencillo. He venido oyendo sus pasos desde allí y al notar que cuando yo me detenía o comenzaba de nuevo a andar, usted hacía lo mismo, he llegado a la conclusión de que me seguía. Además todas estas tardes últimas, observé que al pasar por delante de su balcón, salía a verme[96].

Sin poder contener mi admiración estreché su mano y le rogué me permitiera acompañarle un rato.

—Con mucho gusto accedo. Yo voy no lejos de aquí a vender mi mercancía.

—¿La lleva en esa cesta?

—Sí señor, aquí llevo a mis buenos amigos.

Y diciendo esto destapó la cesta[97].

---

adverbio de calado técnico, refuerzan la idea de maquinismo, tecnología y ciencia como adelantos técnicos identitarios de ese momento.

[95] En el texto publicado: *ocudí*.

[96] *Nota bene:* el ciego *observa,* mientras que el vidente *ve*. El motivo del observador (demiurgo) observado alcanza su más alto nivel de irracionalidad cuando quien observa es invidente. Aunque quizás por eso observa en lugar de ver. Buñuel sabe utilizar el lenguaje preciso para no ser pillado en el renuncio fácil y gratuito del ciego que ve, al tiempo que se aleja de cualquier pretensión simbólica como las que podemos encontrar en obras que apreciaba, como *Misericordia* de Galdós: el mendigo marroquí Almudena, que veía con «los ojos del alma», y Pulido, que tenía una «poderosa vista interior, que por la ceguera de los ojos corporales prodigiosamente se le aumentaba».

[97] Esta frase no aparece en *ELB* (ni en *GB*).

Diez o doce manchas grises y negras, se movían lentamente en el fondo[98]. Eran unas pacientes tortugas.

—¿Vende usted tortugas? ¿Pero es posible que se gane así la vida?

—Mire usted, don Juan, —sabía hasta mi nombre aquel ser embrujado—, hace veinte años que soy ciego y he sido cestero, zapatero, tramoyista y taquillero. Pues nunca he ganado tanto como ahora[99]. Cierto que mi oficio último me dio también algún dinero. Además la pintura me atrae.

—Pero ¿cómo?[100] [¿]también pinta usted...? —dije casi indignado creyendo que se burlaba.

—En modo alguno bromeo don Juan. Le aseguro que hace muy poco tiempo pintaba. Todos los cartelones de crímenes que se han exhibido en la provincia durante los últimos años son obra mía —dijo con cierto orgullo.

Antes le extrañó sobremanera[101] que yo supiese cosas relativas a la curiosidad que logré despertar en usted. Diré brevemente cómo aprendí a pintar, y de este modo lograré convencerle de que hablo seriamente.

Antes de ser ciego dibujaba si no muy bien, lo suficiente, para que sin alabarme, la mayor parte de los anuncios de barracón que se exhibían en las verbenas fuesen míos. Quedé ciego y con los años se me fue olvidando la intuición del color. Al decir esta última frase calló un momento y después sonriéndose[102] dijo: Le ha llamado a usted la atención el que emplee palabras cultas ¿verdad?

---

[98] Existe una similitud entre la tortuga y la jirafa que protagonizará años más tarde su texto surrealista más celebrado: las manchas que dibujan el caparazón y el pelaje, respectivamente, de ambos animales.

[99] En el texto publicado el siguiente punto es un punto y aparte, lo que no tiene ningún sentido.

[100] En el texto publicado: *como*. En *ELB* el adverbio es exclamativo.

[101] En el texto publicado: *sabre manera*. Es obvio que este y otros errores son imputables al linotipista, responsable de componer los textos impresos de la época.

[102] En *GB* y *ELB: sonriéndome.*

No se asombre. Antes de quedar ciego estudié el bachillerato y tengo tres años de la carrera de medicina[103]. Después, don Juan, el azar y la Sociedad[104], me trajeron a este ruinoso estado en que me ve.

Un hondo suspiro se escapó por su desdentada boca. Y prosiguió en medio del estupor con que le escuchaba.

Le he prometido contarle el porqué[105] de mi aptitud pictórica y me iba ya por los cerros de Úbeda. Data de hará unos cuatro años. Un día me hallaba con un amigo comiendo una naranja y me ocurrió preguntarle:

«¿Qué color tiene la cáscara?». «Anaranjado» —contestó—. Me escamé un poco puesto que habiéndolo olvidado me parecía aquello una burla. Era como si preguntándole por el color de mi zapato hubiera respondido «Color azapatado».

Ratificóme[106] sin embargo que así era y para asegurarlo más agregó[107] que daba casi igual llamarlo rojo. Inmediatamente le creí. Entonces, sin que por eso tuviera la noción exacta de tal color, supe sin embargo relacionar objetos

---

[103] Tal como explicó en su «Autobiography», Buñuel solo estudió tres años de Medicina, pero no terminó la carrera. Esta confusión entre el personaje del ciego y el autor no solo confirma que el yo narrativo no tiene nada que ver con Buñuel (cosa que ya sabíamos por llamarse Juan), sino que desplaza uno de sus rasgos al invidente, lo que genera una sensación de extrañamiento privativa del lector que conoce la vida del autor. Ello da pie a una sugerente lectura: que el ciego represente realmente a Buñuel, lo que no deja de ser todavía más insólito.

[104] En el texto original tanto *bachillerato* como *sociedad* empiezan con mayúscula. Hemos adaptado solo el primer vocablo (que es aquí genérico), pues la función de la mayúscula en *Sociedad* es claramente hiperbólica, como ocurre más adelante con otras palabras. En *GB* y *ELB* se modifican ambas mayúsculas.

[105] En el texto publicado: *por qué*.

[106] El empleo de la forma enclítica en los verbos no solo sirve para homenajear el lenguaje cervantino y sus derivadas románticas, sino para esdrujulizar los vocablos siguiendo el credo ultraísta.

[107] En el texto publicado se añade una coma, lo que no tiene ninguna coherencia sintáctica.

igualmente coloreados. «Anaranjado, naranja» me decía y recordé que este era invariable en ciertos tipos, como la sangre, a los que en algunas ocasiones podían referirse otros más[108] contingentes, como la nariz de ciertas personas y los raspadores de una especie de caja de cerillas.

Entonces, ya del todo iluminado me decía: «Verde, inmutable en la yerba tierna» y enseguida aquel feliz proceso de relación me hacía recordar que aunque no necesariamente, eran cromáticamente idénticos, los divanes de algunos cafés, la fruta sin madurar y ciertos libros que leía en sexto año del Instituto. Así fui haciendo con el resto del espectro. Había por tanto solucionado lo relativo al color que habían de ostentar mis cartelones.

—Es usted admirable —dije sobrecogido por aquella genial sagacidad—. Pero —agregué— no solamente eso me admira, sino su manera de expresarse, tan culta, tan poco vulgar. ¿Ha continuado usted estudiando algo?

—¡Ay! —exclamó suspirando—. La falta de medios no me permite comprar los libros que quisiera, pero continúo releyendo con la fruición del primer día a mis dos autores favoritos.

—[¿]Puedo saber quiénes son?

—Ya lo creo. El inconmensurable Xavier de Montépin[109] y Fren[110]. A este último me lo leyeron en alemán, porque nunca me fie de las traducciones.

Me tuve que agarrar a una esquina para no caer al suelo. Aquel hombre de aspecto miserable, andrajoso y ¡Ciego![111]

---

108 En el texto publicado: *mas*.

109 Xavier-Henri Aymon de Montépin (1823-1902) fue un afamado novelista francés especializado en el drama popular. Sus folletines fueron publicados en España por la editorial Sopena.

En *GB: Montepín.*

110 No hemos podido identificar al susodicho.

111 En *GB* y *ELB* se vuelve a eliminar la mayúscula, soslayando la hipérbole pretendida por Buñuel.

era ante mis atónitos ojos un Semidios[112]. Quise indagar más todavía.

—Una vez que usted podía relacionar colores, ¿cómo solucionaba lo puramente constructivo?

—Muy fácilmente —contestó—. Dividía el lienzo en seis partes. Hecho esto apoyaba la mano en la tela y de allí por el tacto, relacionaba todos los puntos de la pequeña superficie con el borde que formaba el pulgar y el índice. El dibujo era fácil; donde pasaba algún apuro era para dar color. A veces puse el bigote del juez en la frente del muerto, o bien un guardia civil en vez de sostener el fusil estrechaba la mano del asesino; pero —agregó con suficiencia— el pueblo no repara en estas pequeñeces[113].

Hablando de manera tan insólita, llegamos por fin a la plazuela en donde el ciego solía exponer su mercancía. Despedíme de él, no sin antes ofrecerle una visita.

Fingí marcharme, pero volví al cabo de un rato. A su alrededor se hallaban ya congregadas veinte o treinta personas.

—Compren al ciego Pedro —decía con voz quebrada y profunda— la tortuga terrestre, moruna, la doy barata. Bicho inofensivo contra las personas, no araña, no muerde[,] no hace nada, pero guay de los animales que se atreven con ella. Una vez esa de la izquierda mató a un león.

—Oiga —dijo un chiquillo que estaba en el grupo—, ese león sería un mosquito.

—No, joven, león y muy león era. Se la tragó y murió indigestado.

Todos se echaron a reír, pero nadie le compraba nada.

---

[112] En el texto publicado: *Semi-Dios*. Como en el ejemplo de la nota anterior, *GB* y *ELB* suprimen la mayúscula, elidiendo el efecto hiperbólico.

[113] Está claro el registro humorístico de todo el relato, que tiene destellos de humor negro y casi surrealista, como considerar pequeñeces las situaciones mentadas.

—Señores —continuaba—, son el aseo, la limpieza, la curiosidad de las casas[114].

Contra[115] los ratones.

Contra las correderas[116].

Contra las cucarachas.

—Esta vez sí que se ha «colao» —dijo el mismo travieso chiquillo—. Para usted es distinta cosa cucarachas que correderas.

—Y para todos. Las cucarachas viven en las casas y las correderas van por la calle, se paran en el corro[117] del ciego de las tortugas, y le queman la sangre con sus objeciones.

El público soltó otra vez la risa y el golfillo se puso colorado como un tomate.

—Vamos señores ¿quién [se] lleva una? A todas las he quitado el veneno.

Un señor calvo, bonachón se atrevió a preguntar, pero sin intención de comprarle:

—¿Qué comen?

—Ya lo ha oído usted. Llévese esa que mató al león y no habrá una chinche en toda la casa.

---

[114] En *GB* este signo de puntuación fue sustituido por dos puntos (y seguido).

[115] En *GB* se mantiene la mayúscula, lo que bien podría ser consecuencia de que los dos puntos que anteceden fuera un error de impresión, pues después de esta y la siguiente oración va un punto y seguido (en lugar del punto y aparte del texto publicado) y no una coma, o punto y coma, como sería más coherente con esos dos puntos que las introducen en esa edición.

[116] Una corredera es una cucaracha. Parece, por tanto, otro síntoma de que Buñuel esté representado aquí por el ciego, con el que comparte conocimientos entomológicos, al tiempo que ponía a prueba los del lector común que no podía saber que estaba hablando del mismo insecto. Y aprovecha la ocasión para, en primer lugar, mantener la aliteración en [c] y en [r], así como, en segundo lugar, ofrecernos, un par de oraciones más abajo, el gag del niño que sí conoce tal sinonimia.

[117] Este vocablo culmina las aliteraciones en [c] y en [r] presentes en las frases anteriores.

El señor ofendido dijo:

—En mi casa no existen esos bichos.

—Bueno —respondió el ciego imperturbable—, los ratones.

—Tampoco los hay.

—Pues los pone usted.

Nuevas carcajadas resonaron en el corro que por momentos iba engrosando.

—Usted don Juan —dijo dirigiéndose hacia donde me hallaba—[118], llévese una.

Estuve a punto de desmayarme. Estaba dudando entre hacerlo o ir a dar parte a la policía y que lo detuvieran por brujo.

—Si me dice cómo ha podido saber que estoy aquí —grité exasperado— no una sino todas le compro y aumentaré voluntariamente el precio en diez veces.

—Es increíble don Juan que no lo adivine usted. Antes le hablé del oído, del gusto, pero ¿y el olfato? Su olor recordado y no otra cosa, fue lo que me hizo notar que se hallaba ahí.

—Admirable, admirable —grité emocionado y después de darle lo prometido, le insté a que viniese a verme. Enseguida partí apresuradamente. Al volver la esquina aún oía la sombría voz del ciego que salmodiaba.

—La tortuga terrestre, moruna, no muerde, no araña, no hace nada...

---

[118] En el texto publicado se invierten estos dos signos de puntuación: ,—.

Por qué no uso reloj
(Cuento)

Estaba escribiendo una carta sin importancia, por lo tanto lo que voy a narrar no fue sugestión producida por un especial estado de conciencia, ni debió ser un sueño, ya que momentos antes estuve dando caza a una impertinente mosca[119] que me molestaba de continuo hablándome al oído —como esos viejos sordos, que cuchichean bajito y pesadamente cosas insoportables— y al día siguiente de mi aventura encontré su cadáver en el ataúd que le formó la tapa del tintero[120].

---

119 Esta es la única vez que en la ficción buñueliana aparece la referencia directa a la mosca, animal daliniano por antonomasia. Su presencia no se limita al sustantivo, sino que se extiende al uso, más adelante, del participio pasado del verbo *amoscar*, que ya utilizó en «Una traición incalificable». Aunque aquí el participio establece un vínculo con la mosca que aparece al principio, su uso actúa, al igual que ocurría en ese otro cuento, como un mecanismo de reificación del estado de ánimo.

120 Fuese o no un sueño, Martínez Herranz acierta de lleno cuando afirma que Buñuel, al escribirlo, estaba vaticinando acerca de su futuro: «Especialmente al hablar del modo en el que el Tiempo le proponía acceder a la eterna juventud. Porque, arriesgándose a alterar y flexibilizar con su Cine las nociones de Tiempo manejadas hasta la fecha, no solo revolucionó el lenguaje y la narrativa cinematográfica, sino que además construyó un corpus de obras que todavía siguen siendo apabullantemente revolucionarias y novedosas. A través de ellas, Buñuel consiguió sustraerse de las garras de la vejez, negociar con el Tiempo para detenerlo y, de este modo, seguir siendo eternamente joven a través de sus películas» (2018, pág. 279).

Me hallaba, pues, escribiendo. De pronto oí cerca de mí un tic-tac más fuerte que los demás y como pronunciado con el solo objeto de llamar la atención; pero cuál no sería mi estupefacción al encontrarme frente a frente con el ser más extraño que pudo crear imaginación[121].

Tenía dos pies, uno de plomo y otro de pluma[122]; el cuerpo lo formaba una varilla de acero mohoso, y la cabeza no era otra que un disco de latón dorado con un desigual bigote[123] en forma de saetas[124] y dos minúsculos ojillos, como esos que tienen los relojes para darles cuerda. Todo él demostraba un empaque y una jactancia verdaderamente insoportable.

Admirado, aun cuando ofendido le interrogué:

—Dígame usted, ¿por qué se ha introducido en mi cuarto sin haber tenido la discreción de llamar a la puerta?

El extravagante hombrecillo no se inmutó por mi desabrimiento[125] y replicó con mucho desenfado:

---

[121] En el texto publicado el punto siguiente es un punto y seguido. Nos parece más coherente con el resto de la estructura el aplicar un punto y aparte como, de hecho, hace la edición francesa de la obra literaria de Buñuel de la editorial Plon.

[122] Como técnica vinculada al juego del lenguaje y al humor, no es de extrañar toparnos con el recurso a la paronomasia. En este caso, a mayor abundamiento retórico, el resultado es asimismo una imagen contradictoria.

[123] El bigote, elemento capilar recurrente aquí y en otros textos, formaba parte del imaginario creativo de Buñuel y Dalí. Esta fijación la personalizó, como se verá, en el actor Adolphe Menjou y su mostacho.

[124] *saeta:* 'aguja del reloj'. Buñuel utilizará más veces esta palabra, incluso en su escrito sobre el cine «Una noche en el Studio des Ursulines».

[125] *desabrimiento:* «Dureza de genio, aspereza en el trato» *(DLE)*. La elección del término no es baladí, pues responde a la afición que Buñuel tenía por las armas, ya que otra acepción es: «En la ballesta y en algunas armas de fuego, como la escopeta, dureza de su empuje al dispararse dando coz y golpeando al tirador» *(DLE)*. Uno de los títulos barajados para el film *Un perro andaluz* fue *La marista en la ballesta*. Título sobre el que, por cierto, tampoco hay unanimidad, pues se suele aludir a él también como *La marista de la ballesta, El marista en la ballesta* o *El marista de la ballesta*.

—Caballerete, desde que usted ha nacido anda conmigo y no se ha dignado, hasta ahora, hacerme tales preguntas.

Amoscado por este tono despectivo dije yo:

—Contenga usted la lengua y no me aplique el título de Caballerete, pues tengo otros más honoríficos.

Y para probarlo iba a sacar de mi pupitre documentos que lo acreditasen[126].

—Calma, joven—me respondió—. Yo soy tan viejo como usted no puede ni soñar y mi edad me permite hablarle en este tono autoritario.

—Entonces, ¿quién es usted?

—Soy el Tiempo.

Un ¡oh! de estupor, perfectamente circular se dibujó en mi boca. Pero él se apresuró a continuar:

—No se asombre, porque el materializarme en esta forma no fue más que por pura simpatía hacia usted. Por otra parte quiero hacerle revelaciones que acaso le interesen.

Al decir esto se arrellanó cómodamente en un cojín. Con el asombro consiguiente vi que el reloj de pared y el despertador se desplazaban de su sitio y moviendo la cola, iban a lamerle los pies. Entonces no me cupo ya la menor duda de que era con el propio Tiempo con quien hablaba. Ahora voy a transcribir íntegramente su relato.

He aquí lo que dijo:

[—]Amigo mío, esta noche he tenido un gesto audaz. Me he anulado yo mismo unas horas en la Eternidad.

Nadie se habrá enterado más que usted de que mientras permanezca aquí, nada envejecerá y todo lo existente habrá desaparecido. Pero voy a hablarle a usted de mi vida. Toda mi historia puede dividirse en dos períodos: antes de la in-

---

[126] En el texto publicado (y de ahí a *OL* y *ELB*): *Contenga usted la lengua y no me aplique el título de Caballerete, pues tengo otros más honoríficos—, y para probarlo iba a sacar de mi pupitre documentos que lo acreditasen*. La edición francesa de Plon corrigió la estructura tal cual la presentamos aquí.

vención de los relojes y desde entonces acá. Mi primera época se deslizaba en alegres jugueteos, con mi hermano el Espacio[127], por todos los lugares que poseemos en el Universo. Lo pasábamos bien ¡voto a tal![128] y solo una nubecilla enturbiaba nuestra existencia. Era esta de carácter gastronómico. Crea usted que no había ni una cocina, ni un restaurant, ni siquiera un prado. La carencia total de alimento fue lo que me impulsó a comerme a mis hijos apenas nacían[129]. Luego he visto que se me ha retratado como un viejo monstruoso y feroz, teófago por egoísmo y malos instintos. Mas, juro solemnemente —y al decir esto el péndulo osciló graciosamente hacia el estómago— que tales supuestos crímenes eran tan solo para satisfacer mi apetito. Por otra parte, el no[130] comerse a los hijos pertenece a una moral muy en moda hará unos cuatro o cinco mil años.

Dijo[131] esto de los cinco o seis mil años, como quien dice tres o cuatro días[132].

---

[127] En el cuento encontramos diferentes dimensiones del tiempo. Esta es la filosófica.

Buñuel hermanó tiempo y espacio con finalidades sinestésicas (véanse las notas 392 en el aparato introductorio y 35).

[128] Locución interjectiva para expresar amenaza, enfado, sorpresa, admiración, etc.

[129] Esta es la dimensión mitológica del tiempo. La confusión entre Chronos, dios del tiempo, y Cronos, dios de la agricultura —Saturno, en la mitología romana—, salta a la vista. Aquí Buñuel se refiere a este último. Esta equivocación puede proceder del cuadro *Saturno devorando a su hijo* de Goya, en el que Buñuel se inspira, como se confirma en la siguiente oración.

[130] En *OL* se omite el adverbio.

[131] Un error de impresión, creemos, hace que la raya que tenía que dar paso al siguiente diálogo se introduzca al inicio de esta oración.

[132] En *OL: cinco o seis mil años;* modificación que todas las ediciones internacionales han incorporado. En *ELB,* en cambio, se respeta el original. Podemos entender esta enmienda, pero no tanto que hubiese pasado por alto al autor y al editor de la revista, a pesar de que, vistas otras erratas, tampoco sería descartable. Por otro lado, no tiene por qué ser un error, sino que puede que Buñuel quisiese demostrar la celeridad del

[—]Pero amigo mío, desde que el primer reloj hizo su aparición —y sus bigotes antes erguidos y marciales marcaron ahora las 7 y 25— no ha habido un momento de reposo para mí. Necesito multiplicarme, elevarme a una enésima[133] potencia para poder funcionar todos los relojes existentes. Habrá usted observado que a veces no puedo con tanto trabajo y cuando eso acaece suelen enmudecer mis enemigos. La agitación es excesiva de unos siglos a esta parte, a pesar de lo cual oirá y aun leerá usted alguna vez «Discurría tranquilamente el tiempo...» «El tiempo tranquilamente prometía...»[134]; pero créame, eso no son más que infundios y necedades, a las cuales no debe usted hacer caso.

Al llegar aquí, una tosecilla molesta le asaltó y tosió las 8. Apenas pudo tictaquear prosiguió, entre el ladrido alborozado de mis dos relojes, que ladraban también las 8:

[—]Veo que tiene usted ahí el retrato de ese majadero de Einstein[135]. Mi experiencia me acoraza contra los insultos, pero el de relativo es el que más me ha dolido. Resulta que no bastan las falsedades que se me han levantado,

---

tiempo con esta *equivocación* léxica o generar un efecto de extrañamiento en el lector. Encima, puede tratarse de una manifestación de la relatividad del tiempo, como la que termina la frase: si el personaje Tiempo lo dijo como quien dice tres o cuatro días, el narrador puede relativizar también lo dicho.

[133] El interés de Buñuel por las teorías de Einstein, cuya mejor muestra es este relato, le llevó a utilizar más de una vez este adjetivo, o su representación matemática *n,* incluso en sus poemas, como en «No hay Dios».

[134] Aquí topamos con el uso paródico de la palabra *tiempo,* presente a lo largo de todo el cuento.

[135] Dimensión física del tiempo. Tratando de majadero a Einstein, Buñuel posiciona claramente a los protagonistas de la historia: el Tiempo y el narrador que, por lo apuntado, es el propio autor. Ambos son antagónicos en la opinión que les merece el científico alemán, siendo el lector quien deberá tomar partido, llevando el narrador (Buñuel) todas las de ganar.

sino que ahora soy la comidilla de las gentes por culpa de esa mala persona[136].

De pronto su cuerpo comenzó a estirarse desmesuradamente. Yo me revolvía inquieto en la silla al ver un nuevo prodigio en aquella noche fantasmagórica. El Tiempo se alargaba demasiado.

—No se intranquilice usted —me dijo ya del todo calmado— que en seguida termino y me voy. Pero no lo haré sin antes favorecerle en todo lo posible. Desde luego, cuando la vejez vaya a atraparle con sus garras trémulas yo seré quien la detenga y quedará eternamente joven.

—No, muchas gracias —respondí vivamente—, quiero que mi hora me llegue como a todos.

—Es usted un hombre sensato —me respondió—. Si rehúsa esto, entonces le contaré entre mis hijos dilectos y como a ellos le favoreceré.

—Pero, desearía saber quiénes van a ser mis hermanos[137].

—¡Hombre, por Dios! Pues sus hermanos serán los timadores y ladrones de relojes, porque ellos me alivian mucho en mi faena haciendo desaparecer de los bolsillos esos pequeños instrumentos que para mí son los más enojosos, porque existen en mayor cantidad. Mis hijos son también los perezosos, porque usan de mí con moderación. Mis hijos son...

—No siga —dije precipitadamente—. ¿Quiere usted hermanarme con timadores, con perezosos? De ningún modo acepto sus favores.

---

[136] Abundando en lo expuesto en la nota anterior, de esta línea de diálogo «podemos descubrir no solamente el dolor que siente el Tiempo personificado del cuento por la relatividad, sino que también se siente la admiración del narrador por el premio nobel de física. Aunque el Tiempo de Buñuel expresa su desprecio hacia Einstein, prácticamente acepta su teoría porque se rebela contra la restricción cronológica y no se deja medir por las manecillas del reloj» (Katona, 2017, pág. 85).

[137] En el texto publicado (y de ahí a *OL* y *ELB*): *Pero, ¿desearía saber quiénes van a ser mis hermanos?*

—Es usted un joven sin experiencia, demasiado ingenuo. Desengáñese que los que mejor han vivido son esos y los muchos que aún iba a citar. Si usted fuera artista amaría, por ejemplo, unas horas del tedio, mi hijo predilecto.

[—]Estoy viendo que sus más amados hijos son las cualidades más desacreditadas entre los hombres. Me está usted resultando un ser vago, desaprensivo, egoísta.

El Tiempo amenazaba borrasca[138]. Sus saetas se encolerizaban. Dio las ocho y media de una manera tan amenazadora que yo llegué a sentir verdadero temor[139].

—Basta, joven, puesto que desdeña mis favores, sufrirá mis desfavores. Por lo pronto antes de dos días se quedará usted sin relojes.

Dicho esto, desapareció bruscamente[140].

Y su maldición se cumplió, pues no habían transcurrido dos días de mi aventura, cuando me vi sin una peseta y tuve que empeñar mis dos amados relojes.

Además sufría una obsesión constante. Todos los relojes con que topaba me miraban amenazadoramente y sus sae-

---

[138] Este es un buen ejemplo del humorismo de Buñuel, quien, a propósito, asociando el tiempo con un fenómeno meteorológico, confunde su identidad de magnitud física con la de estado atmosférico, llevando su afición por la androginia incluso a los personajes no humanos de sus composiciones.

[139] Esta indicación horaria limita temporalmente el desarrollo de la acción a poco más o menos una hora (era algo antes de las 7 y 25 cuando el reloj hace su aparición). Desde un punto de vista ortotipográfico, destaca el uso del léxico y no de las cifras para indicar la hora. Puede ser azar, mas es significativo que la exactitud de los dígitos en las indicaciones horarias anteriores dé paso a la relatividad de una indicación que, por oposición a la anterior, podemos considerar alegóricamente *analógica,* en coherencia con la progresiva presencia de la teoría de la relatividad en la narración.

[140] Sin sangrado en el texto publicado, aunque la frase se inicia en una nueva línea (tal vez por azares de la impresión, no lo sabemos). En *OL* y *ELB,* en cambio, la oración sigue a la anterior, que finaliza con un punto y seguido, rompiendo con la estructura dialogal.

tas se erizaban con ira[141]. Otros, cuando quería enterarme de la hora, giraban burlonamente desconcertantes.

Por eso me compré un reloj de arena y le[142] puse sobre la mesa. Pero entonces la venganza del Tiempo fue más cruenta. No sé qué haría con él, lo cierto es que su esbelto talle, ese talle[143] fino como una aguja, fue engrosando poco a poco hasta dejar pasar la arena en grueso chorro[144].

Entonces a mí me llegó a repugnar aquel pobre reloj ajamonado[145], que después de todo no tenía la culpa de su deshonra y un día lo eché por la ventana, como esos amos intolerantes arrojan de su casa a la criada que tuvo un desliz[146].

Desde entonces estoy resignado a pasar sin reloj y esto me ha hecho perder muy buenos amigos por faltar a sus citas[147].

---

[141] Se produce aquí una poderosa imagen irracional como efecto de introducir el tema tan querido por Buñuel del narrador observado, en este caso por el ojo observador del reloj —o sea, el tiempo— antropomorfizado. Pese a que las relaciones con los relojes blandos de Dalí son evidentes, Buñuel introduce la imagen de las saetas erizadas como sello lírico propio, porque la deformación de los guardatiempos dalinianos afecta a la caja del reloj, nunca a las agujas, cuya distorsión, muy exigua, deriva siempre de la de la caja.

[142] En *ELB* se corrige el leísmo. Lo hemos mantenido dado el carácter humanizador que confiere al objeto, aun cuando consideramos que se trata de un leísmo, pues de seguir con esa lógica, en el siguiente párrafo debería haber empleado la misma forma pronominal.

[143] Aquí, la acepción de *talle* es: «Cintura del cuerpo humano» *(DLE).*

[144] En este párrafo, Buñuel recurre al retruécano: *arena-fue-talle/talle-fue-arena.*

[145] *ajamonado:* «Propio o característico de la mujer entrada en carnes» *(DLE). Nota bene:* el diseño de un reloj de arena es similar al de dos jamones vertical y simétricamente colocados uniéndose por la pezuña. Con su engrosamiento, Buñuel sugiere que se singularizó, forjándose como uno solo.

[146] Asoma en esta ocasión una imagen surrealista, que Buñuel utilizará en una escena de *La edad de oro:* aquella en la que el protagonista tira diferentes objetos, animales y personajes por una ventana, como una jirafa o un obispo.

[147] Sorprende, como ha advertido Arias, el humor ligero de este final, muy lejos del corrosivo que impregna toda su obra (2013, pág. 434).

Poemas en prosa
(1925-1926)

Teorema

Si por un punto fuera de una recta trazamos una paralela a ella obtendremos una soleada tarde de otoño[148].

En efecto[149]:

El cielo todo ojos azules refleja el sueño sin peces de los estanques y estos a su vez bañan tibiamente la pereza de la tarde[150].

---

148 Este axioma, que responde al teorema del título, recuerda poderosamente los versos de las poesías de Lautréamont, compuestas por versos/asertos, aunque sin ninguna progresión deductiva como la que caracteriza la narratividad de este texto.

149 Esta expresión, más propia del ámbito académico que del poético, refuerza el tono erudito derivado del primer verso; sensación que caligráficamente se remata con el uso de los dos puntos que dan paso al *razonamiento* irracional.

150 Los peces son los protagonistas de la fauna buñueliana, lo que está en consonancia con la notable presencia del motivo del agua. Buñuel es un poeta hídrico. La idea de un mar sin peces es un elemento dramático que será utilizado igualmente en «Lucille y sus tres peces», «Diluvio» y «Ramuneta en la playa». El uso del símbolo *peces* no es una connotación paisajística del texto, sino que se trata de un elemento afectado por el contexto acuoso del poema y que podría ser una alegoría de la soledad de Buñuel a su llegada a París después de una fructífera estancia cultural y emocional en la Residencia de Estudiantes.

El tema de la pereza y de la subsiguiente lentitud presente en toda la composición evoca la idea de fatiga intelectual que Jean Epstein desarrolló como fuente principal de la creatividad. Según él, es cuando estamos fa-

Los árboles ciegos pasan en lenta procesión y en sus más altas ramas pía oro alguna hoja rezagada[151].

Las calles en masa quieren salirse a pasear al campo pero tan lentamente que pronto los viandantes se las dejan atrás todas estremecidas al sol.

Campos amarillentos trepan por colinas y alcores y allí se tienden, con las piernas abiertas, en espera de la noche. Solo unos chopos siempre inquietos, telegrafían un «Morse» de hojas[152].

Acompasado respirar de la tarde y todas las cosas batiendo a su ritmo.

Yo, traigo en la palma de la mano mi bastón sin hojas[153].

Un seno duerme runruneando al sol.

Todas las ventanas tienen pestañas como mujeres.

La torre de la iglesia, como un índice, señala la última nubecilla blanca.

Después de un bordoneo un silencio y luego pasa Cristo vendiendo voces.

Las golondrinas besan el pico de las siete.

---

tigados que surgen las ideas, así que la fatiga, como la poesía, es un nuevo estado de inteligencia (Epstein, *op. cit.,* 1921, pág. 211).

[151] Sánchez Vidal considera este sinestésico verso y el siguiente como ejemplos de trávelin «por más que se disfracen de imágenes ultraístas» (1999, pág. 161). Un trávelin es una técnica cinematográfica que consiste en desplazar la cámara horizontal o verticalmente respecto al eje.

[152] Con eminente sincretismo lírico, Buñuel combina dos elementos primordiales de su literatura: el viento y la ceguera, con el añadido de que lo hace indirectamente, a partir de sus circunstancias: los árboles ciegos del principio del poema aparecen ahora, por intervención del viento, «inquietos» y generan un sonido similar al del lenguaje de los invidentes. Quizás por este motivo estamos ante lo que Bonet considera un excelente ejemplo de imagen ultraísta (2000, pág. 101). Sin duda lo es, pero su alcance supera los lindes del ultraísmo y se instala en el de la poesía a secas.

[153] El uso de la coma, cuya presencia es excepcional en todo el poema, puede considerarse en este verso una provocación gramatical, a menos que sea un error de transcripción que se ha ido arrastrando edición tras edición.

Una descarga cerrada de veletas por el aire.
Las[154] orejas de aquel mulo —él no se apercibe— reabsorben la tarde[155].
Se extingue la luz en mis solapas.
Es la hora en que comienza el solitario parto de las farolas.
Alguien da media vuelta al interruptor de las estrellas[156].
Que es lo que no nos habíamos propuesto demostrar.

---

[154] En *OL: Los.*

[155] *Nota bene:* el inserto entre rayas tiene una función paratextual más propia de un guionista o de un dramaturgo.

[156] Este verso también tiene algo de paratexto, coherente con la circularidad del poema, que concluye con la frustración de la demostración del teorema por parte de un nuevo personaje no identificado, responsable de que sean las estrellas, y no el sol, las que iluminen. Todo ello a partir de una metáfora donde la presencia de lo artificial (un interruptor eléctrico) ancora el verso en el contexto vanguardista en el que se redactó.

Lucille y sus tres peces

Cada mes de abril, tres peces rojos, tres peces japoneses cruzaban y descruzábanse[157] en silenciosas espirales sobre la dulce faz de Lucille. En su discreta frente hasta entonces sin nubes ni cometas locos, habían quedado impresas tres suaves ondas.

Un buen día, al llegar la última primavera desapareció uno de los peces, aquel a quien Lucille bautizó con el nombre de *Tejedor de ensueños.*

Y al llegar el otoño, desapareció el segundo pez japonés, aquel *Punzón de ondas* como le habíamos llamado entre sonrisas corteses los amigos.

La frente de Lucille volvió a quedar como antes, como una fuente de planta: porque el pez tercero, el *Ovillador silencioso de deseos*[158] tampoco estaba... ALLÍ.

---

[157] Siguiendo con la tradición de aplicar ciertos postulados ultraístas, nuestro autor construye enclíticamente los pronombres personales para así esdrujulizar las palabras.

[158] Con relación al nombre de los peces, apunta Castells que, además de que *tejedor* y *punzón* se relacionan con una aguja, los tres sustantivos remiten a una misma actividad, la de coser, tramar o urdir, que desde siempre ha estado asociada a la escritura. Sea como fuere, los tres apodos son constituyentes sintácticos de idéntica estructura: dos sustantivos unidos por la preposición *de,* cuya función es definitoria, pero con significado antagónico. Los primeros —sigue Castells— aluden a objetos punzantes, y los segundos pertenecen a la esfera de lo inmaterial, provocando

Cuando Lucille con su boquita pintada de corazón[159] dice «ALLÍ» entornando deliciosamente su ojo izquierdo por el derecho como por una pecera, atraviesa sonámbula la sombra del tercer pez japonés, la del *Ovillador silencioso de deseos*[160].

---

tres sugerentes imágenes (1989, pág. 5). Habría que añadir que la asociación entre un objeto punzante y la faz de la protagonista sitúa la narración al borde de la agresión física como la que sufre el ojo de la también protagonista de *Un perro andaluz,* película con la que la hipertextualidad mana igualmente a partir de la concurrencia de objetos propios de una encajera, como la que pintó Vermeer y que, tal como hemos explicado, aparece en el film para atestiguar su antiartisticidad.

159 No se trata de ninguna metáfora, sino de la tendencia a maquillar los labios con forma de corazón que puso de moda la actriz estadounidense Clara Bow.

160 Suponemos que se refiere a un momento concreto de la interpretación por Grace Cunard de Lucille Love. Habida cuenta de que estas películas se han perdido, no podemos verificar nuestra sospecha.

Diluvio

Llovía[161].

Diluviaba.

Algo más que torrencialmente. Diluviaba oceánicamente: nadie podía esperar que un mar pudiera viajar así, como un avión, de un planeta a otro. La atmósfera se había transformado en un mar sin peces. Se hallaba próximo el instante en que estos iban a poder salir tranquilamente de los estanques para pasearse por la gran bola acuática de la exatmósfera[162]. Ya muchos sacaban sus cabezas de un agua para ponerlas en la otra y quedaban así, con mansuetud de niños, como cocodrilos a medio sumergir.

La ciudad entera guarecida bajo los tejados se veía impotente para resistir aquel diluvio que caía como en los sueños al ralentí, pareciendo de tan compacto no caer sino quedarse[163].

---

[161] La idea de diluviar es sustituida a lo largo del verso por la repetición sintagmática de *Llovía*, que actúa como un epánodo para reforzarla. Buñuel parece inspirarse en el cuento «Lluvia» de Valle-Inclán, incorporado tardíamente a *Flor de santidad*, donde el íncipit «Llueve queda, muy quedamente» con el que se inicia va repitiéndose a lo largo de la narración.

[162] No es la primera vez que Buñuel se refiere a los estanques como *locus* de los peces que habitan su lírica. De acuerdo con lo que anotaremos más adelante, pudiera tratarse de una referencia al poema «Estanque» (1919), de Juan Larrea, cuya experimentación caligramática no debía interesarle en absoluto (véase la nota 173).

[163] Buñuel hace notar su ya por entonces participación en la industria del cine francés con claras referencias a los procedimientos fílmicos. Cier-

Toda la ciudad con sus grandes torres desmanteladas era un inmenso bergantín por primera vez náufrago en la lluvia.

Llovía. [Llovía][164].

Los peces parecían mariposas atraídos por la luz húmeda de los faroles y en los tejados se entreabrían las tejas como lapas[165].

En los escaparates colonias enteras de libros buscaban algo en el agua con las hojas vibrátiles y ondulantes, sexos de pólipo[166].

Los niños nadaban por el acuario iluminado de los pisos, acercándose a los cristales —unos bobos— muy abiertos los ojos, dejando escapar una columna de circulitos por sus bocas redondas.

---

tamente, una de las enseñanzas que extrajo de Epstein fue la idea de que el ralentí es un procedimiento de revelación, que desprende por exceso aquello que los movimientos de una cosa o persona tienen de oculto o de inadvertido. Gaston Bachelard también veía en la lentitud un movimiento positivo y creciente, y no «lo rápido frenado» *(La terre et les rêveries de la volonté,* París, José Corti, 1948, pág. 31). Se trata, desde una perspectiva animista, de un medio de revelación, igual que lo son los sueños para los surrealistas (véase André Breton, *Los vasos comunicantes,* Madrid, Siruela, 2005 [1932], pág. 20).

[164] Ante la imposibilidad de acceder al texto original, es mera especulación el hecho de considerar que *OL* y *ELB* han omitido en este verso la reduplicación de «Llovía». Aun así, no tiene ningún sentido, por muy vanguardista que sea el autor, que, cuatro versos más abajo, Buñuel salte a la geminación del verbo sin que haya habido reduplicación previa del vocablo. Y más aún si mantiene la equidistancia de tres versos entre cada una.

[165] *Nota bene:* la asociación del movimiento de las mariposas y las conchas de las lapas abriéndose acompasa rítmicamente el verso, vigorizando la imagen de fluidez del agua. Este vínculo entre las mariposas y las imágenes líquidas parece una herencia lorquiana de *El maleficio de la mariposa.*

[166] La voz polisémica *pólipo* puede significar 'tumor', o 'invertebrado marino' (que tiene forma de tubo cerrado por el extremo inferior y abierto por el otro en una boca rodeada de tentáculos). Todo indica que se está refiriendo a la definición zoológica y no a la médica, siguiendo la tónica del poema, que culmina con la potente imagen de la «medusa de amor y muerte» de los versos finales.

Llovía. Llovía. Llovía.

Todo tenía o presentía un palpitar de pulpo[167]. Todo era repugnante a la vista y al tacto[168].

Las avenidas comenzaban a llenarse de vientres hinchados, de vientres tumefactos sobre los que acudían por bandadas, con inaudita voracidad, manos hambrientas, lenguas hambrientas, cabelleras hambrientas[169].

A mil metros de altura cruzó la luz fantasmal de un tranvía herido acosado de delfines, asaeteado por millones de dentaduras blanquísimas[170].

Llovía. Llovía. Llovía. Llovía.

Por todas partes entre grietas de agua y resplandores glaucos acechaban unos ojos grises de mirar metálico, con ferocidad de escualo, los ojos de todos los habitantes de la ciudad, todo ojos, todo ferocidad[171].

---

[167] Esta oración se articula sobre una combinación retórica de paronomasia y aliteración. Además, *pulpo* es sinónimo de *pólipo.*

[168] Buñuel se anticipa a las sensaciones que los surrealistas percibieron, y con las que disfrutaron, al visionar el documental *La pieuvre,* de Jean Painlevé (1927). El ambiente amenazador del cortometraje parece emanar del singular mundo *submarino* descrito aquí.

[169] De nuevo la repetición de voces en consonancia con la estrategia narrativa del poeta, basada en el hacinamiento terminológico para significar la abundancia representada por el diluvio que da título a la composición.

[170] Encontramos también delfines en «Ramuneta en la playa» y *Hamlet.* En «Por qué no uso reloj», compuesto entre dos y tres años antes, hemos visto como Buñuel recurre al término *saeta* para referirse a las agujas del reloj. En cambio, aquí la polisemia está servida: aunque parece más lógico pensar que se usa la voz como sinónimo de *flecha,* el hecho de significar una parte del reloj genera una conexión transtextual con el citado cuento y, a través de ella, una presencia en el poema de los intereses científico-intelectuales de su autor.

[171] Este pasaje es una de las constantes de la poesía urbana: el cuestionamiento de la identidad, «el antagonismo entre lo íntimo (el Yo) y lo ajeno (los otros)» (Cañas, *op. cit.,* pág. 10). Una identidad que está depositada en los ojos, paradigma por excelencia de la obra buñueliana. Advertimos que este cuestionamiento no es equivalente a la disolución de la

Mis diez dedos no tenían hueso y mis ojos, también mis ojos me acechaban de lejos, más grandes que nunca, grises para siempre, con la ferocidad de los demás ojos[172].

Junto a mí pasó flotando mi novia ahogada impulsada por el temblor de su velo nupcial, medusa de amor y muerte.

Llovía. Llovía. Llovía. Llovía[173].

---

identidad, que el maño fue introduciendo como tema cenital de su poética a medida que se iba convirtiendo al surrealismo.

[172] Estas dos oraciones/estrofas, de una intensidad inusitada, resumen por sí mismas los diferentes planos en los que el motivo de los ojos se sitúa en la poética de Luis Buñuel: interfaces de la mirada (para observar y ser observado), órganos desmembrados y elementos amenazadores. Este toque lírico no nos puede hacer olvidar la huella que en él encontramos procedente de Pedro Garfias y sus versos del poema «Caminante», de los que Buñuel se acordó «de memoria» hasta el fin de sus días *(MUS,* pág. 71). Dicho sea de paso, la memoria le fallaba algo, pues lo bautizó «Peregrino» y la transcripción que se hace de él en *MUS* contiene alguna incorrección respecto del original publicado en el mismo número de la revista *Alfar* en el que aparecía su «Tragedias inadvertidas como temas de un teatro novísimo»:

> Los horizontes fluían de sus ojos.
> Traía rumor de arenas en los dedos
> y un haz de sueños rotos
> sobre los hombros trémulos.

[173] Si siguiéramos el razonamiento anterior (véase la nota 164), esta geminación debería consistir en repetir cinco veces, y no cuatro, el vocablo de la forma verbal. Aun así, en este caso, a diferencia del anterior, no hay una base suficientemente sólida como para defender esta postura, habida cuenta de que el poeta no pretende una simetría estructural del poema infundida, pongamos por caso, por el efecto espejo del agua —que dio lugar a algún juego caligramático, como el del citado «Estanque» de Larrea—, ya que los aconteceres de la historia se desarrollan en el fondo de ese mar provocado por el diluvio, donde se encuentra sumergido el yo lírico. Tal asimetría se manifiesta igualmente en que esta geminación no da paso a otros tres versos (como en el resto de la composición), sino a uno que, a su vez, introduce el mismo verso con el que se inicia el poema, cerrando así, asimétricamente, el círculo prosódico.

En el reloj de la catedral dieron las doce burbujas de la noche[174].

Llovía.

---

[174] En «La hora esfinge» *(ca.* 1919-1921), composición de Federico García Lorca, podemos leer:

> El silencio
> se llenó de burbujas
> y un péndulo de oro
> llevaba y traía
> mi cara por el aire.

Sánchez Vidal ha hecho hincapié en que Dalí, en *Torero alucinógeno,* también combinó esta metáfora-gag que describe las consecuencias de la interminable lluvia *(BLD,* pág. 201).

Ramuneta en la playa

Se había dicho muchas veces a Ramuneta:

—La Venus de Milo tendría algún interés si la vistieran con un mallot de seda verde[175]. En cambio a V. Ramuneta con sus dos trenzas rubias le iría mejor un mallot de seda cielo-azul.

Y ahora —corza en el mar— corretea por la playa, ceñida en un adolescente, tiernamente modelado mallot azul, terso disimulador de su gracia plástica, templado sobre su perfecto cuerpecillo por las clavijas incipientes de los senos.

—Ramunetaaaa...

Se para en seco embobada, embelesada mi Ramuneta[176], con la atención de los niños por las cometas que ellos mismos lanzan sobre las playas.

—Ramuneta, ¿no oye V. sonar los acordeones de los puertos? Mire; precisamente allí, sobre el golfo, ¿es brisa o polka ese suave sonido o[177] contacto que ahora llega hasta nosotros?

---

[175] El linaje futurista de la frase es absoluto y se sustenta en la alusión de la figura de la diosa Afrodita, que fue blanco de los miembros de dicho grupo vanguardista.

[176] En *OL* y *ELB: con mi Ramuneta*. Es un claro error que ha saltado de una edición a otra.

[177] Este polisíndeton de la conjunción disyuntiva se enmarca en, y refuerza, la aliteración en [o] que, junto con la otra en [r], caracteriza toda esta línea de diálogo.

Pero ella no hace más que reír y se pone a danzar como una tonta.

¡Qué turbador resulta ese *¿quieres?* de sus muslos y ese *¡no puedo!* de sus ojos! ¿De qué gaviota increada o de qué insólito delfín habrá tomado tan extrañas actitudes?[178].

Pero un sol decadente, rabioso de su obligada ausencia, lanza contra ella un gran puñado de rayos últimos.

—¡Ay! que no veo, que me acabo de quedar ciega. ¿Dónde estamos?

Para que lo sepa leo unas líneas preparadas días antes.

Cóncava esplendidez diurna: curva clara que conduce a todas las playas.

Sobre tu frente, Ramuneta, un anélido de luz y bajo tus pies desnudos un azul marino esculpe frisos sin saberlo.

En el oro de la arena se estrella un concurso de olas: discóforos las ondillas finas[179], platelmintos las verdes algas. En el atardecer sin sombras ni sonidos da un ritmo blanco la espuma de las olas[180].

Geometría sutil de ciudades lejanas, en delirantes espejismos envuelve el horizonte.

Cien caminos sugieren cien motivos distintos[181].

Campos ciudades torbellinos de cosas y reflejos: parece entreverse el mundo en interposición local de cromatismo.

---

[178] Situando en un mismo plano las gaviotas y los delfines, esta oración sugiere que el bestiario poético está pensado más en función de su carga mítica que de su realidad zoológica, a pesar de ser una fauna propia del ecosistema marino en el que se desarrolla la historia.

[179] En *OL* la siguiente coma son dos puntos, fruto de un error de impresión.

[180] En el estudio introductorio hemos recalcado cómo los gusanos sugieren el movimiento marino, además de remitir a otros motivos. Un movimiento a su vez vinculado con el cine de Jean Epstein, donde la presencia de las olas marinas llega a ser visualmente ontológica.

[181] La alusión repetida al número cien produce una nueva asociación vermicular con la figura del ciempiés.

Y frente a nosotros un mar sin barcos un mar sin peces un mar sin playas un mar sin mar[182].

Tus dos trenzas rubias Ramuneta son dos admiraciones al crepúsculo por donde nace tu sonrisa, tu sonrisa que puede meterse entre mi ropa blanca.

Momentos después, huyendo de mis voces, Ramuneta insumergible entre las dos calabazas deliciosas de sus senos, nadaba riendo hacia las islas.

---

[182] De nuevo el mar sin peces que aparecía ya en «Diluvio». Aquí, en cambio, la repetición de la preposición *sin* vigoriza la idea de soledad (desnudez) del mar.

En lo referente a la ausencia de puntuación, nos inclinamos a pensar que es una decisión de Buñuel para acelerar el ritmo de lectura y reforzar así la sensación de extrañamiento y alucinación del paisaje que describe. En *ELB* se modernizó el uso de la puntuación con la inclusión de comas entre los sintagmas.

Teatro

Representación del *Tenorio* en la Residencia de Estudiantes (Buñuel es el primero por la derecha).

Hamlet

(Tragedia cómica)[183]

[183] La fuente mecanuscrita que reproducimos aquí, ubicada en el archivo Aranda de Filmoteca Española (Ara/16/24), y que abreviamos *ARA,* empezaba con el epígrafe *Personajes* y a renglón seguido la *dramatis personae*. Sin embargo, alguien lo rectificó sobrescribiendo, además del nombre y apellido del calandino, lo que sigue con un cuerpo de letra que va decreciendo en cada línea (la grafía no es de Buñuel):

HAMLET

(TRAGEDIA CÓMICA)

PERSONAJES

PERSONAJES

HAMLET: *Amante de la parte superior de Leticia*[184].
AGRIFONTE: *Rival de Hamlet, amante del punto interesante de Leticia.*
MITRÍDATES: *Cadáver recalcitrante*[185].

---

184 La separación en dos partes del cuerpo nos remite al teriomorfismo que representará dos años más tarde a través de la figura del fauno en el poema «Bacanal» y de las sirenas en su ensayo «Variaciones sobre Menjou». Habida cuenta de este interés por los personajes mitológicos que comparten rasgos humanos y animales, bien podría pensarse en que Leticia es uno de ellos y que su existencia fuese una fantasía del resto de los personajes de la obra. Una sensación de onirismo que se repite también en sus películas marcadamente surrealistas.

En *Larountala,* de Pierre Albert-Birot, una pareja de amantes se separa en dos, en función de sus ideas, de manera que nos encontramos ante dos *él* y dos *ella,* cada uno caracterizado por un color, en un claro antecedente de las mutilaciones y confusiones identitarias que pueblan toda la producción buñueliana y que aquí se manifiestan ya en la descripción de los personajes. Buñuel llevó esto al extremo en su filmografía cuando Conchita, el personaje femenino protagónico de su última película, *Ese oscuro objeto del deseo,* fue interpretado por dos actrices diferentes, duplicando su identidad física ante un extrañado espectador.

185 Sánchez Vidal observa que este personaje nada tiene que ver con el legendario rey del Ponto, sino que es más bien una derivación de *mitra,* lo que remite al *carnuzo,* al sepulcro del cardenal Tavera (de *Tristana* y «[¡¡¡Descansen en paz los taparrabos!!!]»), a los mallorquines de *La edad*

DON LUPO[186]: *Maestro de bailes.*
EL PADRE DE HAMLET: *Espectro dócil y bien educado.*
EL CONTERTULIO A[187] CADENA PERPETUA[188].
UN CAPITÁN.
LETICIA: *Nominativo de Letitia, ae*[189].

---

de oro en los riscos del cabo de Creus y al hereje quemado tras ser exhumado en *La vía láctea (SV,* pág. 264).

Roland Barthes, en su particular lectura de la obra de Racine, consideró la pieza *Mitrídates* como la historia de una muerte fallida y recomenzada *(Sobre Racine,* México, Siglo XXI, 1992 [1963], págs. 136-140). Tal teoría no está nada lejos de algunas de las situaciones que acaecerán posteriormente en las películas de Buñuel, donde la frustración y la repetición son una extraña pareja. No creemos que la aproximación de Buñuel y Bello a la hora de presentar al personaje como un *cadáver recalcitrante* se basase en una reciente lectura de la pieza de Racine, pero el análisis de Barthes no deja de ser un ejemplo de estas misteriosas coincidencias entre resultados intelectuales provenientes de diferentes mentes.

[186] Sobre el referente de este nombre (que en el mecanuscrito aparece siempre con la sigla *Dn.),* caben varias hipótesis. La principal es que aluda al personaje del mismo nombre de *La Venganza de don Mendo,* de Pedro Muñoz Seca, que Buñuel tuvo que ver en su estreno durante su estancia en la Residencia de Estudiantes. Por lo demás, recordemos la pareja que don Lupo forma con don Lope en esa misma obra, con lo que están servidos vínculos hipertextuales con *Tristana* de Galdós y la posterior adaptación cinematográfica de Buñuel. Otra suposición tiene que ver más con los orígenes oscenses de Pepín Bello: el episcopado de Lupo (siglo XI) al frente del obispado de Roda.

[187] En *ARA* lo precede otro vocablo tachado (ilegible).

[188] Podría tratarse de una greguería de 'parlanchín' o 'charlatán'.

[189] Se suele vincular esta tendencia a la declinación al ya citado caligrama, también declinado, de Pepín Bello, «El ateneísta», publicado en 1929 (véase la nota 98 en el aparato introductorio). Por consiguiente, la afición nació seguramente durante la composición de *Hamlet,* pero la idea no tiene que ser atribuida exclusivamente a Bello. Recordemos que Buñuel quería encabezar su proyecto de libro *Polismos* con el caligrama citado, lo que nos permite intuir que su interés en las artes declinatorias debió de ser más que notorio.

MARGARITA: *Mora enamorada*[190].
CORTESANOS Y SOLDADESCA.

Nota: *Al final de cada acto se presentirán los campesinos*[191].

---

[190] Margarita es asimismo el nombre de la protagonista de la leyenda de Zorrilla *Margarita la tornera,* que comparte no solo motivos, sino recursos teatrales con el *Tenorio*. No es mora —*mora* se usa aquí para hacer un juego paronomástico con *enamorada*—, pero esta doncella parece emparentarse con la monja protagonista de la primera oriental del vallisoletano, que se relaciona con el sultán Boabdil. Ahora bien, si de establecer concomitancias con la obra de Zorrilla se trata, entonces tampoco podemos pasar por alto su poema «A una calavera», donde *Hamlet* parece un referente incuestionable, en especial el pasaje en el que el sepulturero saca la calavera para preparar la tumba de Ofelia (Bienvenido Morros, «Introducción», en José Zorrilla, *Poesía,* Madrid, Cátedra, 2017, pág. 286).

[191] El uso del presentimiento como contenido de una acotación es un excelente ejemplo de elevar lo insólito a su máxima expresión.

Acto I

(Un campo cualquiera. Aquí y allá sollozantes riachuelos. Al fondo la catedral de Rouen[192] *antes de ser manoseada por nadie*[193]*. Por el horizonte un niño loco declina musa, musae)*[194].

---

192 Esta indicación del lugar marca de inicio la distancia entre las expectativas del lector/espectador y el referente geográfico danés (Mimoso-Ruiz, 1990, pág. 57). Ya nos hemos referido a las posibles intenciones hipertextuales de la elección de la ciudad normanda, escenario fúnebre de personajes relevantes para Buñuel, como Ricardo Corazón de León o Juana de Arco, además de ser el lugar de nacimiento de Gustave Flaubert. En otro orden de intertextualidades, el interés por los personajes de la Edad Media está presente también en Albert-Birot, que fue un entusiasta del humor medieval. En *Larountala,* uno de los personajes es Carlos de Orleans, que recita una de sus baladas.

193 Sospechamos que es una velada referencia a la serie de más de treinta pinturas que Claude Monet realizó con el motivo de la catedral ruanesa, y que debieron ser consideradas una muestra de *arte putrefacto* por nuestro dramaturgo.

194 La similitud con el prólogo de la pieza lorquiana *Mariana Pineda* es ostensible: «*(Por debajo del arco aparece una niña vestida según la moda del año 50, que canta)*», lo que puede interpretarse como una versión *no putrefacta* de la misma. Si bien, puestos a encontrar concordancias, esta didascalia tiene una estructura propia de las acotaciones iniciales de algunos sainetes de Ramón de la Cruz, como *Los picos de oro* (1765) o *La república de las mujeres* (1772). Este último se dio, ni más ni menos, como fin de fiesta del *Hamlet* de Jean-François Ducis, versión que realizó el propio Ramón de la Cruz (Francisco Lafarga, «Introducción», en Ramón de la Cruz, *Sainetes,* Madrid, Cátedra, 1990, pág. 43). Nuestra conjetura resulta acorde con la dimensión sainetera de *Hamlet.*

AGRIFONTE

Decía amigo Hamlet, que los muertos son iguales: también las vidas se parecen y solo difieren aquellas que pueden demostrarse como un teorema[195]. Mas, dime, ¿qué fue de Margarita?

HAMLET

¡Margarita?[196]. ¿Qué Margarita? ¿La que tachona tibios prados o la que infausta y abaritonada se desvaneció entre tus brazos?

AGRIFONTE

La que nos regaló esta pitillera[197]. *(Ofrece un pitillo.)* Tomad y fumad enhorabuena[198].

HAMLET

Gracias.

AGRIFONTE

No encendáis por Dios vivo, o sabréis quén soy yo.

---

[195] De nuevo el motivo del teorema, aunque aquí sirve de calificativo, como si se refiriese a la afirmación de Delluc: «una buena película es un buen teorema».

[196] En *OL* y *ELB: ¿Margarita?*

[197] En «Noticias de Hollywood», el actor Adolphe Menjou, por quien Buñuel y sus compañeros de la Residencia sentían clara devoción, aparece ofreciendo sus bigotes en una pitillera.

[198] El interés de este diálogo es doble. En primer lugar, parece una versión de la institución de la eucaristía católica: «Tomad y comed [...]». En segundo lugar, existe otro juego paronomástico, el de *enhorabuena* con *hierbabuena,* o con *marihuana.*

Hamlet

¡Bah! Ayer mismo me telegrafió vuestro tío diciéndome qué clase de sujeto sois vos.

Agrifonte

(Extrañado.) Mi tío, ¿cuál de los siete?

Hamlet

El octavo, el más documentado, el que bien a su pesar no pudo daros el ser.

Agrifonte

Decid, nombre de Cristo[199], de una vez, quién es el hijo de mi madre.

Hamlet

Pues ahí va, aunque os pese. Sois doña Iracunda de Álvaro Menor[200], madre putativa de la que conoció en otros tiempos diástoles[201] increíbles.

---

[199] En *OL* y *ELB: en nombre de Cristo.* Notará el lector que la mayoría de las variantes de *OL* pasaron luego a *ELB,* y también a la edición de Muñoz-Alonso (2003). Aun así, en *ELB* se restituye la página del manuscrito olvidada en *OL* y se actualiza el uso de los signos de puntuación.

[200] Esta es la primera muestra textual explícita de la confusión de identidades que atraviesa toda la pieza.

[201] *diástole:* «1. Movimiento de dilatación del corazón y de las arterias, cuando la sangre penetra en su cavidad. 2. Movimiento de dilatación de la duramadre y de los senos del cerebro. 3. Licencia poética que consiste en usar como larga una sílaba breve» *(DLE).* No descartamos que la tercera acepción estuviese igualmente en la mente del autor a la hora de elegir el vocablo con finalidades metapoéticas.

Agrifonte

(Hosco.) Dejad vuestros proverbios para más tarde y contemplad ahora vuestra obra[202].

(Mira Hamlet *en la dirección indicada. Un espantoso cuadro se insinúa ante su vista. En un confortable ataúd yace* Mitrídates *descompuesto y episcopal.)*[203]

Mitrídates

(Incorporándose.) ¡Oh, Hamlet! ¡Oh, Agrifonte! Jamás veréis a Margarita.

Hamlet y Agrifonte[204]

¿Qué decís insensato en medio de tan horrenda putrefacción?

Mitrídates

Margarita fue al campo de las interrogaciones. Quien osa llegar al campo de las interrogaciones jamás retorna de allí.

---

[202] Si el significado de *diástole* fuese el poético, entonces «vuestra obra» pudiera aludir a la propia *Hamlet,* confundiéndose el protagonista con el autor. Sin embargo, la acotación que viene a continuación parece ir en dirección contraria (en la «indicada»), al referirse a una imagen. Si esto fuese así, estaríamos ante uno de los escasos ejemplos de lógica discursiva de la pieza, tal vez por ser la más cinematográfica de todas, donde la mirada adquiere especial protagonismo. Con todo, en el marco de lo insólito, no descartamos la primera hipótesis.

[203] En *Larountala* de Albert-Birot encontramos personajes fuera de lo común, como el de Sovkipeu, que vive encerrado en un féretro y al que remiten las intervenciones de Mitrídates desde su ataúd (Muñoz-Alonso, 2003, pág. 260).

[204] Estos diálogos al unísono entre Hamlet y Agrifonte también auguran el tema de la confusión de identidades con el que culmina la obra.

Hamlet y Agrifonte

Oh, hideputa, bellaco[205]; vos amáis también a Margarita.

Mitrídates

¿Yo? Yo no amo ni odio. Pero Margarita será mi esposa en las aladas sombras.

(Hamlet *y* Agrifonte *arden en maquillada ira. Un sol vindicativo desenfunda*[206] *miles de rayos por el horizonte. Las sombras de los tres personajes aparecen tercas y apisonadas sobre el páramo.)*

Hamlet y Agrifonte

Rufián, canalla, putrefacto, ahora veréis.

(Los dos azuzan sus sombras como a lebreles. Estas grandes arañas negras, avanzan hacia el féretro de Mitrídates.)

Mitrídates

¡Ah! me habéis vencido. Era vuestro único recurso contra mí. Pero temed la sombra de mi sombra. La muerte es más ligera que el sueño[207].

---

[205] Este lenguaje extraído del teatro áureo —y que emerge del empleo del sayagués en las tablas primerizas del Renacimiento, y muy especialmente en la dramaturgia de Lucas Fernández—, así como el resto de los estereotipos, clichés o frases hechas, son recursos paródicos que pueden tener relación con el lenguaje mismo del texto de Shakespeare, donde palabras como *whoreson,* encuentran su mejor traducción española en *hideputa.*

[206] Obsérvese el uso metafórico de verbos propios del teatro aurisecular.

[207] Puede interpretarse como una referencia al célebre «To die, to sleep, / To sleep — perhance to dream» del *Hamlet* de Shakespeare.

(Las sombras de los tres riñen metafísicamente azuzadas por sus respectivos amos[208]. *La de* AGRIFONTE *ha hecho presa en el cuello de la de* MITRÍDATES. *La de* HAMLET, *mientras, ladra a la luna, ahuyentándola.)*

(Y un huracán sin piedad se lleva las tres sombras que desaparecen gesticulando por el horizonte.)

(MITRÍDATES *muere definitivamente en medio de torpes mecanismos)*[209].

AGRIFONTE

Y ahora ya sin sombras seamos francos[210] Hamlet: vos amáis también a Margarita.

HAMLET

¿Yo?... De ningún modo.

---

[208] El uso de los adverbios de modo provenientes de adjetivos es muy recurrente en Lorca, pudiendo tener aquí una función paródica.

En cuanto a las referencias a las sombras, elemento espectral que comparte con el original shakespeareano, pero que alude directamente a *Don Juan Tenorio,* genera una imagen muy cinematográfica, como si de una escena de sombras chinescas se tratase. Buñuel, de pequeño, era muy aficionado a representar este tipo de espectáculo en su casa (Aub, 2020, pág. 58). Incluso la analogía con las arañas negras de la acotación anterior está conectada con estas representaciones en las que nuestro autor, en pleno desarrollo de su vocación entomológica, gustaba de representar insectos gigantes a través de las sombras.

[209] Estos mecanismos parecen remitir a las anteriores diástoles de la hija putativa de doña Iracunda de Álvaro Menor, esto es, de Agrifonte.

[210] El adjetivo *franco,* bastante utilizado por Zorrilla en el *Tenorio,* y que aquí se emplea para intentar verificar el amor de Hamlet hacia Margarita, se convertirá más adelante en sustantivo (moneda), precisamente en el primer encuentro entre esta y Hamlet, en una manifiesta referencia a Benjamin Péret y su poema «La baisse du franc» (véase la nota 219).

AGRIFONTE

Pues, ¿por qué se batió vuestra sombra contra nuestro pobre y llorado Mitrídates?

HAMLET

(Dieciochescamente.) Por el amor en general.

AGRIFONTE

Ahora lo comprendo todo. *(Prosigue con un marcado acento extranjero.)* Hamlet: prepárate, se lo voy a contar todo a tu mamá.

HAMLET

Pues cuéntaselo[211]. Pero, mientras, me quedo con el barroco caballito de cartón[212].

(AGRIFONTE *se va jugando con el aro*[213]. *Su madre empotrada en la pared derrama una lágrima lejana. Cuatro doncellas se inclinan llorando sobre el cadáver de* MITRÍDATES *para llevárselo luego por el revuelto cauce del día.)*

[211] Este es uno de los pocos casos, si no el único, en que se añade el pronombre enclítico a un verbo para formar una sobresdrújula.

[212] En *ARA* le precede otro vocablo tachado (ilegible).

[213] Esta imagen, importada de *Larountala* de Albert-Birot, en la que aparece una niña con un aro, fue recuperada por Buñuel en su película *Simón del desierto,* donde el diablo, representado, entre otras figuras humanas y no tan humanas, por una niña, jugaba con un aro.

Acto II

[ESCENA I][214]

MARGARITA *sola en el prado se limpia arbitrariamente las trenzas. Canta en un idioma jocundo*[215] *e improvisado.*

[MARGARITA]

Cridia estroche eka per crilo
Idrios celían[216] tankar
Alora e cor per atores
Non plivía credoyar[217]

---

[214] Estas ausencias paratextuales son con toda seguridad descuidos más que licencias del dramaturgo. Sea como fuere, el resultado se traduce en dos rupturas respecto de la articulación paratextual de la obra dramática.

[215] La elección de la voz *jocundo* parece tener un origen malicioso al aludir fónicamente a *jondo.* Si esto fuera así, sería una referencia a las conferencias que Lorca había ofrecido sobre el cante jondo. Caigamos en la cuenta de que es en ese momento cuando Buñuel, en su epistolario con Bello, lanza los más feroces dicterios contra el granadino.

[216] En *OL* y *ELB: celín.*

[217] Nos enfrentamos aquí a un buen ejemplo de glosolalia ('lenguaje ininteligible, compuesto por palabras inventadas y secuencias rítmicas y repetitivas, propio del habla infantil, y también común en estados de trance') que, atendiendo a los intereses por fenómenos psíquicos y sobrenaturales de Buñuel y los surrealistas, podríamos tildar asimismo de xenoglosia ('fenómeno paranormal, que corresponde a la habilidad de poder hablar o escribir un lenguaje no familiar para un individuo'). En cualquier caso, la imagen de una Margarita, y el resto de los personajes, en trance es harto coherente con los diálogos de la pieza (y, más adelante, en la Escena III, Agrifonte se levanta sonámbulo).

Es, en consecuencia, una muestra de desintegración de la lengua —aunque la función de la acotación que precede es la de aclarar que se trata de una lengua jocunda e improvisada— que da lugar a un juego paronomástico inspirado a la vez en la fonética galaicoportuguesa de las *Cantigas de*

(Después de columpiarse en la catedral prosigue:)

Así es la vida ingente
Mucho tararear
Mucha aritmética
Y poca gente

(Hablado)[218]. Si al menos Hamlet, mi bien amado estuviese aquí. Mas helo ahí.

(Cambia precipitadamente los francos que le restan: luego adopta un aire adolescente.)[219]

Santa María de Alfonso X el Sabio y en el empleo del sayagués. Según se verá en su momento, Buñuel tiró de cita medieval en su conferencia sobre el teatro de marionetas leída en 1922, al referirse a unos versos del trovador narbonés Guiraut Riquier, que sirvió precisamente al Rey Sabio.

Por otro lado, estas paranomasias, basadas en el recurso de la armonía imitativa, gustaban mucho a los dadaístas y recuerdan algunos diálogos de *La première aventure céleste de Monsieur Antipyrine* (1916) de Tzara y pasajes de *Le Pan-pan au cul du nu nègre* (1920) de Clément Pansaers, sin desmerecer algunos momentos de la ya aludida *Larountala*. En este acercamiento desempeñan una función relevante los parónimos de cosecha propia, cuyas raíces habrían de buscarse en Raymond Roussel.

Finalmente, se ha argumentado que, desde una perspectiva estética, esta supuesta ausencia de comunicación, presente también en las acotaciones, remite al pintor Paul Delvaux, máximo representante, con René Magritte, del surrealismo pictórico belga, cuyos lienzos se centran en el problema de la incomunicación (Lagos, 1992, pág. 68). Como hemos anotado en su momento (nota 267 en el aparato introductorio), no estamos en presencia de una situación de incomunicación, sino ante un dechado de comunicación irracional.

218 En *OL* y *ELB: hablando.*

219 La ya varias veces citada carta dirigida a Pepín Bello del 17 de febrero de 1929 iba acompañada del recorte del poema de Péret «La baisse du franc» (págs. 13 y 14 del núm. 8 de *La Révolution Surréaliste,* diciembre de 1926). En la primera página aparece, ilustrando el poema, la fotografía de Péret insultando a un cura, y entre los renglones del texto impreso Buñuel escribió la traducción. La composición del francés contiene una retahíla de motivos presentes tanto en *Hamlet* como en la lírica buñueliana, por lo que la referencia al franco podría derivar de ahí.

HAMLET

(Entrando.) Margarita, ¿has conocido el mar?

MARGARITA

En ello estaba señor cuando llegasteis. Mas ¿eso es todo lo que después de tan larga ausencia me proponéis?

HAMLET

Eso es todo.

MARGARITA

Pues cómo así cambiasteis después de vuestro ambiguo viaje a Ámsterdam[220]. Acaso los banqueros o alguna otra doncella más propicia que yo...

HAMLET

Margarita... Podría amarte...

MARGARITA

Decid.

HAMLET

Mas me sería imposible circunscribir mi amor a[221] tus más elevadas regiones.

---

[220] Mención directa a la representación de *El retablo de Maese Pedro,* que, según sabemos, Buñuel dirigió en la ciudad holandesa.

En el mecanuscrito (aquí y más adelante): *Amsterdan.*

[221] En *ARA* sustituye, manuscrito, a otro vocablo tachado (ilegible).

MARGARITA

Amadme, señor, amadme. Qué más da. De lo otro ya hablaremos el lunes.

HAMLET

Yo solo amo a Leticia[222].

MARGARITA

Amadme, señor, no os pesará. Preguntad a los soldados de[223] vuestro padre si por acaso se arrepintieron de mi amor.

HAMLET

Puesto que así me lo excusáis, dejad que yo también os ame. Comenzaré si os parece posando mis aniñados labios en vuestros lejanos senos.

MARGARITA

Comenzad.

HAMLET

Fabriquemos antes[224].

---

222 En su estudio sobre la figura del doble en la literatura buñueliana, Roof considera que esta declaración se revela como el reconocimiento del destino final del hombre que busca a la mujer como vía para buscarse a sí mismo (1992, pág. 47).

223 En *ARA* lo precede otro vocablo tachado (ilegible).

224 *Fabriquemos:* 'forniquemos'. En el *Tenorio* de Zorrilla leemos: «[...] y ciego vine a creer / en la realidad de un ser / que mi mente fabricó» (vv. 3041-3043). Para una de las representaciones que dirigió Buñuel en

Margarita

Fabriquemos.

(Los dos fabrican. Ya solo quedan dos ladrillos[225] *cuando* Hamlet, *desesperado porque* Margarita *no acude a la cita, se pierde entre los demás soldados.)*

ESCENA II

(La mansión de Margarita. *Esta, con su maestro de baile* Don Lupo *toma aparatosamente una lección)*[226].

Don Lupo

Uno, dos. Uno, dos. Ahora aquel pie... eso es... Volved, volved sobre el tacón favorito, pero sin arrumacos... Eso es... ¡Alto!

---

la Residencia de Estudiantes en 1920, se modificó *mente* por *manta* (Sánchez Romeralo, 1989, págs. 370-371). De esta forma, la relación hipertextual con *Hamlet* deriva de la existente entre la manta y el lecho como espacio privilegiado de la consumación del acto sexual. Todavía en el terreno de la hipertextualidad, hay que referirse de nuevo a *Les mamelles de Tirésias,* cuyo *mensaje* era la necesidad de que los franceses procrearan más y superar así la despoblación del país debida a la escasa práctica de la cópula. En este sentido, con razones de peso vincula Gibson la proclama de Margarita que viene a continuación con la que hace el marido en la pieza de Apollinaire antes de engendrar cuarenta mil niños en un día: «Économisons économisons» (2013, pág. 236).

225 En *ARA* sustituye, manuscrito, a otro vocablo tachado (ilegible).

226 Se han visto afinidades de este escenario con el Acto II de *La dama boba* de Lope de Vega, que Lorca adaptó (Muñoz-Alonso, 2003, pág. 263). Con todo, el personaje del maestro de baile tiene raigambre añeja y lo encontramos en Molière *(El burgués gentilhombre),* que es expresamente citado por José Bergamín en *El enemigo que huye. Polifumo y coloquio espiritual* (1925-1926), obra protagonizada a su vez por Hamlet.

(Los soldados se paran en seco. Uno de ellos, capitán inminente, indisciplinado, da un paso adelante.)

CAPITÁN

Basta ya, Don Lupo. Se os acusa de intelectual. ¡Qué decís a ello![227]. Bajáis la cabeza, no respondéis. Rezad vuestra famosa oración pues vais a perecer. ¡¡Soldados!! ¡¡¡Fuego a discreción!!!

(Se oye una descarga cerril[228]*; luego otra.* DON LUPO *decentemente ensangrentado le echa la culpa a su caballo.)*

DON LUPO

No fue nada Margarita. Mi caballo, un, a fe mía, ignaro[229] caballo que cayó sobre mi cabeza al pasar bajo vuestra ventana. Mas, teniéndoos en los brazos, ¿quién piensa en polígonos ni candados?[230]. Gocemos de nuestro amor, Margarita.

MARGARITA

(Aparte.) ¿Será atrevido? Oh, el ruin maestrillo y qué escuálidos lazos me propone. Mas disimulemos o mi ho-

---

227 En *OL* y *ELB* se convierte en interrogativa.

228 *cerril:* «Grosero, tosco, rústico» *(DLE).* La imagen escatológica es inevitable y fortalece la comicidad de la subsiguiente descripción del estado de Don Lupo.

229 *ignaro:* 'ignorante'. Tanto esta como la anterior, y otras que señalamos más adelante, son voces cultas muy poco usadas, incluso en la literatura del Siglo de Oro, de donde proceden.

230 He aquí otro ejemplo de subversión del lenguaje en el ya indicado mismo sentido en que lo hacían en la Residencia de Estudiantes con el *Tenorio*. En este caso se utiliza *candado* en lugar de *cuadrado*.

nor peligra. *(En voz alta.)* Señor, cerramos el almacén a las doce. Elegid enhorabuena vuestra ascendencia que luego será tarde.

DON LUPO

Está bien. Dadme esa de ahí. La amarilla, la arborescente que asoma por el dintel.

MARGARITA

Pero ¿cuál de las dos? ¿La rústica o la profana?

DON LUPO

(Perverso.) La que vos queráis.

MARGARITA

Tomadla.

(Se la da y luego ella se entrega[231] *a su primo.* DON LUPO *con su caja de entomólogo enseña desplegados y activos sus bigotes. Sus grandes bigotes empolvados y misérrimos.)*

---

[231] En *OL* y *ELB: se la entrega.*

Acto III

[ESCENA I]

(Un usado calabozo. ¿Por qué Dios mío se debate este año el carnaval en tan definitivo calabozo? Las marquesas se desangran artificiosamente por las nauseabundas paredes. Por un ventanuco entran las últimas luces solubles del día.)

AGRIFONTE

(Desnudo y maquiavélico sueña en voz alta.) Casto y lejano, el Dios festejaba danzas siderales y el día aún no venido temblaba en su génesis. Iba y venía, trenzaba y destrenzaba sus eternas barbas en las doradas torres. Mientras ahora me oprimen estos barrocos remordimientos, deben ellas danzar, al viento las cabelleras, por las dulces islas de la mañana. Mientras suena mi última hora, ¡cómo deben ellas combar con sus graciosos saltos este inefable atardecer otoñal!

(Levántase sonámbulo y coge a un contertulio por las solapas.)

Decidme, ¿habéis visto alzar en la plaza de las cuatro esquinas la cigüeña sin ojos del patíbulo?

CONTERTULIO

Sí. Yo mismo me vi obligado a substituir al verdugo a causa de su destitución. Era demasiado sensiblero y él mismo echaba de comer a las palomas de la Plaza. Los turistas se paraban a ver tal prodigio. Lo denunciaron al gobernador por las palabras que, juntando su pico con el de ellas, susurraba líricamente: «Palomas, palomitas, palomitinas, palomititinas»[232]. Era una frase estúpida pero tierna y eso es lo que no le han perdonado.

AGRIFONTE

Entonces sois vos el encargado de desposarme con el anillo del patíbulo.

CONTERTULIO

Sí: ciertamente. Pero antes... Es necesario que lo sepáis. Margarita y Hamlet huyeron juntos.

AGRIFONTE

(Extrañado.) ¿Juntos? *(Ruge de ira.)* ¿Qué queréis decir con eso?

CONTERTULIO

Mira. *(Le muestra la piragua que llevaba escondida detrás.)*

AGRIFONTE

(Como loco.) ¡Cielos! ¡Ay de mí! ¡Desventurado! *(Da un inicuo traspiés.)* Entonces el nefando acueducto...

CONTERTULIO

(Sardónico.) Muerto también.

---

232 Esta frase la retomará Buñuel en una de las escenas con el leproso de la película *Viridiana*.

AGRIFONTE

(Iluminado.) Entonces aún hay tiempo. Reprochemos inmediatamente y que el cielo nos acompañe.

CONTERTULIO

Reprochemos, si así os parece.

(Los dos montan a caballo y desaparecen estáticos. En un rincón la piragua olvidada da al ambiente una infinita tristeza, de mar desecado, de mar de luna, de órbitas vacías e irremediablemente secas.)

ESCENA II

(Las afueras de Ámsterdam. Por los prados pastan groseramente algunos seres. Junto a un canal un arzobispo nauseabundo[233] *silabea equitativamente. Un pastorcillo invisible hace sonar el blanco agujero del atardecer)*[234].

DON LUPO

(Vestido de pastor.) Ya la luna herida en la frente por la redonda piedra del sol se envuelve en el sudario de su luz[235]. Ya mi enteco[236] ganado rumia siluetas y el liberado Agrifonte no llega. ¿Gemirá aún en su atroz calabozo? Más helo ahí[237], que llega.

---

[233] En *ARA* sustituye, manuscrito, a otro vocablo tachado (ilegible).

[234] La sinestesia es uno de los tropos que Buñuel utiliza más en las acotaciones que en los diálogos con el fin de reforzar la sensación de extrañamiento.

[235] Esta imagen de la luna herida remite al inicio del film *Un perro andaluz*, y, como en la lírica lorquiana, simboliza la muerte y la amenaza de tragedia.

[236] *enteco:* «Enfermizo, débil, flaco» *(DLE).*

[237] En *OL* y *ELB: aquí.*

AGRIFONTE

(Dirigiéndose a DON LUPO.) Decidme pastor; ¿visteis desfilar el huérfano cortejo de las sombras? ¿Acaso Leticia, con su coruscante veste, formaba parte de él? ¿No resaltaba su cuerpo como una noticia blanca en medio de tanta negra calamidad? Hablad sin temor pues nadie nos escucha. ¿No es cierto, amigos?

(Los cortesanos asienten)[238].

DON LUPO

(Serenándose.) No, ciertamente nada vi si es que puede llamarse ver al desusado adjetivo o al brusco epíteto.

AGRIFONTE

(Aparte.) ¿Se estará burlando? Comprobémoslo. *(En voz alta.)* Decidme ¿sois el cruel Wenceslao o el anagnosta aquel?[239].

DON LUPO

Por quién me tomáis, vive Cristo.

---

[238] Sánchez Vidal ve un interesante paralelismo entre este pasaje y la escena de la conversación absurda con la niña desaparecida de *El fantasma de la libertad* (1984b, pág. 368).

[239] *anagnosta:* en la Antigüedad grecorromana, 'esclavo encargado de leer en voz alta'. No podemos explicar la elección del vocablo. Por lo que atañe a Wenceslao, y en consonancia con la línea de diálogo precedente, relativa al uso de adjetivos, podría ser una mención al periodista y escritor gallego Wenceslao Fernández Flórez (1885-1964).

Agrifonte

Por vos mismo.

(Don Lupo *se revuelve violento. Sus ojos destellan un odio a muerte. De un golpe desenvaina su mísera espada.)*

Don Lupo

Repetid si os place esas mutiladas, esas, sabedlo de una vez, cretinas palabras.

Agrifonte

Decía que...

(No termina pues Don Lupo *con rabia ulcerada le tira un mandoble.)*[240]

Don Lupo

Tomad. Tomad. Tomad y tomad. Pero ¿sigue V. bien amigo mío?

Agrifonte

Bien ¿y V.?

Don Lupo

Sin novedad, gracias a Dios. ¿Y su presunta familia? ¿Y Hamlet?

---

[240] *mandoble* es una voz polisémica que siempre connota agresión: «Cuchillada o golpe grande que se da usando el arma con ambas manos», «Bofetada (golpe con la mano abierta)», o «Amonestación o reprensión áspera» *(DLE),* entre otros significados.

AGRIFONTE

Helo precisamente por ahí, insomne y virginal. ¿Queréis que os lo presente? *(Llamando a* HAMLET.) ¡Eh!, buen hombre.

HAMLET

(Como saliendo de un sueño.) Quiénes son los que así me llaman. *(Los mira fijamente.)* Decid[241].

(DON LUPO *y* AGRIFONTE *comprenden que* HAMLET *lo sabe todo*[242]. *Palidecen de rabia y de asco.)*

DON LUPO

Os podemos jurar que ignorábamos...

HAMLET

Haber o tener, la podredumbre es esa[243].

AGRIFONTE

Esto es ya excesivo[244]. *(Vase*[245] *al municipio coge el documento y vuelve.)* Hamlet, amigo mío, tu padre, el

---

[241] En *ARA* parece como si, originariamente, la forma verbal fuese *Decidlo,* habiéndose tachado luego el pronombre clítico.

[242] La acotación está destinada al lector, no al espectador, pues sirve para explicar actitudes.

[243] He aquí el particular *to be or not to be* buñueliano, que ya no es cuestión de elección, sino que confirma la condición de putrefacción, por medio de la oposición entre dos verbos cuya dicotomía es, en su uso, meramente léxica y fonética. Aranda reparó en que este «monólogo» establece la distancia entre los problemas de esencia del siglo XVI y los existenciales del siglo XX (1981, pág. 76).

[244] Lo excesivo es la osadía de emular el pasaje más célebre de todo el corpus shakespeareano.

[245] *Vase:* 'Se va' (forma enclítica del presente). Lo repite en la acotación siguiente, esta vez con la tercera persona del plural.

buen padre que te dio el asunto acaba de fallecer incauto.

HAMLET

(Extraviado, riendo con infinita amargura.) Ja, ja, ja... Mi padre me dio el asunto. ¡Vaya asunto! J'en pense le plus de mal possible[246].

EL ESPECTRO DEL PADRE

(Apareciendo.) Señores, la comida está servida.

(Vanse todos. El paisaje ahora vacío recuerda a uno de aquellos inverecundos[247] participios que en otros tiempos hacían la delicia de nuestros antepasados.)

---

246 Esta misma frase la utiliza Pierre Unik en una especie de diálogo que orquestó André Breton con distintos miembros del grupo surrealista, titulado «Recherches sur la sexualité», y que fue publicado en el número 11 de *La Révolution Surréaliste,* de 15 de marzo de 1928. Unik responde en esos mismos términos a la pregunta de Breton «Que pense Prévert du bordel?» (pág. 35). Dicha fecha no solo es posterior a la composición de *Hamlet,* sino que Buñuel no conoció a Unik hasta 1929. En atención a lo cual, teniendo en cuenta la estrecha relación entre ambos artistas, podría ser que la frase la hubiese leído Buñuel cuando se publicó y la añadiera *a posteriori,* puesto que por fechas es imposible que el francés conociera la pieza del bajoaragonés como para quedarse con la expresión y repetirla en su respuesta al cuestionario de Breton. Avala nuestra tesis el hecho de que este diálogo terminaba con «Mi padre», habiéndose añadido a mano el texto que le sigue *(ARA,* pág. 40).

247 *inverecundo:* 'que no tiene vergüenza'.

Acto IV

(Un cementerio —cimeteri, en catalán[248]*— ahogado entre la madrépora*[249] *de sus tumbas. Llueve.)*

HAMLET

(Con bigote y barbas, postizos)[250]. Venid, niñas, venid al dulce jubilitero real[251]. Oiremos el tic-tac de las campanas convertirse en un bandeo de corazones. Venid, niñas, que vuestro mes de mayo quiere ya convertirse en senos.

(Pasa el tiempo.)

Doncellas, dónde os halláis ya doncellas. Veo vuestro vientre intacto pero lleváis en cada dedo un surtidor de venas rotas.

---

[248] Este guiño —según Muñoz-Alonso (2003, pág. 269)— a Dalí puede serlo en sentido doble, por el referente catalán y por el error ortográfico, tan presentes en los textos del pintor, pues en catalán un cementerio es un *cementiri*. A lo mejor por ello, tanto en esta edición como en *OL* y *ELB,* aparece escrito *cementeri*. Ahora, también podría ser un galicismo, del francés *cimetière*.

[249] Se trata de un coral producido por pólipos. En «Diluvio» ya utilizó la imagen de un pólipo.

[250] La afición por los disfraces de Buñuel tiene aquí su alusión, que al mismo tiempo recuerda las funciones de *Don Juan Tenorio* que tenían lugar en la Residencia de Estudiantes. El diálogo que viene a continuación podría estar inspirado por esas representaciones.

[251] «Pasar y trespasar en el jubilitero, pasar y trespasar en el jubilitero real» dice un juego de niñas propio del municipio alavés de Arlucea (Gerardo López de Guereñu, *Voces alavesas,* Bilbao, Euskaltzaindia, 1998, pág. 267). ¿Acaso Buñuel tuvo constancia de este dicho durante sus periodos vacacionales en San Sebastián? Es muy probable.

(Pasa el tiempo.)

Mujeres: ¿no os halláis cansadas de parir? Ved cuánto ejército, descendiente vuestro, pelea sobre la tierra. ¿Y esas espadas? Las habéis labrado a golpes de corazón. Por eso[252] vuestros senos cobardes, ya doblegados, señalan la última puesta de sol.

(Pasa el tiempo[253]. Una bicicleta de alambre rojo surca el cielo[254]. HAMLET *se quita los postizos y reaparece juvenil y eterno, clamando:)*

Oh, antes niñas y ahora deleznables viejas, viejas pedorras madres de toda calamidad, de lacios bigotes canosos. ¿De qué os sirve la arrugada piel de vuestros tambores?[255]. Niña o doncella, mujer o vieja, vuestra disyuntiva es esa: es así que Niño = Niña, luego os digo que Hombre es lo que queríamos demostrar[256].

---

[252] En *ARA: Por eso* sustituye, manuscrito, a un sintagma más largo (ilegible).

[253] El uso de la anáfora en las acotaciones evidencia una clara estrategia poemática en la composición de la pieza.

[254] La bicicleta fue un tópico del cine cómico americano, motivo por el cual formó parte de los objetos relevantes de los poetas y dramaturgos de la generación del 27.

[255] Alusión a los tambores fabricados en Calanda, que se elaboran normalmente con piel de cabra o de ternera.

[256] Esta andrógina ecuación matemática, causa o consecuencia de las que encontramos en «*Cavalleria rusticana*» —y que podría considerarse la traslación literaria de la siguiente, contenida en la carta dirigida a Pepín Bello desde París el 22 de agosto de 1927: «$x^2 + 2x - x = 3b$,, $3b = x$,, x = yo y tú»—, tiene, como mínimo, dos antecedentes en la literatura vanguardista francesa. Uno es la ya citada transformación de Thérèse en Tirésias en *Les mamelles de Tirésias* de Apollinaire, y el otro, menos advertido, es el del manifiesto «Dada manifeste sur l'amour faible et l'amour amer», poco conocido texto de Tzara, leído con motivo de la exposición de Francis Picabia en la galería La Cible Povolozky el 12 de diciembre 1920, y cuyo íncipit es el siguiente:

AGRIFONTE

(Disfrazado de sepulturero.) Decíais, amigo Hamlet...

HAMLET

Decía y sostengo que el infanzón se llamaba Don Rótulo Apodaca[257].

AGRIFONTE

(Una vez más iracundo.) El Apodaca y el Daca seréis[258] vos.

---

préambule = sardanapale
un = valise
femme = femmes
pantalon = eau
si = moustache
2 = trois
canne = peut-être
après = déchiffrer
irritant = émeraude
vice = vis
octobre = périscope
nerf = xxx

[257] Según Pepín Bello, este apellido se eligió por la sonoridad (Muñoz-Alonso, 2003, pág. 270). A Buñuel figura que le gustó tanto el nombre que lo utilizó un año más tarde para referirse a un personaje onírico de su nunca realizado guion cinematográfico sobre la vida de Goya.

[258] En *ARA* se acentúa a mano la letra i, como queriendo incidir en una falsa pronunciación. Esto nos hace pensar, descartada cualquier justificación métrica, que tal vez algunos errores en el uso de las tildes pudieran ser hipotéticas indicaciones de pronunciación dirigidas a los eventuales actores. En contra de este parecer está el dato de que en sus guiones cinematográficos nunca utilizó esta supuesta táctica.

HAMLET[259]

Y si lo fuera...

AGRIFONTE

Entonces..., pues la verdad, no sé[260].

(Frente a la puerta del castillo se detiene una cabalgata. MARGARITA *desciende del caballo, sube precipitadamente las escaleras y entra como loca en el cementerio.)*

MARGARITA

(Abalanzándose sobre el cadáver de HAMLET.) Oh, imposible, imposible. *(Solloza.)* Pobre Hamlet, helo ahí muerto, alejado de mí para siempre, eternamente inasequible a mi amor. *(Solloza.)* Pobre Hamlet, tan puntual, tan bueno. Hubiéramos podido ser tan felices, oh, Agrifonte. Mas no ha sabido comprenderme; no, ni ha sabido comprenderme ni acudirá a la cita. ¿Le habéis visto hoy?

AGRIFONTE

(Perverso y lúbrico.) No: precisamente lo estaba esperando. Y vos Margarita ¿sonreís lúgubre o es que continuáis insatisfecha?

---

259 El texto de la obra que no aparece en *OL* ni en Muñoz-Alonso (2003) es el que va desde esta línea de diálogo hasta la primera acotación de la Escena II (ambas incluidas). Corresponde a la pág. 42 de *ARA*.

260 En *ARA* esta línea de diálogo, manuscrita, sustituye a otra (ilegible, aunque parece aludir a Margarita).

MARGARITA

Yo quiero ver a Hamlet, mi bienamado.

AGRIFONTE

(Cogiendo las llaves y el azadón.) Vamos pues.

(Se pierden en una oscura avenida, amorosamente enlazados. MARGARITA *se ha dejado olvidado el sexo en la cruz de una tumba*[261]. HAMLET *no habrá salido de su escondite: desde allí habrá seguido con creciente angustia cuanto llevamos relatado)*[262].

[261] Esta acotación augura la imagen de las cabelleras al viento colgadas de una cruz de *La edad de oro,* momento evocado también en «*Polisoir* milagroso».

[262] En *ARA* la frase original parece ser «HAMLET *que no habrá salido de su escondite y desde allí habrá seguido con creciente angustia* [tachadura mecanuscrita ilegible] *cuanto llevamos relatado»;* habiéndose introducido las variantes a mano.

Castells ha hecho notar con acierto que —siguiendo en principio las normas del género teatral— el uso del verbo *relatar* para algo que se desea representar, nos da la pauta de que *Hamlet* —al igual que ocurre con «Una jirafa»— es un ejercicio intransitivo en el que «el texto responde y remite a sí mismo, a sus propias normas y a la aceptación de un doble reto: el de escribir, por parte del autor, un *más difícil todavía* del imaginario, y el de recibir, por parte del lector, un mensaje cuyo sentido último no es otro que el de la transgresión y la risa» (1989, pág. 20).

ESCENA II

(El mar, AGRIFONTE, EL CONTERTULIO, DON LUPO *y* HAMLET *en un bajel. Por el tragaluz comienza a filtrarse la blanca procesión de niños muertos)*[263].

DON LUPO

(Desde la punta del trinquete, con su telescopio en ristre no mira, huele a horizonte.) ¡Eh! ¡Los de a bordo! Un modesto bergantín a estribor.

---

[263] Ya hemos visto que Buñuel consideraba que su película *Un perro andaluz* era una desesperada llamada al crimen. Pero hay bastantes ejemplos en su literatura de este pensamiento (especialmente en su etapa surrealista, que hemos subrayado y subrayaremos), y algunos de los más evidentes y eficaces son las imágenes de niños muertos. Además de esta acotación, en «No hay Dios» los niños son víctimas de una muerte perturbadora. En esta didascalia, la referencia al personaje de Gilles de Rais nos parece evidente. Este noble francés del siglo XV, que luchó en los años finales de la guerra de los Cien Años junto a Juana de Arco, fascinó a Buñuel, quien escribió, junto a Jean-Claude Carrière, el guion de la adaptación cinematográfica de la novela de Huysmans *Allá lejos* (1891), que finalmente no pudo llevar a la gran pantalla. De Rais fue juzgado y ejecutado, entre otros motivos, por los casos de abuso sexual y asesinato que cometió contra múltiples niños y adolescentes. Estas dos referencias —Juana de Arco (muerta en la hoguera en Ruan, aunque ahora la acción se sitúa en el mar) y el infanticidio— vinculan *Hamlet* con esos personajes, pues recordemos lo que su autor declaró: «A mí me hubiera gustado vivir en la Edad Media, esa época feroz y delicada, como decía Huysmans en *La-bàs* [*Allá lejos*]. ¿La ha leído usted? Es una maravilla, una reivindicación de la Edad Media. Y luego, Gilles de Rais, qué tipo maravilloso, la santidad y el demonismo, Juana de Arco y las misas negras» (José de la Colina, «Agón o el canto del cisne según Luis Buñuel», *Contracampo,* núm. 1, 1979, pág. 7). La muerte en la hoguera de Juana de Arco, precisamente en Ruan, no deja de ser una imagen que contrapone la ferocidad (del fuego y el martirio que provoca) con la delicadeza (de la víctima) de las que habla Buñuel.

(Los tres amigos dirigen sus lacios catalejos a babor. LETICIA, *sonriente, sin miriñaque, les hace unas señas increíbles)*[264].

DON LUPO

(Siempre desde el trinquete.) ¿La veis?

HAMLET

(Enajenado.) Sí: la veo.

CONTERTULIO

Yo no.

AGRIFONTE

Yo ni la veo ni la conozco. Conque hasta mañana señores pues yo me suelo retirar temprano. *(Se va.)*[265]

CONTERTULIO

Adiós Hamlet. Que te diviertas. ¡Ah! se me olvidaba. El cardenal te ha perdonado. *(Se va igualmente.)*

---

[264] *miriñaque:* «1. Alhajuela de poco valor que sirve para adorno o diversión. 2. Zagalejo interior de tela rígida o muy almidonada y a veces con aros, que usaron las mujeres» *(DLE)*. Aunque ambos significados funcionan, nos inclinamos por pensar que Buñuel se refería al segundo, cuyo efecto aquí es más humorístico y coherente con las «señas increíbles», seguramente por eróticas o claramente sexuales.

[265] *Nota bene:* no deja de ser tan curioso como anecdótico que aquí y en las líneas de diálogo siguientes no se haya empleado, al menos en una de las veces, la forma enclítica que tanto apreciaba su autor.

HAMLET

(Aparte.) ¿Por qué se van? ¿Estaremos todos locos? *(En voz alta.)* Vos, Don Lupo, tal vez el más cuerdo, sacadme de mi terrible inquietud, decidme si...

(No termina. Espantado, ve a un delfín numismático abalanzarse contra DON LUPO *y triturarlo sin interrupción. Aquel lanza un ¡ay! folklórico)*[266].

HAMLET

(Sombrío.) Solo en todo el mar, en un bajel por ataúd. Y sin el goce supremo de contemplar a Leticia, único amor y norte de mi vida. *(Se estremece.)* Mas ¿qué es esto? ¿Qué contemplaron mis ojos? Dios mío ¿será posible?...

(Por fin... LETICIA, *la imponderable* LETICIA[267], *desemboca allí mismo en el mar.)*

(Delirante, estremecido de amor.) Leticia, Leticia mía. *(La ciñe entre sus brazos.)*

LETICIA

Oh, Hamlet. Bésame. Al fin soy tuya. Me entrego[268].

HAMLET

Leticia, Leticia. ¿Solo mía?...

---

266 En esta última exclamación, que reaparece en las acotaciones finales, se ha visto, no sin razón, una alusión al teatro de García Lorca *(SV,* pág. 263).

267 En *ARA* esta coma sustituye a un vocablo tachado (ilegible).

268 En *OL* y *ELB: Al fin soy tuya, me entrego.*

LETICIA

Mi bien amado, tuya para siempre. Solo tuya y de él.

HAMLET

¿De él también? ¿Del hijo de mi jardinero? *(Mirando al cielo.)* ¡Gracias Dios mío! *(A* LETICIA.) Vida de mi vida.

LETICIA

¡Oh, amor![269].

(Cae el uno en brazos del otro, para formar un cuerpo con los dos suyos. Ríen, lloran, deletrean su amor. Los siglos pasan como murciélagos. Mas... de pronto HAMLET *se pone horriblemente*[270] *pálido, retrocede unos pasos y después de lanzar un terrible ¡ay! incestuoso*[271] *cae mutilado por cubierta.)*

---

[269] García de Mesa sostiene que en este encuentro sobrevuela el fantasma del incesto, al estar la presencia materna representada por Leticia, madre de un Hamlet que aglutina en una identidad: la «del único yo incestuoso porque acaba siendo el mismo ser» (2008, pág. 14). Independientemente de su plausibilidad, tal observación se alinea con la perspectiva psicoanalítica que Fernando Césarman realizó de la obra fílmica de Buñuel, donde las relaciones edípicas son, según él, una constante (véase su libro *El ojo de Buñuel. Psicoanálisis desde la butaca,* Barcelona, Anagrama, 1976). De haber conocido esta pieza, seguramente hubiera visto las encarnaciones de los padres de Buñuel y de él mismo en los personajes de Agrifonte, Leticia y Hamlet, respectivamente; un acercamiento que puede extenderse a otros relatos en los que el protagonismo recae en un trío constituido por dos hombres y una mujer, como «*Ménage à trois*» o «*Cavalleria Rusticana*».

[270] En *OL* y *ELB: terriblemente.*

[271] Véanse las notas 266 y 269.

(¿Qué ha sucedido?)

(LETICIA, *la deseada* LETICIA, *la de los aseados senos, no es otra que* HAMLET *mismo, él, el idéntico* HAMLET *que alumbró su madre)*[272].

FIN

[272] Esta abundancia de didascalias finales denota una vecindad del texto con un guion cinematográfico. Aun así, lo más extraordinario es finalizar, con una referencia a la madre de Hamlet/Leticia que, por lo que hemos indicado, puede serlo a Agrifonte o a la propia Leticia. Cualquiera que fuese la intención, cerrar el texto mencionando a la madre, a más de abonar tesis psicoanalíticas, vigoriza la imprecisión/confusión identitaria de toda la obra como estaba haciendo, o haría más tarde, con *«Ménage à trois», «Cavalleria Rusticana», Un perro andaluz* o *Ese oscuro objeto del deseo*. Por añadidura, que esta alusión sea para introducir el sintagma más racional de todos los de la obra (que una madre para a un hijo), respalda la tesis de que la identidad de esta madre es tan difusa como la lógica que preside esta última acotación.

Poética surrealista

Poemas
(1927-1929)

ME GUSTARIA PARA MI

Lágrimas o sauce sobre la ribera
de dientes de oro
de dientes de polen
como la boca de una muchacha
de cuyos cabellos brotaba el río
en cada gota un pececillo
en cada pececillo un diente de oro
en cada diente de oro una sonrisa de quince años
para que ~~pueden~~ [se] reprodu[zcan] las libélulas

[¿En qué puede pensar una doncella]
¿~~Es inocente una doncella~~
cuando el viento le descubre los muslos?

Me gustaría para mí

Lágrimas o sauce sobre la ribera[273]
de dientes de oro
de dientes de polen[274]
como la boca de una muchacha
de cuyos cabellos brotaba el río
en cada gota un pececillo
en cada pececillo un diente de oro

---

[273] A diferencia de otros poemas, el ojo no es citado directamente, sino a través de su secreción, conjugando así dos motivos dominantes: el agua y el ojo, de suerte que el sauce, un árbol que crece en zonas húmedas, alude al sauce llorón *(salix babylonica).*

En *OL: tierra.* Por lo acabado de exponer, la naturaleza hídrica de *ribera* es más pertinente, aunque *tierra* nos lleva a la imagen de fecundación. Asimismo, es la única diferencia léxica con el mecanuscrito reproducido en *ELB*. ¿Sería esta la sola variante respecto de la versión primitiva de la que habla Sánchez Vidal *(SV,* pág. 265)? Todo apunta a que se trata de un error de transcripción de *OL,* y a que la versión primitiva es la copia mecanuscrita antes de ser enmendada (y como tal nos referimos a ella).

[274] Villanueva detecta ecos de este verso en las *columnas de cieno* de «La aurora» de *Poeta en Nueva York* de Lorca (2015, pág. 185). No hay duda, y así lo iremos glosando, de la existencia de vínculos de intertextualidad entre el poemario lorquiano y las poesías de Buñuel.

en cada diente de oro una sonrisa de quince años[275]
para que se reproduzcan las libélulas[276]

¿En qué puede pensar una doncella
cuando el viento le descubre los muslos?[277].

---

[275] En «Sant Sebastià», Dalí dice, en registro y tono muy similares: «Cada gota de agua, un número. Cada gota de sangre, una geometría» *(L'Amic de les Arts,* núm. 16, 31 de julio de 1927, pág. 53).

En *OL* y en la transcripción de *ELB* se añade una coma al final del verso.

[276] En la versión primitiva: *para que puedan reproducirse las libélulas.* Esta estrofa es un retrato de la faz de una mujer a partir de un juego lírico de asociaciones líquidas (lágrima, río, gota) y sólidas (dientes, boca, cabellos) de elementos de la figura humana. La repetida referencia a los dientes nos retrotrae al capítulo primero de *Locus Solus* de Raymond Russel, y las libélulas, a los retratos femeninos de pintores prerrafaelitas y del francés Odilon Redon, en concreto a las representaciones del momento hamletiano de la muerte de Ofelia.

Nótese el efecto estético producido por el recurso formal de la ausencia del punto y aparte —pensamos que involuntario— combinado con el salto de espacio entre estrofas y, a renglón seguido, una oración que debe respetar escrupulosamente la puntuación al ser interrogativa.

En la transcripción de *ELB* se introduce un punto al final del verso.

[277] En la versión primitiva: *¿Es inocente una doncella / cuando el viento le descubre los muslos?* Es decir, se pasa de inquirir unilateralmente al lector a una mayor complicidad con él. De todos modos, esta redacción primigenia incide sobre la inocencia del personaje femenino, que es doncella, 'mujer virgen o criada', y que, asociada a la imagen de los dientes, remite indefectiblemente a la leyenda de la *vagina dentata* (según la cual existen mujeres con vaginas dentadas, por lo que una relación sexual con ellas culminaría en la emasculación o castración del hombre) y que posteriormente reaparecerá en su filmografía (véase Velasco, *op. cit.),* en la que los muslos femeninos constituyeron uno de los motivos más recurrentes. En este caso interactúa con otro de ellos, el viento, cuya función —antropomorfista— es aquí claramente erótica y castradora.

Polisoir milagroso

En invierno caen al mar los gritos de los semáforos[278]
acribillados de viento y de crucifixión[279]
Un barco puede naufragar en una gota de mi sangre[280]
de mi sangre cuando cae sobre el pecho
de una marquesa Luis XV de espuma

---

[278] El semáforo forma parte del tópico ultraísta de los artificios urbanos, siendo una nueva realidad moderna presente en otros poemas, como «Inauguración» de Guillermo de Torre.

[279] Monegal sostiene que este íncipit es la muestra más exagerada de subversión del sentido de toda la creación escrita de Buñuel, que se alcanza por el constante recurso a la catacresis, «porque ninguno de los términos permite conexión alguna con los demás, fuera de su presencia en el mismo grupo sintáctico» (1993, pág. 54).

La escena final de *La edad de oro* adapta este segundo verso a través de la imagen de una cruz azotada por el viento y cubierta de cabelleras y de nieve en los exteriores del castillo de Selligny (que es referencia directa al castillo de Silling de *Las 120 jornadas de Sodoma* del marqués de Sade).

[280] Marcilly ha hecho notar que en este verso se da la expresión de un pensamiento típico de Lorca, una actitud que denomina *posibilismo lorquiano:* «eso de que tal o cual cosa *puede* producirse, *puede* hacer lo uno o lo otro, *puede* ser esto o aquello», que tiene una de sus más claras manifestaciones en el cuadro primero de *El público* (Charles Marcilly, «Historicidad de la imagen poética en la obra de Federico García Lorca», en AA.VV., *Valoración actual de la obra de García Lorca,* Madrid, Casa Velázquez/Universidad Complutense, 1988, pág. 132. La cursiva es del autor). En la misma senda deductiva se sitúa Villanueva, que lo compara con el *naufragio de sangre* del poema «La aurora» de *Poeta en Nueva York* (2015, pág. 185).

Ese paisaje se hiela menos sobre el espejo
que sobre las uñas de los muertos
que han de resucitar
con los dedos convertidos en flores
en flores de agonía extinta y de salvación[281]

Partida como un valle de Josafat
les espera la raya de mi cabeza
Mientras Cristo condena
la Virgen María en peinador blanco
dará un pedazo de pan a los condenados
y pondrá un pájaro de caricias
en la frente de los que se salven[282]

---

[281] *Nota bene:* el uso de la anadiplosis en este poema —en la primera estrofa («gota de mi sangre») y aquí—, otra figura retórica de repetición, bastante excepcional en Buñuel, aunque su película *El fantasma de la libertad* participa de una narración muy próxima a este recurso. En la tercera estrofa, en cambio, la repetición se materializa en una aliteración en [r].

Este verso parece también replicado por Lorca en *Poeta en Nueva York,* cuando habla de los *nardos de angustia dibujada* del acabado de citar «La aurora» (Villanueva, 2015, pág. 185).

[282] Si en la estrofa anterior el proceso de reificación del cuerpo se articulaba a partir del elemento anatómico de las manos, en esta es el turno de la cabeza. Sea como fuere, estas «ocurrencias insólitas y las imágenes delirantes de sus primeras películas hallan ya aquí expresión verbal» (Cano Ballesta, 2013, pág. 179).

No me parece ni bien ni mal

Yo creo que a veces nos contemplan
por delante por detrás por los costados
unos ojos rencorosos de gallina
más temibles que el agua podrida de las grutas[283]
incestuosos como los ojos de la madre
que murió en el patíbulo
pegajosos como un coito[284]
como la gelatina que tragan los buitres[285]

---

[283] Villanueva encuentra estrechos paralelismos entre estos cuatro versos y los que abren la lorquiana «La aurora» de *Poeta en Nueva York* (2015, pág. 185).

> La aurora de Nueva York tiene
> cuatro columnas de cieno
> y un huracán de negras palomas
> que chapotean las aguas podridas.

Tocante a la enunciación, el temor que producen los ojos de gallina en el yo lírico, sugieren que este coincide con el yo autoral, dado el terror que tenía Buñuel a estas aves.

[284] En *OL: pegajosos como un cóito.* En *ELB: pegajoso como un coito.*

[285] Los buitres son un recuerdo de su infancia en Calanda que, como señaló en algún momento, le parecían curas (Pérez Turrent y De la Colina, 1993, pág. 15). La imagen está, por tanto, servida a través de la unión entre la fisicidad del sexo y de la religión, entre el cuerpo de Cristo que tragan los clérigos y lo viscoso —y, por ende, telúrico— del acto sexual.

Yo creo que he de morir
con las manos hundidas en el lodo de los caminos

Yo creo que si me naciese un hijo
se quedaría mirando eternamente
las bestias que copulan en los atardeceres

Al meternos en el lecho

Los restos de estrella que quedaron entre tus cabellos
crujían como cáscaras de cacahuete
la estrella cuya luz descubriste
hace ya un millón de años
en el instante mismo en que nacía
un diminuto niño chino[286]

«LOS CHINOS SON LOS ÚNICOS QUE NO TEMEN
LOS FANTASMAS
QUE TODAS LAS NOCHES A LAS DOCE NOS
[SALEN DE LA PIEL»[287]

---

[286] En *ELB* este verso no existe por separado, sino que se une al anterior. No encontramos muy lógica esa nueva versificación que, por lo demás, no se justifica por el editor.

[287] Salvando todas las distancias poemáticas de versificación y métrica del género, esta estrofa es una especie de haiku de cosecha propia —la referencia a los chinos sería un elemento absolutamente perturbador (al asociar el haiku japonés con sus rivales chinos) y, por tanto, coherente con su ánimo provocador—, aunque la estructura es más propia de su antecedente, el haikai-no-renga, una sucesión de haikus de corte menos grave. Es bien conocida la aceptación que los haikus tuvieron entre los poetas de la generación del 27, así como los paralelismos que pueden establecerse con las greguerías.

Es lástima que la estrella
no supiera fecundar tus senos[288]
y que el pájaro de la lámpara de aceite
la picotease como a una cáscara de cacahuete
tus miradas y las mías dejaron en tu vientre
un signo futuro y luminoso de multiplicación[289]

---

[288] Monegal aprecia en estos dos versos un modelo de la inadecuación semántica que caracteriza el poema, al haber obrado Buñuel una asociación que carece de referente fuera del texto y que no es traducible racionalmente (no hay duda de que es así, como lo es en otros poemas de esa época). Y añade: «No es una metáfora que corresponda al esquema "A es (como) B", puesto que ni "estrella" ni "senos" están sustituyendo a otros sustantivos, ni se predica ninguna equivalencia entre ellos, dado que los verbos de la frase participan del desplazamiento. A ninguna de las palabras se le puede adjudicar otro sentido que el literal, pero la secuencia solo es susceptible de una lectura metafórica, que se extiende al propio predicado. En tanto que opera sobre el eje sintáctico, se puede decir que es una metáfora fundada en relaciones metonímicas, es decir, de contigüidad, pero de una contigüidad que no existe fuera del texto» (Monegal, 1993, pág. 55).

[289] Con este final —que, como ha sugerido Arias, rompe la proximidad entre sexo y muerte que encontramos en otros poemas, intuyéndose «una esperanza en la relación amorosa» (2013, pág. 440)—, se cierra la estructura simétrica del verso pautada por la repetición del sintagma *cáscara(s) de cacahuete,* que en la primera estrofa cerraba la descripción de la relación amorosa y que en esta le da de nuevo paso para clausurar circularmente el poema.

Bacanal

Carnero de 125 pesetas
rizado abundoso manual como el vientre
de la mujer de 150 pesetas
los panes que come el pobre
pueden amasarse de ese vientre
y cocerse con fuego de pulgares

Cuando cruzamos los pulgares para formar un aspa
se renueva el martirio de San Bartolomé
que como se supo después era un fauno
o un miembro
que se crispaba delante de la cruz[290]

---

[290] Según la tradición, san Bartolomé expulsó al demonio Astaroth de un templo donde este vivía dentro de una estatua. Podría ser que esta leyenda sirviese a Buñuel para articular esta red irracional de relaciones entre fragmentos del cuerpo humano, bestiario, motivos religiosos y la simbología cristiana de la cruz. Aun así, la inspiración más directa sería *La leyenda áurea* de Santiago de la Vorágine, uno de sus libros de cabecera, donde encontramos la versión cristiana de la fábula del fauno Marsias. Por otro lado, el fauno es, junto a las sirenas (otro ejemplo de teriomorfismo) en el texto cinematográfico «Variaciones sobre Menjou», de las escasas referencias mitológicas que encontramos en la literatura buñueliana.

San Bartolomé y el fauno danzaban[291]
cuando las piedras salían disparadas de la tierra
como besos tirados con la punta de los dedos
Al morir se lo comieron unas hormigas alegres[292]
que tampoco eran hormigas
eran unas bayaderas silenciosas[293]

De la tumba de San Bartolomé
sale una espiga de carne ardiendo
por cada beso que pudo y no quiso robar.

---

[291] En *OL,* la última palabra de este verso es *cuando,* iniciándose el siguiente con *las piedras.*

[292] Originariamente este verso se completaba con el siguiente: *de costumbres relajadas,* pero luego el autor lo tachó a mano.

[293] Martín Casamitjana ve en este verso un ejemplo de la identificación de lo distinto como mecanismo del ilogicismo de los versos de los surrealistas españoles (1996, págs. 172-173).

El uso de *bayadera* procede con toda certeza de la lectura de *L'Orient* de Théophile Gautier, donde su autor hace una extensa descripción de las bayaderas, de cuyo nombre dice que por sí solo despierta en las mentes más prosaicas y burguesas la idea de belleza, lo que sirve a Buñuel para darle la vuelta y convertirlas en caníbales. Con esto tampoco se separa tanto del escritor galo, con quien comparte el humor negro y los motivos de sus relatos fantásticos. Otra acepción, menos probable, proviene de *bayo* (masculino): 'mariposa del gusano de seda', por lo que *bayadera* pudiera aludir a dicho insecto, cuya asociación con las hormigas constituiría una nueva aportación entomológica a su poesía.

BACANAL

Carnero de 125 pesetas
rizado abundoso manual como el vientre
de la mujer de 150 pesetas
los panes que come el pobre
pueden amasarse de ese vientre
y cocerse con fuego de pulgares

Cuando cruzamos los pulgares para formar un aspa
se renueva el martirio de San Bartolomé
que como se supo después era un fauno
o un miembro
que se crispaba delante de la cruz

San Bartolomé y el fauno danzaban
cuando las piedras salían disparadas de la tierra
como besos tirados con la punta de los dedos
Al morir se lo comieron unas hormigas alegres
~~de costumbres relajadas~~
que tampoco eran hormigas
eran unas bayaderas silenciosas

De la tumba de San Bartolomé
sale una espiga de carne ardiendo
por cada beso que pudo y no quiso robar.

EL ARCO IRIS Y LA CATAPLASMA

¿Cuantos maristas caben en una pasarela?
Cuatro o cinco
¿Cuantas corcheas tiene un tenorio?
1.230.424
Estas preguntas son faciles

¿Una tecla es un piojo?
¿Me constiparé en los muslos de mi amante?
¿Descomulgará el papa a las embarazadas?
¿Sabe cantar un policía?
¿Los hipopótamos son felices?
¿Los pederastas son marineros?
Y estas preguntas, ¿son tambien fáciles?

Dentro de unos instantes vendrán por la calle
dos salivas de la mano
conduciendo un colegio de niños sordo-mudos

¿Sería descortes si yo les vomitara un piano
desde mi balcon?

= = = = = = = = = = =

El arco iris y la cataplasma

¿Cuántos maristas caben en una pasarela?[294].
Cuatro o cinco[295]
¿Cuántas corcheas tiene un tenorio?[296].
1.230.424[297]
Estas preguntas son fáciles[298]

¿Una tecla es un piojo?[299].
¿Me constiparé en los muslos de mi amante?[300].

---

[294] De entre los títulos que Buñuel barajó para el film *Un perro andaluz* estaban *¡Vaya marista!* y el ya citado *La marista en la ballesta*. Asimismo, en una escena de su siguiente película, *La edad de oro*, aparecen unos maristas cruzando una pasarela.

En el original: *Cuantos*.

[295] En *OL* y *ELB: ¿Cuatro o cinco?* Este error solo se subsanó en *BLD*.

[296] Si bien juega con la confusión tenor/Tenorio, opinamos que es una referencia a la obra de Zorrilla. Incluso la idea de corchea podría perfectamente emparentarse con la de ripio en referencia a los que Buñuel introdujo en el texto del vallisoletano para las representaciones que dirigía en la Residencia de Estudiantes.

En el original: *Cuantas*.

[297] *ELB* y *BLD* incluyen un punto al final del verso.

[298] En el original: *faciles*. En *OL* y *ELB* se añade un punto y aparte.

[299] Es esta una buena muestra de que Buñuel nunca renunció al recurso greguerístico. De otra parte, pasamos de las preguntas de respuesta cuantitativa a las cualitativas, lo que demuestra que la irracionalidad radica tanto en el verso como en la estructura del poema (véase la nota 302).

[300] De nuevo aparece el erotismo de la imagen de los muslos femeninos, como en «Me gustaría para mí».

¿Excomulgará el Papa a las embarazadas?
¿Sabe cantar un policía?[301].
¿Los hipopótamos son felices?[302].
¿Los pederastas son marineros?[303].
Y estas preguntas, ¿son también fáciles?[304].

Dentro de unos instantes vendrán por la calle
dos salivas de la mano
conduciendo un colegio de niños sordomudos[305]

¿Sería descortés[306] si yo les vomitara un piano
desde mi balcón?[307].

---

301 En *ELB: ¿Saben cantar los policías?* Las escenas de policías fueron comunes en sus películas (concretamente, en *El fantasma de la libertad* aparecen policías bailando y cantando).

302 *Nota bene:* el antagonismo de tamaños del bestiario de este poema (piojo/hipopótamo) se dispone de tal manera que las oposiciones irracionales no se dan solo en el seno del verso, sino que son transversales en toda la composición.

303 La asociación entre pederastas y marineros retrotrae indefectiblemente a los motivos de *Los cantos de Maldoror.*

304 Es interesante ver como Buñuel marca el ritmo del verso internamente con el uso de la coma (probablemente para mantenerlo con respecto a los versos interrogativos, cuya naturaleza precisamente los condiciona rítmicamente), cuando en el interior del poema omite los puntos finales antes de las estrofas primera y tercera, como queriendo pautar una oposición rítmica entre poema y verso.

En el original: *tambien fáciles.*

305 En el original: *sordo-mudos.* En *OL* y *ELB* se añade un punto y aparte.

306 En el original: *descortes.*

307 José Antonio Llera ha identificado intertextualidades entre el vómito lorquiano de «Paisaje de la multitud que vomita (Anochecer de Coney Island)», uno de los poemas de la tercera sección de *Poeta en Nueva York* (1929), y este vómito («Texto, contexto e intertexto en "Paisaje de la multitud que vomita [Anochecer de Coney Island]", de Federico García Lorca», *1616: Anuario de Literatura Comparada,* núm. 1, 2011, pág. 205). Sin embargo, se trata de una relación intertextual de naturaleza léxica, pues *vómito* no tiene el mismo significado en uno y otro poeta.

Mientras que para Lorca, el vómito es aquello que se vomita, a Buñuel le interesa —aquí y en los cuentos «La agradable consigna de Santa Huesca» y «La descomunal batalla de las catedrales y las vagonetas»— el acto de vomitar (las arcadas). Razón por la cual Lorca puede antropomorfizar el vómito:

> El vómito agitaba delicadamente sus tambores
> entre algunas niñas de sangre
> que pedían protección a la luna.

Una operación que Buñuel se reserva para otras secreciones humanas, como la saliva de dos versos más arriba. Así, en términos de hipertextualidad, el vómito lorquiano y la saliva buñueliana mantienen relaciones hipotextuales al simbolizar ambos la putrefacción (véanse las notas 211, segundo párrafo, y 291 en el aparato introductorio).

Relacionado con el balcón, en *La edad de oro,* precisamente antes de la escena final en el castillo de Selligny, está la ya citada en la que el protagonista, interpretado por Gaston Modot, arroja por una ventana objetos y personas, como un obispo, un abeto en llamas, las plumas de un cojín o una jirafa.

En el original: *balcon.*

Pájaro de angustia

Un plesiosauro dormía entre mis ojos[308]
mientras la música ardía en una lámpara
y el paisaje sentía una pasión de Tristán e Iseo[309].

Tu cuerpo se ajustaba al mío
como una mano se ajusta a lo que quiere ocultar;
despellejada

---

308 El plesiosauro forma parte de los elementos que Tzara utilizó para proclamar su nihilismo frente a los valores tradicionales de cualquier ámbito, el arte incluido, como cuando en «Proclamation sans prétention» (1919) escribió: «ARTE – palabra loro – reemplazado por DADÁ, PLESIOSAURO o pañuelo».

La imagen evoca el cuadro *Gato y pájaro* de Paul Klee (1928), que Buñuel no debía de conocer. En este lienzo, el pintor germano-suizo representa la fijación del gato por las aves insertando la figura de un pájaro entre los ojos del felino, reforzando dicha obsesión con el cromatismo. Si en esta obra pictórica el pájaro habita en el espíritu del gato, el plesiosauro habita también en el del poeta, iniciando una composición que se articula sobre la imagen de un cuerpo humano que topografía un espacio geográfico por donde deambulan una fauna y otros elementos naturales, dando lugar a una potente iconografía onírica que encarna las obsesiones del yo lírico.

309 *Tristán e Isolda,* de Richard Wagner, era la ópera favorita de Buñuel, quien aquí opta por el nombre de pila «Iseo», morfológicamente femenino, pero fonéticamente masculino, prolongando así el tema de la confusión de identidades que encontramos en *Hamlet* y otras composiciones.

me mostrabas tus músculos de madera[310]
y los ramilletes de lujuria,
que podían hacerse con tus venas[311].

Se oía un galope de bisontes en celo
entre nuestros pelos que temblaban como las hojas de un jardín;
todos los diálogos de amor se parecen,
todos tienen acordes delirantes,
pero el pecho aplastado
por una música de recuerdos seculares;
luego viene la oración y el viento,
el viento que teje sonidos en punta[312]
de una dulzura de sangre,
de aullidos hechos carne;

¿qué anhelos, qué deseos de mares rotos[313]
convertidos en níquel

---

[310] A pesar de la distancia temporal entre este texto y «Una jirafa», los muslos de madera nos transportan a los de la escultura de carpintería del aludido mamífero que debía incorporar ese texto híbrido.

En *OL* (y de ahí a *ELB): mostraba.*

[311] En *La mort difficile* (1926) de René Crevel, escritor por el que Buñuel sentía un profundo y velado respeto y aprecio, «ilustró su visión del amor como *le pays de splendides tourments* [el país de tormentos espléndidos] con un tributo que [...] por estar hecho de carne humana y no de flores, atrajo a Buñuel», quien explotó esta idea en esta estrofa (Morris, 2000, pág. 230).

[312] A través de la anadiplosis, Buñuel subraya la referencia directa al único (con el agua de los mares de la siguiente estrofa) de los elementos de la naturaleza presentes en el poema.

Nota bene: la superposición de campos semánticos con el nombre de los peces del microrrelato «Lucille y sus tres peces».

[313] En el texto publicado: *que* (en ambos casos). En *OL* se introduce la mayúscula en el primer adjetivo interrogativo. Desconocemos si fue elección del editor o derivó de la supervisión de Buñuel, aunque no tiene mucho sentido no acatar las reglas gramaticales cuando el poema es, a diferencia de otros, muy escrupuloso con el uso de la puntuación. Además, es el registro de signos más rico de la producción poemática de

o en un canto ecuménico de lo que pudo ser tragedia,
nacerán[314], los pájaros de nuestras bocas juntas,
mientras la muerte nos entra por los pies?

Tendida como un puente de besos de piedra dio la una[315].
Las dos volaron con las manos cruzadas sobre el pecho.
Las tres se oían más lejanas que la muerte.
Las cuatro ya temblaban de alba.
Las cinco trazaban con compás el círculo transmisor del día.

A las seis se oyeron las cabrillas de los Alpes[316]
conducidas por los monjes al altar[317].

Buñuel (sin ir más lejos, fijémonos en el empleo del punto y coma). En lo relativo al error ortográfico, nos inclinamos a pensar que se trata de una errata de impresión derivada de que este poema y «Palacio de hielo» son los únicos textos en castellano de la revista. Teniendo en cuenta que en catalán el vocablo *que* solamente se acentúa con acento grave cuando es pronombre interrogativo (como exclamativo cambia la ortografía), esta incompatibilidad con el acento agudo pudo ser la consecuencia de que se perdiese la tilde que le corresponde en español.

314 En el pasaje que va desde el principio de esta estrofa («¿qué anhelos [...]») hasta aquí («[...] nacerán»), Marcilly constata paralelismos con los temas y el material gráfico de Lorca en *Poeta en Nueva York (op. cit.,* pág. 132).

315 En opinión de Morris, el beso aparece aquí como el contacto doloroso, duro y deliberadamente falto de sentimiento como «el beso de cinc» imaginado por Hinojosa en 1927 (2000, pág. 230); pero la idea de los besos de piedra va más allá, convirtiéndose en una alegoría de la muerte, previa a la posterior resurrección animista de los protagonistas. También es esgrimible, sin desmerecer otros acercamientos, que se trate de una alusión a la leyenda «El beso» de Bécquer, que Buñuel adaptó en *El fantasma de la libertad*.

316 En el texto publicado: *alpes*.

Las cabrillas volverán a aparecer en «[Querido Pepín]». Parece como si Buñuel quisiese satirizar la literatura pastoril.

317 Una de las más poderosas y enigmáticas imágenes de la filmografía de Buñuel es la del rebaño de ovejas entrando en la iglesia al final de *El ángel exterminador*. He aquí su precuela literaria que, si no aclara el sentido de la escena de esa cinta (objeto de infinidad de interpretaciones), sí que arraiga el alcance lírico del cine de nuestro protagonista.

Poemas en prosa
(1927-1929)

Historia decente

Carmencita[318] era muy dócil. La inocencia de Carmencita era proverbial. Su madre velaba por ella noche y día y ponía frente a su hija la muralla de su vigilancia, contra las añagazas[319] del mundo. La madre, al llegar Carmencita a los doce años, se mostraba preocupadísima. «El día que mi hija menstrúe *por primera vez* —pensaba—, adiós su dorada inocencia». Pero llegó a resolver el problema. Cuando vio ponerse pálida a Carmencita *por primera vez,* se echó a la calle como una loca y a poco[320] volvía con un gran ramo de flores rojas. «Toma, hija mía, toma; ahora empiezas a ser mujer». Y Carmencita engañada y contenta con aquellas maravillosas flores rojas se olvidó de menstruar[321]. Todos los meses, doce veces por año, durante muchos años, Carmencita fue[322] así engañada y preservada de la ruin verdad. Con las ojeras[323] precursoras *del 30* de cada mes, su madre le ponía en las manos[324] las flores rojas.

---

318 Bautizando a la protagonista con el mismo nombre que la mujer fatal de la historia homónima de Mérimée, Buñuel alude a aquellos novelistas franceses creadores de relatos españoles, como Gautier, Potocki o Lesage.

319 *añagaza:* «Artificio para atraer con engaño» *(DLE).*

320 En *OL* y *ELB: al poco.*

321 En *OL* y *ELB: Y Carmencita, engañada y contenta con aquellas maravillosas flores rojas, se olvidó de menstruar.* Bien que esta es una forma más correcta de usar la puntuación, nos regimos por lo establecido por Sánchez Vidal en *BLD,* quien tuvo acceso al original.

322 En *OL* y *ELB: era.*

323 Con este término aprovecha el autor para introducir, de nuevo y colateralmente, el motivo del ojo.

324 En *OL* y *ELB: la mano.*

Carmencita cumplió los cuarenta años. Su madre, ya muy anciana, le llamaba aún Carmencita, pero todos la nombraban doña Carmela. En esa edad, llegó un mes en que Carmencita ya no tuvo[325] ojeras y entonces su madre le regaló un *bouquet* de flores blancas. «Toma, hija mía, es el último ramo que te ofrezco, ya has dejado de ser mujer.» Carmencita se sublevó. «Pero, mamá, si no me he enterado de que lo he sido.» A lo que la madre respondió: «Tanto peor para ti, hija mía». Aquel *bouquet* blanco, ya marchito, deshojado, esparcido, seco, fue el que pusieron en el ataúd de Carmencita[326].

Historia indecente

A Mariquita[327], cuando llegó a la edad crítica[328], su madre quiso hacerle lo mismo que hiciera la de Carmencita, y

---

[325] En *OL* y *ELB: Carmencita no tuvo.*

[326] Jenaro Talens nos invita a observar la diferencia de tono entre la virulencia de este pasaje y el lirismo decadente con el que García Lorca lidió un tema semejante en *Doña Rosita la soltera* (2010, pág. 110). Y va un eslabón más lejos cuando encuentra en este díptico una ejemplificación del rol de la mujer no solo en *Un perro andaluz,* sino en toda la filmografía buñueliana, donde el «deseo de liberación conlleva necesariamente la puesta en cuestión del sistema de valores de la sociedad occidental judeocristiana, única a la que, de forma explícita, alude Buñuel» *(ibíd.,* pág. 109).

[327] La elección del nombre pudo ser una clara y despectiva alusión a la condición homosexual de algún amigo en común de Buñuel y Bello. Meses antes, el 28 de julio de 1927, en otra carta dirigida a Bello, espetaba: «Recibí una carta asquerosa de Federico y su acólito Dalí», y en otra fechada el 5 de septiembre de ese mismo año, y dirigida al mismo destinatario, leemos: «Federico me revienta de manera increíble [...] [Dalí s]e cree un genio, imbuido por el amor que le profesa Federico», para remachar la arenga deseando que el pintor regresase a París «y rehacerse lejos de la nefasta influencia del García». Si es cierto, como advierte Sánchez Vidal, que Buñuel se había reconciliado con Lorca en enero de 1928 *(BLD,* pág. 173), no lo es menos que no solo el microrrelato suena a parodia lorquiana, sino que los dardos pudieran estar mucho más envenenados de lo que parece.

En *OL* y *ELB: Con Mariquita.*

[328] En *OL* y *ELB: cuando le llegó la edad crítica.*

cuando la vio ponerse ojerosa y pálida, le regaló un *bouquet* de rosas rojas. Pero Mariquita era mucho más descarada que Carmencita. Cogió el *bouquet,* abrió la ventana, arrojó por ella las flores y se puso a menstruar como Maruja, la que tú, Pepín, viste concursar en aquel concurso inolvidable[329].

---

[329] En el resto de las ediciones se omite esta última parte de la oración, terminando como sigue: *Cogió el* bouquet, *abrió la ventana, arrojó por ella las flores y se puso a menstruar*. No es difícil intuir que el texto se pulió por el cambio de registro, eliminando así la hibridación, aun cuando huelga decir que el concurso referido nunca se celebró. De esto se infiere que estamos ante un borrador, ante un texto inacabado, como ocurre prácticamente con la totalidad de los textos escritos con la colaboración de Bello.

La referencia a la pintora Maruja Mallo (que mantenía relaciones con Rafael Alberti) tiene que ver con lo que sigue, explicado por el propio Buñuel: «En 1928, por iniciativa de la Sociedad de Cursos y Conferencias de la Residencia [véase la nota 333 en el aparato introductorio], vine a Madrid para hablar del cine de vanguardia y presentar varias películas [...] Lo mejor de la sociedad madrileña, como suele decirse, asistió a la conferencia, que tuvo verdadero éxito [...] Antes de empezar la conferencia, dije a Pepín Bello que el momento me parecía muy indicado, ante aquel distinguido público, para anunciar la apertura de un concurso de menstruación y señalar el primer premio» *(MUS,* pág. 128). Fruto del espíritu provocador de Buñuel, alimentado por el ambiente parisino de aquellos años, las palabras objeto del pretendido anuncio eran: «Queda abierto el concurso de menstruación: Maruja Mallo tiene la palabra» *(BLD,* pág. 174).

Cavalleria rusticana

En medio de la tarde truncada sin paisaje ni remota luna[330] un árbol seco crispaba sus implorantes ramas, tendiéndolas hacia el espejo inflexible[331] del cielo que reproducía hasta el infinito aquel atroz gesto[332].

Sobre la cuerda intacta del horizonte, tres pastores inmóviles sin conciencia ni cayado[333], ponían una enigmática viñeta al increíble atardecer.

¿Por qué los dos sutiles remos de la tarde —luz y sombras— no surcan aires ni estilizan formas?

---

330 Nada más comenzar, el texto deconstruye el espacio y anuncia así el caos espaciotemporal que caracteriza el relato y que se prolongará con expresiones como: «en el más lejano rincón del cielo», «había diluido las horas con sus miradas», «Eran las seis y pico del tiempo» o «¿En qué hosco minuto se unió ELLA para siempre con la tarde hermética, escalofriante, irremediable como el pasado?» (Martín Jiménez, 2007, pág. 149).

331 En *ELB: espejo e inflexible.*

332 Este primer párrafo contiene los elementos que presagian la tenebrosidad de la prosa. La utilización de adjetivos como *seco, implorante* y *atroz,* y verbos como *truncar* y *crispar* anuncia el tono emocional y lúgubre de toda la composición, y demuestra que estamos ante una de las más elaboradas de su autor.

333 *cayado:* «Báculo pastoral de los obispos» *(DLE).* La elección del vocablo no es baladí, pues se trata de un objeto presente en la iconografía fílmica que desarrollaría unos meses más tarde, así como en otro de sus escritos (véanse las notas 504 y 505).

La desolación sollozaba[334] entrecortadamente y en el más lejano rincón del cielo una estrella exhalaba el último suspiro.

Ni una casa, ni un vuelo[335], ni un arroyo[336].

Éramos tres hermanos. Él, Ella y Yo[337].

ÉL = ELLA

ELLA = YO

ÉL = YO[338]

Éramos tres gemelos. Bajo nuestro techo nunca besos de cristal florecieron en nuestras frentes. Es triste y humillante hablar de ello pero éramos tres gemelos partenogenéticos[339].

---

334 La falacia patética, frecuente en esta prosa, tiene aquí la particularidad de aplicarse a un sentimiento.

335 La coma que sigue no aparece en *OL*.

336 A través de este polisíndeton, Buñuel refuerza la idea de ausencia que apuntaba en el primer párrafo: «la tarde truncada sin paisaje ni remota luna», y que preludia el desenlace de la historia.

337 La numerología de la composición —tres pastores, dos remos y tres elementos concretos (una casa, un vuelo, un arroyo)—, robustece poemáticamente, a través de la cuantificación, la idea de tríada protagónica.

338 Se ha vinculado esta idea del desdoblamiento con «Je est un autre» de Rimbaud *(SV,* pág. 255), en el sentido de que el poeta no domina lo que se expresa en él, aunque esta paradoja puede también ocultar la voluntad del poeta francés de denunciar el colonialismo, rechazar el racismo y defender la dignidad del oprimido. Sea como fuere, Buñuel da una vuelta de tuerca más, pues no tiene suficiente con dos gemelos, que ya es una manifestación *per se* de repetición, sino que son tres. Lo cual nos remite a otra paradoja filosófica: «¿Quién soy yo?, siempre una tercera persona» (Gilles Deleuze y Félix Guattari, *¿Qué es la filosofía?,* Barcelona, Anagrama, 1997 [1991], 4.ª ed., pág. 66).

El hecho de utilizar las mayúsculas y las ecuaciones subraya visualmente la idea de hermandad a través de una técnica de claras raíces dadaístas. Sobre los antecedentes del recurso a fórmulas matemáticas, véase la nota 256.

339 De nuevo nos encontramos con la huella entomológica del autor, lo que le permite cumplir con tres reglas (otra tríada) heredadas de su militancia ultraísta: el empleo de neologismos, tecnicismos y esdrújulas. La partenogénesis, forma de reproducción basada en el desarrollo de células sexuales femeninas no fecundadas, se da frecuentemente en platel-

He aquí lo que sucedió una tarde, mejor aún *aquella* tarde truncada sin paisaje ni remota luna[340].

Durante largo tiempo hasta casi perderlo de vista, mi hermana asomada al gótico ventanal, única luz solitaria de la estancia le había dicho adiós con la blanda caricia de su pañolillo[341]. Luego se había sentado junto al hogar y allí hilando[342] había diluido las horas con sus miradas, siempre con rumor de arroyos, siempre vírgenes como convenía a su condición de doncella.

Sin embargo, de su corazón pesaba el negro presentimiento de la tarde, con el monótono e inflexible oscilar de un péndulo[343].

---

mintos (que aparecían ya expresamente citados en «Ramuneta en la playa»), crustáceos, insectos, anfibios y reptiles (raramente en algunos peces y, excepcionalmente, en aves). Esto indica que su uso no es únicamente un brindis ultraísta, sino que tiene una función dramática justificada, al mismo tiempo que refuerza la naturaleza no humana (no mamífera) de los protagonistas. No estamos lejos de *La metamorfosis* de Kafka, relato que Buñuel no podía más que admirar.

Asimismo, culmina aquí la «gradación de la identificación-confusión de personajes» que ha dominado la historia: «primero hermanos, luego iguales, luego gemelos, finalmente partenogenéticos» (Martín Jiménez, 2007, pág. 147).

340 Obsérvese el paralelismo con el íncipit, con el que comparte función narrativa al cerrar la primera parte y dar entrada a la narración histórica de los hechos, en una muestra de construcción repetitiva que bien podría ilustrarse matemáticamente con una ecuación, tal como acaba de hacer el sujeto lírico con los personajes.

341 *pañolillo:* 'prenda de vestir femenina, de forma triangular, que se pone en el cuello y los hombros como adorno o abrigo'. Nueva tríada, esta vez de tres ángulos y tres lados.

342 Referencia al lienzo *La encajera,* de Vermeer, icono del arte antiartístico para Buñuel y Dalí.

343 El péndulo anuncia la ulterior referencia al tiempo que, como ha sido aducido, formaba parte de las inquietudes intelectuales de un joven Buñuel interesado por la teoría de Einstein. Ahora, aquí funciona como referencia al cuento «El pozo y el péndulo» de Poe, pues pauta el trágico final.

De pronto ladró el jardín[344]. Alguien marchaba por la avenida.

¡Ah!... Por fin.

Volvió ÉL. Eran las seis y pico del tiempo[345]. Pero volvió sin ELLA. ¿Dónde la había dejado? ¿Qué hizo de su casta alegría? ¿En qué hosco minuto se unió ELLA para siempre con la tarde hermética, escalofriante, irremediable como el pasado?

Despavorido, conteniendo la respiración le vi entrar sin preguntárselo. En sus ojos temblaba aún el último estertor del día.

Mi hermano dejó caer en un rincón su viejo fusil árabe y se puso a sollozar junto al fuego[346].

¡Qué angustia Dios mío!

—Hermano es posible que tú, a ELLA, a nuestra hermana...[347].

Sin exhalar un grito, retorcíase de dolor[348]. Las lágrimas rodaban caudalosas por su rostro mas antes de caer a tierra

---

344 *Nota bene:* la greguería sirve de punto de inflexión a la narración y añade una fuerza iconográfica inusitada a la amenaza del espacio exterior de la historia, ya de por sí tenebroso con su árbol seco con el que se inicia el relato, y como nueva mención a «El pozo y el péndulo».

345 Esta no puntualidad del tiempo —que contrasta con su inexorable y acompasado paso, ritmado por el péndulo—, además de afianzar el caos temporal, y a diferencia de otros textos, remarca el clima de incertidumbre que conduce al desenlace.

346 El fusil árabe se confronta en el mismo verso con el acto de sollozar frente al fuego, lo que apuntala simbólicamente la mezcolanza de roles que se está produciendo a lo largo de la historia.

347 Después de plantear si nos encontramos ante una afirmación o una pregunta, Martín Jiménez apostilla certeramente que, con independencia de ello, estamos frente al «momento culminante de la destrucción del discurso, de la negación de la posibilidad de que nada sea dicho, porque carecemos de los elementos mínimos indispensables: alguien que diga y alguien al que se diga algo» (2007, págs. 147-148). Al no estar diferenciados en el texto, se podría inferir que no existen, quedando solo pura reverberación del lenguaje.

348 «Su cuerpo de alimaña fabulosa retorcíase en un desquiciamiento supremo», leemos en el capítulo 1, Libro tercero, de *A flor de piel* (1907)

se le iban cuajando por las mejillas, por el pecho. Eran lágrimas ardientes, lágrimas de cera y el arrepentimiento vivo como una llama temblando sobre su cabeza. Ya todo él se derretía como un grueso cirio[349].

Atadas, codo con codo, entraban en la estancia las tinieblas[350].

---

del por Buñuel apreciado escritor decadentista Antonio de Hoyos y Vinent; por más que, como hemos señalado, la alusión al derrumbamiento de la mansión con el que concluye *El hundimiento de la casa Usher* (de Poe y de Epstein) es también muy evidente.

349 Martín Jiménez sugiere en esta imagen una alegoría de lo masculino ante lo femenino (2007, pág. 148), muy acorde con la confusión de identidades que puebla el relato. No obstante, la asociación de la lágrima, símbolo seminal, con el cirio, símbolo fálico, tiene una dimensión erótica derivada de la imagen eyaculatoria que provoca. La simbología seminal de la lágrima tiene larga tradición en la poesía occidental, situándose su origen en el siglo XVI francés de la mano del poeta renacentista Maurice Scève.

Desde otra óptica, este alquímico y sugestivo proceso de evocación de lo líquido hacia lo sólido, con su terminación en un cirio, está relacionado con la idea inicial de la película *Simón del desierto,* que se gestó en la época de su estancia en la Residencia de Estudiantes: «Yo pensaba en ello desde hacía tiempo, desde que Lorca me había hecho leer en La Residencia *La leyenda áurea* [libro de Santiago de la Vorágine, publicado en 1399, por el cual Buñuel sentía verdadera devoción]. Se reía a carcajadas al leer que las deyecciones del anacoreta a lo largo de la columna semejaban la cera de una vela. En realidad, como se alimentaba de unas cuantas hojas de lechuga que le subían en un cesto, sus excrementos debían de semejar, más bien, pequeñas cagarrutas de cabra» *(MUS,* pág. 305). Recordemos igualmente que Simón el Estilita es uno de los personajes del *Enchanteur pourrissant* de Guillaume Apollinaire, texto que no pudo influir sobre esta generación de literatos y artistas por su reducida tirada, aunque concentra un semillero de motivos y procederes de la lírica y la dramaturgia que lo sucedieron. Aprovechemos para insistir en la importancia que tuvo el Medievo como fuente de inspiración creativa de escritores vanguardistas como Apollinaire o Buñuel.

350 Este inquietante colofón resume a la perfección los motivos que atraviesan todo el texto: la muerte violenta, la confusión de identidades y el crimen (Arias, 2013, pág. 435).

Ménage à trois

Por mucho que lo intenté no pude ver el rostro del chofer, algo así como un cosaco que conducía nuestro auto. Junto a mí viajaba una mujer enlutada de una distinción de diosa, de una palidez de alba. No la conocía. No la había visto nunca. Pero sentía despertarse mi piel empapada de lujuria. Atravesábamos un paisaje sin cielo, sin cielo hasta perderse de vista. La tierra se hallaba cubierta de flores negras que exhalaban un penetrante aroma a alcoba de mujer[351].

Mi desconocida mandó detener al chofer junto a un gran lago repleto, un lagrimal[352] repleto de angustia. «Este

---

[351] Esta frase marca la pauta del maridaje entre erotismo y muerte que regirá todo el relato y que culmina con el recurso a la concatenación que permite identificar los labios con el infierno.

En cuanto al párrafo entero, el personaje femenino está explícitamente vinculado con la sexualidad (como un anónimo objeto del deseo masculino) y con la mortalidad, ejemplarizada aquí a través de sus dos *atuendos,* el natural (la piel pálida) y el artificial (la vestimenta de luto que, en contraste con la palidez, refuerza la textura en *blanco y negro* del relato). Una unión que culmina en la última frase del pasaje.

[352] Este es el único de los textos de Buñuel donde la representación de la imagen ocular recae exclusivamente en el lagrimal, con la intencionalidad de crear un vínculo iconográfico de alto voltaje lírico entre la glándula ocular y la topografía del rostro humano, como si de un primer plano de la faz de la mujer se tratase, siguiendo con el estilo implementado en otro microrrelato, «Lucille y sus tres peces». De ahí que especulemos con que pueda tratarse de una influencia de los primeros planos de

es —me dijo— el lagrimal repleto lago de angustia.» No la hice caso ocupado como me hallaba ahora en besarle el pecho entre los senos que ella ocultaba con las manos, llorando sin consuelo, sin fuerzas casi para defenderse de mi lascivia.

Hasta nosotros llegó el chofer con la gorra en la mano no sé a qué. Creí reconocer su rostro y ya no me cupo duda sobre su personalidad cuando con una sonrisa exclamó: «Lago, amigo mío». Loco de contento repuse: «Eres tú, mi[353] lago amigo viejo lagrimal[354]». Con qué alborozo nos acogimos abrazándonos con una alegría de resurrección de los muertos[355].

Juana de Arco en la película *La pasión de Juana de Arco* (1928), de cuya crítica se encargó Buñuel en *La Gaceta Literaria,* donde la loa. Si estuviéramos en lo cierto, se fortalecería la tesis de que este microrrelato se compuso en 1928, año en el que Buñuel visionó la película.

353 En *OL: mí.* A título de curiosidad, el uso de la tilde altera totalmente el sentido de la frase, convirtiéndola en gramaticalmente aberrante, pero con una significación muy apropiada a la identificación que se produce entre el narrador y el chófer.

354 Esta oración condensa en pocas palabras todo el extrañamiento que se ha ido armando en los párrafos anteriores. Podría muy bien haber sido el colofón de esta microficción, sin perder un ápice de su irracionalidad lírica.

355 Mientras que la relación entre el narrador y el chófer es inexistente en los dos primeros párrafos (a decir verdad, la primera frase del relato lo deja meridianamente claro), en este existe un vínculo estrecho entre ambos. No en vano, Roof apunta que esta relación suscita un estado de identificación que linda con un desdoblamiento de personalidad en dos partes indistintas —la duplicidad fragmentaria como manifestación del tema del doble—, que también, y al contrario que en la descripción del encuentro entre el narrador y la mujer, adopta un tono optimista refrendado por el vocabulario empleado: *sonrisa, contento, alborozo* y *alegría* (1992, pág. 42).

Pero hay más, como indica esta misma autora. En este pasaje se traspasa incluso la barrera tradicional que separa la vida de la muerte. La trágica disolución del sentido de unión del narrador con el chófer está latente en las mismas palabras con las que ambos articulan su identidad: «Lago, amigo mío» y «Eres tú, mi lago amigo viejo lagrimal». Un lago

Junto a nosotros acababa de detenerse un entierro. Amortajada en el ataúd yacía la dama desconocida de momentos antes. ¡Pálida flor de carne sin saber cantar! Aún resbalaba por su mejilla la última lágrima detenida milagrosamente en el pómulo como un pájaro en la rama.

Mi amigo se precipitó a ella y la besó frenéticamente en los labios, en los labios que de lívidos fueron insensiblemente transformándose en verdes, luego en rojos, luego en fuego, luego en infierno[356].

Comencé a sentir un odio mortal por el chofer que ya no era mi amigo. Comencé a sentir una repugnancia sin límites por aquel gusto de limón en llamas que debían dejar en sus labios los labios insepultos de la desconocida[357].

---

que se ha introducido con anterioridad: en la primera parte de la narración, la mujer desconocida, acosada por la lujuria desenfrenada del narrador, pronuncia la otra línea de diálogo del texto: «Este es [...] el lagrimal repleto lago de angustia». La presencia continuada de este lago, símbolo acuoso y depósito de la angustia del deseo sexual sugiere que la aparente oposición establecida entre las relaciones del narrador, primero con el otro y luego consigo mismo, puede servir solo para ocultar una similitud fundamental entre los dos. El doble, cualquiera que sea la forma que adopte, no puede eliminar la otredad; es prueba de su existencia *(ibíd.,* pág. 43). O, en silogísticas palabras del propio Buñuel procedentes de otra composición literaria ya analizada: «ÉL = ELLA / ELLA = YO / ÉL = YO».

356 Más allá del ritmo producido por la acumulación de la gradación ascendente, este párrafo muestra como más que un *ménage à trois* estamos ante tres interrelacionados *ménage à deux,* según atinada observación de Roof: narrador/mujer, narrador/chófer y chófer/mujer. La interrelación entre ellos se articula a partir de la presencia o ausencia de la mujer, implicando un desarrollo tripartito que sigue una progresión muerte-vida-muerte. Desde la perspectiva del desdoblamiento, la progresión va de la otredad a la identidad (narrador/chófer), para luego volver a la otredad.

357 Culmina el microrrelato con la verbalización (y solución) de los ya aludidos axiomas de *«Cavalleria rusticana»:* «ÉL = ELLA / ELLA = YO / ÉL = YO».

Noticias de Hollywood
(Última hora)

Hemos hablado con Menjou[358], quien niega rotundamente su participación en el adulterio de su deliciosa amiga Greta Nissen[359].

—Sin embargo, se dice que usted...

Menjou sonríe enigmático. De su americana extrae una magnífica pitillera de oro, regalo del ex Kaiser[360]. La abre y

---

[358] Adolphe Menjou (1890-1963) fue un actor estadounidense, físicamente caracterizado por su bigote, lo que está muy en consonancia con la querencia de los surrealistas por el cuerpo y sus partes o manifestaciones como objeto de expresión artística. Según Ana María Dalí: «Tanto Salvador como Luis tenían entonces una gran admiración por Adolfo Menjou. Recuerdo que en una película suya que vimos (estas sesiones de los miércoles y los sábados por la noche no nos las perdíamos nunca) había una escena en la que servían un huevo pasado por agua y no lo encontraba a punto, y no se lo comía hasta que no lo acertaban a servírselo a su gusto. Esta escena les entusiasmaba y la comentaban y la analizaban hasta en sus más ínfimos detalles. Creo [que] pertenece a la película *La gran duquesa y el camarero* [dirigida por Malcom St. Clair en 1926]. Se hablaba tanto de Menjou que creo que ya podíamos llamarlo Adolfo a secas, como si fuese de la familia» (Antonina Rodrigo, *Lorca-Dalí, una amistad traicionada,* Barcelona, Planeta, 1981, pág. 215). Esta fascinación se tradujo, como el lector percibirá, en una notable presencia del actor en los ensayos cinematográficos de Buñuel.

[359] Greta Nissen (1906-1988) fue una actriz teatral y cinematográfica de origen noruego.

[360] Ya hemos visto como la pitillera fue también objeto de atención en *Hamlet.*

nos la presenta repleta de bigotes. Tomamos uno, que le agradecemos muy cordialmente, pero volvemos a insistirle:

—Dicen que le vieron a usted...

Menjou tiene un gesto sincero de extrañeza:

—Me vieron; entonces, ¿quién sabe? Es muy posible. Ando tan distraído estos días.

* * *

El escándalo del otro día en el Coolidge's Bar, el mejor frecuentado de Hollywood, lo constituyó el extraño ataque que sufrió Clara Bow, la que imprevistamente comenzó a dar gritos llamando a su mamá. Todos se levantaron horrorizados de aquel atrevimiento, e incluso hubo algunos, como Douglas Fairbanks, que lo calificaron de *shocking*. Durante dos horas continuó llamando a la autora de sus días[361], sin tener siquiera un recuerdo para su progenitor, y esto es lo que no le han perdonado. Como consecuencia del suceso, Clarita Bow ha dejado de pertenecer a la Metro, y treinta y dos *stars* han pedido su inmediato divorcio, como signo de adhesión a su amiga y a las respectivas mamás.

* * *

Alarmados, nos escriben gran número de lectores para cerciorarse de la noticia respecto del dentífrico empleado por Mary Pickford[362]. Tranquilícense los tales, porque no había nada cierto. Lo que sucedió fue que por no encontrar en la tienda del que suele emplear, se vio forzada a comprar un tubo de la marca Sot[363]. Mas desde ayer, la simpática

---

[361] El uso de esta metáfora recalca la vocación lírica del texto.

[362] En *OL* y *ELB: nos escriben gran número de lectores para cerciorarse del dentífrico empleado por Mary Pickford.*

[363] En el texto publicado: *«sot»*.

Mary ha recomenzado con el empleo de su antigua pasta. Quedan complacidos los admiradores de la gentil Mary.

* * *

Bertrán y Masses ha terminado su retrato de John Gilbert[364]. Lo ha realizado casi mejor que una fotografía, y muchos invitados llegan a confundirlo con el original y hasta le ofrecen pitillos. Como detalle curioso, daremos el de que en el traje que representa el conocido de Enrique VIII de Inglaterra se han[365] incrustado brillantes auténticos por valor de 10.000 dólares. Ayer, John Gilbert organizó una reunión en honor del ilustre pintor, digno sucesor de Velázquez, en la que se hallaba presente Mr. Nicholson, profesor de Arte de la Universidad de Pensilvania. Le fue pedido su parecer sobre el retrato. Después de meditar un instante, respondió:

—¡Magnífico retrato! Parece que va a hablar.

Fue muy comentada esta sentencia, pues corren rumores de que Mr. Nicholson se halla preparando un nuevo aparato que permitirá en adelante dialogar en los Museos con los cuadros.

* * *

---

[364] Federico Beltrán Masses (1885-1949) fue un pintor y retratista cubano. Entre sus amigos y clientes se encontraban algunos de los actores de la edad de oro de Hollywood. No tenemos información sobre si retrató al actor John Gilbert, que fue el protagonista, junto con Greta Garbo, de *El demonio y la carne* (Clarence Brown, 1927), película que constituye uno de los más arrebatadores retratos de pasiones y traiciones amorosas que ofreció Hollywood en su etapa muda. Su exaltación de la pasión del llamado *amour fou,* por encima de todas las reglas y convenciones sociales y morales, conmovió a los surrealistas, Buñuel entre ellos.

[365] En *OL: ha.*

El papá de Jannings no se llamaba Emil, sino Andrew[366]. Ya se han remitido telegramas a todo el mundo dando cuenta de la noticia.

* * *

Corren rumores de que el Ministro de Instrucción pública va a impedir en lo sucesivo toda clase de información cinematográfica y aún, según dicen, de revistas dedicadas al séptimo arte. Parece ser que el Ministro califica las tales de pornográficas, de embrutecedoras del gusto público, de alimentar la idiótica[367] banalidad de admiradores y admiradoras de estrellas, de atentar continuamente contra la inteligencia de la masa. Ha impuesto gruesas multas a importantes periódicos, porque, según él, resultaba inmoral, dado el carácter de seriedad de que hacían gala, la inserción de tan viles páginas cinematográficas. Para corroborar estas noticias, nos llegó ayer la [de] que Baltasar Fernández[368] ha sido detenido en su domicilio. Protestamos enérgicamente contra esas disposiciones draconianas y remitimos a los no iniciados en estas lecturas a la de una revista profesional cualquiera o a la página cinematográfica de uno cualquiera[369] de nuestros grandes rotativos. El lector juzgará de las injustas disposiciones ministeriales.

---

366 El padre de Jannings se llamaba también Emil. Se trata, por consiguiente, de una broma absurda sobre un actor para nada santo de su devoción.

367 El propósito de sustituir *idiota* por el obsoleto *idiótica* es el de esdrujulizar y extrañar el adjetivo.

368 Buñuel se refiere al asturiano Baltasar Fernández Cué (1878-1966), cuya reputación en España y Estados Unidos le llevaron a ser contratado por Hollywood para adaptar al español las películas que producían sus estudios. Su rocambolesca vida pública se inició como espía al servicio de la Segunda República, tarea que nuestro protagonista también desarrollaría.

369 En *OL* y *ELB: de uno de cualquiera.*

Redentora

Me hallaba en el jardín nevado de un convento. Desde un claustro próximo me contemplaba curiosamente un monje de San Benito[370], que llevaba[371] sujeto por una cadena un gran mastín rojo. Sentí que el fraile quería lanzarlo contra mí, por lo que, lleno de temor me puse a danzar sobre la nieve[372]. Primero[373], suavemente. Luego, a medida que crecía el odio en los ojos de mi espectador, con furia, como un loco, como un poseído. La sangre me afluía a la cabeza[374], cegándome en rojo los ojos, de un rojo idéntico al del mastín. Terminó por desaparecer el fraile y por fundirse la nieve. El rojo carnicero se había desvanecido en un inmenso campo de amapolas[375]. Por entre los trigos, baña-

---

370 En *OL* se omite esta coma.

371 En *OL: tenía.*

372 En *OL* se omiten las comas de esta frase.

373 En *OL* se omite esta coma.

374 En *OL: Toda mi sangre afluía a la cabeza* (se omite también la coma).

375 Esta frase se omite en *OL,* al estar tachada manuscritamente en la segunda versión. Sugerimos que lo hizo para reducir la hipérbole colorista del rojo, focalizando la imagen de nuevo en los ojos y evitando extenderla a un paisaje de la naturaleza, el cual ya tiene su procuración poemática en el paisaje nevado y el trigal que aparecen más adelante. De resultas, la oposición rojo/blanco tiene su equivalente en la hombre/naturaleza. Otra perspectiva sostiene que esta y las otras variantes pretenden atemperar el tono anticlerical del microrrelato, focalizando así la historia

dos en luz primaveral, venía ahora, vestida de blanco, mi hermana[376], trayéndome una paloma de amor en sus manos alzadas. Era justo mediodía[377], el momento en que todos los sacerdotes de la tierra levantan[378] la hostia sobre los trigos.

Recibí a mi hermana con los brazos en cruz[379], plenamente liberado, en medio de un silencio augusto y blanco[380] de hostia.

---

en los aspectos oníricos *(SV,* pág. 267). El hecho de que en la versión finalmente publicada en *La Gaceta Literaria* esta oración volviese a aparecer, apunta a que, si realmente fue esa la causa, se trató de un titubeo, ya que, comparando este texto con otros coetáneos, dicha atemperación no se produjo.

[376] En *OL* se omiten todas las comas de la frase anteriores a esta.

[377] En *OL: medio día.*

[378] En la segunda versión indicada por Sánchez Vidal, Buñuel corrigió a mano sustituyendo *levantan* por *profanan.* Sin embargo, en *OL* el verbo es otro: *elevan;* lo que parece apuntar a la existencia de otras versiones, hipótesis que estaría validada por la afirmación de que el juego de variantes permitía «varias combinaciones posibles» *(SV,* pág. 267).

[379] En la primera versión mecanografiada: *brazos abiertos;* que en la segunda establecida por Sánchez Vidal se corrige por *brazos en cruz,* que es el sintagma que finalmente se publicó en *La Gaceta Literaria.* No ocurrió lo mismo con el verbo *profanar* aludido en la nota anterior, por lo que esta segunda versión no es la que finalmente se envió a la revista para su publicación.

[380] En *OL: blanco y augusto.*

No hay Dios

Alguien me dio un empujón fatal. Comencé a deslizarme con una velocidad vertiginosa por un tobogán vertiginoso. Acelerado matemáticamente. Interplanetariamente. Tendido en los 45° con la sensación de haberme convertido en uno de esos tornillos que sueltan las estrellas y que se precipitan a[381] un millón de vueltas por segundo. Todo vorágine[382], vueltas, siseos, gritos, flechazos, estómago en garganta, hurras de muchedumbre, gloria, suspensión, temor, frío.

¡Que me estrello! ¡Que me estrello!

Pero nunca llegaba el final de mi caída[383]. Cada vez me sentía más desenfrenado tobogán dentro del tobogán.

Vueltas de peonza de enésima magnitud

Descenso de columna de termómetro

---

[381] Esta es la primera de las variantes respecto de las dos versiones existentes. Todas se indican en las notas al pie, y utilizamos los siguientes anagramas para identificar las fuentes: *MCN* (mecanuscrito), *GL* (texto publicado en *La Gaceta Literaria).*

En este caso, en *GL: precipitados a.*

[382] Este vocablo podría tener una pretendida naturaleza homófona y aludir al autor de *La leyenda áurea,* Santiago de la Vorágine, compilación hagiográfica con cuya lectura pudo Buñuel experimentar las sensaciones que relaciona a continuación. Aunque es mucho aventurar, esta suposición podría incluso tener relación con el título del microrrelato.

[383] En *OL: al final de mi caída.* Todo indica que la sustitución del artículo por la contracción es un error de impresión.

No hay Dios

Alguien me dió el empujón fatal. Comencé a deslizarme con una velocidad vertiginosa por un tobogán vertiginoso. Acelerado matemáticamente. Interplanetariamente. Tendido en los 45º con la sensación de haberme convertido en uno de esos tornillos que sueltan las estrellas y que se precipitan a un millón de vueltas por segundo. Todo vorágine,vueltas,siseos, gritos,flechazos,estómago en garganta,hurras de muchedumbre,gloria,suspensión,temor,frío.

¡Que me estrello!¡Que me estrello!

Pero nunca llegaba el final de mi caida. Cada vez me sentía mas desenfrenado tobogán dentro del tobogán.

Vueltas de peonza de enésima magnitud

Descenso de columna de termómetro

Un frío de millones de estrellas perforando la punta de mi nariz.

La gravitación era tan exagerada que me eché a reir

¡Hala!¡Hala! -me gritaba la muchedumbre por momentos mas enfurecida.

Los siglos eran segundos en aquel tobogán rayado como un mauser.

Cuando ya desesperaba de encontrar reposo se produjo una terrible explosion. Era el planeta Saturno que había estallado en un tranvía lleno de niños

Sentí de pronto una languidez ecuatorial. Un manto de armiño puesto amorosamente sobre mis hombros. Un sosegarse de todas mis vísceras hasta entonces con los pelos de punta. Una somnolencia. Una mano o un ala que se posaba en mi frente. Y una voz antigua que decía: "Ya puedes morir"

Y sentí la entrada de la muerte,de mi muerte que era como la primera sonrisa de un niño.

-- ooo OOOO ooo --

Un frío de millones de estrellas perforando la punta de mi nariz[384].

La gravitación era tan exagerada que me eché a reír[385]

¡Hala! ¡Hala! — me gritaba la muchedumbre por momentos más enfurecida[386].

Los siglos eran[387] segundos en aquel tobogán rayado como un máuser[388].

Cuando ya desesperaba de encontrar reposo se produjo una terrible explosión. Era el planeta Saturno que había estallado en un tranvía lleno de niños[389].

---

384 En *MCN: Millones de estrellas perforando mi cuerpo*. En *GL: Frío de millones de estrellas perforando mi nariz.* En este caso, Buñuel añade a mano el punto final, lo que favorece el argumento de que la ausencia de estos signos en otras partes del relato no fue casual.

385 Uno de los sueños más recurrentes de Buñuel tiene que ver con despeñarse, tal como le explicó a Max Aub: «Otro sueño: precipicios. Ya sea en una montaña, en una cima o en un edificio muy alto. Me paralizo en un sitio, a la mitad, por ejemplo, con solo un pequeño reborde. Un sueño muy corriente. A veces logro descender o me despierto. Hace unos quince o veinte años me tiraba y no me pasaba nada. Porque digo: "Estoy soñando", y me tiro. Pero ya no me atrevo a tirarme» (Aub, 2020, pág. 969).

386 En *GL: ¡Hala! ¡Hala! — gritaba*. En *MCN: mas enfurecida*. En *OL* se suprime el adverbio *más*, produciendo la sinonimia de *especialmente,* lo que parece gramaticalmente más sensato.

387 En *MCN: parecían como*. En *GL: se hacían.*

388 *máuser:* «Fusil de repetición, de cerrojo manual» *(DLE)*. Se trata del rifle que portaba la Guardia Civil y por el que, como ha señalado Guy H. Wood, «en el cine buñueliano, se emplea con gran corrección histórica y con una fuerte carga simbólica» *(Las armas de Luis Buñuel,* Zaragoza, Prensas de la Universidad de Zaragoza, 2020, pág. 335).

389 En *MCN: Cuando ya desesperaba de encontrar reposo se produjo una terrible explosión como si el planeta Saturno hubiera estallado en un tranvía lleno de gente*. En *GL: Cuando ya desesperaba de encontrar reposo se produjo una terrible explosión como cuando estalla el planeta Saturno en un tranvía lleno de gente*. Aun cuando más adelante apostamos por *MCN* a la hora de elegir qué versión se envió a *GL,* siempre quedará la duda de si fue otra en la que las víctimas fueran realmente niños, y que la revista modificó, rebajando la violencia y rechazo que provoca la fría descripción de esta muerte masiva de chiquillos. Según veremos, tres meses más tar-

Sentí de pronto una languidez ecuatorial. Un manto de armiño puesto amorosamente sobre mis hombros[390]. Un sosegarse de todas mis vísceras hasta entonces con los pelos de punta. Una somnolencia. Una mano o un ala que se posaba en mi frente. Y una voz antigua que decía[391]: «Ya puedes morir»

Y sentí la entrada de la muerte, de mi muerte, que era como la primera sonrisa de un niño[392].

---

de, *La Gaceta Literaria* suavizó sin contar, hasta donde sabemos, con la aquiescencia de Buñuel, un texto informativo sobre las sesiones del Cineclub Español, convirtiendo en *absurda* lo que el aragonés consideraba *idiota* (véase la nota 855).

[390] En *GL: los hombros.*

[391] En *MCN* y *GL: voz eterna que decía.*

[392] *Nota bene:* aunque hay algunas diferencias entre *MCN* y *GL,* sostenemos que *MCN* fue el texto enviado a publicar y que, por motivos que no adivinamos a aclarar, se introdujeron algunas modificaciones de acuerdo con el autor (no tiene mucho sentido considerar que *MCN* es una copia modificada y mecanografiada de *GL).*

Recapitulando, no podemos más que coincidir con la siguiente anotación de Sánchez Vidal: «Las variantes puede decirse que cumplen varias funciones que, en conjunto, endurecen el tono y la textura del poema: acentúan el sadismo al estilo de Maldoror *(niños* en vez de *gente* en el tranvía); introducen términos más enérgicos, concretos y personificados *(eran* en vez de *parecían, punta de mi nariz* por *mi cuerpo, me gritaba* por *gritaba, mis hombros* por *los hombros);* o bien, por pura coherencia, coincidiendo con el estadio del poema en que se titula "No hay Dios", sustituyen *eterna* por *antigua» (SV,* pág. 270).

Palacio de hielo

Los charcos formaban un dominó decapitado de edificios de los que uno es el torreón que me contaron en la infancia de una sola ventana tan alta como los ojos de madre cuando se inclinan sobre la cuna[393].

Cerca de la ventana[394] pende un ahorcado que se balancea sobre el abismo cercado de eternidad, aullado de espacio[395].

---

393 Sánchez Vidal ha destacado la presencia, en esta oración de apertura, del germen de lo que sería un año más tarde la famosa escena del corte del ojo en la película *Un perro andaluz:* «[...] ahí está en embrión el epicentro de su poética enunciado contundente y vigorosamente, en esa escena que elimina la frontera que separa al sujeto del objeto y, en consecuencia, la capacidad de ordenación cartesiana del espacio-tiempo» *(SV,* págs. 47-48).

En la primera versión del poema, titulada «Mojigatería», el íncipit es distinto: *Los charcos forman un dominó decapitado de torreones de los que uno de ellos me lo habían contado en mi infancia. De una sola ventana tan alta como los ojos de la madre cuando se inclinan sobre la cuna.*

394 En *OL: puerta.*

395 Morris resalta que En *Los cantos de Maldoror,* «la madre que planea junto con su nuera colgar a su hijo en la horca por negarse a acostarse con ella, urdió un castigo que fascinaba a los surrealistas. El jubiloso grito de Péret en *Le grand jeu: Hurrah pour les pendus* [Vivan los ahorcados] ensalzaba a los cadáveres que, en *Les Ténèbres* de Desnos, cuelgan de un árbol imponente ensombreciendo la tierra» (2000, pág. 218).

Por encima de estas transferencias, con la asociación del participio del verbo *aullar* y el complemento Buñuel lleva al extremo el juego léxico.

SOY YO[396]. Es mi esqueleto del que ya no quedan sino los ojos. Tan pronto me sonríen, tan pronto me bizquean, tan pronto SE ME VAN A COMER UNA MIGA DE PAN EN EL INTERIOR DEL CEREBRO. La ventana se abre y aparece una dama que se da *polisoir* en las uñas[397]. Cuando las considera suficientemente afiladas[398] me saca los ojos y los arroja a la calle[399]. Quedan mis órbitas solas sin mirada, sin deseos, sin mar, sin polluelos, sin nada[400].

Una enfermera viene a sentarse a mi lado en la mesa del café. Despliega un periódico de 1856[401] y lee con voz emocionada:

---

[396] Esta nueva confusión de identidades, cuyo punto de partida está en la observación ocular de la madre, parece confirmar algunas de las ya apuntadas interpretaciones psicoanalíticas que el doctor Fernando Césarman realizó a partir de su obra cinematográfica, donde podemos encontrar ecos de este onirismo, como ocurre en la secuencia del sueño de *Los olvidados*. Abundando en esto, e igualmente en referencia a la enunciación lírica, el énfasis con el uso de las mayúsculas significa que este «YO» alberga el lírico y el autorial, es decir, a Buñuel todopoderoso protagonista del poema; lo que se confirma con la siguiente oración, en la que remite a los ojos del narrador que, en la última estrofa, descubrimos que son los de Luis Buñuel.

En «Mojigatería»: *Soy Yo*.

[397] Dama que, por intertextualidad con «*Polisoir* milagroso», bien podría ser la Virgen María.

[398] En «Mojigatería»: *gratuitas*.

[399] Millán destaca respecto de este párrafo y del verso que le sigue: «La inconexión lógica de este texto y, sobre todo, la expresión de un mundo negativo, construido a base de imágenes al borde de lo macabro (procedentes del inframundo literario de los surrealistas franceses, extraído de Lautréamont y Sade, y también de Freud) contrastan con la mayor parte de la poesía ultraísta y creacionista que se hacía en España en esos años» (2014, pág. 237).

En *OL* el siguiente punto y seguido se convierte en un punto y aparte.

[400] En «Mojigatería» no hay puntuación alguna en esta frase.

[401] Esta fecha, posterior a los sitios de Zaragoza, busca extrañar al lector en base a la relatividad del tiempo, cuestión tratada, como se ha visto, en otros textos. Su elección pudo ser aleatoria, aun cuando coincide con el año del nacimiento de dos intelectuales muy queridos por Buñuel: Sigmund Freud y Marcelino Menéndez Pelayo. Atendiendo al inte-

«Cuando los soldados de Napoleón entraron en Zaragoza[402], en la VIL ZARAGOZA[403], no encontraron más que viento por las desiertas calles. Solo en un charco croaban los ojos de Luis Buñuel[404]. Los soldados de Napoleón los remataron a bayonetazos»[405].

---

rés que generaba en él, como en todos los surrealistas, la astrología, es admisible que optase adrede por 1856.

[402] En *OL* desaparece la coma que sigue.

[403] Hay que poner de relieve, con Sánchez Vidal, que «LA VIL ZARAGOZA» es una referencia al lema del escudo de la ciudad, *muy heroica y leal,* creado durante los sitios a que la sometieron las tropas napoleónicas. «Ahora bien, como Buñuel conocía bien por sus lecturas galdosianas y la documentación manejada para su guion sobre Goya, VIL se utilizaba en juegos de palabras aplicados, por una parte, al rey (Fernando VII → Fernando VIL, y así aparece, p. ej., en *La Fontana de Oro)* y, por otra, a sus partidarios, los serviles (y baste recordar el desglose que del término había hecho Eugenio de Tapia: SER VIL = SER - VIL)» *(SV,* pág. 270).

En otro orden de cosas, el calificativo *vil* era bastante corriente como despreciativo entre la cuadrilla de residentes, como se observa en la carta que Bello le dirige a Buñuel el 30 de enero de 1933, donde se refiere a José María Hinojosa como *Vil Colodra,* que derivaba de *colodra carpetovetónica,* que es como llamaba a Hinojosa Federico García Lorca (Manuel Altolaguirre, *Obras completas I,* edición de James Valender, Madrid, Istmo, 1986, págs. 54-55).

Otra hipótesis es que en la elección del adjetivo tuviesen que ver también sus resonancias alquímicas (el vil metal sometido a la alquimia). Si así fuese, estaríamos ante un texto teñido de indicadores ocultistas, para nada en disonancia con las preferencias literarias de Buñuel, seguidor no solo de la astrología, sino de todo lo concerniente a las ciencias ocultas.

[404] Son los mismos ojos que en la segunda estrofa bizqueaban y comieron en el cerebro del yo lírico. Este protagonismo de un órgano del cuerpo lo utilizó también Pérez Galdós en *Zaragoza:* «[...] pero entre los escombros y entre los muertos habrá siempre una lengua viva para decir que Zaragoza no se rinde». De hecho, los ojos del cineasta en ciernes Luis Buñuel eran el equivalente a la lengua del cronista que explicaría lo sucedido en los sitios de Zaragoza.

[405] Ibáñez (1996) ve en esta última estrofa —que puede considerarse un microrrelato en sí misma— un método sin par del discurso buñueliano, el de convertirse en espectador de su propia actitud poemática, y tilda este final de alteración psico-cronológica, recurso que también hallare-

mos en su cine. En esta línea de correspondencias se sitúa también Castells, para quien «la violencia de las imágenes, los juegos con el yo, la fragmentación del cuerpo y un tono desasosegante sitúan al autor en el más puro espíritu surrealista» (2019, pág. 68). Y todavía más penetrante es la observación de Sánchez Vidal, a quien cedemos la palabra: «Si se tiene presente el inicio de *El fantasma de la libertad,* se observará hasta qué punto está aquí en embrión, ya que allí las tropas napoleónicas fusilan, en goyesca escena, a Buñuel (que va vestido de fraile) y se oye el grito de los serviles, "¡Vivan las caenas!". Entre el poema "Palacio de hielo" y *El fantasma de la libertad* está el guion de la película *Goya* y uno de los tres títulos que llevó *La edad de oro,* "¡Abajo la Constitución!"» *(SV,* pág. 270). Es una prueba concluyente de la coherencia artística de Buñuel, que saca a la luz los conductos líricos que transportan, sin artificiosos empalmes, de su obra literaria a sus películas más surrealistas.

Encima de todas estas solventes aproximaciones hay que situar otra, la que observó Juan Goytisolo al referirse al episodio de la película *El discreto encanto de la burguesía* en el que unos militares irrumpen en la cena y aplazan su retorno a las maniobras a fin de oír referir el sueño de uno de ellos. Explicaba Goytisolo que lo que más le había impresionado fue el uso habilísimo que hizo Buñuel: «de esa técnica del engaste, tan común en la narrativa precervantina, que suspende el desarrollo de la acción del modo más arbitrario e inmoviliza a los personajes como estatuas de sal, convirtiéndoles en simples receptores de la palabra del "hombre-relato"» (Juan Goytisolo, *Disidencias,* Barcelona, Seix Barral, 1977, pág. 324). Por descontado, la historia leída por la enfermera en este microrrelato es buen ejemplo de lo reseñado por el escritor barcelonés.

En «Mojigatería»: *Cuando los soldados de Napoleón entraron en Zaragoza no encontraron más que viento por las desiertas calles. Solo en un charco croaban los ojos de Luis Buñuel. Los soldados de Napoleón los remataron con las bayonetas.*

Prosas finales
(1929-1935)

[¡¡¡Descansen en paz los taparrabos!!!]

Se trata de una *soirée*[406] que doy en mi casa y que termina catastróficamente. Me veo obligado a ir a casa de un sabio amigo mío donde pasan cosas gordas[407]. De allí voy a caer al Hospital de afuera de Toledo[408] donde también pasa lo suyo. Por fin muero no sin hacer antes testamento —verás qué testamento[409]— y, por fin...

Apenas fue dicho y hecho para que me quedase tiempo de morir decorosamente. Cuatro sepultureros se apoderaron de mi cuerpo llevándome a la iglesia de al lado para efectuar mi entierro. Levantaron la infecta tapa del sepul-

---

[406] *soirée:* 'velada'.

[407] En *OL* y *ELB: «cosas gordas»* (entrecomillado).

[408] La obsesión que tenía por Toledo fraguó en la Orden de Toledo, cuyo instigador y condestable fue Luis Buñuel, una asociación vanguardista de escritores y artistas jóvenes, estudiantes en Madrid, que viajaban regularmente a la actual capital de Castilla-La Mancha. Entre sus miembros se contaban Lorca, Dalí, Bello, Garfias o Alberti. Uno de sus preceptos era velar el sepulcro del cardenal Tavera situado en la iglesia del Hospital de Tavera, también conocido como Hospital de afuera.

[409] Buñuel siempre fantaseó con que, después de su muerte, cuando toda la familia estuviese reunida para la lectura del testamento, llegaría el notario y leería: «Lego toda mi fortuna a Nelson Rockefeller». Anacronismos aparte, igual el testamento al que se refiere iba por esos lares.

En *OL* y *ELB: ¡verás qué testamento!*

cro del cardenal Tavera y sacando su inmunda carroña que hubieron de echar a un muladar[410] porque ya ni los pobres la querían, me metieron para siempre allí. ¡¡¡DESCANSEN EN PAZ LOS TAPARRABOS!!![411].

[410] *muladar:* «Lugar o sitio donde se echa el estiércol o la basura de las casas» *(DLE).*

[411] En esta exclamación final —que, como dice Buñuel en la carta anterior, era el título previsto para el cuento— se dan la mano, de nuevo —pero esta vez con innegable función humorística—, erotismo y muerte. En *OL* y *ELB* no se utilizan las mayúsculas, y en *ELB* solo consta un signo de exclamación, no tres.

Una jirafa

Esta jirafa, de tamaño natural, es una sencilla tabla recortada en forma de jirafa que ofrece una particularidad que la diferencia del resto de los animales del mismo género fabricados en madera. Cada mancha de su piel que, a tres o cuatro metros de distancia, no presenta nada anormal, está, en realidad, constituida sea por una tapadera que cada espectador puede fácilmente abrir haciéndola girar sobre un goznecillo invisible colocado en uno de sus lados, sea por un objeto, sea por un agujero, que deja aparecer la luz del día —la jirafa no tiene sino algunos centímetros de espesor[412]*—, sea por una concavidad que contiene los diferentes objetos que se detallan en la lista de más abajo.*

Es de hacer notar que esta jirafa no cobra cabal sentido sino cuando está totalmente realizada, es decir, cuando cada una de esas manchas lleva a cabo la función para la que fue destinada. Si esta realización es muy dispendiosa[413] *no por ello es menos posible.*

---

[412] La advertencia no es baladí, pues abre el camino a todo el proceso de extrañamiento contenido en el texto, en este caso material, pues se refiere a la superficie de la escultura en ebanistería de la jirafa diseñada por Giacometti, al tiempo que anuncia su índole onírica.

[413] La cursiva en este adjetivo no deja de ser otro resorte de irracionalidad, pues legitima la posibilidad de llevar a cabo todas las acciones contenidas en las manchas, estableciendo como única limitación un coste, que bien pudiera ser el de la imaginación, y no el económico como podría pensarse en una primera lectura.

Luis Buñuel y Alberto Giacometti con la jirafa diseñada por este último (Hyères, 1932).

TODO ES ABSOLUTAMENTE REALIZABLE

Para esconder los objetos que deben hallarse tras el animal, habrá que colocarlo ante una pared negra de diez metros de alto y cuarenta de largo. La superficie de la pared debe estar intacta. Ante esta pared habrá que cuidar un jardín de asfódelos[414]*, cuyas dimensiones serán las mismas que las de la pared.*

LO QUE DEBE HALLARSE
EN CADA MANCHA DE LA JIRAFA

En la primera: El interior de la mancha está constituido por un pequeño mecanismo bastante complicado muy parecido al de un reloj. En el centro del movimiento de las ruedas dentadas, gira vertiginosamente una pequeña hélice. Un ligero olor a cadáver se desprende del conjunto[415]. Después de haberse alejado de la mancha, tomar[416] un álbum que debe encontrarse en el suelo, a los pies de la jirafa. Sentarse en un rincón del jardín y ojear este álbum que presenta decenas de fotografías de muy miserables y pequeñas plazas

414 *asfódelo:* 'planta silvestre perenne'. Los Prados Asfódelos o Campos de Asfódelos son una región del viejo inframundo griego donde las almas ordinarias eran enviadas después de su muerte. En el guion de la adaptación de la novela de Matthew G. Lewis *El monje* se hacía alusión a esta flor en el patio del castillo del duque, tras el juego de la niña con el gallo enterrado. En *Belle de jour*, la protagonista Séverine y Husson juguetean en la estación invernal con semillas de asfódelos debajo de la mesa.

415 Este ligero olor putrefacto puede ser indicativo del principio del fin de una época antiartística con Dalí, finiquitada por la interposición de Gala: «Es la mujer que más odio [...] A esa, ni en pintura. Nunca vi a nadie con más mala leche. [A Dalí l]o echó a perder totalmente» (Aub, 2020, pág. 265). Una de las interpretaciones de la decimosexta mancha podría validar esta idea (véase la nota 445, segundo párrafo).

416 Excepto cuando en el original se utiliza el imperativo, como aquí, hemos preferido emplear la primera persona del plural no solo porque es el tiempo verbal del original, sino por connotar más interacción con el artilugio. A fin de cuentas, «Una jirafa» puede ser contemplado como un antecedente de los actuales medios interactivos.

desiertas. Son las de viejas ciudades castellanas: Alba de Tormes, Soria, Madrigal de las Altas Torres, Orgaz, Burgo de Osma, Tordesillas, Simancas, Sigüenza, Cadalso de los Vidrios y sobre todo Toledo.

En la segunda: A condición de abrirla a mediodía, como lo precisa la inscripción exterior, nos encontramos con un ojo de vaca en su órbita, con sus pestañas y párpado[417]. La imagen del espectador se refleja en el ojo. El párpado debe caer bruscamente, dando fin a la contemplación[418].

En la tercera: Abriendo esta mancha leemos, sobre un fondo de terciopelo rojo, estas dos palabras:

AMÉRICO CASTRO[419]

Como estas letras se pueden despegar, podremos hacer con ellas todas las combinaciones posibles.

---

[417] Las imágenes cinematográficas que creó en *Un perro andaluz* y *La edad de oro* tienen una acusada presencia en la jirafa, que no deja de ser una prolongación objetual de las mismas y su traducción a *performance* artística.

[418] Se trata de un admirable juego de espejos que opera como metáfora del objetivo de la cámara de cine.

[419] El original francés indica en este punto y en nota a pie de página: «Catedrático de la Universidad de Madrid, exembajador en Berlín». Pero Américo Castro Quesada (1885-1972), respecto de quien ya se ha dicho que pudo influir en la elección final de Buñuel de estudiar Historia, fue un filólogo cervantista y «uno de los responsables de la orientación literaria de Luis Buñuel» *(SV,* pág. 272), en atención a lo cual su destacada presencia aquí puede ser una puerta de entrada a los ingredientes cervantinos que contiene el texto. El juego de letras con el nombre del académico da mucho de sí y podría remitir a algún tipo de pasatiempo practicado en la Residencia de Estudiantes.

Otra transferencia podría estar relacionada con «[¡¡¡Descansen en paz los taparrabos!!!]». Sabemos que en la carta que contenía este proyecto de cuento, Buñuel le comentaba a Pepín Bello: «Con las cosas que me pasan con *los catedráticos* te mearás de risa». ¿Es la alusión a esta categoría docen-

En la cuarta: Hay una pequeña reja, como la de una cárcel. A través de la reja se oyen los sonidos de una verdadera *orquesta* de cien músicos tocando la obertura de *Los Maestros Cantores*[420].

En la quinta: Dos bolas de billar caen con gran estruendo en cuanto se abre la mancha. En el interior de esta no queda, en pie, más que un pergamino enrollado, rodeado con un cordel; desenrollarlo para poder leer este poema:

A RICARDO CORAZÓN DE LEÓN[421]

Del coro al caño, del caño a la colina, de la colina al infierno, a la misa negra de las agonías del invierno[422].

Del corazón al sexo de la loba que huía en el bosque sin tiempo de la Edad Media.

---

te una referencia a Américo Castro? Lo desconocemos. Tal vez no o tal vez a la hora de componer «Una jirafa» tiró de *archivo* e incluyó algunos momentos que tenía reservados para «[¡¡¡Descansen en paz los taparrabos!!!]», lo que ayudó a acelerar su redacción, ya que, no está de más recordarlo, los textos de esa composición los escribió, según él, «en una hora» *(MUS,* pág. 148).

420 *Los maestros cantores de Núremberg* es una ópera en tres actos con música y libreto de Richard Wagner, compositor preferido de Buñuel. Esta imagen la quiso incorporar años más tarde a su film *Los olvidados,* donde una orquesta de cien músicos tocaba en un edificio en construcción. Por problemas de producción, se descartó.

421 Este texto pudo haber llegado a pertenecer a la serie destinada a *Polismos/El perro andaluz (SV,* pág. 272), incorporándose aquí una vez fracasado ese proyecto editorial. Pero también podría haber enriquecido *Hamlet* no solo porque en él aparecen los obsesivos «obispos de mármol mutilados», sino porque el corazón del rey inglés yace en la Catedral de Ruan, templo que forma parte de su escenografía.

422 Aprovechando que en francés *cœur* (corazón) y *chœur* (coro) son parónimos, Buñuel empieza su poema de la siguiente manera: «Du cœur à la cave, de la cave à la colline, de la colline à l'enfer, au sabbat d'agonies de l'hiver».

Verba vedata sunt fodido en culo et puto gafo[423] *era el tabú de la primera cabaña levantada en el bosque infinito, era el tabú de la defecación de la cabra de la que salieron las multitudes que construyeron las catedrales*[424].

Las blasfemias flotaban en los pantanos, las turbas temblaban bajo el látigo de los obispos de mármol mutilados, se empleaban los sexos femeninos para moldear sapos.

Con el tiempo reverdecían las religiosas, de sus flancos secos crecían ramas verdes, los íncubos les guiñaban el ojo mientras los soldados meaban en las paredes del convento y los siglos pululaban en las llagas de los leprosos.

---

[423] Buñuel explica: «[...] en el Centro de Estudios Históricos hacía fichas para [Claudio Sánchez-]Albornoz sobre fueros y tal, y encontré uno que decía eso: "Pagará cinco morabetinos, la persona que diga de que insulte al rey, y le diga fodido en culo et puto gafo, que es..." Puto gafo no existe, pero jodido por el culo, sí [...] Y por eso lo puse aquí» (Aub, 2020, págs. 518-519). A pesar de este testimonio, Gibson, con su habitual perspicacia, destaca la alusión al juego de palabras cervantino de la Segunda Parte (capítulo XXIX) del *Quijote* (2013, pág. 508). Después de preguntar Sancho Panza a don Quijote cuánto deberán caminar hasta llegar a su destino:

> —Mucho —replicó don Quijote—; porque de trecientos y sesenta grados que contiene el globo, del agua y de la tierra, según el cómputo de Ptolomeo, que fue el mayor cosmógrafo que se sabe, la mitad habremos caminado, llegando a la línea que he dicho.
>
> —Por Dios —dijo Sancho—, que vuesa merced me trae por testigo de lo que dice a una gentil persona, puto y gafo [leproso], con la añadidura de meón, o meo, o no sé cómo.

Conociendo el sentido del humor de Buñuel y su afición a jugar con el lenguaje, no es difícil imaginarlo tronchándose de risa con el citado pasaje. Por lo demás, la conexión cervantina tiene otro eslabón: Buñuel inserta el poema tal como Cervantes lo hizo con el «Curioso impertinente» en el *Quijote*.

[424] Véase en la Introducción lo dicho sobre el carácter anunciador de este verso respecto del siguiente. Y cáigase en la cuenta de cómo la construcción catedralicia fue una imagen recurrente de su iconografía literaria, a la que también acudió en «La descomunal batalla de las catedrales y las vagonetas».

De las ventanas, pendían racimos de novicias secas que producían, con la ayuda del tibio viento primaveral, un suave rumor de oración[425].

Tendré que pagar a escote, Ricardo Corazón de León, fodido en culo et puto gafo.

En la sexta: La mancha atraviesa de lado a lado la jirafa. Contemplamos entonces el paisaje por el agujero; a unos diez metros, mi madre —la señora Buñuel— vestida de lavandera, está de rodillas ante un arroyo lavando la ropa. Algunas vacas detrás de ella[426].

---

[425] Reseñemos, con Fernández Utrera, el antagonismo entre lo pétreo y lo orgánico, donde los látigos de los obispos marmóreos se oponen a las imágenes vegetales de las ramas que reverdecen. «Frente a la muerte, que para Buñuel simboliza el espíritu represor de la Iglesia y la Contrarreforma, y Ricardo Corazón de León —que llevó a cabo la tercera cruzada— se situaría la fuerza y la vitalidad de lo popular», por lo que se puede aventurar que la mención anterior a Américo Castro, defensor de las ideas erasmistas en los escritos de Cervantes, no es casual (2016, pág. 69). Insistamos en que pocas cosas son azarosas en la estrategia creativa de Buñuel.

Desde otro acercamiento, se ha argumentado: «En su asociación con hierbas secas o flores marchitas, los "racimos de monjas secas" que cuelgan de las ventanas [...] trataban a los representantes de la Iglesia católica con la pintoresca irreverencia exhibida por Desnos en *Mouchoirs au nadir,* cuya exclamación aprobatoria: *Combien de prêtes morts pendus à leurs rosaires!* [¡Cuántos curas muertos colgados de sus rosarios!] volvía contra la Iglesia la obsesión con la muerte por ahorcamiento tan recurrente en las fantasías surrealistas» (Morris, 2000, pág. 218).

[426] Esta mancha tiene naturaleza pastoril —que contrasta poderosamente con el surrealismo del poema de la mancha anterior— y bien pudiera ser una referencia al género que practicaron algunos de los literatos preferidos de Buñuel —Cervantes el primero—, al tiempo que ancla el relato en la memoria de su juventud en Calanda, de la que se entreoyen ecos ya desde la primera mancha —recordemos la consideración de medieval que, para nuestro autor, tenía su pueblo a principios del siglo XX *(MUS,* pág. 18)—, unos ecos que se materializan unas manchas más adelante.

En la séptima: Una sencilla arpillera de saco viejo manchada de yeso[427].

En la octava: Esta mancha es ligeramente cóncava y está cubierta de pelos muy finos, rizados, rubios, del pubis de una joven adolescente danesa de ojos azules muy claros, rolliza, la piel quemada por el sol, toda inocencia y candor[428]. El espectador deberá soplar suavemente sobre los pelos.

En la novena: En el lugar de la mancha se descubre una gran mariposa nocturna oscura, con una calavera entre sus alas[429].

---

427 Es la más insólita de las manchas al arrinconar al lector en una imagen de lo más habitual, sin ninguna mención de actividad alguna y ni asomo de signo de irracionalidad. Se trata, pues, del final de una progresión descendente en irracionalidad, desde el grado máximo de la mancha quinta hasta el mínimo de esta.

El saco es un objeto relevante de su última película *Ese oscuro objeto del deseo,* donde el protagonista carga con un saco lleno de no se sabe qué a sus espaldas: «La imaginación es nuestro primer privilegio. Inexplicable como el azar que la provoca. Durante toda mi vida me he esforzado por aceptar, sin intentar comprenderlas, las imágenes compulsivas que se me presentaban. Por ejemplo, en Sevilla, durante el rodaje de *Ese oscuro objeto del deseo,* al final de una escena y movido por una súbita inspiración, pedí bruscamente a Fernando Rey que cogiera un voluminoso saco de tramoyista que estaba sobre un banco y marchara con él a la espalda» *(MUS,* pág. 223).

428 Recuerda a la protagonista de «Ramuneta en la playa».

429 Cuando comentan el texto, Buñuel le dice a Aub que en Calanda había muchas de estas mariposas, que eran muy gordas (Aub, 2020, pág. 519). Se trata de la *Acherontia atropos,* lepidóptero que en su día fascinó a nuestro joven aficionado a la entomología por el dibujo que tiene en el dorso del tórax y que se asemeja a una calavera humana, y al que ya le había dedicado un primer plano en *Un perro andaluz.* Posteriormente, en 1951, Dalí representó esa imagen en el trabajo fotográfico *In voluptas mors* a partir de los cuerpos de siete mujeres desnudas, con la ayuda del fotógrafo Philippe Halsman. No pasemos por alto, asimismo, que las mariposas son miembros privilegiados del bestiario lorquiano.

En la décima: En el interior de la mancha una apreciable cantidad de masa de pan. Dan ganas de amasarla con los dedos. Cuchillas de afeitar muy bien disimuladas harán sangrar las manos del espectador[430].

En la decimoprimera: Una membrana de vejiga de puerco reemplaza la mancha. Nada más. Tomar la jirafa y transportarla a España para colocarla en el lugar llamado *Masada del Vicario*[431], a siete kilómetros de Calanda, al sur de Aragón, la cabeza orientada hacia el norte. Reventar de un puñetazo[432] la membrana y mirar por el agujero. Se verá una casita muy pobre, blanqueada con cal, en medio de un paisaje desértico. Una higuera está situada a algunos metros de la puerta, hacia delante. Al fondo, montañas peladas y

---

430 Algún analista se inclina en relacionar esta imagen, que asocia sexo y muerte, con las anteriores de la mariposa y el vello púbico (Dufrêne, 2000, pág. 186; Delgado Mastral, 2015, pág. 45). La cuestión es que es una ilustración de un supuesto cruel y sádico por el hecho de que es perfectamente realizable, como se indica al principio del texto. Sería un equivalente a la llamada al crimen con la que Buñuel definía su cortometraje *Un perro andaluz* (Aub, 2020, pág. 295).

431 Era la propiedad calandina de los Buñuel que más gustaba a Luis. El término *masada* es el utilizado en el Bajo Aragón para designar un *mas,* nombre con que se conoce en Aragón a un agregado de viviendas y edificaciones agrícolas, explotadas conjuntamente por los miembros de una pequeña comunidad.

432 Uno de los tópicos del universo creativo de Luis Buñuel es la violencia como manifestación de la crueldad, que aquí actúa como elemento motriz del proceso performativo. Violencia hacia el objeto y sobre el sujeto actante, pues se trata de reventar a puñetazos con una mano previamente lesionada por cuchillas de afeitar (mancha décima). Más adelante la violencia se vuelve a ejercer, esta vez psíquicamente, teniendo el actante que mirar a través de una lupa (última mancha) después de haber sido cegado por un chorro de vapor (mancha decimoséptima), en una muestra de venganza personal de Buñuel hacia este sujeto invidente (ya sabemos que Buñuel sentía antipatía hacía los ciegos). Ante este panorama, no es de extrañar el interés que tuvo por llevar a la gran pantalla la novela *Johnny cogió su fusil* (1939), donde la mutilación más absoluta delimita la identidad física de su protagonista (véase la nota 457, segundo párrafo).

olivos[433]. Un viejo labrador acaso saldrá, en ese instante, de la casa, descalzo.

En la decimosegunda: Una hermosísima foto de la cabeza de Cristo coronado de espinas pero RIÉNDOSE A CARCAJADAS[434].

En la decimotercera: En el fondo de la mancha una bellísima rosa mayor que al natural fabricada con cáscaras de manzana. El androceo[435] es de carne sangrante[436]. Esta rosa

---

[433] La relación con Calanda y la infancia continúa aquí, pues como atinadamente apunta Delgado Mastral, «la vejiga de cerdo que hay que "reventar de un puñetazo" una vez en Calanda remite sin duda a los famosos tambores, que Buñuel aprendió a tocar de muy pequeño y que constituyeron uno de los recuerdos más vívidos de su infancia» (2015, pág. 45). El propio protagonista parece validar esta tesis cuando alude a la Semana Santa de su pueblo natal: «Al amanecer, la membrana de los tambores se mancha de sangre: las manos sangran de tanto redoblar. Y eso que son manos rudas, de campesino» *(MUS,* pág. 32). Aclaremos que la vejiga de cerdo se ha utilizado para realizar la membrana de muchos instrumentos membranófonos, como zambombas o cununos, aunque no del instrumento calandino por excelencia, el tambor. Incluso así, la asociación es inevitable. Por añadidura, el paisaje y la flora descritos son típicos de la comarca del Bajo Aragón.

[434] Esta imagen se ha vinculado con la obra de Clovis Trouille (1889-1975), pintor francés que se movió por los círculos surrealistas y cuyo anarquismo, derivado de la huella producida por la Primera Guerra Mundial, converge artística y éticamente con la del cineasta español (véase Guillermo Carnero, «El juego lúgubre: La aportación de Salvador Dalí al pensamiento superrealista», *Cuenta y Razón,* núm. 12, 1983, pág. 62). Buñuel la recuperó en su adaptación cinematográfica de *Nazarín* de Pérez Galdós.

[435] En botánica, el androceo es el nombre que colectivamente reciben los estambres u órganos reproductivos masculinos de la flor. Dada la similitud de su aspecto con las trompas uterinas femeninas, el impacto de la imagen está perfectamente servido. Al mismo tiempo, se establece una relación hipertextual con el microrrelato «Historia decente – Historia indecente» a través del motivo de la menstruación asociado en todas estas composiciones a las rosas rojas, sin perder de vista el nexo funerario y macabro de toda la mancha con las flores negras de *«Ménage à trois».*

[436] Esta asociación entre elementos botánicos y fáunicos recuerda las que hemos visto en algunos de sus poemas y textos surrealistas.

se pondrá negra algunas horas después. Al día siguiente se pudrirá. Tres días más tarde, sobre los restos aparecerá una legión de gusanos[437].

En la decimocuarta[438]*:* Un agujero negro. Se oye este diálogo cuchicheado con gran angustia:

VOZ DE MUJER: *No, te lo ruego. No hieles.*

VOZ DE HOMBRE: *Sí, es necesario. No podría mirarte a la cara.*

(Se oye el ruido de la lluvia.)

VOZ DE MUJER: *A pesar de todo, te quiero, te querré siempre, pero no hieles. NO... HIELES.*

(Pausa.)

VOZ DE HOMBRE, muy bajo, muy dulce: *Mi pequeño cadáver...*

(Pausa. Se oye una risa ahogada)[439].

---

[437] Interesante extrañamiento temporal, que bloquea los efectos de la acción a un plazo determinado, en principio no repetible. No hay que olvidar que, en el fondo, este objeto-poema-*performance* estaba destinado, en la medida de lo físicamente posible, a un único uso-lectura-representación en la fiesta que los Noailles dieron en su casa de Hyères, lo que justifica esta función autodestructiva de las propuestas de algunas de las manchas.

Aparecen de nuevo los gusanos (larvas), embajadores aventajados de la putrefacción. Buñuel, a diferencia de otros textos, evita aquí indicarnos el tipo de gusano, abriendo la puerta, al utilizar el genérico, a una posible novación animal de la flor, lo que audiovisualmente sería factible a través de un montaje trabado con su estimado fundido encadenado.

[438] Esta es quizás la mancha que más concomitancias arrastra de sus años de poeta surrealista, como evidencian las oraciones que siguen y el *hamletiano* diálogo que la protagoniza.

[439] Ya hemos insistido lo suficiente en el motivo lírico del agua en todas sus manifestaciones que encontramos en la literatura buñueliana. Aquí parece como si el autor quisiese otorgar definitivamente la palabra al líquido elemento y convertirlo en actor de su obra, en el marco de un proceso de congelación/antropomorfización. No estamos, por tanto, ante «un uso extraño de los verbos» (Arias, 2013, pág. 442), sino frente al extrañamiento producido por la naturaleza de los personajes.

Bruscamente se hace una luz muy viva en el interior de la mancha. Bajo esta luz, se ven algunas gallinas picoteando[440].

En la decimoquinta: Una pequeña ventana de dos batientes construida imitando perfectamente una grande. De pronto sale una espesa bocanada de humo blanco, seguida, algunos segundos más tarde, de una explosión lejana. (Humo y explosión deben de ser como los de un cañón, vistos y oídos a algunos kilómetros de distancia.)[441]

En la decimosexta: Al abrirse la mancha se ve a dos o tres metros una *Anunciación* de Fra Angélico, muy bien enmarcada e iluminada, pero en un estado lamentable: rasgada a

---

[440] La experiencia dramatúrgica de *Hamlet* resurge en esta mancha con un diálogo que podría haber complementado el que resolvió dicha pieza, aun cuando tampoco hubiese desentonado si en última instancia la hubiese cerrado con él. A propósito de esto, es muy oportuna la siguiente observación de Sánchez Vidal: «La escena melodramática de la mancha catorceava aplica un sistema ampliamente ensayado en *Hamlet:* el desplazamiento absurdo de uno de los segmentos tópicos, que arrastra en su caída a todo el conjunto, al denunciar lo falso de su andamiaje. Si allí se usaban palabras como *fabriquemos* o *reprochemos* en contextos hostiles o se convertía un verbo transitivo en intransitivo o uno personal en impersonal (o viceversa), aquí el procedimiento se ha depurado: basta con sustituir el previsible e inevitable "No te vayas" por "No hieles"» *(SV,* pág. 273). Por añadidura, no sería de extrañar que este diálogo estuviese pensado para la escena del jardín de *La edad de oro,* alguno de cuyos campos semánticos se superponen aquí.

La gallina, animal recurrente en toda su obra, tanto literaria como fílmica, no podía faltar en esta prosa tan apegada a la geografía, física y natural, de su infancia.

[441] Un cañonazo inauguraba el relato surrealista «La agradable consigna de Santa Huesca», escrito, al parecer, poco antes (tengamos presente que las fechas de las cartas dirigidas a Bello que incluyen sus últimos cuentos no tienen por qué coincidir con las de su composición). La conexión con la matanza de Casas Viejas está servida, aunque parece como si Buñuel jugase con el punto de vista enunciativo.

cuchilladas, pegajosa de pez[442], la cara de la Virgen cuidadosamente ensuciada con excrementos[443], los ojos reventados por agujas[444], el cielo llevando en caracteres muy toscos la inscripción: ABAJO LA MADRE DEL TURCO[445].

En la decimoséptima: Un potentísimo chorro de vapor surgirá de la mancha en el momento de su apertura y cegará horriblemente al espectador[446].

---

[442] *pez:* 'sustancia que procede del alquitrán'. La elección del término no es azarosa, y remite al tema ictiológico dominante en su lírica.

[443] Esta imagen —cuyos orígenes parecen situarse en el trono de Dios formado por excrementos humanos de *Los cantos de Maldoror* (Morris, 2000, pág. 173)— tiene su versión cinematográfica en la película *Belle de jour,* que, a la vista de lo anotado anteriormente (nota 414), tiene en este texto una fuente de inspiración primaria.

[444] Referencia de nuevo a la celebrada escena del corte del ojo de *Un perro andaluz,* filmada cuatro años antes. Morris subraya el parentesco con los «ojos sangrantes en cuencos de lodo» de *Les irreals omegues* (1949) de Josep Vicenç Foix (2000, pág. 212).

[445] Las imágenes de esta mancha tendrían su origen en ideas del proyecto cinematográfico de *Simón del desierto* que, como ha sido glosado, se gestó en la Residencia de Estudiantes. Una de ellas es la de los excrementos, que en el film debían convertir la columna sobre la que san Simeón el Estilita, personaje protagónico, pasó los treinta y siete últimos años de su vida, en una suerte de cirio pascual de heces. De ahí deriva la segunda asociación, pues el turco bien podría ser Simeón, nacido en Anatolia (siglo IV). La figura de su madre tiene un relevante papel en la película al renunciar Simón a su amor, por lo cual la inscripción reflejaría el estado de ánimo del propio beato. Comoquiera que sea, al igual que ocurre con la decimonovena mancha, el interés de Buñuel parece radicar en el contraste religioso entre la virgen María y un turco, supuestamente no cristiano.

Otra interpretación podría estar relacionada con la explícita referencia a *La Anunciación* de Fra Angélico. En ella aparecen Adán y Eva expulsados del paraíso, al igual que el padre de Salvador Dalí expulsó al pintor por haber escrito en su cuadro *El enigma del deseo:* «A veces escupo por gusto sobre el retrato de mi madre». Ese deterioro de la anunciación certificaría lo apuntado en la nota 415: el menoscabo de sus relaciones con el figuerense y, por extensión, su familia.

[446] Esta es la expresión del poder del demiurgo que puede elidir la interacción con las manchas siguientes cegando al lector/espectador y

En la decimoctava: La abertura de la mancha provoca la caída angustiosa de los objetos siguientes: agujas, hilo, dedal, trozos de tela, dos cajas de cerillas vacías, un trozo de vela, un juego de naipes muy viejo, algunos botones, frascos vacíos, laxantes[447], un reloj cuadrado, un picaporte, una pipa rota, dos cartas, aparatos ortopédicos y algunas arañas vivas[448]. Todo se desparrama de la manera más inquietante. (Esta mancha es la única que simboliza la muerte.)[449]

En la decimonovena: Una maqueta de menos de un metro cuadrado detrás de la mancha, representando el desierto del Sahara bajo una luz aplastante. Cubriendo la arena, cien mil pequeños maristas de cera, con sus delantales blancos desprendiéndose sobre la sotana. Con el calor, los maristas se derriten poco a poco. (Se necesitará tener millones de maristas de reserva.)[450]

---

produciendo un tránsito en el motivo de los ciegos, que pasan de ser personajes de la ficción a resultado (víctimas) de esta.

[447] En el original: *grains de Vals,* que es una famosa marca francesa de laxante creada en 1899. Todas las versiones castellanas del texto la han traducido literalmente sin aclarar de qué se trata. Hemos optado por el genérico para una más rápida comprensión lectora, porque en España, ni hay una marca de tradición equivalente, ni esa se comercializó.

[448] La relación recuerda la ilustración de un rastro ramoniano, aun cuando estamos de acuerdo con Morris cuando la vincula con la fascinación por los objetos de Louis Aragon, seguida, entre otros, por Agustín Espinosa, quien, en *Crimen,* introdujo una lista aleatoria de objetos como la que nos ocupa (2000, págs. 245-246). Algunos de ellos son reiterativos en la producción buñueliana: agujas, hilo y dedales, insectos, relojes, o aparatos ortopédicos.

[449] De cruda burla antisimbolista se ha tachado justamente esta apostilla de Buñuel *(SV,* pág. 273).

[450] Existe en esta mancha, muy cercana a un microrrelato, una reificación litúrgica de los maristas con los cirios de cera, objeto religioso por antonomasia que confluye con la imagen del cirio formado por deyecciones previsto para *Simón del desierto,* lo que produce una asociación cromática que refuerza el contraste con los delantales blancos. Un contraste

En la vigésima: Abrimos esta mancha. Colocados sobre cuatro tablas se ven doce pequeños bustos de terracota, representando a la Sra....[451], maravillosamente bien hechos y parecidos a pesar de sus dimensiones de aproximadamente dos centímetros. Mirándolos con lupa constataremos que los dientes son de marfil. El último pequeño busto tiene todos los dientes arrancados[452].

---

que convive con otro muy singular, y sugerido por el contexto sahariano: el existente entre islam (principal religión de la región del Sahara) y cristianismo, en el que las fuerzas naturales del primero triunfan sobre los representantes del segundo (¿venganza buñueliana de su poco estimado cristianismo?). Todo ello sin perder de vista, de un lado, que se trata de una metarrepresentación (la mancha representa una maqueta que a su vez representa) para consolidar la omnipresencia de los maristas en la obra de Buñuel.

451 En el original francés, una nota a pie de página reza: «No puedo revelar este apellido». Posteriormente, Buñuel confesó que se trataba de un homenaje a la vizcondesa Marie-Laure de Noailles. «Quizá el hecho de no "revelar" el nombre de su mecenas fue una cuestión de delicadeza, pues no dejaba de ser cierto, como reconoce el cineasta en *Mi último suspiro,* que el contenido de algunas de las manchas era "escandaloso" e incluso brutalmente irreligioso» (Gibson, 2013, pág. 509). Recordemos que la escultura de la jirafa iba destinada al jardín de la mansión de los Noailles.

452 El autor, a medida que avanzan las manchas, introduce referentes dimensionales que subrayan la idea de microcosmos que cada una representa. Además, en esta y la anterior se manifiesta expresa y detalladamente la miniaturización de los protagonistas, su reducción al tamaño de los insectos que Buñuel puede observar como el entomólogo que siempre quiso ser. No le hace falta el microscopio, pero esta vez sí se requiere de una lupa para ojear una anomalía, la mutilación anatómica (otra más) que sufre uno de los bustos. Estamos, por todo ello, ante una puesta en escena de una especie de teatro de miniaturas similar al de marionetas con el que nuestro escritor se inició en tareas teatrales en Ámsterdam siete años antes.

La agradable consigna de Santa Huesca

Una pregunta seguida de un cañonazo[453].

—Aún no lo he pronunciado— dice el gobernador.

—Pues allá Vd.[454] y para mayor seguridad, mire. El gobernador se administra y ve lo que sigue.

Dos horas después[455] entre la carretera de San Feliu y San Guíxols[456] va andando un trozo de carne asada, de unos dos kilos de peso, gorda y requemadota[457]. Aún la veo y sin

[453] Según informa Sánchez Vidal, en el original, redactado en cuartillas con el membrete del Café Castilla, antes de esta primera frase hay una tachadura *(BLD,* pág. 253).

[454] En *BLD,* sin el punto de la abreviatura.

[455] El efecto de extrañamiento producido en el lector opera por una traslación del espacio al tiempo sin solución de continuidad. No es corriente hallar este tipo de rupturas al principio de los relatos. Desde este punto de vista, recuerda mucho el producido por la concatenación irracional de escenas irracionales en *El fantasma de la libertad.*

[456] Juego de palabras humorístico a partir del nombre del pueblo de la costa gerundense Sant Feliu de Guíxols, de cuya existencia conoció seguramente por Dalí. No obstante, Sant Feliu es un pueblo costero de referencia de la comarca del Bajo Ampurdán, es decir, un *Cadaqués* de esa comarca (Cadaqués lo es del Alto Ampurdán); de forma que no es descartable que esta elección tenga relación con saldar alguna deuda pendiente con el pintor, dada la rivalidad existente entre altoampurdaneses y bajoampurdaneses.

[457] Más allá de la referencia directa a los sucesos de Casas Viejas aludidos en el estudio introductorio, puede reconocerse aquí tanto el *carnuzo*

remordimiento la puedo llamar, hija de puta[458]. Pero ella ni se menea, ni argumenta, ni vomita[459]. Igual le da.

La carretera se pierde en el horizonte en línea obstinadamente recta, empolvada, iluminada canicularmente[460]. Al verla se presienten ciertas funciones de ópera en el instante

---

como la pierna resucitada de Miguel Pellicer, protagonista del milagro de Calanda. Román Gubern sostiene que el origen de la mitología aragonesa del *carnuzo* deriva del presunto milagro (1640), según el cual al cojo Miguel Pellicer le creció una noche una pierna a partir de su muñón; hecho que era un referente importante para estos dos aragoneses (Gubern, 2001, págs. 93-94). Asimismo, el estar, más que asada, «requemadota», convierte en más extraordinario el proceso de antropomorfización del objeto cárnico, ya de por sí exaltado con el uso anafórico de «trozo de carne» durante todo el cuento.

En otro orden de ideas, la dimensión onírica del texto anticipa la escena del sueño con el trozo de carne de *Los olvidados,* rodada dos décadas después. En esa misma película hay otra secuencia en la que el grupo de chicos protagonista agrede a un hombre sin piernas que se desplaza en carrito, echándolo al suelo y privándole de la movilidad. Es una representación del trozo de carne de este cuento, como lo es, a fin de cuentas, el protagonista de *Johnny cogió su fusil* (1939), novela de Dalton Trumbo que fue adaptada al cine por su autor y Buñuel para que la realizase este último, pero que finalmente dirigió Trumbo en 1971 con el mismo título, aunque con diferente libreto (el original en coautoría fue publicado en España: Dalton Trumbo y Luis Buñuel, *Johnny got his gun/Johnny cogió su fusil,* Teruel, Instituto de Estudios Turolenses, 1993).

458 «Toda escritura de la guerra [...] pasa por un descenso a los infiernos, impone una prueba expiatoria, conlleva el reencuentro con nuestros fantasmas, y no volvemos indemnes de una expedición tal» (Antoine Compagnon, «Préface», en *La Grande Guerre des écrivains. D'Apollinaire à Zweig,* París, Gallimard, 2014, pág. 7. La traducción es nuestra). Creemos que Buñuel escuda con esta conexión sintagmática irracional las palabras de Compagnon aplicadas a su estado de ánimo en relación con la situación de preguerra existente en España, y que los acontecimientos de Casas Viejas certificaron. Un estado de ánimo que rezuma por todo el cuento y que Sánchez Vidal captó cuando tituló «Premonición de la guerra civil» su capítulo sobre los tres últimos cuentos de Buñuel *(BLD,* pág. 253).

En *OL* y *ELB: la puedo llamar «hija de puta».*

459 En *OL* y *ELB* el siguiente punto es una coma.

460 En «Teorema», la línea recta y el cielo soleado formaban la proposición a la que se refería el título.

en que una dama de un palco se lleva los impertinentes a los ojos.

Mientras[461], la carne asada continúa su camino sin pensar en nada interesante. Solo una nubecilla de polvo señala su paso. De pronto, brotan de la tierra atraídos por el sol una muchedumbre inmensa, un millón de millones de pequeños sastres de los que el mayor no llega al milímetro. Unos saltan a un metro de altura del suelo, otros persiguen a alguna campesina extraviada, otros arden como una mecha, otros postulan.

El trozo de carne, molesto, vomitando, emprende veloz carrera arrollando a cuantos sastres encuentra a su paso. A la media hora la carretera no es más que un inmenso lodazal: cada sastre se disuelve en una gota de orina[462], desmelenada, sollozante y que antes de fundirse con el polvo se agarra desesperadamente a los postes del camino. En medio de este caos por todos los ámbitos del horizonte llegan ecos de órganos, de rezos, de himnos que provienen de lejanas catedrales.

El trozo de carne ha emprendido una veloz carrera. En un recodo le salen dos barruntos[463] en las orejas. En la próxima curva hay un ciprés de ranura, y se detiene ante él. El trozo de carne descansa y observa.

A un metro justo de la base del ciprés percibe un bulto que inmediatamente se pone a la defensiva. El trozo de carne sabe que aquello puede influir en la vida de la ciudad. Es un tictac[464] corriente que ya salta, ya pregunta, ya se concentra esgrimiendo un libro, o ya vuelca un tranvía[465]

---

[461] En *BLD* se elide la siguiente coma.

[462] La alusión a la orina origina la primera asociación escatológica de elementos religiosos, en este caso los himnos, los rezos y los órganos catedralicios.

[463] En *OL* y *ELB: baturros.*

[464] Nueva mención del paso del tiempo al que dedicó «Por qué no uso reloj» y que aquí subraya el dinamismo de la acción.

[465] El tranvía, vehículo que simboliza la modernización de las comunicaciones, aparece de nuevo como lo había hecho en «Instrumentación» y «Diluvio».

puesto a la cabeza de las turbas[466]. Él no tiene nada que ver con las agonías ni con la historia. Después de todo él va donde va la gente.

El trozo de carne sigue observando.

Los alegatos del ciprés son raros. Sus cámaras se hallan cubiertas de válvulas aceradas, color vegetal, y su suelo es de carne congelada, la cual produce tan gran estrépito que los pájaros huyen de los tejados. El estrépito no se oye porque es menor que un gato negro y tan silencioso como este[467].

El trozo de carne piensa que esta ocasión es única. Sin embargo espera el crepúsculo para entrar en acción.

A todo esto el tic-tac[468] apoyándose en arco contra la tierra se distiende y se lanza verticalmente al espacio. A medida que asciende se infla, se redondea. Pronto no es más que una cubierta de algodón tendida en la más miserable de las camas.

Son las ocho y un estudiante se dispone a ir a clase.

El trozo de carne junto a la pila del agua bendita ofrece el sagrado licor a las primeras beatas. Por la tarde todas las

---

[466] La polisemia de la palabra *turba* reaparece y vuelve a ser de interés, pero con una precisión de tipo religioso. Además del material orgánico que retrotrae al saber científico de Buñuel, el término podría remitir a la procesión de Las Turbas, que es la manifestación con más matices de la Semana Santa conquense y que el calandino debía de conocer, ya que su origen parece estar relacionado con las procesiones de Calanda. Ahora, la vinculación con los tranvías nos lleva a un suceso acaecido en Madrid, a finales de junio de 1920: la quema de cinco tranvías por «Las Turbas», según informaba el periódico *ABC* (2 de julio de 1920); acontecimiento que acaso también cebó el imaginario del autor.

[467] La escena descrita en este párrafo, como otras del cuento, podría formar parte de una de las manchas de «Una jirafa», lo que avala nuestra tesis de una composición en paralelo, o casi, de ambas prosas.

[468] Mantenemos la ortografía de la onomatopeya presente en *BLD,* que aquí difiere de la de unos párrafos más arriba (que es la apropiada). Si en *ELB* se unificó con la correcta *(tictac),* en *OL* se hizo lo propio con la incorrecta *(tic-tac).*

mulas de la ciudad aparecían muertas en las cuadras[469]. El público amotinado se reúne junto al sagrario y lo destruye a hachazos[470]. Alguien va a rociarlo con gasolina. De pronto un grito de horror: 500 hostias consagradas con el miembro en erección están hollando el trozo de carne asada la cual repantingada ni se da cuenta, ni le importa nada, ni se pone detrás del horizonte volando alrededor del sol[471].

Uno del público se acerca al trozo de carne y mientras los demás espantan las hostias a palos, aquel introduce su mano por la palangana del trozo de carne[472]. Después de gran trabajo consigue sacar un libro voluminoso de cantos oblicuos. Sobre la cubierta en letras doradas[473] aparece el título:

«Vida de Santa Huesca»[474].

Poco después un sacristán carga un borrico de cántaros al pie de las ruinas de la iglesia. En cada cántaro va oculto un bandido que al llegar al bosque saltará de su escondite y unido a sus compañeros construirá una choza. En la choza habrá una puta. La puta irá a un ciprés, el ciprés en un día de viento atraerá a las doncellas que le ofrecerán su culo. El culo de las doncellas será hollado entonces por el trozo de

---

[469] Alusión al *carnuzo.*

[470] Esta frase desaparece en *OL* y *ELB.*

[471] Esta descripción del coito de las hostias que sigue al «grito de horror», y que constituye un desarrollo de la «Hostia consagrada con bigote y polla» que en su día Buñuel y Dalí propusieron a Bello como título de uno de sus poemas *(BLD,* pág. 202), fue sustituida en ediciones anteriores por tres puntos entre paréntesis *(OL)* o corchetes *(ELB).* Sin embargo, Sánchez Vidal la recupera en textos suyos posteriores *(BLD* y 1991a), de modo que, *mutatis mutandis,* la acepta como definitiva. En estos mismos textos, introduce el coherente punto y aparte que sigue y que no aparece en el resto de las ediciones.

[472] En *OL* y *ELB: Uno del público se acerca al trozo de carne e introduce su mano por la palangana del trozo de carne.*

[473] En *OL* y *ELB: decoradas.*

[474] Esta escena tampoco desentonaría en «Una jirafa».

carne que cantará mientras holla[475] y el cántico del trozo de carne será como el gluglú de agua que devolverá la vista a los ciegos. ¡Gloria al señor en los espacios![476].

El gobernador está en pie ahora presenciando el paso de Santa Huesca que camina al martirio con la cabeza baja. Su mano esgrime una palma. Detrás de ella medio aplastado por la lluvia de piedras se arrastra un gato negro y ensordecedor[477].

Sobre la cruz donde han crucificado a Santa Huesca pende indiferente, aborregado, hecho un lector, el trozo de carne asada.

FIN[478]

Inscripción para la lápida del trozo de carne[479]

«Iban dos niños por un campanario sin pensar en lo ventajoso de sus obligaciones cuando de pronto les pareció oír todo cuanto pasaba en el Instituto. Subiéndose enseguida a un ciprés pudieron observar lo que sigue[480]: Dos maristas dispuestas a jugarse la vida iban en un tranvía. En la primera parada se bajaron y subieron otra vez en otro tranvía lleno de colmenas[481]. Las abejas hacían un ruido admisible

---

[475] *hollar:* «Abatir, humillar, despreciar» *(DLE).* Proviene de *follar (fullāre:* 'pisotear').

[476] Esta frase fue sustituida por tres puntos entre paréntesis o corchetes en *OL* y *ELB,* subsanándose por Sánchez Vidal *(BLD* y 1991a).

Todo este párrafo es un ejemplo del uso de la concatenación para buscar el efecto de fluidez hídrica al que hacíamos referencia en la Introducción.

[477] En *OL* y *ELB* el siguiente punto y aparte es un punto y seguido.

[478] La primera versión del cuento terminaba aquí. Lo que sigue lo introduce Buñuel en la carta a Bello de febrero de 1933.

[479] Este auténtico microrrelato incrustado en el cuento aparece en la carta de febrero de 1933, en la que el epígrafe «Inscripción para la lápida del trozo de carne» está escrito al margen. De ahí que usemos la cursiva.

[480] Al margen: «Continúa la lápida» *(BLD,* pág. 257).

[481] Tal escena tiene su correlato cinematográfico, con algunos cambios en los personajes y los objetos, en la película *La ilusión viaja en tranvía.*

y las maristas yacían en sus ataúdes dispuestas a jugarse el todo por el todo[482]. Una de ellas decía por lo bajo: "Es cierto que la mortadela está hecha por los ciegos — como ha dicho Péret"[483]. La otra le contestó: "Ya hemos llegado a la pasarela". Debajo de la pasarela, en medio del agua medio podrida, medio verde, podía[484] verse una lápida que decía "Las Normas". A su alrededor cientos de personas celebraban el Año Nuevo»[485].

Esta es la lápida que deberá tener el trozo de carne durante 364 días al[486] año corriente y 365 los bisiestos[487].

---

[482] Esta imagen del ataúd con maristas fue desechada en *La edad de oro (BLD,* pág. 256).

[483] Benjamin Péret había escrito en los números 9-10 de *La Révolution Surréaliste* (1 de octubre de 1927) la prosa poética «Corps à corps», donde aparecía, entre otras, la pregunta que encandilaba a Buñuel: «Est-il vrai que la mortadelle est faite par les aveugles? [¿Es verdad que la mortadela la hacen los ciegos?]» (pág. 33). Buñuel, al suprimir la interrogación, transita de la vacilación a la certeza con el subsiguiente efecto irracional.

[484] En *OL* y *ELB: podría.*

[485] En el resto de las ediciones, además de la adaptación de la puntuación, el texto de la inscripción incluye algunas variantes: los maristas son masculinos, el ruido de las abejas es *admirable,* la mortadela está hecha *para* los ciegos, y la referencia a Péret es una interrogación y no una afirmación.

[486] En *OL* y *ELB: el.*

[487] En la citada carta de febrero de 1933, Buñuel le dice a Bello, a continuación de esta última frase (después de un punto y seguido): «Si no estás conforme, dímelo, porque juzgo esto importantísimo». Podría referirse a toda la inscripción, pero no introduce ningún punto y aparte, por lo que la advertencia parece más focalizada a esta última oración.

La descomunal batalla de las catedrales y las vagonetas

San Valero apadrina la madrugada nebulosa. El dije[488] que cuelga del chaleco de san Valero, representa en altorrelieve a mi criada Carmen.

Un tallo rubio de paja. En sentido longitudinal se oyen cinco campanadas. Casi al unísono, un rugido enorme brota del lugar que corresponde a la espiga y aprovechando una grieta de la paja, aplico allí mi ojo[489]. (Mi ojo se eleva a 62 metros sobre el nivel del mar y sus nervios finales se iluminan con las mareas altas.)[490] Un espectáculo interesantísimo se ofrece a mis miradas. Miles de vagonetas circulan en todos sentidos, y de los rieles por los que se deslizan, se

---

[488] *dije:* «Joya, relicario o alhaja pequeña que se usa como adorno» *(DLE).*

[489] Alusión a la escena del corte del ojo de la película *Un perro andaluz,* pero invirtiendo la dinámica: es el ojo que va a la grieta. La fuerza poética de este inicio del párrafo radica en una concatenación de sinestesias excepcional en Buñuel.

[490] Extraordinaria metáfora a partir del paralelismo iconográfico existente entre la imagen de un rayo y las venas de un ojo. La representación mental de un fundido encadenado entre las dos imágenes parece inevitable, lo que da la medida de la permeabilidad del escritor Buñuel respecto del director de cine, y más en ese momento, cuando ya había ejercido, con excepcional éxito, de realizador.

desprende un canto funeral. De pronto y en pleno jolgorio irrumpen en la explanada cuatro o cinco catedrales, cada una con su consabido cordero al hombro, y sin esperar órdenes, [la] emprenden a patadas [con] las vagonetas. El estrépito es ensordecedor. Unas vagonetas se esconden bajo las ensaladas, otras vomitan por la borda, y todas corren hacia los cuatro puntos cardinales abrochándose las húmedas braguetas[491]. A todo esto las catedrales no cesan de patear la vagoneta que cazan. La catedral más gorda se para un momento a secarse el sudor. Una vagoneta blanda, rugosa, lacia como un pulpo, le cuelga del colmillo[492]. La catedral ni se da cuenta de lo repugnante del espectáculo. Llena de grasa de vagoneta, de hule de vagoneta, de oratorio de vagoneta, está nauseabunda. A través de tanta inmundicia y por los grandes vitrales góticos se oyen las notas policiacas del «Miserere agnus dei»[493] cantado por 800 y pico de frailes. Sus voces graves llenas de mística unción revolotean alrededor del hule de la vagoneta y luego se meten en casa. A alguna se le oye decir: «Aquí no ha pasado nada. ¡Dios mío, tú que presides los destinos inútiles del mundo, tú que acaricias la alondra y fijas el lino en tu arcabuz[494] circundándolo de parva[495]; tú que presides la sinfonía paciente del alcalde, no consientas a tus catedrales, ínfimas esclavas tuyas, pasearse tan descaradamente después

---

[491] En una sola frase confluyen simbólicamente los ingredientes de la putrefacción: los gusanos (debajo de las ensaladas), el *carnuzo* (asociado al vómito) y la liberación de orina ocasionalmente presente después de fallecer.

[492] Véase la nota 524.

[493] Referencia al himno litúrgico de gran tradición en la Iglesia cristiana.

[494] *arcabuz:* «Arma de fuego portátil, antigua, semejante al fusil, que se disparaba prendiendo la pólvora del tiro mediante una mecha móvil incorporada a ella» *(DLE).* Recordemos la afición de Buñuel por las armas, cuya erudición saca a relucir aquí.

[495] *parva:* «Mies tendida en la era para trillarla, o después de trillada, antes de separar el grano» *(DLE).*

del toque de retreta, ni meterse en lo que no les importa, que para eso están los tutores de familia! ¡Tú, que conduces los ejércitos a la victoria, no dejes sin sanción ni a las catedrales ni a las vagonetas!».

¿Para qué hablaría así a Dios, aquella vagoneta? Apenas pronunció sus últimas palabras treinta y dos Jesucristos armados de catapultas empezaron a salir del caño y en un «quítame allí esas pajas»[496] dejaron el terreno más libre que se queda la puerta del sol cuando no hay faena en las eras. Garantizo que no hay nada más honrado que dos o tres santos Jesús Cristos ni nada que se sepa mejor la lección ni que llegue antes a su casa. Pero dejemos dormir a las vagonetas y de puntillas para que no se oxiden pasemos al cuarto de al lado. El cuarto de al lado estaba dividido en cuatro partes asimétricas pero dignas de Porcio Catulo Nerón por su familiaridad[497]. Como las cuatro eran iguales describiré nada más una. Oscura como un jacinto, silenciosa como un toro, y amenazadora como la caída de una ceniza de puro que desprendida de la brasa cae en el pie divino de una niña de nueve años, rubia, fornida, con el coño aún sin pelo, pero largo y abierto por las mil violaciones de que ha sido objeto[498]. Lo

[496] Adaptación de la expresión cervantina del *Quijote* (de nuevo Cervantes): «quítame allá esas pajas» que significa 'por algo insignificante, sin importancia', 'por un asunto baladí'. El cambio de adverbio tuvo que ser involuntario.

[497] Buñuel recurre a asociar nombres propios de la civilización romana que nos son familiares (Porcio, Catulo y Nerón) para crear una asimetría nominal como la existente en la distribución superficial del cuarto donde se desarrolla la acción del relato (no existió ningún Porcio Catulo Nerón que conozcamos, al menos popular, por más que el lector desprevenido pueda dar por supuesto que se refiera al emperador romano). Aun así, podría aludir a Marco Porcio Catón, más conocido como Catón el Viejo, si consideramos *Catón* como acrónimo de Catulo Nerón.

[498] El peso del contexto político que hemos subrayado en el estudio introductorio nos lleva a considerar que la niña joven violada puede ser una referencia a una jovencísima Segunda República afectada ya por el yugo violento de grupos ultraderechistas.

interesante de este cuarto no era ese coño boquiabierto, rojo, húmedo, oliente, lechoso y pulverizado[499], lo interesante era la señora que con la cara cubierta acaba de doblar esa esquina[500]. Sigámosla. La niebla invade la calle y los escasos tranvías apenas hacen oír el feroz salto de los atunes o el lúbrico tantán de los nipones[501]. Una etiqueta roja con letras negras señala la muerte[502]. Una saeta empuja el deseo. Un niño yace sobre el hilo del sueño de las prostitutas. Niebla. Ni pasos ni occipucios[503]. Solo báculos, tronos y fístulas[504]. Ha llegado la hora de tutearse con Dios. «Ven

---

En el orden estrictamente filológico, la violencia sexual del pasaje emerge como un fogonazo que rompe el tono del discurso, lo que nos puede hacer pensar que se trata más de una concesión al marqués de Sade que una reflexión realmente sadiana de la situación política del momento. Incluso así, la concisión de la descripción, y su ubicación como microcosmos dentro del cuento, evita la condescendencia sádica sin más.

499 *Nota bene:* lo racional se impone en este microcosmos de lo aterrador; o sea, a la hora de describir el horror, no hay lugar para generar asociaciones ilógicas entre el sujeto y los adjetivos. Los efectos de las violaciones son racionales para así subrayar su crueldad, aunque la historia esté impregnada de un absoluto irracionalismo estructural.

500 Al hilo de lo expuesto en la nota anterior, obsérvese como, una vez salimos del microcosmos indicado, volvemos a las situaciones irracionales.

501 El uso de *nipones* responde a un juego paronomástico con *atunes.* La conexión con «Diluvio» es evidente. Nótese, de nuevo, la presencia del tranvía como vehículo representante de la modernidad de la nueva ciudad del siglo xx.

502 El lector habrá percibido como el rojo y el negro son usados por Buñuel en su peculiar representación del binomio amor-muerte. Aquí ocurre lo mismo, pero uno cae en la cuenta de que tal combinación cromática es también el símbolo del anarquismo.

503 *occipucio:* «Parte de la cabeza por donde esta se une con las vértebras del cuello» *(DLE).*

504 De la polisemia de los tres sustantivos de esta oración elíptica emergen numerosas asociaciones para dar lugar a imágenes de una inusitada riqueza iconográfica. Empecemos por *báculo,* del que destacamos dos de sus cuatro significados: «Hueso pequeño y alargado que los ma-

aquí Carmen ven aquí y lanzada al vacío incrústate en mi miembro repugnante, cubierto por la mosca cadavérica y amenazando dejar salir por su agujero la guarnición de Huesca. Enséñame tu coño, Carmen, tu coño abierto, que tú haces voltear entre tus manos chorreantes de cera. Nuestros cuerpos quieren revolcarse en común espasmo sobre la calumnia, sobre la muerte, sobre nuestras sombras. Yo devoraré tus tetas, tu esfínter se pondrá a girar como un loco y nuestros labios quedarán al fin olvidados en el cajón de la mesilla entre plumas, dijes, relojes y olores rancios. Éntrame los huevos en tu boca y róeme luego los huesos uno a uno[505]. Chilla, blasfema, protege a los niños, mea, levántate y anda, funda asilos, cuelga delincuentes, que a la primera gota de suero que tú lances a mi trono, mi alma, mi sexo, mi avanzadilla te entrarán hasta lo más profundo de tus entrañas»[506].

---

chos de algunos mamíferos tienen dentro del pene» y «Palo o cayado que se usa para sostenerse», del que deriva el báculo pastoral «que usan los obispos cristianos como símbolo de su condición de pastores espirituales del pueblo creyente» *(DLE)*. Por lo inferido en la siguiente nota al pie, nos decantamos por la primera acepción, aun cuando la religiosidad de la segunda era sumamente atractiva para alguien como Buñuel. Respecto de *fístula,* las opciones son igual de diversas: «1. Cañón o arcaduz por donde pasa el agua u otro líquido. 2. Instrumento musical de viento, parecido a una flauta. 3. Conducto anormal, ulcerado y estrecho, que se abre en la piel o en las membranas mucosas.» *(DLE).*

[505] De ahí que el significado más pertinente de *báculo* sea 'hueso del pene'.

[506] No hay declaración de Buñuel sobre posibles sueños eróticos con sus criadas, pero este pasaje puede ser indicativo de que existieron. Carmen también podría ser la misma protagonista de su díptico «Historia decente – Historia indecente».

En relación con el documental sobre Las Hurdes, que Buñuel filmó en la misma época y cuyas intertextualidades hemos destacado en el estudio introductorio, se puede aplicar a este pasaje entrecomillado lo observado por Sánchez Vidal, y que Gibson subraya, respecto de la propuesta subliminal que subyace en la secuencia rodada en el convento de San José de las Batuecas, en cuyo interior parece desarrollarse este sádico fragmento.

Una niebla gris revolvía con tristeza el café con leche. Un fiacre[507] acababa de pararse en la esquina. La portezuela se abre y desciende majestuosa una mecedora. Un gesto de sus ojos y los huecos de mi fachada se obturan[508]. Otro gesto y mi casa[509] no es más que un milano[510] arrastrado por el viento. En medio del paisaje hostil, rodeado de unos barbudos, de doncellas que cosen, y de hipocampos[511], dejo este papel sobre la mesa de disección[512].

Para el catedrático de Zaragoza, esta escena (léase aquí *pasaje)* sugiere las presumibles connivencias entre el monje (aquí el narrador, que bien pudiera ser un representante de las catedrales que titulan el relato) y la criada (Carmen), y, por consiguiente, la hipocresía de la Iglesia católica en relación con el cuerpo (Gibson, 2013, pág. 538).

[507] *fiacre:* 'carruaje de cuatro ruedas para ser alquilado'. Puede tratarse tanto de un anglicismo como de un galicismo. Nos inclinamos por la segunda opción, a cuyo uso Buñuel tendía dada su experiencia en Francia.

[508] Esta frase remite indefectiblemente a las pinturas de Dalí, donde los relieves cóncavos de teces son rasgos idiosincrásicos.

[509] Se trata de un juego paronomástico en el que Buñuel se recrea con la similitud morfológica y fonética de *casa* y *cara*.

[510] Aunque *milano* suele utilizarse para denominar a un ave rapaz, como parece ser el caso que nos ocupa, no sería nada descartable que la elección del vocablo la hiciese Buñuel por otra de sus acepciones, la de 'pez volador', que da lugar a una imagen más irracional, pero coherente con la preeminencia de los motivos acuáticos de su poética.

[511] El caballito de mar ejerció cierta fascinación entre los surrealistas. A decir verdad, el documental científico *L'Hippocampe* (1934), del ya citado Jean Painlevé, se convirtió en uno de los adalides simbólicos de la poética audiovisual del movimiento. La presencia del hipocampo refuerza la tesis anterior sobre el significado de milano como 'pez volador'.

[512] El célebre símil de Lautréamont: «Bello como [...] el encuentro fortuito sobre una mesa de disección, de una máquina de coser y de un paraguas», es objeto de alusión directa por el autor, lo que no es muy habitual en su literatura. Mas la referencia no es fútil, pues conecta al Buñuel que en 1933 ya no militaba en el grupo surrealista con el más claro inspirador literario del movimiento, refrendando de algún modo su todavía vinculación intelectual y artística al mismo.

«Dadme por Dios una cuaderna[513], para ayudar a las obras del Santo Sepulcro».

FIN

513 El recurso a esta voz es todo un reto semántico. Tres son los principales significados de *cuaderna,* de acuerdo con el *DLE:* «1. En el juego de tablas, doble pareja. 2. Moneda de ocho maravedís. 3. Cada una de las piezas curvas cuya base o parte inferior encaja en la quilla del buque y desde allí arrancan a derecha e izquierda, en dos ramas simétricas, formando como las costillas del casco». Es lógico descartar la primera definición, y factiblemente la segunda es la que tenía Buñuel en la cabeza. Ahora bien, vista la abundancia de motivos marítimos del anterior párrafo, no es ninguna simpleza decantarse por la acepción marina.

[Querido Pepín]

Madrid, 2 de febrero de 1935

Querido Pepín: ¡Cómo me conmovió el leer tu carta y ver la modestia con que recordabas el inolvidable día 29![514], ese día en que San Valero Ventolero pasa con un ajimez[515] sobre la cabeza por la acera de Cecilio Gasca[516]. Tú siempre has sido muy bueno y te has acordado del día 29. Yo en cambio el día de San Valero decidí auscultarme. No voy bien. Cada día pierdo fuerzas. Cuando el doctor comenzaba a diagnosticarme se desencadenó fuera una gran ventolera, tan brutal que desgajó los postigos del balcón como si

---

[514] En *OL* y *ELB* el predicado no es exclamativo. Con esto no estamos legitimando la edición de *BLD,* que es la que seguimos en aquella parte de la que no tenemos constancia documental, pues también contiene variantes de puntuación respecto del pasaje mecanuscrito publicado en *ELB.* Con todo, es más coherente el uso de los signos de exclamación.

[515] Primero de los términos de origen árabe a los que recurre abundantemente Buñuel en este texto, que podríamos calificar como estéticamente mudéjar. Se trata de una ventana de dos aberturas que está dividida verticalmente en dos partes iguales mediante una pequeña columna sobre la que se apoyan dos arcos. En cuanto que mudejarismo, está presente en los principales templos de culto zaragozanos, entre ellos la Catedral del Salvador *(la Seo),* donde está la talla de San Valero.

[516] Se refiere a la acera de la Librería de Cecilio Gasca, en la calle del Coso, núm. 31.

fueran brazos. El polvo en la calle era densísimo[517], tanto que ni se veían pasar los curas. Entre el polvo, giraban velozmente saliendo de él para después de brillar un instante volverse a perder en la nada, infinidad de máquinas de coser, bastones, tinas pequeñas en forma de embudo y pequeñas islas de Formosa rodeadas de bancos de atunes[518].

A todo esto ni mi padre ni el médico me entendían. Mi buen padre objetaba que aquella ventolera representaba un serio escollo en su vida y que ni por un momento toleraba diagnóstico tan indecente. El médico decía que tal vez fuera así pero que mi progenitor siempre le había puesto la proa y que por muy veterano que se creyese, él, médico, era más alto y que a otro perro con tal hueso.

Mi padre me agarró de una mano y me sacó a la calle. La violencia del viento llegaba a su apogeo. ¡Qué olor a cera! Un zumbido despreciable nos aturdía y grandes y poderosas ráfagas nos impedían casi el avanzar. La ventolera nos lanzaba a la cara, aturdiéndonos, cientos de curas semidesnudos[519]. Pude notar que todos ellos al chocar contra nuestras narices se ponían a cantar entre dientes, siempre la misma canción. Era algo parecido a este motete:

NIÑITA, NIÑITA MÍA,
NO SABES LO QUE ES EL MAR,

---

[517] En *OL* y *ELB* se omite la coma que sigue.

[518] De nuevo el viento, el cierzo para más señas, como protagonista, junto con el agua, de los elementos y motivos de la naturaleza que pueblan la lírica buñueliana. Es más, el dicho zaragozano reza: «San Valero, ventolero y rosconero». Si al final del escrito se hace referencia explícita al bollo asociándolo con las velas y generando así la imagen de una corona, la idea circular del roscón (que es tradición degustar el 29 de enero, día del santo) se percibe en el viento que gira (otra vez velozmente) y que produce unas alianzas muy *maldororianas*.

[519] Compárese este pasaje con la mancha decimonovena de «Una jirafa». La superposición de campos semánticos es patente.

En *OL* y *BLD: semi-desnudos.*

SI LO SUPIERAS MI VIDA,
TE ECHARÍAS A RODAR[520].

Podrá parecer frívola la moraleja pero bastó para hacerme recordar mis tiempos de camarero, cuando mi pobre padre venía a traerme el alcuzcuz[521] al café, un poco antes de mediodía, metido en una tarterita[522] de oro inolvidable que siempre dejaba a tres o cuatro kilómetros de los veladores.

Cada vez llegaban más numerosos los curas a chocar contra nuestras narices. La canción devenía zumbona, casi

---

[520] Recuerda el poema de Rafael Alberti, a quien Buñuel no apreciaba como poeta (de ahí quizás el uso despreciativo de *motete),* «La niña que se va al mar» de *Marinero en tierra* (1924), cuyos primeros versos dicen así:

> ¡Qué blanca lleva la falda
> la niña que se va al mar!
>
> ¡Ay niña, no te la manche
> la tinta del calamar!
>
> ¡Qué blancas tus manos, niña,
> que te vas sin suspirar!
>
> ¡Ay niña, no te las manche
> la tinta del calamar!
>
> ¡Qué blanco tu corazón
> y qué blanco tu mirar!
>
> ¡Ay niña, no te los manche
> la tinta del calamar!

En *OL* y *ELB* el poema está en minúsculas. En *OL* sin puntuación alguna, mientras que los únicos signos de puntuación en *ELB* son un punto y coma al final del segundo verso y un punto final.

[521] *alcuzcuz:* 'cuscús'.

[522] *tartera:* 'táper'.

ininteligible, lo que me hizo comprender que había una alusión poco respetuosa para mi ausente madre. Mas, dime, Pepín: ¿quién se molesta porque tales capiteles dejen de ser de tal o cual estilo?[523]. Allá ellos.

Por fin la sotana de uno de los curas quedó prendida del bigote blanco y venerable de papá. Allí se mantuvo el sacerdote dispuesto a todo, como los buenos[524]. Aprovechó la ocasión para bien a mi pesar, largarme la siguiente filípica:

«En verdad te digo, hijo mío, que San Valero, JAMÁS dejó de respetar el código. El arte de su época —y te hablo sin rencor— consistió en ahuyentar los ruidos parásitos de las grandes naves donde solo el humo de las batallas podía elevarse. ¡Allí los pechos errantes, las alas de piedra, los tristes surcos, las alegres meriendas sobre las piedras tumbales, los incestos, las frases sueltas que se oyen de noche, los montones de leña erizados de manos de niño! Pues bien: San Valero sentado frente a la caja, no se metía en nada[525]. Nunca le faltó un céntimo. Él, su padre, su abuelo, todos fueron contables y además de contables ingenieros. Lástima que el hijo de San Valero, también llamado San Valero, no tuviera medios de costearse los estudios. Pero esto forma parte del siguiente capítulo».

Ya[526], con las últimas palabras, llegaba la noche. Calló el cura y con pericia y cariño, comenzó a reunir a las dispersas cabrillas y rehecho el rebaño lo hizo aventurarse por la abrupta pendiente que descendía al valle.

---

523 En *OL: tal cual estilo.*

524 En el imaginario del Buñuel de aquellos años está muy presente el cuadro *Saturno devorando a su hijo,* de Goya —con toda probabilidad por constituir una alegoría de la situación que se estaba mascando en España—, que cristaliza con imágenes evocadoras de gigantismo, como aquí, o con la antropomorfización de elementos titánicos, como ocurría en el cuento anterior con la vagoneta que colgaba del colmillo de una catedral.

525 Esta frase desaparece en *OL* y *ELB.*

526 De aquí hasta el final es la parte mecanuscrita de la que tenemos constancia porque se publicó en *ELB* (pág. 71). Hemos sustituido los subrayados por cursivas e indicado las variantes que aparecen en las ediciones del texto.

MUY IMPORTANTE[527]

EL VALLE LLEVABA UNA VALLA[528], la cual no me fue dado atravesar. Diez enormes curas con poderosos alfanjes[529] me impedían la entrada. En las resplandecientes hojas de las armas pude atisbar la siguiente inscripción: «El valle llevaba una vaxxx»[530]. La última palabra semiborrada[531] era de difícil interpretación. ¿Decía *valla* o tal vez *vela?* Acaso ni valla ni vela sino que era una fotografía de «La última Cena» en la que los comensales hubieran sido sustituidos por copones[532], y en donde el copón sentado en

527 Nos inclinamos a creer que se trata de otro elemento paratextual, como los *«Detalles realistas»* de más adelante, propio de un estadio de composición no definitivo, por lo que seguramente el proyecto de cuento finalizaba justo antes de este epígrafe y debía afinarse y completarse con lo que sigue.

528 Amalgama de aliteración y paronomasia, de la que hemos visto ya algún que otro ejemplo (véase la nota 167). En este caso, además de la proximidad fonética con el apellido del destinatario, Bello, Buñuel articula todo el párrafo con una alta concentración de extrañamiento. Más adelante hace gala del mismo recurso estilístico en el nombre y dirección del destinatario de la carta del último párrafo.

529 En el mecanuscrito (aquí y más adelante): *alfanges*. La palabra *alfanje* tiene doble significado: «1. Especie de sable, corto y corvo, con filo solamente por un lado, y por los dos en la punta. 2. Pez espada» *(DLE).* Parece claro que se refiere al primero, a pesar de que, al igual que ocurría con *milano* en «La descomunal batalla de las catedrales y las vagonetas», la referencia ictiológica estaría en línea con los temas de su lírica y, en esta historia, con los bancos de atunes del inicio del cuento. Cualquiera que sea la alternativa, la cuestión es utilizar un término de etimología árabe en el marco del mudejarismo que caracteriza el cuento.

530 En *OL*, *ELB* y *BLD: valla.* No obstante, seguimos la mucho más coherente transcripción que hizo Aranda (1975, pág. 344). De hecho, en la copia parcial del mecanuscrito reproducida en *ELB* parece como si *valla* estuviese tachado con letras *x* tal cual reproducimos aquí.

531 En el mecanuscrito: *semi-borrada*.

532 *copón:* «En el culto católico, vaso sagrado en forma de copa grande, que contiene las hostias consagradas» *(DLE).* He aquí, pues, una perversión de la última cena, posteriormente llevada al cine, con otros protago-

el lugar correspondiente a Cristo le da un botellazo al copón que apoya la cabeza en sus hombros, y el último copón, el que hace de Judas, lleva un carromato en la mano.

Yo me encolericé:

«¿Sois curas o gentiles? Si lo primero luchemos, si lo segundo, Dios os lo pague»[533].

Pero ya al atardecer, el valle, la vela, los alfanjes, no son más que el teclear de una máquina de escribir, manipulada por el propio jefe de taquígrafos. Este extrae el papel del rodillo, lo introduce en un sobre y a mano y con lápiz[534], escribe la dirección:

Sr. Dn. Alaticio Pantaleón
Palatino Pudibundo
Panticosa[535]

Que escribas[536]

Detalles realistas[537]

---

nistas, en la famosa escena de *Viridiana*. Recordemos el interés que despertaban las hostias en Buñuel, quien barajó para sus poemas títulos como «Mulas huyendo de una hostia consagrada», «Combate de hormigas y hostias consagradas», «Hostia consagrada saliendo del culo de un ruiseñor y saludando» u «Hostia consagrada con bigote y polla».

533 La lírica romántica de su admirado *Don Juan Tenorio* tuvo que estar muy presente en el momento de redactar esta frase.

534 En *OL, ELB* y *BLD* se elide la coma que sigue. Luego, como hemos advertido, siendo cierto que *BLD* es la fuente más fidedigna a la hora de intentar solventar problemas textuales, no siempre reproduce los originales al pie de la letra (véanse las siguientes notas al pie), aunque estas discrepancias pueden achacarse a una actualización sintáctica, o de otra índole, por parte de Sánchez Vidal.

535 La alineación de esta dirección postal también difiere en *OL* y *BLD,* donde no es centrada, sino izquierda.

536 En *BLD,* después de este imperativo, aparece la firma de Buñuel —«LUIS» (en mayúsculas)— que no aparece en el mecanuscrito.

537 Estos detalles realistas son paratextuales, conformando prácticamente un microrrelato en sí mismos. Con ellos se supone que Bello debía

Mi hermana reconoce[538] que el día de San Valero era muy extraño en Zaragoza. «Se encontraba una la calle de San Pablo[539] con gente inacostumbrada, baronesas, condesas, las de Parellada[540] con grandes sombreros. Luego, para entrar en la iglesia de San Pablo[541], había que bajar unos escalones y en el interior, en un altarucho, estaba San Valero, que es un santo negruzco con un dedo levantado y un roscón de velas. Luego en casa *nos comíamos un San Valero* de azúcar[542] y todos estaban muy alegres y muy tristes. Tal vez porque ese día murió nuestro abuelo»[543].

---

redactar una nueva versión («Que escribas», le ordena) para que Buñuel la supervisase, pero de cuya existencia no sabemos nada.

538 Gibson identifica a Conchita Buñuel (1904-2000) como la hermana de la epístola (2013, pág. 597). Cuarta de siete hermanos, era la que tenía una relación más próxima con Luis, especialmente en los últimos años, cuando él venía a España a rodar.

539 Calle popular donde estaban los burdeles de Zaragoza.

540 Se trata de una rica familia zaragozana.

541 El busto relicario de San Valero está en la Catedral del Salvador, o la Seo, no en la iglesia de San Pablo. ¿Error o mejor no mentar a Salvador (Dalí), evitando así asociaciones incómodas (como las del título *Un perro andaluz)* y tener que dar explicaciones?

542 Mención al roscón de San Valero. La enfatización demuestra que no es este el texto definitivo del cuento (el subrayado sería demasiado simplón como recurso estilístico), sino que se trata de una propuesta dirigida a Bello.

543 El abuelo materno de Buñuel, Tomás Portolés Sanz, falleció el 29 de enero de 1907.

Ensayismo cinematográfico

Ensayos

Una noche en el Studio des Ursulines

El programa esta noche comienza por prometer diez minutos en el cinema de antes de la guerra. La luz se extingue[544].

¿Espiritismo? Sombras enmohecidas vuelven a brillar en una segunda existencia. Torbellino de recuerdos viejos. El Zar Nicolás II avanza rodeado de aparatosos popes. ¡Qué patética resulta la sonrisa que lanza al pasar frente al objetivo! Alguno de los rusos que están en la sala habrá llorado al ver abrirse sobre su frente esa sonrisa de ultratumba. Ahora un Renault primitivo, del que desciende M. Poincaré[545],

[544] El uso del verbo *extinguirse* en lugar de, pongamos por caso, *apagarse,* es coherente con el tono fúnebre que preside el texto a la hora de hablar del cine, tal como se ha analizado en la parte introductoria.

[545] O Buñuel tenía algún dato más, o esta asociación entre un Renault y Poincaré es una referencia a los coches de los jefes de Estado de Francia, siendo el aludido Raymond Poincaré y no su primo, el matemático Henri, aunque no sería descabellado pensar que la omisión del nombre del personaje tuviese un propósito de ambigüedad identitaria y que el apellido remitiese también al científico, subrayando así el aire de modernidad ilustrada y literaria del texto. En cuanto al coche, Raymond Poincaré no utilizó el Renault 40CV que utilizaron sus antecesores en el cargo, lo que indicaría un posible doble sentido en el uso del verbo *descender:* el de bajarse de un automóvil o el de *descendencia* de un usuario de esa marca de coches. En cualquier caso, el uso de las marcas automovilísticas como

nos hace sentir más la belleza de un último modelo Packard o Isotta-Fancini[546]. Después es el tango milonga. El bigote del profesor es mucho más robusto que el talle de su pareja. Con el aire más serio del mundo, se entregan los dos a los más ridículos movimientos, y el público ríe ya sin tregua hasta el final de la cinta, porque inmediatamente se pasa a la sección de modas. Curso de historia natural en los sombreros. Las modelos se mueven como gallinas. Por delante, por detrás, por los costados, hacen competencia en el colgar[547], encajes, tisús, percales. Llegamos a ponernos serios. Pensamos incluso, que nuestra época es dechado de gusto... y de simplicidad. Si se quiere, a fuerza de complicación. Esas actualidades de antes de la guerra, son el epílogo de la edad contemporánea. Y ese final siquiera sea en ficción, nos produce asfixia.

Culmina lo grotesco con la proyección de un cinedrama primario. Teatro fotografiado[548]. El objetivo inmóvil, se limitaba a reproducir. Su única virtud consistía en la mudez: Afortunadamente no oímos las palabras que acompañan a la acción. Para substituirlas, sin duda, los actores gesticulan desarticuladamente, en medio de un abyecto decorado. Tres o cuatro cuchilladas del barbudo protagonista terminan con el film y con nuestras risas.

Rápida evolución la del cine. Y alarmante. Parece ser que —dejando de lado las infinitas posibilidades del cine colo-

---

la citada o las dos siguientes, Packard e Isotta-Fancini, evidencian la potente resonancia de los ecos futuristas en este excurso y en otras partes del texto, como glosaremos.

546 Dalí, en su «Sant Sebastià», también se refiere al Isotta-Fancini *(L'Amic de les Arts,* núm. 16, 31 de julio de 1927, pág. 53).

En el texto publicado (y de ahí a *OL): Packar o Issota-Francini.* En *ELB: Isota-Fraschini.*

547 En *OL: collar.*

548 La expresión procede de *Bonjour cinéma* (1921), de Jean Epstein *(Écrits complets. Volume II. 1920-1928, op. cit.,* 2019, pág. 67), y da entrada, ya desde su primer escrito sobre el cine, a un párrafo donde establece el, para él, pernicioso resultado de aplicar los resortes teatrales al cine.

rista de tres dimensiones[549]— ha llegado, si no al extremo, a los aledaños de su evolución técnica. Siendo así, el film que ahora nos parece excelente, dentro de algunos años, ¿no nos hará sonreír *de igual modo?* Esta es una de las más serias objeciones que se pueden poner al cine. Si la obra de arte resiste el pasar de los siglos, conservando siempre íntegra y reverdecida su prístina belleza, ¿por qué el film, víctima del tiempo, puede llegar a tan peyorativa senectud? Ciertamente, que el cine primitivo no había encontrado su lenguaje propio, sus peculiares medios expresivos. Ninguno de los cuatro grandes pilares, donde se apoya el gran templo de la Fotogenia[,] estaban aún construidos, ni el plano destacado, ni el ángulo tomavistas[550], ni la iluminación, ni el más fuerte y definitivo del montaje o composición[551]. El film, como la obra de teatro, se desarrolla en el espacio y en el tiempo. Uno y otro quedan fijados en aquel, ya para siempre, sin evolución posible, mientras que en el teatro, la moda o el gusto de la época introducen pertinentes variaciones. De ahí la adaptación teatral. Así pues, el gusto de cada época, impotente frente a lo definitivo que queda el film, será el más fuerte depreciador de su valoración estética.

Se ha dicho que estilizando indumentarias, arquitecturas, etc., podría atenuarse tan trágico final. Pero el juego escénico, acaso el procedimiento mismo, ¿no resultarán envejecidos? Hemos de volver sobre este importantísimo tema.

---

549 Entre 1890 y 1920 se crearon diferentes pruebas de sistemas cinematográficos en 3D, pero ninguno tuvo éxito por su complejo mecanismo. En 1923 llegó el primer largometraje en 3D aplicado por fotos a las salas comerciales de Los Ángeles.

550 En el texto publicado: *toma-vistas*. En *OL: toma-vista*. En *ELB: tomavista*.

551 Buñuel ya está anunciando aquellas categorías que hacen que la película se distinga de la obra de teatro y que desarrollará en sus ulteriores ensayos y críticas de cine.

Coordinaciones y combinaciones de sus rayos lumínicos, tomados *n* a *n* nos han dado el film *d'avant-guerre*[552]. Cavalcanti pasa ahora a demostrarnos que tomados a *n+10* años, dan el *d'avant-garde,* expresión purísima de nuestra época.

A Alberto Cavalcanti le conocimos como decorador en *Feu Mathias Pascal.* Después, cineasta, realizando un *scénario* de Louis Delluc *Le train sans yeux*[553]. Hoy se nos muestra como una gran esperanza del cine francés, de cuyas filas más juveniles y sensibles forma parte[554].

Rien que les heures[555]. Nada más que las horas. Ni amores, ni odios, ni desenlace con el punto final de un beso. El ciego girar de unas saetas, pasando veinticuatro veces sobre las horas. La ideal singladura de la ciudad hacia el porvenir.

Cavalcanti comienza por mostrarnos cómo ven París los pintores más en boga, de la rue de la Boétie[556]. Luego, la ciudad vista por el objetivo. Personaje: un reloj[557].

Amanece. Un bostezo y una persiana que se abre. Primer humillo frágil, en las chimeneas de la mañana. Se entrea-

---

552 El juego paronomástico entre *avant-guerre* y *avant-garde* subraya lo dicho en el apartado introductorio relativo a la oposición entre cine y teatro: la Primera Guerra Mundial marcó un antes y un después en la emancipación de las películas respecto de las tablas, según la crítica.

553 Rodado por Cavalcanti en 1926, pero estrenado en 1929, por lo que Buñuel debió de asistir a un pase privado.

En el texto publicado: *«scenario» de Louis Deluc.*

554 Las dotes adivinadoras de Buñuel aquí erraron: la carrera de Cavalcanti fue muy irregular, trabajando principalmente en el Reino Unido, Alemania y su país natal, Brasil, pero con escaso recorrido comercial y crítico.

555 En el texto publicado: *«Rieu que les heures».*

556 La parisina rue la Boétie ha albergado galerías de arte y talleres de pintores ilustres. Picasso, sin ir más lejos, tuvo el suyo en esta calle a partir de 1918.

557 Buñuel enfatiza la imagen del reloj, antes ya aludido con las saetas, motivo recurrente de su obra literaria.

bren las puertas sepulcrales de una estación del Metro: van a comenzar las resurrecciones cotidianas[558]. Cestos de hortalizas y de frutas. Por una calle *en plongeon*[559] una vieja arrastra sus harapos y su ¿borrachera? ¿Dolor? Venta al por menor. Rodar de autos. La mañana va en crescendo. Ruedas, poleas: trabajo y trajín en torno mayor. Medio día. Un obrero duerme al buen sol de la una. Velocidades insinuadas. Primeras ediciones de los periódicos y sombras del atardecer. Los pies de un obrero que sale del trabajo se ponen de puntillas para que unos labios puedan besar. Ralentí fabril y manufacturero. Alguien está cenando. Un rótulo iluminado: Hotel. Un apache. Acordeón y *bal musette*[560]. Una hetaira[561] y un marino americano, por calles empinadas, como potros. Amor y cotización[562]. Un crimen. La vieja —extraño e impresionante leitmotiv— termina su peregrinación junto al Sena, sobre cuyas aguas escintilan

---

[558] La huella poética de este texto alcanza cotas insospechadas en el género, como esta asociación entre despertar y resurrección, que evoca la existente entre sueño y muerte. Buñuel emula a Cavalcanti (o se inspira en él) a la hora de expresarse líricamente por escrito.

[559] Filmar *en plongeon* significa 'utilizar el plano picado', esto es, una angulación oblicua de la cámara, la cual se coloca mirando hacia abajo, sobre la escena, en un ángulo aproximado de 45° o más, hasta los 90°, que sería un ángulo cenital, que es al que hace referencia Buñuel en *Rien que les heures*.

[560] *Bal-musette* es un estilo de música y danza instrumental francesa que se hizo popular por primera vez en París en la década de 1880.

[561] *hetaira:* 'prostituta'.

[562] Este asíndeton es un ejemplo de la capacidad alegórica de Buñuel, por partida doble. La prostituta encarna el sexo, mientras el marinero americano hace lo propio con el capitalismo que caracteriza desde siempre al cine estadounidense. Si a esto añadimos que *hetaira* también significaba, en la antigua Grecia, 'cortesana', a veces de elevada consideración social, el cronista nos está repitiendo metafóricamente una de sus ideas clave: que el cine comercial puede ser de igual calidad (y disfrutarse con la misma intensidad) que el de arte y ensayo.

las primeras luces del día. El reloj se dispone a recomenzar. ¿Para qué? El film termina[563].

Es este uno de los films más conseguidos de los llamados *sin escenario*[564]. Música *visual,* los dos ritmos del cine se encargan de hallar el nexo necesario entre las imágenes. Cine subjetivo. El espectador ha de poner de su parte la sensibilidad y educación cinematográfica adquirida. Si alguien osase proyectar esta banda ante un público no especializado, serían de oír los denuestos[565] que le acompañarían. Más cólera cuanta más impotencia para su comprensión.

La falta de espacio nos impide la glosa de lo[566] que no ha hecho más que quedar insinuado.

El último film, llamado *de repertorio,* es el *Greed (Rapaces),* de Eric von Stroheim[567]. Solo él merecería un artículo de mucha más extensión que el presente. Nos limitaremos a esbozar ligeramente alguna de sus más sobresalientes cualidades.

---

[563] *Nota bene:* Buñuel se permite convertir el párrafo en una suerte de *découpage* personal del film con toques líricos, como queriendo ejemplificar la segmentación cinematográfica.

[564] Buñuel suele utilizar indistintamente *scénario* y *escenario* para referirse al guion técnico de una película, si bien estas variantes podrían deberse a la mano del editor que olvidó corregirlo en un caso y en otro no.

En el texto publicado: *sin escenario*. La expresión está en cursiva, lo que, al lado de otras entrecomilladas, evidencia una aplicación heterogénea de las reglas de la ortotipografía, bastante habitual en estos ensayos.

[565] *denuesto:* 'injuria grave'.

En *OL* y *ELB: de nuestros.*

[566] En *OL* y *ELB: la.*

[567] El autor escribe desde París, motivo por el cual traduce el título de la película, que en español era *Avaricia,* por el francés, *Rapaces*. Otro ejemplo de disparidad ortotipográfica en el texto publicado: mientras que el título en inglés aparece en redonda y entrecomillado, la traducción sigue en redonda y sin comillas, probablemente porque el editor juzgó que la había realizado el autor.

En el texto publicado: *Vou Stroheim.*

La banda es de lo más insólito, atrevido y genial de todo cuanto haya podido crear el cine. Al verla, nadie podrá quedar indiferente: será juzgada como un dechado de films o podrá pensarse incluso que su autor ha pretendido burlarse de reglas e imperativos del cine y aun de su época. Pero por simple burla no iba Stroheim a trabajar en ella durante años. Filmó más de 100.000 metros de película, de los que dio como válidos, una vez compuesta, más de 40.000. Fue necesario que un montador especializado redujese su longitud a los 3.000 y pico con que cuenta hoy. Dicen que Stroheim lloró y pataleó como un niño. Durante varios meses «padeció de esta amputación como si hubiera sido la de uno de sus miembros»[568].

Con el más extremado naturalismo se nos presentan abyectos tipos, repulsivas escenas, donde pasiones bajas y primarias encuentran la más acabada plasmación. Tal maestría en la visualización de lo[569] más bajo, feo y vil y corrompido de los hombres, nos repugna y admira al mismo tiempo[570]. Absoluto desprecio o indiferencia al menos por los trucos cinematográficos, pero máxima exaltación en los *éclairages*[571]. No hay *vedette*[572], pero hay *caracteres*[573] como tallados en granito. Esta nueva emisión *tipo*-Stroheim se ha puesto de un golpe a la par del valor *tipo*-Zola[574]. Ni en li-

---

568 No se indica la fuente de la cita, aunque bien pudiera tratarse de un uso enfático de las comillas con algún fin que ignoramos.

569 En el texto publicado: *los*.

570 Repugnancia y admiración que Buñuel buscó, y consiguió, con su cine.

571 *éclairages:* 'iluminación'.

572 Este afrancesamiento en el uso del lenguaje es una prueba de la laguna léxica que existía en España para significar los diferentes elementos y procesos de la producción cinematográfica, lo que le obligaba a recurrir a la lengua del país en cuya industria del cine trabajaba.

573 Aquí, en cambio, echa mano de la lengua inglesa: *character,* es decir, 'personaje'.

574 Este artículo no fue de los incluidos por la revista *Cahiers du Cinéma* en su número 223, dedicado en parte al cineasta aragonés (1970), y

teratura, ni en cine, nos interesa el naturalismo. Aun así, el film de Stroheim resulta magnífico, repugnantemente magnífico[575].

que presentaba por primera vez en Francia los principales ensayos cinematográficos de nuestro autor. En consecuencia, difícilmente Gilles Deleuze podía conocerlo —aun cuando no sería del todo descartable—. Lo subrayamos porque parece mentira cómo Buñuel se adelanta al filósofo francés, quien le situó junto con Stroheim en el mismo plano que Zola, al considerarlos los máximos representantes del naturalismo cinematográfico *(op. cit.,* 1984, págs. 186-192).

[575] La contundencia de este final confirma lo sugerido en la nota 570.

Del plano fotogénico

> La photographie n'est pour le cinéma qu'un moyen d'expression, sa plume[,] son encre non sa pensée[576].

En el proceso evolutivo de las artes plásticas, en la música mismo[577], acontece un momento de capital importancia. Han subsistido hasta allí, alimentándose de una exhausta tradición, sin haber explorado aún los espacios más fecundos y específicos de su expresión. Sumidas en secular letargia[578], el tiempo mismo parece haberse detenido en los umbrales de su evolución. Mas llega el instante en que la época, por me-

---

[576] La propiedad intelectual de la cita es de la cineasta Germaine Dulac, cuya obra teórica y fílmica estimaba Buñuel: «Sin duda, se entiende que la finalidad externa del cine es reproducir visualmente un movimiento en toda su fase; no reproduce, como la escultura o la pintura, el instante de un gesto, lo completa y lo sigue en su evolución. La escultura, la pintura, la decoración, la arquitectura, congelados en su inmovilidad, no son nada para él, incluso diría que *la fotografía es para él solo un medio de expresión, su pluma, su tinta, no su pensamiento*» (Germaine Dulac, «L'essence du Cinéma: l'idée visuelle», *Les Cahiers du Mois,* núms. 16/17, 1925, págs. 59-60. La traducción es nuestra y hemos marcado en cursiva el fragmento que Buñuel ajustó para su cita).

[577] Buñuel fue un gran amante y conocedor de la música clásica, afición que no pudo continuar por su sordera.

En *OL* y *ELB: mismo.*

[578] *letargia:* 'letargo'.

dio de su genio, les presta un vigor nuevo y hasta entonces insospechado: sus horizontes se multiplican y suceden como las ondas dejadas en la arena por el mar[579], y el concepto de tal[580] arte queda ya íntegramente establecido[581]: crisálida que llegó al aspecto perfecto y definitivo de su vida[582].

Lo que para las otras artes significan los nombres de Cimabue[583], Giotto[584], Bach o Fidias[585], representa para el cine el de D. W. Griffith. Hace algunos años hubiera podido parecer sacrílega tan extraña comitiva de nombres. Hoy, ya no puede extrañar a nadie[586]. Griffith, además de innovador, es el auténtico creador del arte fotogénico. Su silueta demarca[587] nítidamente la historia del cinematógrafo, cuyas dos épocas separa con la barrera de su genio. La primera época, la cinematográfica, está tan lejos del arte como pueda estarlo un cromo del lienzo[588]. A lo más, época de tanteos, en busca

---

[579] En *OL: del mar.*

[580] En *OL* y *ELB: del.*

[581] En *OL: ya para siempre detenido* (lo sigue un punto y coma).

[582] Buñuel nunca afirmó, como hicieron otros colegas suyos, que el cine era la suma de las diferentes artes, como si de una etapa final de las mismas se tratase. Aun así, esta metáfora de la crisálida es una manera muy lírica de decirlo en un momento en el que el cine se encontraba, como el insecto utilizado por Buñuel, justamente en un estado quiescente previo al adulto.

En *OL: llega.*

[583] Cimabue, pseudónimo artístico de Cenni di Pepo (1240-1302), fue un pintor y creador de mosaicos italiano del siglo XIII.

En el texto publicado: *Cimabué.*

[584] Giotto di Bondone *(ca.* 1267-1337) fue un pintor, muralista, escultor y arquitecto florentino de la Baja Edad Media.

[585] Fidias *(ca.* 500 a. C.-*ca.* 431 a. C.) fue el más famoso de los escultores de la antigua Grecia. La erudición de Buñuel es máxima, pues todos estos artistas supusieron un punto de inflexión en su correspondiente campo.

[586] En *OL* y *ELB: Hoy no puede ya extrañar a nadie.*

[587] En *OL: enmarca.*

[588] Esta crítica a los orígenes del cine no deja de ser, como mínimo, curiosa, pues hay rastros evidentes de los hermanos Lumière en algunas

del instrumento, de su pincel o de su mármol, pero inconsciente en absoluto de su devenir. La Fotogenia[589] comienza en 1913, cuando, surgido Griffith, coloca el cine por obra y gracia del gran plano, entre las bellas artes.

El[590] espectador de hoy se sentiría defraudado ante la contemplación de uno de aquellos paleolíticos films de Griffith[591]. Siendo ya fotogénicos, los otros elementos de que constan —iluminación, actores, decoración, etc.— resultan toscos e imperfectos. Porque todos estos elementos componen un a modo de retórica del cinema, necesaria, por otra parte, al actual: mas lo medular y sustancial de la fotogenia, es, después del objetivo, el gran plano. Cerebro con que piensa y palabras que construyen y expresan lo pasado.

Llamamos gran plano —a falta de vocablo más específico— a todo aquel que resulta de la proyección de una serie de imágenes que comentan o explican una parte de la vista total, sea paisaje u hombre. El cineasta concibe por medio de imágenes, distribuidas en planos. Su idea, ya realizada, se compone de una serie de elementos[592] dispersos que luego habrá de acoplar, mezclar, intercalar[593]: en una palabra,

---

de sus realizaciones, como el corto *Menjant garotes*. Tampoco sería de recibo pensar que Buñuel considerara un azar los resultados fílmicos de los Lumière, como hace más adelante, en este mismo texto, con el uso del primer plano en la película de 1903 *Asalto y robo de un tren*.

[589] En el texto publicado: *Fotogénica*.

[590] Este punto y aparte no se respeta en *OL*.

[591] Este pretendido lapso temporal entre los films de Griffith y el momento de redacción de este ensayo no es tanto (trece años), pero demuestra la extraordinaria celeridad con que avanzaba en aquellos años la técnica cinematográfica, y cómo las innovaciones en el montaje de los cineastas rusos de la década de 1910 y la experimentación de la vanguardia fílmica crearon, en las mentes de los analistas del nuevo medio, un distanciamiento psicológico-temporal con los pioneros del cine.

[592] En *OL* y *ELB: se compone de elementos.*

[593] En *OL* y *ELB* los siguientes dos puntos se sustituyen por un punto y coma.

se verá forzado a componer, a ritmar y[594] ya solo con ese acto, comienza el arte. Porque el cine, si es, ante todo, movimiento, tendrá que ser ritmo para que llegue a fotogénico[595].

Si nos limitamos simplemente a impresionar un hombre que corre, habremos conseguido el objeto[596] del cinematógrafo. Pero si en la proyección, y en plena carrera, desaparece todo y vemos unos veloces pies, luego el desfile vertiginoso del paisaje, la cara angustiada del corredor, y en sucesivos planos el objetivo presenta abstraídos los elementos esenciales[597] de esa carrera y de[598] los sentimientos de su actor, tendremos el objeto de la fotogenia. No se nos describe únicamente un movimiento o[599] una sensación —nos hemos visto en el hombre que corre—, sino que, además, en la armonía de luces y sombras, una serie de imágenes, por su desigual duración en el tiempo y distintos valores en el espacio, producirán el mismo puro goce que las frases de una sinfonía o las abstractas formas y volúmenes de una moderna naturaleza muerta.

---

594 En *OL* se reemplaza la copulativa por una coma.

595 De este importante párrafo se puede inferir que la poética de Buñuel también fue, en su campo, *fotogénica*.

Nota bene: el uso de los signos de puntuación es de una escrupulosidad extrema. Precisamente cuando el autor está hablando del ritmo fílmico, es cuando, a través de la puntuación, ritma su texto como queriendo mostrar por vía de lo escrito lo que está explicando sobre lo visual.

En *OL* y *ELB: si es ante todo movimiento* (sin puntuación antes ni después).

596 En *OL* y *ELB: objetivo.* No nos parece mal la enmienda, pero *objeto* es más coherente con el verbo *impresionar,* 'dejar registro impreso de imágenes', en lugar de, pongamos por caso, *filmar*. Por añadidura, no puede tratarse de un error de Buñuel, quien, unas líneas más abajo, vuelve a utilizar *objeto* para diferenciarlo léxicamente del objetivo de la cámara.

597 En *OL* y *ELB: principales.*

598 En *OL* y *ELB* se omite esta preposición.

599 En *OL* y *ELB: ni.*

En ese ejemplo pueden quedar plasmadas las modernas tendencias del cinema, que pudieran denominarse[600] *cine-foto, cine-psicológico* y *cine-puro*. Una variedad de este último son los films absolutos de Viking Eggeling o la *Sinfonía diagonal,* de Ruttmann[601], en los cuales solo luces y sombras de variable intensidad, interposiciones y yuxtaposiciones de volúmenes, geometrías móviles, son objeto para el artista. Allí todo queda deshumanizado[602]. No se puede llevar más lejos el apartamiento de la Naturaleza[603]. Resulta curioso denunciar que estos ensayos —no muy conseguidos— datan a partir de 1919[604].

---

600 En *OL: pudiera llamarse.* Hemos aprovechado para modernizar la ortotipografía de las palabras compuestas que siguen, que en el texto publicado (y resto de ediciones) aparecen en redonda.

601 Buñuel confunde *Sinfonía diagonal* (1924) —del artista y cineasta de vanguardia sueco conectado con el dadaísmo, el constructivismo y el arte abstracto, Viking Eggeling (1880-1925), y en la que por lo visto colaboró un viejo conocido del lector, Yvan Goll— con *Berlín, sinfonía de una gran ciudad* (1927) de Walter Ruttmann, un referente del documental vanguardista. Error que en *OL* aparece subsanado, pues leemos: «los films absolutos de Eggeling, *Sinfonía diagonal,* o los de Ruttmann [sic]». Sin embargo, nada se dice sobre si quien enmendó fue el recopilador, el editor o Buñuel. Lo más probable es que se hiciese a instancias de este último.

En el texto publicado (y de ahí a *ELB): Vikin-Eggeling.*

Walter Ruttmann (1887-1941) fue un director de cine alemán. Junto con Eggeling es uno de los máximos representantes de la abstracción fílmica.

En el texto publicado (y de ahí a *OL* y *ELB): Ruttman.*

602 Alusión a *La deshumanización del arte* de Ortega y Gasset, libro por el que Buñuel mostró siempre interés.

603 Hemos mantenido la mayúscula (a diferencia de *OL)* porque es un recurso hiperbólico gráfico pretendido por su autor.

604 En esta oración el verbo *denunciar* significa 'avisar', ya que, a tenor de lo argumentado en la Introducción, fue a partir de la finalización de la Primera Guerra Mundial cuando el cine adquirió, para la crítica, cartas de nobleza artística. Lo *curioso,* pues, sería que su factura final no fue la esperable.

Toda[605] la personalidad que le presta Griffith al cinema, su rápido ascenso en la jerarquía de las artes, repetimos que es debido al empleo del gran plano. Años antes, hacia 1903, lo había concebido ya Edwin Porter en su *The Great Train Robbery*[606] mas de un modo inconsciente, no inspirado de creadora intuición, sino meramente impulsado por el azar[607]. Todos hemos visto fotografías de esa época en que siempre aparecía el modelo-polisón[608], patilla, levita de cuerpo entero. Un buen día se le ocurrió al fotógrafo aproximar el aparato, y, a partir de entonces, los retratos de busto se ponen en boga. Edwin Porter desempeñó ese papel para el gran plano.

Resulta pertinente[609] recordar que desde los primeros balbuceos el cine contaba ya con la mayoría de sus actuales recursos técnicos[610] —iris, sobreimpresión, *caches, volets,* etcétera[611]. Su progreso, después de la aportación de Griffith,

---

605 Este punto y aparte no se respeta en *OL.*

606 *Asalto y robo de un tren* (Edwin S. Porter, 1903) es un cortometraje considerado el primer film de acción estadounidense. La película utilizó una serie de técnicas no convencionales, incluyendo la edición compuesta, el rodaje en localizaciones y un movimiento de cámara frecuente. También fue una de las primeras en utilizar la técnica del *cross-cutting,* que permite mostrar dos escenas produciéndose simultáneamente en lugares diferentes. Su momento más famoso es un primer plano del actor Justus D. Barnes apuntando y disparando al público a quemarropa.

607 Al hacer intervenir el azar en la invención del lenguaje cinematográfico y de algunos de sus recursos para él esenciales, como el primer plano, Buñuel se alinea con Yvan Goll, que lo consideraba el arte surrealista por antonomasia.

608 *polisón:* «Armazón que, atada a la cintura, se ponían las mujeres para que abultasen los vestidos por detrás» *(DLE).*

609 En *OL: impertinente.*

610 No hemos modernizado la raya que viene a continuación (como sí hicieron *OL* y *ELB),* pues es una muestra de cómo los barbarismos, por decirlo de alguna manera, afectaron incluso al uso de los signos de puntuación. La raya es sustitutiva de los dos puntos en la gramática anglosajona.

611 *cache:* 'máscara'; *volet:* 'obturador'. Buñuel se refiere a piezas o mecanismos utilizados para producir efectos ópticos.

En *OL* y *ELB: etc.*

no está más que en la perfección[612] de sus antiguos medios. Poco o nada se ha creado. Cabe aún esperar en la mayor y completa perfección de aquellos, pero la evolución técnica toca a su fin, aunque paralelamente se halle en gestación[613] el advenimiento de una época de bajo realismo y de mal gusto. Nos referimos al cine en color y al sincronismo verbal. Desde estas líneas nos adherimos a la cofradía del Claro-Obscuro, fundada recientemente en París por el crítico de los *Cahiers d'Art,* Bernard Brunius. Infinidad de cofrades han ido a ponerse bajo los auspicios de la musa del silencio, envuelta en la pura túnica del Claro-Obscuro[614]. ¡Que su reinado perdure entre las gentes de buen gusto![615].

Hemos visto que el cinema encuentra su lenguaje en el gran plano. El objetivo puede expresar y, en múltiple proporción, aumentar el caudal de sus *ideas*. En ese[616] momento surgen los verdaderos artistas del cine, que se encuentran con un instrumento *inteligente*. Con ellos comienza la segunda y gran conquista de la fotogenia: la de la inteligencia y sensibilidad. Así el cinema dejará ya para siempre la bárbara garita de las ferias para instalarse en

---

612 En *OL: aportación.*

613 En *OL: gestión.*

614 Clair, obscur (y luego Le Clair Obscur) era el apodo que recibía el cineasta experimental Henri Chomette (1896-1941), hermano mayor de René Clair, director de cine que, con la colaboración de Man Ray, dirigió otra película cumbre del cine vanguardista, *Entr'acte* (1924), y que tuvo una carrera cinematográfica con más resonancia pública que la de su hermano. El apodo tenía el doble sentido del contraste de luces y sombras presente en su cine y de ser el Clair ensombrecido por el éxito de su hermano pequeño. Brunius colaboró con Chomette. Buñuel, que no parecía tener mucha simpatía por René Clair, defiende aquí el cine vanguardista de Henri a través de la metáfora, muy calandina, de la cofradía.

615 Queda reflejado en este párrafo el recelo (y espanto) que la aparición del cine sonoro provocó en la industria fílmica.

616 En *OL* y *ELB: este.*

sus actuales capillas[617]. Salida apenas de su época subterránea, de catacumbas, esta nueva fe, que habla a todos los hombres con la misma lengua, se halla ya extendida por todos los rincones de la tierra. Silencioso como un paraíso, animista y vital como una religión, la mirada taumatúrgica del objetivo humaniza los seres y las cosas. «À l'écran il n'y a pas de nature morte. Les objets ont des attitudes»[618], ha dicho Jean Epstein, el primero en hablarnos de esa calidad psicoanalítica del objetivo.

Un gran plano de Greta Garbo no es más interesante que el de un objeto cualquiera, siempre que este signifique o defina algo en el drama[619]. Fraguado en el cerebro de los hombres, y ligado a[620] su propio cuerpo, el drama termina por subordinarse también a las cosas. En un momento determinado, una de ellas se alza con todo el interés y significación dramática[621]. Entonces el objetivo se dirige exclusivamente a ella, dejando todo lo demás, incluso el elemento humano, como cosa mediata y farragosa. Cada plano del film es el nudo —necesario y suficiente— por el que pasa el hilo tembloroso de la emoción. Eliminando[622] lo contingente y accesorio, presenta aislado, intacto, lo necesario, lo esencial. Es esta una de las grandes virtudes del cine, una de las auténticas ventajas que lleva sobre el teatro.

---

[617] El cine deja de ser espectáculo para pasar a ser arte (casi religioso para un *fiel* Buñuel).

[618] Jean Epstein, *Écrits complets. Volume II. 1920*-1928, *op. cit.*, 2019, pág. 281 (cita que procede del libro *Le cinématographe vu de l'Etna*, París Les Écrivains Réunis, 1926).

[619] Esta frase, por sí sola, resume toda la poética cinematográfica del objeto propugnada por Luis Buñuel.

[620] En *OL* y *ELB: por.*

[621] En *OL* y *ELB: significado dramático.*

[622] En *OL* y *ELB: Eliminado.*

Recordemos un episodio de *La viuda alegre*[623]: Tres hombres reunidos en un palco, deseosos de[624] la misma mujer que danza ahora en gráciles torbellinos por la escena. De pronto se detiene. Según es vista por cada uno, se nos da descompuesta en tres planos: pies, vientre[625], ojos. Inmediatamente tres psicologías quedan explicadas por el cine: un sádico refinado, un primitivo sexual, un puro amante[626]. Tres psicologías y tres móviles. El resto del film es un comentario a esas[627] tres actitudes. Hay tantos ejemplos como planos. Recuérdese el papel que juega en *El abanico de Lady Windermere*[628] el personaje puerta o el gran plano tantas veces empleado, en el que dos manos trémulas de amor llegan a estrecharse.

El gran poema del plano fotogénico lo dio Griffith en 1919 con[629] *Le lys brisé*[630]; a partir de entonces, su creador entra

---

623 A pesar de que más adelante empieza a referirse a Ernst Lubitsch, que dirigió una versión de la opereta *La viuda alegre* en 1934, aquí alude al film del mismo título dirigido en 1924 por su admirado Erich von Stroheim.

624 En *OL: deseando a.*

625 En *OL* y *ELB* se sustituye la coma que sigue por la copulativa *y*. Sustitución que, en cambio, no opera en la serie evocativa de la siguiente frase, que corresponde, respectivamente, a cada una de estas partes corporales.

626 No sabemos si esta asociación es respectiva o no. A falta de indicación, lo lógico es que lo sea, por lo que asociar el amante al ojo podría contener componentes personales del autor; hecho que no dejaría de ser divertido, pues, en su cine, los planos de piernas femeninas sustituyeron al del ojo de su primera película. ¿Pasó Buñuel de filmar como un amante a hacerlo como un sádico?

627 En *OL* y *ELB: estas.*

628 Aquí el protagonista es el director de cine alemán, naturalizado estadounidense, Ernst Lubitsch (1892-1947). *El abanico de Lady Windermere,* dirigida en 1925, es una de las primeras películas en que se manifiesta claramente el conocido como toque Lubitsch, que se caracteriza por sugerir más que mostrar, y donde destaca el uso de las puertas que se abren y cierran con la función de intuir situaciones dramático-cómicas.

629 En *OL* y *ELB: con.*

630 *Lirios rotos*. Buñuel cita el título francés porque seguramente vio la película en París.

en una manifiesta decadencia. Como siempre sucede, todos quisieron imitarle, y durante cuatro o cinco años se abusó de él hasta el exceso. Después, el arriba citado film, de Ernst Lubitsch, marca el sereno equilibrio en[631] su empleo. El abuso del gran plano, en lugar de reforzar[632] la emoción, la disminuye y diluye[633]. Téngase en cuenta, además, que en cierto modo esa palabra encierra un sentido más amplio[634]: el de 'plano que se ha de montar o ritmar'. Nuestros cineastas indígenas no han comprendido esta segunda y anagógica[635] acepción, que es la más importante, la única. Quiere decirse que ni uno solo de ellos comulga en el altar de Apolo[636]. A lo más, merienda en el de Mercurio[637].

Mucho se habla en estos últimos tiempos de la influencia ejercida por el cine —por el gran plano— sobre las artes y la literatura. Ella[638] puede ser producto del cine o de nuestra acelerada época, o de las dos cosas a un tiempo. Pero el hecho indudable es su existencia. En muchos se da intuiti-

---

631 En *OL* y *ELB: de.*

632 En *OL* y *ELB: reformar.*

633 En el texto publicado: *deluye.* En *OL* y *ELB: y la diluye,* y luego sigue un punto y aparte.

634 En *OL* y *ELB* se sustituyen los dos puntos que siguen por un punto y coma.

635 *anagogía:* «Elevación y enajenamiento del alma en la contemplación de las cosas divinas» *(DLE).*

En *OL* y *ELB: analógica.*

636 A estas alturas del ensayo, el cine ya es pura religión.

637 La metáfora, de alto voltaje lírico, está dirigida a la línea de flotación de un cine alejado de la calidad artística —o, mejor dicho, antiartística— por culpa de sus pretensiones meramente mercantiles, pues Mercurio era el dios del comercio. Vale la pena recordar que, para Buñuel, la calidad de una película no es excluyente de su comercialidad, tal como expone en «Variaciones sobre el bigote de Menjou» y como evidenciará bastantes años más tarde al quejarse, en su conferencia «El cine, instrumento de poesía», de la vulgarización del cine comercial.

638 En *OL* y *ELB* desaparece este artículo.

vamente. Otros establecen un método para llegar hasta[639] ella. Por instinto buscaríamos la verdadera, desnuda de literatura, entre los primeros. Y hay uno entre ellos a quien le corresponde el primer lugar, por haber sido creador[640] del gran plano en literatura. No sé de qué fecha datan los primeros grandes planos[641] gregueristicos de Ramón; pero si son anteriores a 1913 y Griffith los conocía, sería innegable la influencia de la literatura sobre el cine. Desgraciada o afortunadamente, el Sr. Griffith no debe poseer una nutrida biblioteca, y aun ahora, para él, Ramón será uno de tantos Ramones como andan por el mundo[642].

[639] En *OL* y *ELB: a.*

[640] En *OL* y *ELB: el creador.*

[641] En *OL* y *ELB: primeros planos.*

[642] Difícilmente Griffith podía conocer a Gómez de la Serna y menos leerlo. Buscar huellas del madrileño en el cine del estadounidense no es más que una humorística conjetura —humor reforzado por la dicotomía valorativa («Desgraciada o afortunadamente»)— a partir de la cual erigir la idea del uso del primer plano como resorte dramático en un momento en el que el lenguaje cinematográfico iba alcanzando su madurez, y donde el rol de Griffith había sido seminal.

Adolphe Menjou.

Variaciones sobre Menjou

De todos los fantasmas [de carne y hueso][643] de la pantalla, Menjou parecía ser el que reunía mayores concordancias entre su vida privada y ese reflejo de vida esencial que es el film.

Se presentaba ante nuestros ojos como el más extraordinario Menjou de cuantos nos puedan dar el arte, la literatura o el cine. En una palabra: Menjou era el más Menjou de todos los Menjou[644]. Y esta sola razón, haber creado un tipo tan íntegro, poco atiborrado de literatura, pero mucho más fotogénico que Don Juan[645], fue suficiente para colmarnos de admiración. El poder de fascinación de las sirenas[646] residía en su canto, el de Menjou en su bigote, el genial bigote negro de los films. Nos equivocamos cuando afirmamos que los ojos son el

---

[643] Según indicamos en el comentario correspondiente a este artículo, esta es la traducción que hemos hecho del texto publicado originariamente en la revista francesa *Cahiers d'Art*, ya que la versión que se publicó en España es sensiblemente distinta, como se observa ya de entrada con las primeras palabras: *De todos los fantasmas de la pantalla.* Buñuel lo enmendó por ser una elisión manifiesta, suya o de impresión, como ocurrió con las *mimosas* de dos párrafos más abajo.

[644] El uso de la hipérbole y la repetición para crear una especie de anáfora ensayística es una muestra de los vestigios líricos que podemos encontrar en todos los escritos cinematográficos de Buñuel, algunos de un gran poder evocador.

[645] Buñuel nos dice que Menjou es el actor ideal para representar en la escena a don Juan Tenorio.

[646] Véase la nota 184.

medio más seguro para alcanzar la personalidad absoluta, puede alcanzarse igualmente con el bigote, sobre todo con un bigote como el de Menjou. ¡Se ha inclinado tantas veces sobre nuestras cabezas en el gran plano! ¿Qué pueden decirnos sus ojos que no nos haya dicho ya su bigote? El gesto banal o la imperceptible sonrisa brincan bajo la sombra mágica de su bigote con una extraordinaria expresión: una página de Proust realizada por un labio superior: una silenciosa lección de ironía. Si no hubiese tomado las medidas de patentar su bigote, la ironía estaría ya estandarizada, y al alcance de más modestas facciones. El bigote de Menjou, que tan bien encarnan el cine y su época, está llamado a remplazar las vitrinas del porvenir, ese insoportable e inexpresivo sombrero de Napoleón.

Ese bigote que hemos visto en el gran plano posarse como un raro insecto del verano sobre unos labios que se repliegan como [mimosas[647]] sensibles, cubrirlos y devorarlos íntegros, coleóptero del amor[648]. Hemos visto su sonrisa emboscada en el bigote, abrirse paso como un tigre, ágil y fino, para caer sobre su presa y sujetar definitivamente las miradas de su *partenaire*.

La última encuesta realizada en New York entre las *stars* cinegráficas, sobre los besos de Menjou, ha sido de una impactante unanimidad; todas han contestado lo mismo:

—«Su bigote es tal vez el único que no pica cuando nos besan: al contrario, produce un inconfesable y delicioso cosquilleo, muy buscado por nosotras».

Mas el viaje de Adolfo Menjou a París nos decepcionó cruelmente[649].

---

647 En el original francés se omite este vocablo. Tuvo que ser un error de edición, porque sin el sustantivo el sintagma carece de sentido, que Buñuel subsanó en la versión española, como hizo con el íncipit del artículo.

648 *Nota bene:* se pasa de uno de los pocos símiles que encontramos en los escritos sobre cine a una potente e idiosincrática (por entomológica) metáfora buñueliana.

649 En la versión hispana, a esta frase se le añaden, después de un punto y seguido, dos párrafos en los que Buñuel hace gala de otro registro, más

Lo intolerable de Menjou es que su bigote, su excepcional bigote, no es negro como pensábamos, ¡sino pelirrojo, azafranado, desvergonzadamente terroso!

—El trabajador está orgulloso de sus manos callosas: yo también estoy orgulloso de mi bigote antes negro y hoy descolorido por el sol africano de los *sunlights* —nos explicó el otro día el gran Menjou.

Si su bigote no fuese negro, sería como si no hubiera ninguno y sin esta parte positiva y determinante de su personalidad, el gran Menjou se convertiría en un individuo cualquiera, a lo sumo un simple señor Menjou.

Adolphe Menjou era un hombre muy modesto: un pequeño autor dramático. Era un pobre hombre completamente afeitado. Un día le creció el bigote: todas las grandes invenciones son debidas al azar. Otro día, hallándose en presencia de Chaplin, se le ocurre encender un pitillo y a partir de ese instante comienza su gran carrera cinematográfica. Que un acto tan banal, tan insignificante pero tan difícil de realizar, pueda tomar en la pantalla proporciones considerables: esto es lo que Chaplin no podía ignorar.

Nunca un gesto melodramático; nunca una expresión a lo Jannings. Es suficiente con saber ritmar el movimiento de una ceja y enseguida las máscaras del teatro clásico bajan avergonzadamente los ojos ante la prodigiosa expresión de un Menjou lanzando su primera bocanada de humo. Por el modo de abrir un paraguas o por el gesto de parar un taxi podríamos designar la persona mejor dotada para actuar en

---

pensando en sorprender al público con su erudición, lo que no tenía sentido en *Cahiers d'Art*. Hay citas directas a escenas de sus películas, nombres (mal transcritos) de otras estrellas de Hollywood, y una referencia al artista Beltrán Masses, en clara y recurrente relación hipertextual con «Noticias de Hollywood», donde se le volverá a citar. En suma, hay una vocación didáctica, propia de quien fue el titular de la página de cine de *La Gaceta Literaria,* sin perjuicio de la legítima voluntad de adaptar el texto a los lectores y al momento.

un film. El intérprete de cine nace pero no se hace[650]. Un film se compone de segmentos[651], de residuos de actitudes, que, tomadas separada y arbitrariamente, son archibanales y desprovistas de significación lógica, de psicología, de trascendencia literaria[652]. En literatura, un león o un águila pueden representar mil cosas, pero, en la pantalla serán siempre dos animales, y solo eso, aunque el señor Gance desee que representen el valor o el imperialismo[653].

---

[650] Los actores que trabajaron con Buñuel siempre destacaron su flexibilidad y libertad a la hora de dirigirlos, lo que está muy en consonancia con esta afirmación.

[651] Hemos mantenido la traducción de la versión española publicada porque refleja mejor la idea de segmentación, capital en la teoría cinematográfica de Buñuel. Esta elección de *segmentos* en lugar de *fragmentos* (en el original: *fragments)* es un indicio de que fuera realizada por el propio crítico.

[652] Urrutia (1978, pág. 75) ha vinculado este pasaje con el axioma del ensayista y crítico Guillermo Díaz Plaja, quien, en un libro publicado unos años más tarde, decía: «El gesto amplio es teatro. El cine aspira a producir un máximo de expresividad mediante un mínimo de gesto» *(Una cultura del cinema. Introducció a una estètica del film,* Barcelona, Publicacions de «La Revista», 1930, pág. 66).

[653] Referencia al film *Napoleón* (Abel Gance, 1927), al que dedicó la crítica que el lector encontrará más adelante. Esta afirmación nos da una pista de por dónde van los tiros de la aversión de Buñuel por Gance, más vinculada al uso hiperbólico y simbólico que hace de la técnica cinematográfica que a su dominio. Recordemos que esta antipatía ha generado interpretaciones erróneas sobre un momento clave en la carrera fílmica de Buñuel. Mientras que este le dijo a Bello, en carta de 21 de marzo de 1928: «Hace unos días me peleé con mi jefe [Epstein] a causa de un panegírico mío del cine americano, al día siguiente presenté la dimisión, que fue aceptada alegremente. Tanto mejor», posteriormente, en varias declaraciones y en sus memorias, achacó la ruptura con Epstein a su respuesta a la petición de este para que echara una mano a Gance: «Yo, con mi brutalidad habitual, le respondí que era ayudante suyo, pero que no tenía nada que ver con Monsieur Abel Gance, cuyo cine no me gustaba (lo cual era inexacto, ya que su *Napoleón* proyectado en tres pantallas, me había impresionado bastante). Añadí que Gance me parecía ramplón» *(MUS,* pág. 112). Si esta última es la versión cierta —lo que dudamos—, es una muestra de la actitud provocativa que le anidaba en aquella época y que le llevó a denostar, por pura provocación, a gente como Góngora o Juan Ramón Jiménez.

De ahí el error de algunos intelectuales, de tanto penoso *gourmet de arte* al clamar contra la superficialidad de los films americanos, sin darse cuenta de que el cine americano fue el primero en percatarse de que las realidades cinegráficas no tienen nada en común con las de la literatura o del teatro. ¿Por qué se obstinan en pedir metafísica al cinema en lugar de reconocer que en un film bien realizado, el solo hecho de abrir una puerta, de ver una mano —gran monstruo— coger un objeto puede contener una auténtica e inédita belleza? El *scénario,* siempre el mismo, que nos dan los americanos, nos parece más milagroso que la multiplicación bíblica de los panes o los peces. Todo su valor fotogénico reside únicamente en los procedimientos, en la forma, y esto puede quedar como una verdad fundamental del cinema.

Découpage o segmentación cinegráfica

¿Habremos de excusar previamente el empleo de la palabra *découpage* por el de su equivalente castellano *recortar?* Aparte de que nuestro vocablo no es tan específico como el francés, se adapta menos aún[654] que aquel a la acción que intenta representar. Además, *découpage* es voz consagrada por el uso[655], adquiriendo una intención adecuada cuando se aplica a designar esa previa operación fundamental en cinema, consistente en la simultánea separación y ordenación de fragmentos visuales contenidos informemente en un *scénario* cinematográfico[656]. Cierto es que la terminología técnica francesa, aplicada al cinema, adolece de graves defectos y mixtificaciones de vocablos, más no puede negarse que desde hace años una minoría cultivada se interesa allí[657] por el cinema, preocupada por la creación de un vo-

---

[654] En *OL* y *ELB* desaparece el adverbio.

[655] En *OL* y *ELB: consagrada al uso.*

[656] Es muy importante significar la simultaneidad en la separación y ordenación como esencia del *découpage,* que lo convierte en una operación más mental que física.

Aquí, como en otros textos, aunque no fue norma común, se publicó *«scenario»* (sin tilde y entrecomillado).

[657] En *OL* y *ELB* desaparece el adverbio.

cabulario específico, seleccionadora de sus voces técnicas, y que comienza por desterrar las viejas, tomadas casi en su totalidad del teatro[658]. Nada decimos de América, en donde la terminología técnica resulta tan adecuada y útil como su misma técnica cinematográfica. Pero ¿y en España? Nuestro vocabulario fue improvisado por la masa neutra, de más insolvencia intelectual e industrial. Por tanto[659]: o acontece en España lo que en Francia, y mejor aún que en América, y entonces usaremos de voces vernaculares, o nos vemos precisados a tomar vocablos extranjeros en calidad de préstamo, si ya no improvisamos, como en el presente caso, de nuestra propia cosecha; todo menos aceptar los *castizos* términos de nuestra cineastia[660] militante, como *guion, rodar, copión,* o aún peor, *actor* —en cinema no existe el actor[661]— y *decoración* —ni la decoración[662][—].

[658] Buñuel esboza la tesis que subyace detrás de su teoría fílmica: que el *découpage* es, junto a la fotogenia, el elemento que libera definitivamente el cine de las cadenas del teatro.

[659] En *OL* y *ELB* los siguientes dos puntos se sustituyen por una coma.

[660] Da la sensación de que Buñuel inventa el término para jugar paronomásticamente con *carestía,* y remarcar la ausencia de vocabulario que está denunciando.

En *OL* y *ELB: cineastía.* Si la especulación anterior es cierta, entonces debería de haberse acentuado como hacen estas ediciones.

[661] Terminante afirmación que subraya la idea de que el director cinematográfico es el todopoderoso demiurgo de la película; lo que es muy acorde con la subjetividad presente en el discurso de sus poemas y narraciones donde, según hemos visto, la presencia del yo lírico —a menudo coincidente con el autoral— y su poder sobre las circunstancias que lo envuelven, es un motivo usual.

Por otro lado, esa aversión al actor está justificada por tratarse de una pieza del engranaje escénico que vincula estrechamente teatro y cine, cuando de lo que se trata es de defender un cine emancipado de las tablas.

[662] *Nota bene:* esta declaración podría ser propia de un director neorrealista, movimiento del que despreciaba sus creaciones, salvo raras ex-

La intuición del film, el embrión fotogénico, palpita ya en esa operación llamada *découpage.* Segmentación. Creación. Escisión de una cosa para convertirse en otra. Lo que antes no era, ahora es[663]. Manera, la más simple, la más complicada de reproducirse, de crear. Desde la ameba[664] a la sinfonía. Momento auténtico en el film de creación por segmentación. Ese paisaje, para ser recreado por el cinema, necesitará segmentarse en cincuenta, cien o[665] más trozos. Todos ellos se sucederán después vermicularmente, ordenándose en colonia, para componer así la entidad film, gran tenia del silencio, compuesta de segmentos materiales (montaje) y de segmentos ideales *(découpage)*[666]. Segmentación de segmentación.

Film = Conjunto de planos.
Plano = Conjunto de imágenes[667].

---

cepciones, como *Ladrón de bicicletas* (1948), uno de sus films favoritos, y *Umberto D.* (1952), ambas dirigidas por Vittorio De Sica.

El año anterior, en su crítica de *Metrópolis,* ya avisó de que la acentuación de los decorados en el cine era una servitud teatral del séptimo arte (véase la nota 731).

663 El poder evocador de esta oración es infinito, pudiéndose anclar sus reverberaciones en diferentes firmamentos buñuelianos, como el entomológico (la crisálida convertida en mariposa) o el alquímico (el vil metal que se convierte en oro), entre otros.

664 Protozoo del que se conocen numerosas especies, de las que unas son parásitas de animales, otras viven en las aguas dulces o marinas y algunas en la tierra húmeda. Otra vez, como en su poética, topamos con el uso de una voz propia de la biología que tiene reminiscencias no solo parasitarias y acuosas, sino putrefactas, pues hay amebas que se alimentan de bacterias y de vegetación en estado de descomposición.

665 En *OL* y *ELB: y.*

666 No nos cansaremos de hacer hincapié en la dimensión simbólica de este pasaje, como paradigma de la fascinación que por los gusanos y larvas profesaba Buñuel.

667 En *OL* se sustituye el signo igual por una raya. Lo mismo se hace en el axioma de un par de párrafos más abajo.

Una imagen aislada representa muy poco. Mónada[668] simple, sin organizar, en donde la evolución se detiene y se[669] continúa a la vez. Transcripción directa del mundo: larva cinematográfica. La imagen es elemento activo, célula de acción invisible, pero segura, frente al plano que es el elemento creador, el individuo apto para especificar la colonia[670].

Mucho se habla del papel del plano en la arquitectura del film, de su valor *absoluto-espacial* y del *relativo-temporal:* de su representación y de su[671] economía en el tiempo, por subordinación a los[672] otros planos. Incluso hay quien llega a radicar cualquier virtud del cinematógrafo en eso que suelen llamar *ritmo* de un film. Si esto puede ser exacto aplicado a las tentativas del film musical, no lo es tanto aplicado al cinema en[673] general, a un cinedrama, por ejemplo. Pues[674] sucede que al hablar por sinécdoque se hace de una calidad adjetiva —por excepción llegará a ser fundamen-

---

[668] *mónada:* «1. Cada una de las sustancias indivisibles, pero de naturaleza distinta, que componen el universo, según el sistema de Leibniz, filósofo y matemático alemán del siglo XVII. 2. Protozoo de los que viven en las aguas estancadas, provistos de dos o tres flagelos que les sirven para nadar» *(DLE).* A pesar de su afición a la microbiología, parece referirse al primer significado, ya que esas sustancias indivisibles son también las más simples, como se encarga de adjetivar.

[669] En *OL* y *ELB* se suprime el pronombre.

[670] Conley hace una interesante conexión entre estos últimos párrafos y la noción de *parole de fragment* de Maurice Blanchot, quien, a partir de la filosofía de Nietzsche y en referencia a la poesía de René Char, consideró que las frases de este poeta francés, más que coordinadas, están puestas las unas al lado de las otras, siendo de una poderosa estabilidad, de una compactibilidad extrema y, sin embargo, capaces de una deriva infinita (2013, págs. 188-189).

El punto y aparte que sigue es un punto y seguido en *OL* y *ELB.*

[671] En *OL* y *ELB* se suprime este segundo posesivo.

[672] Este artículo se omite en *OL* y *ELB.*

[673] En *OL* y *ELB* se suprime la preposición.

[674] En *OL* y *ELB: ejemplo, pues.*

tal— la esencia, la cosa misma, y así se iguala *ritmo* con[675] *découpage* o se subvierte el valor del contenido. No era difícil encontrar el truco cuando de continuo se quiere endosar al cinema la estructura, las normas o al menos el parecido con las artes clásicas, especialmente con la música y poesía. Cuestión esta tan elástica como la de las influencias en arte. Para establecer una noción aproximada de fotogenia es necesario contar con dos elementos[676] de condición diferente, pero de simultánea e inseparable representación. Fotogenia = Objetivo + *Découpage* = Fotografía + Plano. El objetivo —«ese ojo sin tradición, sin moral, sin prejuicios, capaz, sin embargo, de interpretar por sí mismo»[677]— ve el mundo. El cineasta, después, lo ordena. Máquina y hombre. Expresión purísima de nuestra época, arte nuestro, el auténtico arte nuestro de todos los días[678].

Rescatado el cinema de la simple fotografía de imágenes animadas por esa operación de segmentar, puede llegar a afirmarse que un film[679] de buena fotografía, cuyos ángulos tomavistas e interpretación fueran excelentes, resultaría en conjunto, sin un buen *découpage,* algo extrafotogénico, como un buen álbum de fotografías animadas, mas tan alejado de la noción film como los sonidos que se producen en una gran orquesta antes de comenzar la ejecución están

---

675 En *OL* y *ELB: y.*

676 En *OL* y *ELB: ejemplos.*

677 El ojo de la cámara no está *putrefacto* por la tradición, convirtiéndose así en un mecanismo antiartístico. La cita es una traducción libre de, ¡cómo no!, Jean Epstein: «C'est un œil sans préjugés, sans morale, abstrait d'influences ; et il voit dans le visage et le mouvement humains des traits que nous, chargé[s] de sympathies et d'antipathies, d'habitudes et de réflexions, ne savons plus voir» *(Écrits complets. Volume II. 1920-1928, op. cit.,* 2019, pág. 236 [cita contenida en el artículo «Le Regard du verre», *Les Cahiers du mois,* núms. 16-17, 1925]).

678 *Nota bene:* el juego humorístico-religioso y paronomástico con *padre nuestro,* rezo que debía orar cotidianamente en su infancia (Aub, 2002, pág. 29).

679 En *OL* y *ELB: un buen film.*

lejos[680] de componer la sinfonía misma. Mas sí[681] sucede el fenómeno inverso: un film sin intérpretes, a base de objetos naturales, de mediana técnica fotográfica, puede llegar a ser un buen film[682]. Esto es lo que hicieron los llamados *cineastas de vanguardia* en Francia.

El cineasta —conviene dejar ese nombre exclusivamente para el creador de films[683]— no lo es tanto en el momento de la realización como en el instante supremo de la segmentación. Todos pueden llegar a conocer más o menos bien la técnica fotocinegráfica[684]: solo los elegidos llegarán a componer un buen film. Por la segmentación, el *scénario* o conjunto de ideas visuales escritas[685] deja de ser literatura, para convertirse en cinema. Allí las ideas del cineasta se precisan, se recortan, se subdividen indefinidamente, se agrupan, ordenándose. La realización hará luego sensibles esos planos ideales, del mismo modo que la obra musical existe ya en la partitura, íntegra y determinante, aunque ningún músico la ejecute. En cinema se intuye por metros de celuloide. La emoción se desliza serpentinamente como una cinta métrica. Un adjetivo vulgar puede romper la emoción de un ver-

---

680 En *OL* y *ELB: están tan lejos.*

681 En el texto publicado y en *ELB: si.*

682 Por consiguiente, el actor no es, como en el teatro, elemento vital del cine. Buñuel se sitúa en el mismo plano, pero en el lado inverso, que Albert-Birot cuando este clamaba por un teatro donde los actores de cartón tendrían la grandeza natural de un ser humano (véase la nota 241 en el aparato introductorio). El calandino apuesta por que sean los objetos los depositarios de esa grandeza humana que les conferirá el objetivo de la cámara y el posterior *découpage.*

683 Este creador, para Buñuel, es el director, que tiene en su poder la capacidad de segmentar *(découper)* el film.

En *OL* y *ELB: reservar ese nombre solamente para el creador del film.*

684 El uso de un eufemismo compuesto como este es más propio de la creatividad literaria que de la realidad lingüística.

En *OL* y *ELB: cinematográfica.*

685 Es decir, el guion técnico de la película.

so: así[,] dos metros de más pueden destruir la emoción de una imagen[686].

Prácticamente, la operación de segmentar precede a cualquier[687] otra en la realización de un film[688]. Es un trabajo que no requiere otro instrumento[689] que la pluma. Todo el film, hasta en sus menores[690] detalles, quedará contenido en las cuartillas: interpretación, ángulos tomavistas, metraje de cada segmento; aquí un *fondu enchainé* o una sobreimpresión para un plano americano[691], italiano[692] o *long-shot*[693], y estos ya fijos, en panorámica o en *travelling*[694]. Fluencia mi-

---

686 En estas últimas tres frases, la concentración polisémica de *metro* y sus derivadas léxicas es una muestra palmaria del dominio de los resortes líricos por parte de su autor, que en aquellos momentos ya había tomado la opción de la poesía audiovisual como nuevo camino expresivo por explorar.

687 En *OL: toda.* En *ELB* desparece la preposición *a,* pero se mantiene *cualquier.*

688 En *OL* desaparece el complemento *en la realización de un film.*

689 En *OL: trabajo.*

690 En *OL* y *ELB: mejores.*

691 En este plano, el encuadre va desde la cabeza (puede tener aire en la parte superior) hasta justo por encima de las rodillas. Se llama así porque surgió en el género del wéstern.

Sobre el fundido encadenado, véase la nota 350 en el aparato introductorio.

692 Actualmente se conoce con este nombre al primerísimo primer plano (por el uso que hizo de él el realizador italiano Sergio Leone en sus wésterns europeos) y capta el rostro desde la base del mentón hasta la parte superior de la cabeza. Ahora, el significado en 1928 era similar al de plano americano, pero que cortaba al personaje por debajo de las rodillas.

693 Se trata del plano entero, que capta la figura humana completa junto con el entorno que le rodea.

694 *travelling:* pseudoanglicismo (procedente del francés) de *trávelin.* Los dos movimientos principales de cámara son la panorámica y el trávelin. La panorámica es la rotación o giro de la cámara sobre su propio eje, mientras que el trávelin, como ya hemos indicado, consiste en desplazar, vertical u horizontalmente, la cámara montada sobre unas ruedas para acercarla o alejarla al sujeto u objeto que se desea filmar.

En el texto publicado: *trawelling.*

En redonda en *OL.*

lagrosa de[695] imágenes, que espontánea e ininterrumpidamente van clasificándose, ordenándose, en las celdillas de los planos. ¡Pensar en imágenes; sentir con imágenes![696]. Esos ojos, empapados de tarde, nos miran un instante, menos de un segundo; se extinguen, desangrándose en sombras, en... «dos vueltas de manivela, cerrar fundiendo». Esa mano, huracán de pelos, preñada de intenciones inéditas, de alma, desaparece del campo[697]: un golpe de panorámica[698], como un golpe de mar, nos arroja entre los siete vicios capitales de unas miradas. El Universo, lo infinito y lo minuto, la materia y el alma, pueden navegar entre las reducidas márgenes de la pantalla —océano y gota—, que rectangula en el cerebro del cineasta[699] como una nueva[700] dimensión del alma.

André Levinson[701] publicó hace algún tiempo un estudio sobre el estilo en cinema, en el que atribuía al montaje cuantas virtudes hemos establecido nosotros para la segmentación. Debido, sin duda, al confusionismo existente en materia de voces[702] técnicas, al conocimiento incompleto de los procedimientos cinegráficos. ¿Qué importa que a veces, casi siempre motivado por un *découpage* insuficiente, se completen en la[703] póstuma operación de *montar*[704] deficiencias y errores que debieron preverse en un principio?

---

695 En *OL: en.*

696 En *OL: (Pensar, sentir con imágenes),* sin signos de exclamación.

697 *campo:* 'espacio que abarca el objetivo de la cámara'.
En *OL* y *ELB: en el campo.*

698 Véase la nota 394 en el aparato introductorio.

699 En *ELB: de los cineastas.*

700 En *OL* se elide este adjetivo.

701 André Yacovlev Levinson (1887-1933) fue un crítico francés de arte, especialista en danza, aunque también escribió sobre literatura y sobre cine.

702 En *OL: existente entre voces.*

703 En *OL* desaparece este artículo.

704 En *OL* no se enfatiza.

Incluso existe quien comienza a filmar sin haber trazado una sola línea de su *découpage,* y esto, en la mayoría de los casos, por supina ignorancia del oficio, y otras, las menos, por exceso de práctica, de suficiencia[705], por haber pensado mucho en lo que va a emprenderse, existiendo de antemano un *découpage* mental[706]. El hecho solo de que alguien se instale con[707] su aparato frente al objeto filmable presupone la existencia de un *découpage.*

Suele suceder también que en el momento de la realización, por exigirlo así las circunstancias, es necesario improvisar, corregir o suprimir cosas que antes se habían tenido por buenas. Escrito o sin escribir: la idea del *découpage* es inmanente a la noción del film, como lo es también la del objetivo. En cuanto al montaje, no es otra cosa que el *manos a la obra,* la materialidad de acoplar unos trozos a continuación de los[708] otros, concordando los diferentes planos entre sí, librándose, con ayuda de unas[709] tijeras, de unas imágenes inoportunas. Operación delicada más puramente manual[710]. La idea directriz, el desfile silencioso de las imágenes, concretas, determinantes, valoradas en el espacio y en el tiempo; en una palabra, el film se proyectó por primera vez en el cerebro del cineasta.

---

705 En *OL: insuficiencia.*

706 Ya hemos advertido de la importancia del *découpage* como proceso mental, primero, que se traslada después al guion técnico, así como que era signo identitario de la profesionalidad del Buñuel director de cine el tener perfectamente segmentada la película en su mente antes de empezar a rodar. Esto le permitía ser absolutamente escrupuloso con el cumplimiento de los plazos de rodaje, lo que, en su etapa mexicana, le garantizó ser un valor económicamente seguro para los productores.

707 En *OL: solo con.*

708 En *OL* y *ELB* desaparece este artículo.

709 En *OL* y *ELB: las.*

710 En *OL: Operación delicada, mas sumamente manual.* En *ELB: Operación delicada, mas puramente manual.* A pesar de que la redacción puede llevar a confusión, el uso del adverbio tiene sentido si se trata de una elipsis. Si no es así, entonces la conjunción adversativa es la correcta.

Por lo que llevamos dicho, se comprenderá que solo una persona muy enterada de la técnica y procedimientos cinematográficos podrá encargarse de realizar una segmentación eficiente, aunque muchos profanos en materia de cinema se crean con aptitudes suficientes por la simple imposición de números de[711] orden delante de cada párrafo de su *scénario*[712]. Lo triste es que entre profesionales —nada digamos en España, y aun[713] con excepción de seis o siete en Francia— se tiene la misma idea sobre el *découpage* que entre profanos.

---

[711] En *OL* y *ELB: en.*

[712] Pensamos que es una crítica a aquellos poetas creacionistas, como Vicente Huidobro, que intentaron dedicarse al cine. Recordemos lo que dijo del creacionismo: «Sus versos actúan por grandes planos como el cine. Cójase, si no, un poema, pónganse números de orden delante de cada verso, y lo habremos transformado en *scénario*».

[713] En *OL: aún.*

Nuestros poetas y el cine

Se habla mucho sobre el porvenir del cinema. Pero aún[714] existen gentes de buena voluntad que discurren sobre el porvenir del teatro. Transcribimos a continuación un párrafo escogido de uno de esos discursos, y damos nuestra palabra de honor de que no lo inventamos, de que no es caricatura ni remedo mal intencionado de ninguno de aquellos deliciosos apologistas: sería una venganza excesiva. Para que conste: ese párrafo forma parte de un artículo de Antonio Machado, titulado, ¡ay![715], «Sobre el porvenir del teatro». Helo aquí:

«La acción, en verdad, ha sido casi expulsada de la escena y relegada a la pantalla, donde alcanza su máxima expresión y —digámoslo también— su reducción al absurdo, a la ñoñez puramente cinética. Allí vemos claramente que la acción sin palabra, es decir, sin expresión de conciencia, es solo movimiento, y que el movimiento no es, estéticamente nada. Ni siquiera expresión de la vida, porque lo vivo

---

714 En el texto publicado: *aun*.

715 El refinamiento léxico y la ironía se combinan en la utilización de una conjunción tan lorquiana como esta, y oponer así cine y teatro; es decir, Buñuel aprovecha cualquier oportunidad para combatir, aunque sea subrepticiamente como aquí, la dramaturgia que el granadino exploó sobre todo con *Mariana Pineda,* que, como hemos reiterado, consideraba caduca.

puede ser movido y cambiar de lugar lo mismo que lo inerte. El cine nos enseña cómo el hombre que entra por una chimenea, sale por un balcón y se zambulle después en un estanque, no tiene para nosotros más interés que una bola de billar rebotando en las bandas de una mesa».

¡Cuántos de nosotros no habremos pensado esto mismo hacia el año del Señor de 1908, cuando nuestros papás nos llevaban de la mano al cine para ver al inolvidable Toribio entrando por una chimenea, saliendo por un balcón, arrojándose luego a un estanque![716]. Antonio Machado nos ha retrotraído a los ingenuos y líricos tiempos de «Llévame al cine, mamá, mamá...». Pero, por desgracia, están ya muy lejos. Vaya ahora al cine y denos luego su parecer. Ahí tiene dos films que le recomendamos calurosamente: *La moneda rota,* con Lucille Love[717] y el conde Hugo[718], y mejor aún *El beso fatal,* por Francesca Bertini[719].

---

[716] André Deed (1879-1940) fue un actor cómico francés de la época del cine mudo y primeros años del sonoro. En España se le conoció como Toribio o Toribio Sánchez.

[717] La predilección de Buñuel por Lucille Love —ya presente en el microrrelato «Lucille y sus tres peces»—, personaje de la ficción cinematográfica estadounidense de principios del siglo xx, y que había sido coescrito e interpretado por la actriz, guionista y directora estadounidense Grace Cunard (1893-1967), provoca este lapsus, pues *La moneda rota,* serial rodado en 1915 por el hermano mayor de John Ford, Francis, y donde John ejerció de ayudante de dirección, no es una aventura de Lucille Love, sino de Kitty Gray. El serial que agradó a Buñuel era *Lucille Love, the Girl of Mystery,* hoy presumiblemente perdido, producido en 1914, con el mismo equipo de producción y dirección que *La moneda rota.* Los quince episodios de *Lucille Love* no tuvieron títulos individuales, y no hay muchos datos sobre la trama, salvo que intervenían todos los artefactos tecnológicos de la época, desde aeroplanos a submarinos, pasando por trenes subterráneos, lo que se alineaba con las preferencias vanguardistas de aquel tiempo.

[718] Personaje interpretado por Francis Ford.

[719] Francesca Bertini (1892-1985), actriz italiana de cine mudo, género en el que trabajó en más de noventa películas, fue una de las más famosas estrellas del primer cuarto del siglo xx. Nunca rodó un film con este título, por lo que Buñuel lo confundió con otro.

Crítica de películas

Metrópolis

Metrópolis no es un film único. *Metrópolis* son dos films pegados por el vientre[720], pero con necesidades espirituales divergentes, de un extremado antagonismo. Aquellos que consideran el cine como un discreto narrador de historias, sufrirán con *Metrópolis* una honda decepción. Lo que allí se nos cuenta es trivial, ampuloso, pedantesco[721], de un trasnochado romanticismo. Pero si a la anécdota preferimos el[722] fondo plástico-fotogénico del film, entonces *Metrópolis* colmará todas las medidas, nos asombrará como el más maravilloso libro de imágenes que se ha compuesto. Consta, pues, de dos elementos antípodas, detentores del mismo signo en las zonas de nuestra sensibilidad. El primero de ellos, que pudiéramos llamar puro-lírico, es exce-

---

720 Esta imagen de dos películas siamesas introduce la anormalidad anatómica en la crítica cinematográfica; una anormalidad que en su lírica representaban las partes del cuerpo mutiladas, no unidas como aquí. Se trata, pues, de un *collage* humano que como su proceso contrario (la desunión de los elementos somáticos) produce el mismo efecto: la malformación física.

721 Si, como hemos manifestado en la Introducción, en esta crítica se detecta la huella ultraísta en el uso de neologismos tales como *arcotriunfadas,* el rastro se nota también en la elección de vocablos como este, en lugar de *pedante,* cuyas raíces italianas pudieran ser un tributo al futurismo.

722 En *OL* y *ELB: al.*

lente[723]; el otro, el anecdótico o humano, llega a ser irritante. Ambos, simultaneándose, sucediéndose, componen la última creación de Fritz Lang. No es la primera vez que observamos tan desconcertante dualismo en las producciones de Lang. Ejemplo: en el inefable poema *Las tres luces*[724] se habían interpolado unas escenas desastrosas, de un refinado mal gusto. Si a Fritz Lang le cabe el papel de cómplice denunciamos como presunto autor de esos eclécticos ensayos, de ese peligroso sincretismo a su esposa, la escenarista[725] Thea von Harbou.

El film, como la catedral, debía de ser anónimo[726]. Gentes de todas clases, artistas de todos órdenes han intervenido para alzar esa monstruosa catedral del cinema moderno. Todas las industrias todos los ingenieros, muchedumbres, actores, escenarista[727], Karl Freund[728], el as de los operadores alemanes, con una pléyade de colegas, escultores, Ruttmann[729], el creador del film absoluto. A la cabeza de los

---

723 En *ELB* el signo de puntuación que sigue es una coma.

724 Película que, como ha sido indicado, fue el detonador de que Buñuel quisiese dedicarse al cine.

725 *escenarista:* galicismo para referirse al autor del guion técnico (el *scénario).*

726 Se detecta en este símil la huella de Huysmans y su novela multidisciplinar *La catedral* (1898).

727 En *OL* y *ELB: escenaristas.*

728 Karl W. Freund (1890-1969) fue un operador, director de fotografía y realizador alemán que, después de innovar en el cine expresionista germano, desarrolló su exitosa carrera de director de fotografía en Estados Unidos, donde incluso dirigió la afamada *La momia* (1932), interpretada por Boris Karloff.

En el texto publicado (y de ahí a *OL* y *ELB): Carl Freund.*

729 El ya citado realizador Walter Ruttmann fue uno de los directores de fotografía de *Metrópolis.* El film absoluto del que habla Buñuel es *Berlín, sinfonía de una gran ciudad,* como ya había argumentado en «Del plano fotogénico».

En el texto publicado (y de ahí a *OL* y *ELB): Ruttman* (aquí y más adelante).

arquitectos, figura el nombre de Otto Hunte[730]: a él y a Ruttmann se deben, en realidad, las más conseguidas visualizaciones de *Metrópolis*. El decorador, último de los vestigios legados al cinema por el teatro[731], apenas si interviene aquí. Lo presentimos tan solo en lo peor de *Metrópolis,* en los enfáticamente llamados *jardines eternos,* de un barroquismo delirante, de un mal gusto inédito. El arquitecto substituirá ya, para siempre, al decorador[732]. El cine será el fiel intérprete para los más atrevidos sueños de la Arquitectura.

El reloj, en *Metrópolis,* no tiene más que diez horas, que son las del trabajo, y a ese compás de dos tiempos se mueve la vida de la ciudad entera. Los hombres libres de *Metrópolis* tiranizan a los siervos, Nibelungos de la ciudad[733], que trabajan en un día eléctrico eterno, en las profundidades de la tierra. Solo falta en el simple engranaje de la República, el corazón, el sentimiento capaz de unir tan enemigos extremos. Y en el desenlace veremos al hijo del director de *Metrópolis* (corazón) unir en fraterno abrazo a su padre (cerebro) con el contramaestre general (brazo). Mézclense estos ingredientes simbólicos con una buena dosis de escenas terroríficas, con un juego de actores desmesurado y teatral[734], agítese bien la mezcla y habremos obtenido el argumento de *Metrópolis*.

[730] Otto Hunte (1881-1960) fue el director artístico de *Metrópolis*.

[731] Buñuel aprovecha para referirse al teatro y denunciar sus vestigios sobre un cine que debía emanciparse completamente de las tablas.

[732] No está diciendo que el cineasta sustituirá al dramaturgo, sino que el cine requiere de arquitectos (cineastas responsables de la fotogenia y el *découpage)* que el teatro, por su idiosincrasia, no necesita.

[733] En 1924, Fritz Lang había dirigido, en dos partes, *Los nibelungos,* adaptación de las leyendas teutónicas.

[734] De nuevo nos encontramos con la denuncia de los efectos perniciosos (por teatrales) de apoyar la puesta en escena cinematográfica en la interpretación de los actores.

Pero, en cambio... ¡Qué arrebatadora sinfonía del movimiento![735]. ¡Cómo cantan las máquinas en medio de admirables transparencias, arcotriunfadas por las descargas eléctricas! Todas las cristalerías del mundo deshechas románticamente en reflejos llegaron a anidar sobre el moderno canon de la pantalla. Cada acérrimo destello de los aceros, la rítmica sucesión de ruedas, émbolos[736], de formas mecánicas increadas, es una oda admirable, una novísima poesía para nuestros ojos. La Física y la Química se transforman milagrosamente en Rítmica. Ni un momento de éxtasis. Incluso los rótulos, ya ascendentes o descendentes, giróvagos[737], deshechos luego en luces o desvanecidos en sombras, se unen al movimiento general: llegan a ser imagen también.

A nuestro juicio, el defecto capital del film estriba en no haber seguido su autor la idea plasmada por Eisenstein en su *Potemkine*[738], en no habernos presentado un solo actor, pero lleno de novedad, de posibilidades: la muchedumbre. El asunto de *Metrópolis* se prestaba a ello. Hemos sufrido, en cambio, una serie de personajes, llenos de pasiones arbitrarias y vulgares, cargados de un simbolismo al cual no

---

735 La enjundia lírica de esta crítica combina la irracionalidad de la imagen de un cóctel realizado a partir del recurrente motivo de la mutilación de las partes del cuerpo que cerraba el párrafo anterior, con el uso de figuras retóricas como esta sinestesia.

736 *émbolo:* «Pieza que se mueve alternativamente en el interior de un cuerpo de bomba o del cilindro de una máquina para enrarecer o comprimir un fluido o recibir de él movimiento» *(DLE).*

737 *giróvago:* «Dicho de un monje: Que, por no sujetarse a la vida regular de los anacoretas y cenobitas, vagaba de uno en otro monasterio» *(DLE).* Sin embargo, la referencia no es esa, sino la orden turca de los Derviches Giróvagos, cuya ceremonia de danza-meditación se caracteriza por que los danzantes giran sobre sí mismos con los brazos extendidos.

738 *El acorazado Potemkin* (Sergei M. Eisenstein, 1925). Buñuel utiliza el título francés como hace habitualmente no solo con títulos de películas, sino con vocablos de carácter técnico relativos al cine.

En el texto publicado: *Einstein.*

respondían ni por asomo. No quiere decirse que en *Metrópolis* no haya multitudes; pero parecen responder más a una necesidad decorativa, de *ballet* gigantesco, pretenden más encantarnos con sus admirables y equilibradas evoluciones[739], que darnos a entender su alma, su exacta obediencia a móviles más humanos, más objetivos. Aun así, hay momentos —Babel, revolución obrera, persecución final del[740] androide— en que se cumplen admirablemente ambos extremos.

Otto Hunte nos anonada con su colosal visión de la ciudad del año 2000. Podrá ser equivocada, incluso anticuada con relación a últimas teorizaciones sobre la ciudad del porvenir, pero, desde el punto de vista fotogénico, es innegable su fuerza emotiva, su inédita y sorprendente belleza; de tan perfecta técnica, que puede sufrir un prolongado examen sin que por un solo instante se descubra la maqueta.

La realización de *Metrópolis* ha costado 40 millones de marcos oro[741]; han intervenido, entre actores y comparsería, unas 40.000 personas. El metraje actual del film es de 5.000 metros, pero se emplearon en total casi dos millones. El día del estreno, en Berlín, se pagó la butaca a 80 marcos oro. ¿No resulta desmoralizador que contando con tales descomunales medios, la obra de Lang no haya sido un dechado de perfección? De la comparación de *Metrópolis* y *Napoleón,* los dos más grandes films que ha creado el cinema moderno, con otros mucho más humildes, pero también más perfectos[742], más puros, nace la provechosa lec-

---

739 En *OL* se omite la coma que viene a continuación.

740 En *OL: de.*

741 En *OL: 10 millones.* Su coste se situó cerca de los siete millones de marcos imperiales.

742 Según ha sido reseñado, esta afirmación es esencial para calibrar en su justa medida la crítica al film de Abel Gance que viene a continuación de esta. Al mismo tiempo, el que las más grandes películas no sean las más perfectas (es decir, las más *antiputrefactas)* es un dictamen, cuando

ción de que el dinero no es lo esencial para la producción cinemática moderna. Compárese *Rien que les heures,* que solo costó 35.000 francos, y *Metrópolis*. Sensibilidad, primero[743]; inteligencia, primero, y todo lo demás, incluso el dinero, después.

menos, sorprendente en alguien que estaba rondando el surrealismo, movimiento acostumbrado a profesar el maniqueísmo a la hora de justipreciar las obras artísticas.

[743] En *OL* el siguiente punto y coma se sustituye por dos puntos.

Napoleón, por Abel Gance

¡Cuántas esperanzas fundadas en la última película de Abel Gance![744]. Como enjambres, zumbaban en nuestros oídos, durante mucho tiempo, críticas prematuras de interminables disculpas. *Napoleón* nos ha decepcionado cruelmente porque el fracaso de la película no solo representa el fracaso de una obra; representa en cierto modo el fracaso mismo del espíritu latino frente a esa forma tan moderna de expresión que es el cine.

¿Qué obra esencialmente fotogénica nos ha dado hasta ahora? ¿Por qué se obstina Léon Moussinac[745] en incluir en esta especie de escala de Mohs del cine[746], que nos ofrece en

[744] Este inicio ratifica que las dudas acerca del cine de Gance nacen con *Napoleón*, que, a ojos de Buñuel, como de Jacques Brunius —quien, en sus «Notes sur Napoléon, vu par Abel Gance», artículo que viene a continuación de la crítica del aragonés, también manifiesta sus recelos hacia la película—, es un cúmulo repetitivo de alardes técnicos que se consumen por sí mismos, como manifiesta expresamente más adelante en esta crítica, pero donde igualmente dice que técnicamente la película es perfecta.

[745] Léon Moussinac (1890-1964), escritor y periodista francés, fue un pionero de la historia del cine en el país galo.

[746] La escala de Mohs (en el texto publicado: *Mors)* es una relación de diez minerales ordenados por su dureza, de menor a mayor. La erudición naturalista de Buñuel, que se hizo notar hasta en sus críticas cinematográficas francesas, abarca no solo la fauna y la flora, sino que, por lo visto, se extiende a todas sus ramas.

su libro, películas latinas de dudosa densidad y por qué nos muestra como representativas y directivas ciertas obras que no lo son?[747].

Parece[748] que el arte cinematográfico es inherente a los pueblos del Norte y que nosotros, latinos, cargados de tradición, de misticismo, de cultura, de éxtasis —receptores sensibles de otras formas del arte— somos impotentes para asimilar el del cinematógrafo. Cada intento nuestro afirma aún más la superioridad de los pueblos nuevos sobre nosotros.

Se ha censurado mucho la trivialidad de los films americanos en general. Pero cualquiera de ellos, incluso el más modesto, contiene siempre una ingenuidad primitiva, un encanto fotogénico integral, un ritmo absolutamente cinematográfico.

Los americanos nos hacen ver la esencia del drama —este es solo secundario— y cuando descubren algo nuevo, no abusan jamás, no lo enseñan demasiado, pues su manera de ser los conduce siempre más lejos.

Es incontestable que poseen el sentido del cine en grado mucho más elevado que nosotros.

Para[749] *Napoleón* se han gastado sin contar, más de 16.000.000 de francos. El fracaso no puede mitigarse por la falta de recursos materiales. Tampoco podemos mencionar la inexperiencia de Abel Gance. Seguramente es uno de los mejores técnicos de Francia y en este sentido *Napoleón*

---

[747] El escamoteo de este íncipit en la versión española sugiere que se trataba de actualizar el escrito para la edición de *OL*, podándolo de referencias históricas y personajes anclados en el cine francés de la época en que se redactó. En particular, la omisión de este párrafo parece responder a las referencias específicas al libro de Moussinac, *La naissance du cinéma* (1925), que el lector hispano desconocía (entonces y ahora, ya que nunca ha sido traducido a nuestra lengua).

[748] Aquí empieza la versión de *OL*, pero con la introducción del pronombre personal del crítico: *Me parece* (y de ahí a *ELB)*.

[749] Los cuatro párrafos que siguen tampoco se incluyeron en *OL* y de ahí fueron condenados a la preterición perpetua en *ELB*.

es una obra perfecta. Gance se vale de todos los medios, se encarga de garantizar la perfecta realización del más mínimo detalle. Técnicamente hablando, realmente se ha superado a sí mismo.

El aparato se mueve continuamente, oscila, salta, se curva, zigzaguea. Gracias a un montaje rápido, en ocasiones obtenemos efectos sorprendentes; como, en el prólogo, la lucha en la nieve, la persecución de Napoleón al final de la primera parte y sobre todo al final de la película. Hubiera sido perfecto si no hubiéramos abusado tanto de la repetición porque así logramos reducir la emoción producida[750].

La innovación de las tres pantallas[751], aunque interesante, parece destinada a desaparecer con *Napoleón*[752].

---

[750] He aquí la clave para entender la distancia que separa a Buñuel de Gance: la repetición y su uso. Un recurso muy buñueliano, pero, según este, mal aplicado por el director galo.

[751] Polyvision fue el nombre de un formato de película de pantalla ancha ideado exclusivamente para la filmación de *Napoleón* y la proyección de su secuencia final. Implicaba la proyección simultánea de tres rollos de película dispuestos en una fila horizontal. Este método constituyó la cumbre de la carrera cinematográfica de Gance, puesto que, a diferencia del Cinerama (donde tres o cuatro proyectores proyectaban imágenes que juntas resultaban en una sola continua), no consistía exclusivamente en agrandar las imágenes proyectadas, sino que se proyectaban tres fragmentos de película diferentes que daban como resultado una imagen central principal y otras dos a ambos lados que ayudaban a comprender el significado metafórico de la proyección central.

[752] Esta vez Buñuel acertó de lleno con su predicción (véase la nota 554). La productora Metro Goldwyn-Mayer decidió comprarle a Gance la técnica para retirarla del mercado, porque pensó que, si tenía éxito, el negocio cinematográfico se complicaría mucho y haría falta una gran suma de dinero para equipar las salas de proyección con tres proyectores y pantallas panorámicas. Incluso, la misma compañía se opuso a construir un cine equipado con el sistema Polyvision. Con este panorama, la difusión del film fue prácticamente nula y el tríptico se proyectó con un solo carrete y proyector, no con tres como inicialmente fue concebido. Esto provocó que las imágenes se vieran extremadamente pequeñas y que muchos cines se negaran a exhibirlo, arguyendo que se trataba de una muestra de cine *amateur* de baja calidad.

Afecta a las dimensiones más que a la calidad, y se pueden lograr los mismos efectos utilizando *caches* horizontales y verticales[753].

Gance abusa de un simbolismo muy utilizado en el cine desde hace varios años y que a nuestros ojos es de muy mal gusto. Se aplica, por ejemplo, para representar simultáneamente la multitud furiosa, rugiente y el mar enfurecido, para mostrarnos las esperanzas defraudadas en forma de hojas secas que se lleva el viento[754].

Es cierto que[755] mucha gente de élite tiene cierta prevención contra el séptimo arte. Pero también es verdad que arrastrada por la corriente de la época estaría dispuesta a abrir los brazos cordialmente a toda noble tentativa. Para ello habría que crear el film propio para iniciarlos en las numerosas posibilidades del cine. Confiando quizás en la insistencia de los críticos más estimados, los incrédulos han ido a ver *Napoleón* y ¿qué han deducido?

Señores, les decimos nosotros esto no es cine. Esto perjudica al cine. Es mejor que vayan a ver *L'ingénu*[756], film americano sobre la amazona enamorada cuyo final es un beso discreto. Por lo menos es ligero, fresco, lleno de imágenes ritmadas talladas a golpes de intuición verdadera-

---

[753] En «Del plano fotogénico» Buñuel ya utilizó la palabra francesa *cache* para referirse a las máscaras para producir efectos audiovisuales. Dado que no existe una traducción específica en español, hemos optado por no traducir el vocablo.

[754] Desde el punto de vista de su recepción en nuestro país, es sorprendente que estos clarificadores párrafos sobre las diferencias entre Buñuel y Gance desaparecieran de la versión española del texto.

[755] En *OL* y *ELB* la frase se inicia con: *Sin duda* (seguido de una coma).

[756] En el texto publicado: *l'ingénu* (sin mayúscula, ni cursiva, ni comillas; y en *OL* y *ELB: La ingenua).* Se trata de un error derivado del original francés, como muestra su deficiente construcción: «*Allez plutôt, allez voir l'ingénu, film américain* […]». Tal vez en este desliz radique el que no hayamos podido decir a qué película americana se refiere Buñuel en razón de que su título fuese otro.

mente cinegráfica. Y si quieren cine nacional, francés, apoyad a los jóvenes, aquellos que posiblemente por su edad y temperamento son los más capaces de llevar nuestra sensibilidad al cine: los René Clair, por ejemplo[757].

[757] Si fue Buñuel el responsable de la eliminación de esta frase en la versión española de *OL,* entonces lo hizo o bien por estar dirigida al público francés, o bien porque era menos condescendiente con Clair que cincuenta años antes (que también).

El destino de la carne (por Victor Fleming)

La técnica es una cualidad necesaria para un film, como para toda obra de arte, incluso para un producto industrial. Pero no hay que creer, sin embargo, que esta cualidad determina la excelencia del film. Hay cualidades en un film que pueden interesar más que la técnica. Hay que darse cuenta de que el espectador no pierde nunca el tiempo analizando los medios técnicos de un film; casi siempre solo pide a la película que le proporcione emociones. Pero no debería confundirse la *emoción* con la *sensiblería*. Desprovisto de auténtica emoción, el film de V. Fleming[758] es, a fin de cuentas, un film falso. Con técnica excelente, esta película comparte con muchas otras el privilegio de dirigirse a nuestras glándulas lacrimógenas mucho más que a nuestra sensibilidad. Se oían caer las lágrimas sobre el suelo del cine. Todo el mundo descubría en sí un fondo llorón ante este espectáculo: *El destino de la carne*[759].

---

758 En el texto publicado, como antes en el título y, más adelante, en el párrafo siguiente: *Flemming*.

759 La madurez crítica de Buñuel se vuelve a manifestar aquí a través de un distingo que todavía hoy muchos analistas no hacen a la hora de valorar un drama. En su etapa mexicana rodó dramas y melodramas que tienen en común evitar cualquier tinte sensiblero a pesar de que las historias que cuentan, en manos de otro director, darían para exprimir los lacrimales del espectador sin más función que esa.

¿Por qué no se establece la costumbre de someter los films, antes de su proyección al público, a un análisis microscópico muy minucioso? Sería el instrumento más indicado para el examen de los films. Si se hubiera hecho así, seguramente se habría descubierto que el cinedrama de Fleming estaba saturado de gérmenes melodramáticos, totalmente infectado de tifus sentimental mezclado con bacilos[760] románticos y naturalistas.

Nos parecía sin embargo que nuestra época y su cine se habían desembarazado totalmente de una epidemia tan caduca.

Pero hay que ir al veneno por el veneno y al cine por el cine.

---

[760] *bacilo:* «Bacteria en forma de bastoncillo o filamento más o menos largo, recto o encorvado según las especies» *(DLE).* Sin ir más lejos, la tuberculosis la provoca el bacilo de Koch, lo que, en el contexto en el que nos encontramos, la metáfora es muy cruel para con Victor Fleming y una corriente del cine estadounidense que, con lógica metafórica inapelable, tilda a renglón seguido de epidemia.

El colegial (por Buster Keaton)

He aquí a Buster Keaton, con su último y admirable film: *El colegial.* Asepsia. Desinfección[761]. Liberadas de la tradición, nuestras miradas se revitalizan en el mundo juvenil y temperado de Buster, gran especialista contra toda infección sentimental. El film era bello como un cuarto de baño: de una vitalidad de un *Hispano*[762]. Buster nunca buscará hacernos llorar, porque sabe que las lágrimas fáciles han periclitado. No es, en todo caso, el clown que nos hará reír a mandíbula batiente. No dejamos de sonreír ni un momento, no de él, sino de nosotros mismos, de la sonrisa de la salud y de la fuerza olímpica.

Opondremos siempre en cine, la expresión monocorde de un Keaton a la infinitesimal de un Jannings. Los cineastas abusan de este último, multiplicando por *N* la más ligera contracción de sus músculos faciales. El dolor en Jannings es un prisma de cien caras. Por eso es capaz de actuar en un primer plano de 50 metros[763], y si se le pide *todavía más,* llegará a demostrarnos que nada más que con su ros-

---

[761] Digámoslo sencillamente, antiputrefacto.

[762] Referencia a la marca española de coches de lujo y competición Hispano-Suiza.

[763] Véase la nota 392 en el aparato introductorio.

tro se puede hacer toda una película que debería titularse: *La expresión de Jannings, o las combinaciones de* M *arrugas, tomadas* n *a* n.

En Buster Keaton la expresión es tan modesta como la de una botella, por ejemplo: haga lo que haga[764], a través de la pista redonda y clara de sus pupilas hace piruetas su alma aséptica. Pero la botella y el rostro de Buster tienen puntos de vista infinitos.

Son ruedas, que saben cumplir su misión en el engranaje rítmico y arquitectónico del film. El montaje —llave de oro del film— es el que combina, comenta y unifica todos estos elementos. ¿Se puede alcanzar mayor virtud cinegráfica? Hay quien ha querido creer en la inferioridad de Buster, el *antivirtuoso,* en comparación con Chaplin, dejarlo en desventaja, algo así como con un estigma, mientras que nosotros consideramos una virtud el que Keaton alcance lo cómico por armonía directa con los utensilios, las situaciones y demás medios de realización. Keaton está cargado de humanidad: pero de una reciente e increada humanidad, de una humanidad a la moda, si se quiere.

Se habla mucho de la técnica de films como *Metrópolis, Napoleón*... Nunca se habla de la de películas como *El colegial,* y es porque esta se encuentra tan indisolublemente mezclada con los otros elementos que no nos damos cuenta de ella, lo mismo que cuando vivimos en una casa, no nos damos cuenta del cálculo de resistencia de los materiales que la componen[765]. Los superfilms deben servir para dar lecciones a los técnicos: los de Keaton para dar lecciones a la realidad misma, con o sin la técnica de la realidad.

---

[764] En *OL* y *ELB: aunque* (suprimiendo la coma que sigue). Este sinsentido se debe a que en el texto francés aparece escrito *quoique (aunque)* en lugar de *quoi que (sea lo que sea* o *haga lo que haga),* que aquí funciona mejor, pues Buñuel utiliza la elipsis, evitando escribir *quoiqu'il fasse.*

[765] De nuevo una alusión a lo matemático, como en el título de la hipotética película de Jannings que cierra el segundo párrafo.

Escuela de Jannings: escuela europea: sentimentalismo, prejuicio de arte y literatura, tradición, etc.: John Barrymore, Veidt, Mosjouskine, etc... [sic]

Escuela de Buster Keaton: escuela americana: vitalidad, fotogenia, ausencia de cultura y tradición nocivas[766]: Monte Blue, Laura la Plante, Bebe Daniels, Tom Moore, Menjou, Harry Langdon, etc.[767]... [sic]

---

[766] En *OL* (y de ahí a *ELB): novicia.*

[767] Terminar con dos párrafos sinópticos y telegráficos sobre lo bueno y lo malo en el cine es una opción muy acorde con la simplificación propia de las fórmulas matemáticas presentes en todo el escrito, pero al mismo tiempo es muy novedosa en el campo ensayístico.

Todos los actores citados en estos últimos párrafos lo fueron del cine silente estadounidense, algunos de ellos exiliados europeos en Estados Unidos, como el ruso Ivan Mozzhujin (o Mosjoukine) o el alemán Conrad Veidt.

La dama de las camelias

Olvidada en un rincón del desván literario, ya no lograba conmover a la última de las *midinettes*[768]. Resultaba anómalo que las manos jóvenes y taumatúrgicas del cinema no se hubieran impuesto aún en actitud vivificadora sobre este cadáver, cuando tantos otros había llegado a resucitar. Antes de que alguien se le adelantara, Fred Niblo, el audaz creador de *Ben Hur,* aparato al hombro, se embarcaba al jardín de amor, allí donde Mademoiselle Gautier[769], forma sus ramos de camelias. Viaje inseguro — había de aventurarse por zonas antípodas de nuestra sensibilidad. Viaje temerario — había de marchar por terrenos hostiles, muy precavidos y casi inaccesibles al objetivo[770]. Mas él, con una gracia de prestidigitador o de poeta, ha insuflado en la periclitada[771] novela de Dumas una emoción y vigor que jamás poseyó aquella. Henos aquí, ahora, un poco *midinet-*

---

[768] Tiene diversos significados en francés, pero aquí habría que traducirlo por *ingenuos.*

[769] Margarita Gautier, protagonista de la novela.

[770] En el texto publicado (y de ahí a *OL* y *ELB): Viaje inseguro —había de aventurarse por zonas antípodas de nuestra sensibilidad. Viaje temerario—, había de marchar por terrenos hostiles, muy precavidos y casi inaccesibles al objetivo.* Este anárquico uso de las rayas (propio de la norma anglosajona, pero aquí mal resuelto) parece más imputable a criterios de estilo (o errores de edición) de *La Gaceta Literaria* que al propio autor.

[771] En el texto publicado y *ELB: perinclitada.*

tes, frente a este film. ¿No sucede algo parecido frente a las últimas producciones de Chaplin, de achaques tan romanticones y sensibleros? (Recuérdese la nochebuena de la *Ruée vers l'or*[772]. En ese sentido es superior Buster Keaton[773]. Por tales rémoras, André Suarès, el gran enemigo del séptimo arte, ha llegado a hablar «del corazón *ignoble* de Charlot»)[774]. Desde un punto de vista puramente cinegráfico, sería aquel el único defecto denunciable, pero, en cambio, nos atrevemos a afirmar que la obra de Fred Niblo cuenta[775] entre las más perfectas que se hicieron para la pantalla. Lo curioso es que el cineasta, desde el comienzo al fin, sigue circunstanciadamente la obra original.

Una prueba más de lo avanzado, de la excelente madurez[776] a la que están tocando los procedimientos cinemato-

---

[772] *La quimera del oro* (Charles Chaplin, 1925). De nuevo el uso del título galo, ignorando, por lo visto, que ya se había estrenado en España en junio de 1925.

A principios de 1950, con motivo de ser requerido para una lista de las mejores películas de la historia del cine, Buñuel estableció una en la que no incluyó a Keaton, pero sí, en segundo lugar, *La quimera del oro,* donde Chaplin interpreta a Charlot. No sabemos si influyó su ulterior relación personal o la carga poética y de denuncia de esta comedia, pues recordemos que en su día dijo «tengamos para él [Charlot] un piadoso *merde*». Este es el mejor ejemplo de algunos de los ajustes que, con los años, hizo en su apreciación de algunos artistas (y literatos), lo que no resta ni un ápice a la firmeza de su idea sobre el cine a lo largo de su vida. No creemos, por tanto, que fuese una broma con ánimo provocador, ya que esta misma lista incluye películas que sabemos a ciencia cierta que admiró.

En *ELB: Nochebuena* (con mayúscula).

[773] Buñuel aprovecha la ocasión para dejar claro qué posición ocupan ambos cómicos en su particular *ranking.*

[774] Cita repetida luego en «Lo cómico en el cine».

En el texto publicado: *Suáres.*

[775] En el texto publicado sigue una coma.

[776] En el texto publicado sigue una coma. Al no poseer el manuscrito, no podemos achacar a ciencia cierta estos errores al editor; pero, de acuerdo con el resto de las equivocaciones (véanse las notas 770, 786 y 788), juzgamos que fue responsabilidad de la revista y no de Buñuel.

gráficos, es el realce y ennoblecimiento que con la transposición sufrió la obra de Dumas. Hoy por hoy no puede pedirse al cinema más desprecio del asunto.

Acontece aquí lo contrario que en las bellas artes y literatura. Un cinedrama, sabiamente realizado, conseguido plenamente, resulta más nuevo, más insólito que un film de los llamados *sinfonía visual*[777]. Pues en aquellos —¡qué admirable trilogía cinedramática *El abanico de Lady Windermere, La viuda alegre*[778], *La dama de las camelias!*— han de vencerse muy serias dificultades para que provoquen, antes que cualquier otra, una emoción peculiarmente cinegráfica, bien por lo trivial del tema, por su acción escasa, difícil visualización de elementos mediocres y en exceso literarios: el poder sugestivo de la imagen nos arranca violentamente de nuestra butaca y nos mezcla de golpe entre los personajes de la pantalla. Sentimos que aquellos fantasmas poseen un alma que nos es muy familiar: llegamos a reconocer nuestra propia alma en los dos ojos que nos miran desde un gran plano, y si realmente nos sentimos conmovidos, es porque el autor se ha conmovido él, el primero, *Si vis me flere*[779]... Esta es, aparte de la plástica y puramente visual, una de las grandes dificultades del cinedrama.

En cambio, en el *film musical* el cineasta, más que en sus propias fuerzas, cuenta con una calidad muy propia y substancial del cinema, llegando a resultar que el instrumento es muy superior al artista, le domina y llega a imponerle sus normas. Más que una creación consciente, parece luego su

---

[777] Hemos visto como, meses antes, consideró sinestésicamente *Metrópolis* una «arrebatadora sinfonía del movimiento».

[778] De nuevo, como en «Del plano fotogénico» —del que esta crítica es una especie de continuación o validación a partir de un estudio de caso—, estas películas de Erich von Stroheim y Ernst Lubitsch, respectivamente, aparecen como buques insignia del naciente arte cinematográfico para Buñuel.

[779] *Si vis me flere, dolendum est primum ipsi tibi* es una frase de Horacio que significa «Si quieres que yo llore, comienza tú también por llorar».

obra un simple juego con la luz y con las cosas. Del objetivo, no de él[780][,] emanará ese poder casi hipnótico de la imagen en movimiento, de sus ritmos acelerados o retardados, de su facultad de sorpresa — por el montaje, nuestras miradas, veloces como el pensamiento, van de la estrella al bugatti[781], del paisaje al botón de timbre, del árbol a la faz femenina templada en luz[782]. Cualquiera dotado de una cierta sensibilidad, podrá, si se lo propone, hacer algo parecido a los ensayos de Madame Dulac[783], y nadie, excepto los verdaderos artistas del silencio, llegarán a construir un film como *La dama de las camelias*[784].

El cinema cuenta hoy con un lenguaje de signos, casi perfecto. Mañana —esperemos su Mesías— tendrá ideas propias. Por el momento, se dedica a narrar lo ya contado y recontado —adaptaciones—, pero no se le puede negar, ni originalidad, ni personalidad, ni belleza. Las bellas artes son viejas, como el hombre. La bella industria, que es el cinema, no tiene por qué ajustarse a leyes que se fraguaron en muchos siglos. Se formará su historia y su estética. Por

---

[780] La coma que sigue, además de omitirse en el texto publicado, también lo está en *OL*. Sin ella la frase parece un contrasentido, pues *él* se refiere al cineasta.

[781] Referencia a la marca de automóviles Bugatti.

En *ELB* se escribe en cursiva.

[782] En *ELB* se introduce una raya, queriendo acotar la oración, cuando, como en el caso anterior, se trata de un uso anglosajón de ese signo, equivalente a los dos puntos.

[783] Germaine Dulac.

En *ELB: madame* (en cursiva).

[784] Este párrafo es una declaración de que la poeticidad del cine es compatible con la narración, por lo que puede perfectamente rastrearse en aquellas producciones destinadas al gran público. Para Buñuel, las imágenes pueden funcionar «con total independencia de la historia que narran y actúan directamente sobre los estratos sensoriales del espectador anulando los filtros de la racionalidad y permitiendo el acceso a niveles de la realidad no asequibles por las vías de conocimiento lógicas. A esa capacidad es a la que cabe referirse cuando se habla de cine poético» (Pérez Bowie, 2020, pág. 17).

el momento, no pide más que aumentar la media docena de obras con que cuenta.

Con gran discreción y arte ha evitado Fred Niblo lo que de plásticamente feo contiene la época de Margarita Gautier. Estiliza los interiores, que son perfectos de buen gusto. Indumentarias, actuales, pero con una sutil apariencia evocadora. Y a través de todo el sentimiento y carácter de la época, palpitante y vivo como un corazón.

Hasta en el detalle más insignificante se nota el deseo de *componer*[785] el campo visual. Sin él no hay buen film posible: es la gran preocupación del cineasta actual. Compone plástica y psicológicamente los interiores, el plano aproximado, las naturalezas muertas —«Dans le cinéma il n'y a pas de nature morte. Les objets ont des attitudes»[786]—. Emoción de platas y de sedas, de camelias como lágrimas, de labios y manos jóvenes. Emoción exquisita y velada como un recuerdo lejano. Porque el film entero es un puro e inefable recuerdo, y así comienza, al ser revivido por uno de sus personajes: Armando, frente al cuadro de Margarita. Efectos completamente conseguidos por el continuo empleo de gasas y objetivo *flou* en el plano aproximado[787]. En la vista general da una fotografía neta, sobresaliente entre las mejores.

El juego de grandes planos, próvido, mesurado, no llega a fatigar ni un solo instante. Combinado, muy a menudo[788], con la panorámica, nos trae, como sobre una bande-

---

[785] En *OL* y *ELB* se escribe en redonda, soslayando el énfasis del autor.

[786] Esta cita de Jean Epstein ya la incluyó en «Del plano fotogénico», aunque aquí se publica con equivocaciones y sin entrecomillar (ni cursiva): *dans le cinema il n'y a pas de nature morte. Les objets out des attitudes*. Alguna de estas erratas ha pasado a *OL* y *ELB* (aunque en esta última edición se utiliza la cursiva).

[787] Son procedimientos para conseguir una iluminación artificial y también artificiosa.

[788] Otro error tipográfico en el texto publicado: *amenudo*.

ja, en ritmos lentos[,] hasta el más escondido anhelo de los personajes. Margarita y Armando se aman por primera vez en el silencio y en la luz, y ahora, su amor resulta emocionado y discreto. Citemos un magistral empleo del *fondu enchainé*[789] en las escenas finales de la casa de campo[790]. Las de la sala de juego son menos interesantes, por más trilladas.

Es la vez que Constance Talmadge[791] nos dejó más delicada impresión. Ella y todos los intérpretes, que no representan, sino viven. «Nos parecía que ellos hacían el dictado de la vida, no como los del teatro, que no hacen sino recoger ese mismo dictado», habría dicho Ramón G. de la Serna[792]. En el fondo de sus pupilas —gran plano— acecha siempre el móvil. Sus sentimientos se traducen en actitudes, que luego el montaje combina, multiplica, analiza. No olvidemos que su creador es el mismo que hizo la carrera de cuadrigas[793] de *Ben Hur,* paradigma de montajes[794].

---

789 Véase la nota 350 en el aparato introductorio.

En el texto publicado: *renchaîne*. En *OL: renchaîné.*

790 Este recurso cinematográfico ya se citaba en «*Découpage* o segmentación cinegráfica», mostrando el interés del cineasta por esta técnica que estaba aplicando en el terreno literario.

791 Constance Alice Talmadge (1898-1973) fue una actriz estadounidense que trabajó con los principales pioneros del cine hollywoodiense, pero no en esta película. Buñuel la confunde con su hermana mayor Norma Marie (1894-1957), igualmente muy conocida en la época.

792 La imborrable huella de Ramón siguió presente en los escritos cinematográficos de Buñuel, por más que esta vez sea testimonial y sirva para subrayar de nuevo lo que debe diferenciar el cine del teatro.

En *ELB: Gómez de la Serna.*

793 En el texto publicado (y de ahí a *OL* y *ELB): cuádrigas*. En el texto publicado, además, viene una coma a continuación.

794 Comparar en términos de montaje una imagen de la tez y mirada de un personaje en un melodrama como este con el de una escena de acción como la carrera de cuadrigas de *Ben-Hur* demuestra el conocimiento que Buñuel tenía del arte de montar, solo al alcance de la madurez intelectual de los mejores analistas y conocedores del medio, hasta el punto de descubrir analogías cualitativas en dos discursos audiovisuales genéricamente opuestos.

Les darán el film mutilado, acosado por los rótulos, acompañado intermitentemente del pasodoble o de *La Traviata*. Les darán casi otro film. Pero con buena voluntad y algún algodón en los oídos, vayan, si pueden, a contemplar *La dama de las camelias,* de Fred Niblo.

Juana de Arco de Carl Dreyer

Seguramente el film más nuevo e interesante de la próxima[795] temporada cinematográfica. Basado sobre un *scénario* original, de Delteil[796], comienza en el momento en que Juana comparece ante sus jueces y termina con[797] la hoguera. Realizado a base de grandes planos, su autor emplea muy raramente, casi nunca, la vista de conjunto y aun el primer plano. Cada uno de ellos se halla compuesto con tal cuidado y arte que muchas veces llega a ser *cuadro* sin dejar de ser nunca *plano*. Excepcionales ángulos toma-vistas en violentísimos escorzos, desnivelado[798] casi siempre el aparato.

Ni uno solo de sus intérpretes se ha maquillado: en la geografía dolorosa de sus rostros —poros como pozos— resalta más la vida, la vida de carne y hueso[799]. A veces, toda la pantalla con el muro blanco de una celda, y en un

---

[795] En *OL: nueva.*

[796] Joseph Delteil (1894-1978) fue un escritor y poeta francés. Breton, Aragon y Goll —que le consideraba el Rabelais surrealista— le admiraron, pero el líder del surrealismo despreció su novela *Jeanne d'Arc,* origen del guion del film de Dreyer, que había recibido el prestigioso premio literario Femina.

[797] En *OL: en.*

[798] En *OL* y *ELB: desnivelando.*

[799] En *OL: resalta más la vida de carne y hueso.*

ángulo la frente vindicativa de un fraile, solo una frente. Pueden preverse sus tempestades con exactitud meteorológica[800]. Narices, ojos, labios que explotan como bombas, tonsuras[801], índices arrojadizos contra el pecho inocente de la Doncella[802]. Ella responde o llora o llorando se distrae como una niña, con sus dedos, con un botón, con la mosca que se posa en[803] la nariz de un fraile.

Los intérpretes hubieron de tonsurarse previamente o[804] se dejaron crecer las barbas, porque las postizas fueron ya definitivamente relegadas[805] al teatro. Y lo genial de Dreyer consiste en cómo ha sabido dirigir a sus intérpretes. En ese sentido nada parecido nos ha dado el cinema. La humanidad de los gestos desborda la pantalla y llena la sala. Todos sentimos aquella verdad en la garganta y en la médula de los huesos. ¡Antídoto contra la mordedura de las serpientes y contra el histrionismo! El juego de Jannings comparado con el del más modesto de los frailes de *Juana de Arco,* resulta tan blando como la manteca y tan teatral —no tanto— como el de Ludmilla Pitoëff[806].

---

[800] *Nota bene:* el oxímoron existente entre la exactitud aducida y la incertidumbre propia de la predicción meteorológica.

[801] *tonsura:* «Porción tonsurada de la cabeza, ordinariamente de forma circular» *(DLE).*

[802] En este texto, y en concreto en esta frase, nuestro crítico remarca, en la práctica, «el valor expresivo [...] del plano fotogénico y del *découpage* por él teorizados» *(SV,* pág. 279). Hay que añadir que esta expresividad cristaliza en imágenes de violencia sobre el cuerpo humano que ya aparecían en su obra lírica y narrativa, como los estallidos de partes y órganos del rostro (que también remiten al futuro plano inicial de *Un perro andaluz),* o el uso del adjetivo *arrojadizo,* que evoca icónicamente la mutilación del dedo de la mano.

[803] En *OL: sobre.*

[804] En *OL: y.*

[805] En *OL* y *ELB: los postizos fueron ya definitivamente relegados.*

[806] Esta es la segunda ocasión en que en el mismo número de *La Gaceta Literaria* Buñuel expresa su inquina hacia Emil Jannings (véase la nota 366).

Y la humanidad de la Doncella trasciende más de la obra de Dreyer[807] que de cualquier otra de las interpretaciones que conocemos. Todos sentíamos ganas de propinarle unos azotes para darle enseguida un dulce. Haberle quitado el postre, por su terquedad[808] infantil, por su obstinación transparente, sí; pero ¿por qué quemarla? Constelada de lágrimas, lamida por llamas, pelada al rape, sucia como una niña[809], aún cesa un momento de llorar para ver unas palomas posándose[810] en la cúpula de la iglesia. Luego, muere.

Hemos guardado una de sus lágrimas[811], que rodó hasta nosotros, en una cajita de celuloide. Lágrima inodora, insípida, transparente, gota del más acendrado[812] manantial[813].

La actriz francesa de origen ruso Ludmilla Pitoëff (1895-1951) destacó por su interpretación del papel de Juana de Arco en la obra teatral *Santa Juana* de George Bernard Shaw.

En el texto publicado: *Ludmila Pitoëf.*

807 En el texto publicado: *Drayer.*

808 En *OL: integridad.*

809 Buñuel, con un extraordinario dominio del ritmo y la narración —incluso en un ensayo como este—, construye una serie descendente de fuerza lírica, desde la potente imagen de la constelación de lágrimas hasta la más realista de la suciedad a secas.

810 En *OL* y *ELB: posarse.*

811 En *OL: lagrimitas.*

812 *acendrado:* «Puro y sin mancha ni defecto» *(DLE).*

813 Según ha sido apuntado en el estudio introductorio, este último párrafo, junto con el momento indicado del anterior, es paradigmático de como el ensayo buñueliano se tiñe a menudo de la lírica de sus poemas, aprovechando la presencia de elementos líquidos como las lágrimas, tan presentes en su producción literaria, que aquí conjuga, como lo hizo en «Me gustaría para mí», con otra voz muy buñueliana: *gota.*

Otros escritos periodísticos

Noticiario

Jean Epstein ha terminado su última producción, *La glace à trois faces*[814], adaptación —continúa la moda de las adaptaciones— de una de las narraciones que componen *La Europa galante,* de Paul Morand. Este se muestra encantado de los resultados obtenidos por el cineasta. Según el propio Epstein, su obra, si no de vanguardia, puede clasificarse entre los films de «élite». Con lo que queda establecido que jamás podrá contemplarse en España.

* * *

«Ciertamente, Jesús era hombre muy dado al trato social y no del todo desprovisto de humor.

La Biblia nos lo presenta como un invitado distinguido. Se sienta en la mesa del rico y en la del pobre, aunque él se siente aislado en su inmensa soledad. Intentó hacer llegar su mensaje a todos los hombres, sin conseguirlo. En esto reside la suprema tragedia de su vida.

Ninguna interpretación ni representación adecuada se nos dio del Salvador[815], ni en la literatura ni en el teatro.»

---

[814] *La glace à trois faces* (Jean Epstein, 1927).

[815] Es posible que la elección del apelativo tuviera que ver con Dalí, dando lugar a una reveladora referencia.

Declaraciones hechas por Chaplin a M. Barr, agregando después que la suprema ambición artística de su vida es la de realizar un film, basado sobre la *Vida de Cristo,* de Papini[816], y en la que desempeñaría el doble papel de *metteur en scène*[817] y de ¡¡protagonista!! ¿Podría nadie encarnarlo con igual humanidad, con mayor ternura, con más profunda tristeza?[818].

* * *

De todos los poetas, ¿no es el creacionista el que se halla más cerca de lo fotogénico, el de poesía más cinegráfica? Sus versos actúan por grandes planos como el cine. Cójase si no un poema, pónganse números de orden delante de cada verso y lo habremos transformado en *scénario.* Debido, sin duda, a ese *sentido fotogénico,* le han sido adjudicados 10.000 pesos a Vicente Huidobro, en un concurso de *scénarios,* celebrado no hace mucho en New-York. Aunque sabemos con certeza que no se trata de ninguna lucubración creacionista. Simplemente: un argumento basado sobre unos episodios de la biografía de *Cagliostro*[819], que es el

---

[816] *Historia de Cristo* (1921) es una obra de Giovanni Papini en la que se hace una descripción e interpretación de los distintos momentos y sucesos ocurridos durante la vida de Jesús de Nazaret. Su autor se aleja del estilo biográfico e histórico tradicional, focalizándose en la descripción del factor espiritual del personaje central del libro.

[817] En el texto publicado: *meteur en scène.*

[818] Entre las obras biográficas sobre Jesús que Buñuel quiso adaptar al cine está la de Ernest Renan, *Vida de Jesús* —de ahí quizás el error en el título atribuido a Papini, híbrido entre este y el de Renan—. Prescindiendo de que en aquella época este interés no existía, obsérvese el sarcasmo del que hace gala hacia su por entonces poco estimado Charlot. Estamos en el mismo nivel de sarcasmo que en su famosa (y no original) frase: «Soy ateo gracias a Dios», llevada esta vez a la órbita fílmica, donde nos podría estar diciendo que es cineasta gracias a Chaplin.

[819] *Cagliostro* (1934) es una novela-film del escritor chileno Vicente Huidobro, basada en las películas expresionistas alemanas. De cualquier

título del futuro film. ¡Ánimo para nuestros poetas! ¡El Gran Plano dice mejor los versos que todas las actrices! Mejor y más remunerados[820].

* * *

Cinea Cine[821] ha denunciado, en uno de sus últimos números, el origen de los cineastas más renombrados. Los americanos llegaron directamente al cine; en cambio, los europeos, los mejores, provienen casi todos de las letras, del teatro o de la pintura.

Poetas o escritores[822]:

Luis Delluc, precursor y maestro de los más puros cineastas franceses[823], Marcel L'Herbier[824], Jean Epstein, René Clair, E. A. Dupont, autor de *Variété*[825], y Lupu-

---

modo, meses más tarde parece que arremetió veladamente contra Huidobro (véase la nota 712).

820 Ya hemos aducido que este argumento fija a Buñuel en el firmamento del creacionismo, aunque esta tendencia literaria no acabó de fraguar.

821 *Cinéa* fue una revista de cine semanal y luego mensual, publicada entre 1921 y 1923, en cuyo comité de redacción estaba prácticamente la flor y nata del cine francés de la época: Delluc (director), Dulac, Epstein y Moussinac, entre otros. A partir del 15 de noviembre de 1923, se fusionó con *Ciné pour tous,* dando lugar a la nueva cabecera *Cinéa-Ciné pour tous*.

822 Según hemos visto, en su crítica de *El colegial,* publicada aproximadamente un mes antes que esta, ya hizo gala de esta capacidad de síntesis telegráfica y directa para ilustrar con ejemplos sus ideas (véase la nota 767).

823 En el texto publicado sigue un punto y coma en lugar de una más coherente coma.

824 Marcel L'Herbier (1888-1979) fue un importante director de cine francés que a su vez escribió ensayos sobre el séptimo arte. Se inició en el cine de vanguardia.

825 Ewald André Dupont (1891-1956) fue un director de cine alemán conocido principalmente por una sola película, a pesar de haber realizado más de cincuenta, *Variété* (1925), protagonizada por Emil Jannings. La

Pick[826], excelente artista, *leader* del cinema independiente alemán, casi desconocido en España.

Del teatro:

Abel Gance, Jacques Feyder[827], Ernest Lubitsch[828] y Murnau[829], discípulos de Max Reinhardt[830], y el genial autor de *Tcheia Potemkine,* Eisenstein[831], colaborador de Meyerhold[832], en Moscou.

De la pintura:

Fritz Lang, Paul Leni[833] y Cavalcanti.

Menos Butchowetzki y Stroheim, que provienen, respectivamente, de la curia y del ejército[834].

* * *

---

enorme trascendencia de *Varieté* en la historia del cine reside en sus aportaciones fotográficas, técnicas y formales, endosables no solo a Dupont, sino al ya citado director de fotografía Karl Freund.

[826] Lupu Ludwig Pick (1886-1931) fue un actor, escenógrafo, productor y director de cine alemán de origen rumano, adscrito al expresionismo.

[827] Jacques Feyder (1885-1948), director de cine y guionista belga, fue uno de los fundadores del realismo poético en el cine francés. Buñuel interpretó un pequeño papel en su película *Carmen* (1926).

[828] En el texto publicado: *Lubitz.*

[829] Friedrich Wilhelm Murnau (1888-1931) fue uno de los máximos representantes del expresionismo alemán y uno de los directores de cine más importantes de la historia. Son películas emblemáticas suyas, entre otras, *Nosferatu, el vampiro* (1922), *El último* (1924) y, ya en Estados Unidos, donde emigró, *Amanecer* (1927).

[830] Véase la nota 368 en el aparato introductorio.

En el texto publicado: *Reinhart.*

[831] Se refiere a su film *El acorazado Potemkin.*

En el texto publicado: *Einsestein.*

[832] Vsévolod Emílievich Meyerhold (1874-1940), director escénico, actor y teórico ruso, fue el impulsor de la biomecánica teatral, que inspiró a artistas y directores de cine como Eisenstein, quien empleó en sus películas actores que trabajaban según la tradición de Meyerhold.

En el texto publicado: *Meyerholf.*

[833] Paul Leni (1885-1929) fue un director de cine alemán, miembro destacado del movimiento expresionista.

[834] Dimitri Buchowetzki (1885-1932), director, guionista y actor ruso, desarrolló su carrera principalmente en Alemania y Estados Unidos

Se halla próxima a su fin la realización de *La Pasión y Muerte de Juana de Arco*[835], un *scénario,* original de José Delteil. Juana, ante sus jueces, y Juana, en la hoguera: las dos partes de que se compone el film.

El danés Carl Dreyer, uno de los espíritus jóvenes de más acusada personalidad con que cuenta el cinema mundial, realiza el plan de Delteil en los estudios de Billancourt[836], de París.

La colaboración resulta de excepcional importancia. Hemos de hablar de ello en un próximo artículo[837], ya que dicha obra, por su concepción, por su originalidad y novísima técnica, está llamada a ser una de las más bellas y mejor conseguidas del moderno repertorio cinegráfico.

* * *

Blaise Cendrars realiza, o va a realizar, un film, su primer film, cuya acción se resuelve en el Brasil. No se trata de *L'Or*[838], como se dijo al principio, sino de un argumento concebido especialmente para el cine[839]. Sin que se conoz-

---

sin demasiado relieve artístico ni comercial. Sabemos que Stroheim estudió en la Academia Militar de Viena, y nos fiamos de Buñuel para presumir una carrera religiosa de Buchowetzki antes de dedicarse al cine.

835 Que acabó titulándose *La Passion de Jeanne d'Arc*, de la que Buñuel hizo la crítica.

836 Los estudios cinematográficos de Billancourt se fundaron en 1922 y cerraron setenta años más tarde. Allí se rodaron películas como *Napoleón* o *La pasión de Juana de Arco,* por citar algunas de las que protagonizan los escritos cinematográficos de Buñuel.

En el texto publicado: *Billaucourt*.

837 Lo hizo diez meses después en la misma revista con la crítica de *La pasión de Juana de Arco* de Dreyer.

838 *El oro* fue la primera novela de Blaise Cendrars, publicada en 1925.

839 En los archivos de la Biblioteca Nacional suiza aparecen una serie de proyectos cinematográficos del escritor francés, entre ellos: «Projet d'un grand film de propagande consacré au Brésil», 1924-1926, 12 hojas (Christine Le Quellec Cottier, «L'impossible générique de fin: Blaise Cendrars et le cinéma», *Archipel,* núm. 34, 2011, pág. 18).

can bien las razones, ha fracasado antes en varios intentos de filmación. Porque esta afición suya por el cinema va quedando ya vieja, para ser fecunda. Cendrars comenzó a iniciarse en el séptimo arte juntamente con Epstein, en 1919, cuando Abel Gance realizaba su célebre *Roue*[840]. Los dos fueron ayudantes del gran cineasta francés[841]. Y desde entonces... Cendrars debía, al menos, haberse hecho acompañar de una cámara y darnos luego el documental de sus meridianos viajes. Desde luego, hubiera sido mucho mejor que el pobre film de André Gide, sobre su reciente excursión al África ecuatorial, y que muy bien pudiera titularse *El turista y su Kodak o la falta de sentido cinegráfico*[842].

* * *

En *Cinegraphie*[843]: «Había penetrado en el Casino de París, en donde cada noche gentes de corto espíritu aplauden una escalera de oropel, con flores de trapo. Ewald[844] André Dupont trabajaba ahora en la sala, y, por primera vez, reinaba allí la inteligencia...

---

840 *La Roue* (1923) es probablemente la más célebre de las películas de Abel Gance después de *Napoleón*, donde experimentó con pioneros procedimientos técnicos.

841 Esta afirmación fortalece su respeto hacia el cine de Gance anterior a *Napoleón*.

842 Se refiere al documental *Viaje al Congo* (1927), realizado por Marc Allégret, y basado en el libro del mismo título de André Gide, que fue también coguionista (con Allégret). Posteriormente, Buñuel y Gide entablaron una corta relación para llevar a la gran pantalla una novela de este, *Los sótanos del Vaticano* (1914), proyecto que fracasó.

En el texto publicado: *Kódack*.

843 La revista mensual *Cinégraphie et photographie* (en el diseño de su cabecera destacaba sobre todo *Cinégraphie*, que tenía un cuerpo de letra superior en cinco o seis veces más al resto del título) estaba dirigida por el futuro cineasta Jean Dréville. Tuvo un corto recorrido: los años 1927 y 1928.

844 En el texto publicado: *Edval*.

... Dupont se expresa todo él por las manos. ¡Qué de creación, qué de ritmo, qué de sensualidad en aquellas manos buidas[845], ondulantes, plásticas! Debía de hacerse un film con las manos de Dupont, como único personaje: traducirían con su mímica alucinante el más recóndito matiz del *scénario*. No he interviuvado a Dupont. ¿Hubiera podido decirme algo que sus manos no me hayan dicho ya? ...».

Tres meses lleva Dupont gesticulando en el Casino de París, y, según él mismo ha dicho, este film, *tejido con sus manos,* contará entre sus mejores.

---

845 *buida:* 'estriada'.
En el texto publicado: *buídas*.

La próxima sesión: lo cómico en el cinema

A mi juicio, el mejor y más interesante programa del Cineclub es este. Parece que se le debía haber ocurrido a mucha gente, y está, sin embargo, inédito. Ese sería el programa de cine más representativo del cine mismo y más puro que todas las tentativas de vanguardia que se han hecho. Para la minoría y para la mayoría, para los no podridos de trascendencia y de arte. Los mejores poemas que ha hecho el cine. Solo el hecho de ver pasar por la pantalla a Ben Turpin[846], el bizco, o a Harry Langdon[847], es ya el colmo de la alegría[848] y de la esterilización[849]. Claro que a esos seis films[850], de dos

---

[846] Ben Turpin (1869-1940), actor cómico estadounidense, fue conocido por su trabajo en el cine mudo y muy admirado por los vanguardistas. Tenía una apariencia distintiva, con una constitución enjuta, un gran mostacho y ojos bizcos.

[847] Harry Langdon (1884-1944) fue uno de los mejores actores de comedia de la época muda del cine.

[848] En *OL* (y de ahí a *ELB)* se introduce una coma.

[849] Este breve texto se publica en pleno rodaje de *Un perro andaluz,* por lo que la referencia a la esterilización es una prolongación de lo expresado en esta película sobre el cine antiputrefacto a través, según hemos explicado en el estudio introductorio, de la imagen del cuadro *La encajera* de Vermeer rodeado de utensilios quirúrgicos.

[850] En *OL: a esos films.* Suponemos que con la supresión del número *seis* se evitaba una confusión lectora, ya que al final fueron proyectados los nueve títulos listados anteriormente.

partes, y[851] muy seleccionados, se podrían agregar uno, en dos partes, de Charlot, y otro, en dos partes, de Buster. Pero sin darles supremacía sobre los otros, e intercalados al azar entre ellos. Charlot de hace diez años podía proporcionarnos una gran alegría poética. Hoy, ya no puede competir con Harry Langdon. Los intelectuales del mundo lo han estropeado, y por eso, ahora intenta hacernos[852] llorar con los más vivos lugares comunes del sentimiento. Suarès[853] fue el único que, hace ya algunos años, se atrevió a hablar del «corazón innoble de Chaplin». Se podrá ver que ese programa sería un éxito casi internacional. (Yo hablaría aquí en *Cahiers d'Art* y en *Du Cinéma*[854], que es la mejor revista de cine francesa.)

Nada de europeo: americano todo. Nada de orquesta: gramófono o pianola. Nada de films largos: una o dos partes.

Creo que esa sesión va a ser algo definitivo, y cosa absurda *no se ha hecho aún en ningún Cineclub ni cine ordinario del mundo*. La gente es tan idiota[855], y tiene tantos prejui-

---

[851] En el texto publicado: *Claro que a eseis films, de dos partes, y Claro que a esos seis films, de dos partes, y* [sic]. Estos errores de impresión, como también el de la siguiente nota, eran muy comunes en las revistas de la época.

[852] En el texto publicado: *hacer nos*.

[853] En el texto publicado: *Suáres,* error que ya aparecía en «*La dama de las camelias*».

[854] *Du cinéma,* embrión de la famosa *Cahiers du Cinéma,* fue una revista mensual de cine fundada por Jean George Auriol en 1928, que un año más tarde se denominó *La Revue du cinéma*. Tuvo como colaboradores a André Gide, Marcel Aymé, Robert Aron y Jacques Brunius, entre otros.

[855] En el siguiente número de *La Gaceta Literaria* (núm. 57, 1 de mayo de 1929, pág. 1), se vuelve a informar, esta vez más sinópticamente, de la sesión del 4 de mayo: después del anuncio del programa del evento, se repiten, bajo el epígrafe *Unas palabras de Luis Buñuel* (destacado en negrita), las tres primeras frases de este párrafo (sustituyendo el íncipit «Creo que esa sesión [...]» por «Esa sesión [...]»), con dos cambios hiperbólicos meramente publicitarios consistentes en escribir en mayús-

cios, que creen que *Fausto*[856] y *Potemkine*[857], etc., son superiores a esas bufonerías, que no son tales, y que yo les llamaría la nueva poesía. La equivalente surrealista, en cinema, se encuentra únicamente en esos films. Mucho más surrealistas que los de Man Ray[858]. Preguntad a los cineclubistas jóvenes, a los Buhigas[859], etc., y veréis como esperan y ansían esa representación[860].

culas donde antes había cursivas: «NO SE HA HECHO AÚN EN NINGÚN CINECLUB NI CINE ORDINARIO DEL MUNDO» y el adverbio «ÚNICAMENTE» de la frase subsiguiente. Pero el cambio más elocuente respecto del texto publicado en el número anterior es la sustitución de *idiota* por *absurda,* dato que sugiere que Buñuel fue de alguna manera censurado, seguramente a indicación de algún lector o representante de la revista.

856 *Fausto* (1926), de Murnau.

857 Véase la nota 738.

858 «Man Ray, cineasta, no me gusta; demasiado artístico», le dijo a Max Aub (2020, pág. 290). Buñuel no solo se posiciona claramente aquí por un cine surrealista compuesto por el *slapstick* estadounidense, sino que expresamente relega aquellas obras pretendidamente experimentales que forzaban la técnica como signo identitario de su vanguardismo. Nuestro ensayista siempre manifestó su abominación hacia la «elocuencia cinematográfica barata» en general (Pérez Turrent y De la Colina, 1993, pág. 41).

859 Sabemos poca cosa de este tal Buhigas, excepto que se refiriese al diplomático español Diego Buigas de Dalmau y Ortuño (1905-1960), a quien Lorca le dedicó el romance «San Miguel (Granada)» del *Romancero gitano*.

860 Luego del texto, y después de una separación de tres asteriscos centrados, se puede leer: «En esta sesión recitará poemas a los Cómicos del Cinema, *Rafael Alberti*».

Comentarios a los textos

Una traición incalificable

Este cuento es el primer texto publicado de Buñuel. Lo fue en la revista *Vltra,* núm. 23, 1 de febrero de 1922. El título esconde ya al tema del desdoblamiento, dada su polisemia: lo incalificable puede significar 'ofensivo' o 'no categorizable'. Destaca asimismo la capacidad del autor para generar imágenes muy en línea con el credo de la literatura ultraísta, con un uso recurrente de greguerías, cuya presencia deviene a menudo abrumadora, aunque líricamente muy edificante.

Instrumentación

Publicado en *Horizonte,* núm. 2, 30 de noviembre de 1922 (cuarta página [las páginas no iban numeradas]), es un tributo a las greguerías de Gómez de la Serna, que posee destellos de una inusitada imaginería que va más allá de la del madrileño. Concha Méndez afirmó que se lo pasaba a limpio cada vez que lo corregía (Aub, 2020, pág. 510), lo que demuestra que Buñuel no era un literato desidioso, por más que le costase escribir (véase la nota 21 en el aparato introductorio). Es de los pocos textos de su obra literaria a los que alude en sus memorias, aunque le cambia el nombre por «Orquestación» *(MUS,* pág. 95) —que debió de ser el primer título del poema—, como también le cambió el apellido un error de impresión de *Horizonte,* pues aparece firmado por Luis Buñelu [sic].

El anclaje del texto en el ramonismo y el ultraísmo se demuestra también por el hecho de que los instrumentos se definen más en función de su sonoridad que de su forma visual, según ha observado Agraz (2020, págs. 311-312), por boca de quien asimismo sabemos que la ordenación de los instrumentos responde a su habitual ubicación en una orquesta sinfónica: primero los de cuerda, luego los de viento-madera, a los que Buñuel antepone las arpas y el xilófono, para terminar con los de percusión (pág. 314).

En el texto publicado, los nombres de los instrumentos están escritos en mayúsculas.

Suburbios

Cuento publicado en *Horizonte,* núm. 4, enero de 1923 (novena página [en esta revista, las páginas no iban numeradas, y este número no indicaba si era el correspondiente al día 15 o 30 del mes, como sí se hacía en los números anteriores, lo cual es un síntoma de su inminente desaparición]). En él se hilvanan una serie de metáforas gregueristicas que articulan un relato caracterizado por un trasfondo de denuncia social de la situación derivada del crecimiento de la ciudad. Esta actitud despertará de nuevo con la metrópoli como protagonista, veintisiete años más tarde en *Los olvidados,* film que retrata una capital mexicana que en la década de 1940 se asemejaba, desde el punto de vista de la estructura social urbana, a la España de los veinte. Como en la película, «Buñuel hace del sector marginal popular, no de los obreros, el protagonista» (Fernández Utrera, 2016, pág. 111, refiriéndose a la cinta).

Tragedias inadvertidas como temas de un teatro novísimo

Esta prosa híbrida en términos de género, que empieza como un ensayo sobre el teatro para tomar derroteros de microrrelato plagado de greguerías, y de influencia futurista, fue publicada en *Alfar,* núm. 26, febrero de 1923. Como hemos propuesto en el estudio introductorio, parece inspirada tanto por el prólogo de Apollinaire a *Les mamelles de Tirésias* como por el de Yvan Goll a *Mathusalem.* De ahí que su interés teórico, a pesar de lo que se ha dicho, tenga poco de novedoso respecto al espíritu renovador de la teoría teatral que recorría Francia en esa época.

Acerca del título, es interesante comprobar el uso polisémico de *tragedias,* que no solo apunta a que la situación de las tablas eran una calamidad, sino que alude al género dramático, una de cuyas cimas llevó a su terreno unos años más tarde en *Hamlet.*

EL CIEGO DE LAS TORTUGAS

Cuento publicado en *Los Ciegos. Revista Tyflófila Hispanoamericana,* núm. 64, marzo de 1923, págs. 12-13; publicación mensual en la que colaboraban algunos representantes del ultraísmo. No se incluyó en *OL. GB* lo dio a conocer con curiosas variantes que anotamos al pie, y una adaptación de la estructura dialogada del relato que afecta básicamente a la organización de los párrafos. La versión publicada en *ELB* no es la misma que *GB,* sino que se basa en la fuente, aun cuando por momentos adapta la puntuación. Hemos intentado mantener los signos ortográficos excepto cuando se trata de un error manifiesto que trasgrede las reglas.

La coincidencia de fechas de composición con «Suburbios» evidencia una unidad temática que se corresponde con una de sus preocupaciones intelectuales y artísticas del momento.

POR QUÉ NO USO RELOJ

Cuento publicado en *Alfar,* núm. 29, mayo de 1923, pero fechado, junto a la firma de su autor, en abril de ese año. Martínez Herranz ha sabido captar la intencionalidad cómica del relato, a partir de la cual Buñuel jugó con la reputación y teorías de Einstein para plantear al lector «el reto que suponía la ruptura con las convenciones del Espacio y Tiempo, adjudicándole a este último cualidades maleables. Mediante la conversación del narrador con el Tiempo, Buñuel propone dos etapas distintas: "Antes de la invención de los relojes" cuando su existencia era flexible y libre, y "Desde entonces acá", es decir, después de la construcción de los relojes, el momento a partir del que la vivencia del

Tiempo se había convertido en algo medido, controlado y opresor» (2018, pág. 254).

Roof considera que se inspira directamente de «El hombre que no podía dar cuerda al reloj» de Gómez de la Serna (1994a, pág. 355). Pero donde reside su principal interés es en la relación hipertextual que mantiene con los relojes flácidos de Dalí, dos manifestaciones que se enmarcan en la nueva concepción del tiempo derivada de las teorías de Einstein, que había sido conferenciante en la Residencia de Estudiantes en marzo de 1923: «Un Tiempo más flexible y de conflictivas interferencias con el Espacio» *(SV,* pág. 252).

Teorema

Escrito *ca.* 1925. Monegal y Sánchez Vidal coinciden en el marcado rasgo ultraísta del poema, que deja atrás el ramonismo de la obra anterior. Ambos se fijan en el fidedigno seguimiento por Buñuel del concepto de metáfora de Epstein, a saber: un teorema en el que se pasa directamente, sin intermediario, de la hipótesis a la conclusión (Monegal, 1993, pág. 34), que retomó al pie de la letra Guillermo de Torre, y que «lleva a cabo Buñuel al ampliar hasta la hipertrofia el plano intermedio de la imagen» *(SV,* pág. 252). En esta línea, el teórico y director de cine Louis Delluc, de notable ascendencia sobre Epstein, fue el autor de la fórmula según la cual «una buena película es un buen teorema»[1].

Lucille y sus tres peces

Compuesto *ca.* 1925. Se trata de un texto que constituye ante todo una imagen, la del rostro de una mujer visitado alternativamente por tres peces. Esta minificción exuda pura técnica cinematográfica. Se presenta al lector como un primer plano vanguar-

---

[1] Citado por Léon Moussinac, *L'Âge ingrat du cinéma,* París, Les Éditeurs français réunis, 1967 [1946], pág. 261

dista: el rostro de Lucille Love —personaje del cine mudo que interpretó Grace Cunard, que era por quien realmente sentía inclinación Buñuel (véase la nota 717)— surcado por tres peces, que recuerda poderosamente los primeros planos del rostro de la protagonista de la ya citada cinta *Cœur fidèle,* Gina Manès —cuyos rasgos físicos eran muy parejos a los de Cunard, y que nació un día antes que ella, en el año 1893—, superponiéndose con imágenes del Mediterráneo. Buñuel corrobora así el estatuto iconográfico de los peces en su lírica.

Diluvio

Compuesto *ca.* 1925-1926, es una particular versión buñueliana del diluvio universal, motivo de larga tradición romántica. El tono y los recursos formales son similares al poema «Nocturnos» de Juan Larrea *(Grecia,* núm. XXVIII, 30 de septiembre de 1919, pág. 2), aunque su título coincida con el que el poeta bilbaíno publicó unos días más tarde en la misma revista (núm. XXIX, 12 de octubre de 1919, pág. 16). No obstante, a pesar de esa concordancia, no solo el tono es muy distinto *(SV,* pág. 254), sino que el uso que en él se hace de la línea poética diseminada y otros derroches de disposición del verso, no interesaron nunca a Buñuel, cuya fuerza iconográfica prorrumpía de la asociación léxica, de lo cual esta composición es un estupendo muestrario.

El poema no puede encasillarse todavía de pleno en el surrealismo, aun cuando su impronta empieza a hacerse sentir, especialmente en la parte final, con la consolidación de un onirismo que, presente en textos anteriores, se instalará casi a perpetuidad en la obra escrita de Buñuel.

Ramuneta en la playa

Prosa compuesta *ca.* 1926. Si hubiéramos de estructurar la lírica de Buñuel de conformidad con sus composiciones, esta sería la oda. Aun cuando el tema no es directamente el deporte, sí que está presente en un momento marcado todavía por los aires futuristas. Pero es asimismo un canto al cuerpo de su protagonista, la figuerense Ramoneta Montsalvatge, amiga de Salvador Dalí a quien Buñuel conoció durante su estancia en Cadaqués y que, por lo visto, encandiló al grupo de amigos de la Residencia de Estudiantes *(BLD,* pág. 111).

HAMLET

Compuesto *ca.* 1926-1927 con la colaboración de Pepín Bello. Hemos reproducido la única copia mecanuscrita existente hasta la fecha (con alguna nota manuscrita que hemos señalado) que se encuentra en el Archivo Aranda de Filmoteca Española (ARA/16/24), y a la que nos hemos referido con el acrónimo *ARA*. En nota al pie únicamente hemos indicado las variantes significativas, pues el documento está plagado de errores de acentuación y algunas omisiones de puntuación (básicamente en las frases exclamativas e interrogativas) a pesar de que Buñuel los subsanó en parte tildando algunas vocales —a veces, para mayor inri, equivocadamente— y añadiendo los signos de puntuación de su puño y letra. De sus ediciones, la más fidedigna es la de *GB* (que tomó la de *ARA).*

Hamlet fue representada en el Café Select de París por un reparto totalmente masculino formado por un grupo de amigos de los autores, entre los que se contaban Francisco García Lorca, Augusto Centeno, Joaquín Peinado, Francisco Bores, Hernando Viñes, José Mari Uzelai y el propio Buñuel en el papel de Hamlet. El que los personajes femeninos fueran interpretados por hombres no deja de ser un anecdótico contrapunto a las primeras andaduras cinematográficas del príncipe danés, que fue interpretado por primera vez por Sarah Bernhardt en 1900. Pepín Bello le comentó a Muñoz-Alonso que la primera versión de *Hamlet* no era muy diferente de la que se conservó y que la escribieron él y Buñuel en un café madrileño (presumimos que se trata del Café Castilla) imitando más o menos humorísticamente las técnicas surrealistas (2003, pág. 41). De esta declaración se deduce que Buñuel debió retocar el texto elaborado entre ambos para su representación en el Select. Lo que no podemos certificar es que las enmiendas del mecanuscrito de *ARA* se correspondan con las que se deducen de las declaraciones de Bello.

Me gustaría para mí

Poema compuesto *ca.* 1927. Existe una copia mecanuscrita corregida a mano por Buñuel (reproducida en *ELB)* que es la que hemos transcrito.

Destaca por la densidad de figuras retóricas y poéticas, como la anáfora, la epífora y la combinación de ambas: la complexión. Monegal sugiere que ello es debido a la influencia de Dalí, dado que la recurrencia a la repetición de palabras para colocar al lector «en relaciones alternativas que van desplazando su sentido» es un recurso propio del de Figueras (1993, pág. 52). No existen los elementos objetivos suficientes como para acertar hasta qué punto se trata de una ascendencia daliniana, o viceversa, aunque por lo aducido en la Introducción, el flujo influenciador pudiera ir en la dirección contraria a la propuesta por Monegal.

«Polisoir» milagroso

Compuesto *ca.* 1927. Aranda ve influjos de Vicente Huidobro (1974, págs. 55-56), pero las metáforas de este poema son más propias del surrealismo, pues son metáforas truncadas, en las que no hay relación entre las palabras, sino sustitución de unas por otras, hasta el punto de que es muy difícil saber claramente los términos de las comparaciones. *Polisoir* —que significa 'pulidor'— está involuntariamente castellanizado, pues lleva dos eses en francés (se trata de una falta ortográfica). Buñuel lo utiliza, aquí y en «Palacio de hielo», como 'instrumento de manicura para pulir las uñas' —significado que replicará meses más tarde en el film *Un perro andaluz,* tomando la forma de un afilador de la navaja de afeitar con la que se secciona el ojo—. Cada párrafo alude a un elemento específico del cuerpo humano. Mientras el primero se ubica en la sangre, el segundo y el tercero se fijan en los dedos y la cabeza respectivamente.

No me parece ni bien ni mal

Compuesto *ca.* 1927. Díaz de Guereñu encuentra parentescos formales entre este poema y los de Larrea, a saber: «sigue una lógica sintáctica intachable, reforzada con repeticiones y que sustenta y encadena la irracionalidad de las imágenes», llegando a afirmar que las diferencias entre ambos son las de sus mundos personales (2000, pág. 133). Uno de los componentes del mundo personal de Buñuel fue su pánico a las gallinas —animal protagónico de su producción literaria y fílmica—, aquí traducido al temor que producen sus ojos en el yo lírico (v. 4). Mas esto es pura anécdota al lado de la extraordinaria evocación de la conexión entre Eros y Tánatos presente en cada línea, en un marco espacial constituido por la degradación de elementos naturales que excitan sexualmente. De igual modo, el motivo ocular (ojos, observación, mirada) encuentra aquí sus diferentes manifestaciones en un itinerario poemático y simétrico que va desde la situación en que el sujeto lírico es el observado hasta ser el que observa: de ser observado por unos ojos «incestuosos y pegajosos como un coito» a mirar «bestias que copulan». Todo ello aderezado retóricamente con el uso poético de la anáfora y bajo la sombra de la muerte y la putrefacción. Un limbo donde se oponen la vida (copulación, coito, nacimiento) y la muerte (patíbulo, buitres, muerte), el bien y el mal, tal cual preludia el título del poema.

Al meternos en el lecho

Compuesto *ca.* 1927. Aranda destaca nuevos paralelismos con la poesía de Juan Larrea (1974, pág. 56), lo que nos ha llevado a optar por la supresión de cualquier rastro de puntuación.

Bacanal

En el aparato textual hemos presentado la versión mecanuscrita del poema retocada por Buñuel, publicada en *ELB* y distinta de la de *La Gaceta Literaria* (véase el Apéndice I). Esta versión no datada, que Gibson considera la primitiva (2013, pág. 310), tiene menos ingredientes irracionales que la publicada, debido a lo cual, independientemente de que tantos años más tarde Buñuel la prefiriese, no sería nada desencaminado pensar que fue él mismo quien introdujo los cambios y que no se trató de una cuestión de paginación de la revista como insinúa Sánchez Vidal *(SV,* pág. 268). A propósito, este autor advierte un interesante doble sentido en el título: como orgía y como canal de carne, de donde parte la primera estrofa (el carnero y el vientre de mujer a tanto el quilo), el martirio de San Bartolomé como res sacrificada (segunda estrofa) y, en el campo semántico de *bacanal,* la *carne de mora* y el *culo de bayadera* de la tercera *(ibíd.).*

Si integramos a los animales dentro del *reino de las cosas,* es decir, de todo aquello deshumanizado, de inicio, en los tres primeros versos, asistimos a la cosificación de la mujer, que se realiza a través del acto de fijar una cantidad monetaria (no tiene por qué ser un precio) escasamente superior a la del carnero. Pero mucho más sugerente es, en este principio, la emergencia del campo semántico vinculado a la muerte y al teriomorfismo, que se concretará en la figura del fauno de la estrofa siguiente. De esta forma, en la primera estrofa se nos presenta un esbozo comercial del fauno: el carnero se asocia mercantilmente a la mujer, anunciando la figura de esta divinidad representada con las piernas de cabra. Y hay otro elemento anunciador interesante en el carnero: san Bartolomé no solo es el patrón de aquellos que trabajan las pieles, fabrican o usan cuero, entre otros oficios, sino que fue martirizado, como lo son también los carneros destinados a su sacrificio y despiece para, entre otros menesteres, destinar sus pelajes a la comercialización.

En relación con los resortes estilísticos, el poema se estructura en una sucesión de repeticiones de palabras y fonemas que generan una acumulación sonora que ritma los versos.

Así como en la versión publicada en *La Gaceta Literaria* hay una aplicación reflexionada de los signos de puntuación, aquí solo encontramos el punto final del poema. Asimismo, el espacio entre estrofas desaparece en la versión publicada, sin duda por razones de composición de la página de la revista.

Composición contenida en la carta a Pepín Bello de 10 de febrero de 1929 y que fue publicada en versión francesa en el primer número de la revista vanguardista *Ellebore* (1979), suponemos que por indicación de Buñuel (aunque no sabemos si la tradujo él). Como destaca Monegal, en este texto es donde más se nota la influencia del Benjamin Péret del poemario *El gran juego* (1993, pág. 63). No obstante, sin desdeñar este influjo —que los estudiosos suelen ceñir a dicho libro de poemas, pero que se extiende a las obras anteriores de Péret desde *Le Passager du Transatlantique* (1921)—, el poema sincretiza la mayoría de las características que rocían la lírica buñueliana, desde la greguería ramoniana hasta la irracionalidad y automatismo surrealistas. Desde un enfoque pragmático, González Ángel observa con justeza que, a pesar de que aquí no se repiten ninguno de los objetos o acciones de *Un perro andaluz*, «la tensa convivencia que tienen las imágenes en el texto, como en el filme, empujan a reproducir el segundo en la mente de forma simultánea a la lectura del primero. Al finalizar el poema, no solo se han procesado las complicadas relaciones que en él se establecen, sino que, a la vez, se recuperan aquellas similares que aparecen en la película y que, conteniendo el sello indiscutible de Buñuel, remiten unas a otras» (2017, págs. 91-92).

En otro orden de ideas, Arias hace notar que las preguntas planteadas en el poema, en una enumeración a primera vista caótica, «encubren algunos de los grandes temas que el surrealismo quería poner en primer plano: la libertad, el amor, la hipocresía social, la represión y, como indica el final, la capacidad de reacción de quien no ha sido apresado por ese falso orden social» (2013, págs. 440-441). Hablando de encubrimientos, es interesante el uso (y no uso) de la puntuación, donde la ausencia de puntos finales se corresponde antagónicamente con la presencia obligada de signos de interrogación, generando una tensión entre la servidumbre gramatical de las preguntas, sometidas a la puntuación, frente a las respuestas, liberadas de tal sujeción, que produce un contraste estético (tipográfico) digno de ser señalado. Si bien se puede contrarrestar esta hipótesis con el argumento de que se trata de un uso desgalichado como el que parece imperar en la escena ortográfica con las tildes (y que hemos glosado en nota al pie), no es menos cierto que sorprende que, a la hora de acentuar, el poeta pase de la pulcritud al desaliño sin solución de continuidad. Verbigracia: *Y estas preguntas, ¿son tambien fáciles?* (v. 12); *¿Sería descortes [...]?* (v. 17). ¿No será que estas faltas son parte del *estilo* buñueliano? Conforme al terreno especulativo en el que nos movemos y a que se trata de cuestión secundaria, hemos optado por la salomónica decisión de adaptar la ortografía y mantener la puntuación.

Pájaro de angustia

Publicado, junto con «Palacio de hielo», en la página 5 del núm. 4 de la revista *helix,* mayo de 1929. Monegal, que lo considera el mejor poema de Buñuel, destaca la serie de metáforas que lo conforman y que se incorporan a «un mismo discurso sobre el deseo, que corresponde con una de las preocupaciones típicas del surrealismo y recorre la totalidad de la producción buñueliana» (1993, pág. 66). Por su parte, Sánchez Vidal enfatiza la calidad e intensidad de su escritura, llegándolo a comparar con Aleixandre y con el Lorca de *Llanto por Ignacio Sánchez Mejías* o *Poeta en Nueva York (SV,* pág. 271). Con todo, mientras el primero vincula acertadamente su apreciación a la influencia del Péret más surrealista, el segundo, sorprendentemente, relaciona sus cualidades a una bajada de guardia en su estética surrealista.

Historia decente – Historia indecente

Microrrelato incluido en la carta que desde París su autor envió a Pepín Bello el 14 de febrero de 1928, pudiéndose escribir a finales de 1927 (año de composición indicado en *OL).* Esta prosa, con elementos de cuento fantástico, está revestida de un toque lorquiano, claramente paródico *(BLD,* pág. 173), lo que la aleja del marchamo surrealista que tienen otras microficciones escritas por esa misma fecha. Existen dos versiones: la publicada en *OL,* donde el título era «Una historia decente» (con artículo), que pasó sin cambios a *ELB,* y la final de *BLD,* que publicamos aquí. Consta de dos relatos, «Historia decente» y su particular coda final —según acertada expresión de Arias (2013, pág. 435)— «Historia indecente».

Esta iba en la misma carta y a renglón seguido del anterior, debido a lo cual debe ser fechado en 1928, aunque probablemente se compuso en 1927. En casi todas las ediciones en que se ha publicado aparece integrado en «Historia decente», que se divide así en dos partes, lo que presumimos era la intención de Buñuel: que la historia *indecente* fuese un epílogo a la *decente.* Andres Suárez los edita como dos ejemplos de hiperbrevedad narrativa sin ningún elemento ortotipográfico que los vincule (2012, págs. 151-152), a diferencia de lo que ocurre en *OL* (donde el título de este segundo microrrelato va en minúscula a diferencia del de «Historia decente») y en *ELB* (aquí el cuerpo de letra del título, a pesar de mantener la mayúscula, es notablemente inferior). Darío Hernández los publica siguiendo la pauta de *OL* (2016, págs. 75-76). En *BLD,* los títulos de ambos microrrelatos tienen el mismo cuerpo de letra y están escritos en mayúsculas.

En cualquier caso, lo incontestable es que Buñuel irrumpe con un díptico con el que lleva el miniaturismo narrativo poco más o menos que a su límite. Ródenas de Moya ilustra el vínculo entre sus dos partes cuando califica «Historia indecente» como una «pepita incrustada» en «Historia decente» (2008, pág. 111). Con todo, el hecho de que «Historia indecente», como se ha dicho, sea un texto inconcluso, abona la idea de que cada uno aglutina los componentes identitarios necesarios para ser abordados, si se quiere, como dos relatos autónomos dentro de la narrativa microficcional de su autor.

En cuanto a su simbología, ambos son excelentes ejemplos del Buñuel más crudo, sarcástico y directo. Desde este ángulo, Zingarini arguye que las protagonistas de ambas pueden leerse como una referencia a la generación del 27 (Carmencita) que no quiere o no sabe convertirse en adulta porque está condicionada por la generación del 14, y a la vanguardia irreverente y extrema (Mariquita) de la que Buñuel es portavoz al incitar a la poesía española a convertirse en adulta (2000, pág. 118). Otra lectura, mejor armada que la anterior, es la de Ródenas de Moya, que las considera una «cáustica reprobación del culto español a la virginidad a costa de la ignorancia y el oscurantismo» (2008, pág. 111). Más atractiva es su trascendencia fantástica, que comparten con *«Ménage à trois».*

«Cavalleria rusticana»

Poema en prosa compuesto *ca.* 1927. La elección del título podría deberse a las conexiones existentes con el argumento de la ópera del mismo título, que ahora sería excesivo reseñar, si bien merece la pena traer a colación las siguientes palabras de Buñuel: «He sido un fanático de la ópera italiana. Yo tenía un libro maravilloso, que he perdido, con los argumentos de unas cuatrocientas óperas. Excelentes argumentos, melodramáticos, fuertes, de pura acción» (Pérez Turrent y De la Colina, 1993, pág. 112). Otra posibilidad la encontramos dos años más tarde del de su composición, en el número 31 de *L'Amic de les Arts,* donde se publicó la entrevista de Dalí a Buñuel y el caligrama de Pepín Bello «El ateneísta». En él aparece una nota informativa, precisamente al lado del poema de Bello, sobre la representación de una selección de *Cavalleria rusticana* en el Gaumont Palace de París. Todo parece apuntar a una casualidad, aunque no sería descabellado pensar que Buñuel modificó el título de su poema después de leer esta noticia, o que fue compuesto en fecha posterior a la indicada (téngase en cuenta que las fechas de los escritos de Buñuel no suelen estar validadas por ningún apunte, solo por la memoria de su autor, y que, a mayor abundamiento en el caso que nos ocupa, el texto presenta rasgos plenamente surrealistas). No es esta la única sombra sobre su datación: Roof especula con que pudo componerse a principios de 1928 —y nada impide que lo fuese incluso más tarde, una vez Buñuel leyó el susodicho número de *L'Amic de les Arts,* de 31 de marzo de 1929—, cuando fue contratado como asistente de dirección de Jean Epstein en *El hundimiento de la casa Usher,* con la que esta prosa comparte la extraña relación fraternal y una muerte poco natural en el marco de una misteriosa y aislada mansión. Además de participar de esta atmósfera inquietante, el hilo narrativo sigue bastante fielmente el del cuento de Poe: ambas historias se resuelven en torno a la muerte de una frágil protagonista femenina a manos de su hermano gemelo, y ambas terminan cuando ese hermano, atormentado por la pérdida de la mujer, sufre un inquietante deceso (Roof, 1992, pág. 38). Corrobora esta idea la metáfora final del cirio derritiéndose, que remite al incendio de la mansión de los Usher con el que finaliza la película.

OL y *ELB* adaptaron la voz italiana *cavalleria* al castellano *(caballería),* lo que no deja de ser un trabajo a medias, ya que, puestos a traducir, se podría haber optado por *Nobleza rústica,* que es el título español de la ópera de Pietro Mascagni. De ahí que la opción más coherente, atendiendo a la hipertextualidad existente con esta pieza musical, sea la de mantener el título primario.

No nos cabe ninguna duda, por los motivos bosquejados al tratar de esta edición, de que este escrito iba destinado al poemario *El perro andaluz.* Ciertamente, *«Cavalleria rusticana»* parece por momentos la historia que dio lugar al film del mismo título por la concordancia de motivos, acontecimientos y planteamientos: «la doncella que hila [tema recurrente de todo el cine buñueliano] junto al ventanal; la repentina conciencia de que alguien se acerca por el exterior para romper el monótono e inflexible paso del tiempo; el descubrimiento de que esa llegada *desde el exterior* no soluciona nada, etc.» (Talens, 2010, pág. 108), sin olvidar, por encima de todo, la relación entre los personajes de ambas producciones. En cualquier caso, Buñuel nos ofrece aquí la que, por descontado, es una de sus creaciones literarias más radicales y sombrías, que transita en varias direcciones a la vez, lo que la convierte en la quitaesencia de su lírica.

«Ménage à trois»

Compuesto *ca.* 1927. Aun así, respecto de su datación hay que aclarar que la presencia de los ecos de Edgar A. Poe, adaptado en el mismo año por Jean Epstein en *El hundimiento de la casa Usher* —película en la que Buñuel, conforme ha sido anotado, participó como ayudante de dirección—, nos lleva a sospechar que se compuso durante la producción y rodaje de ese film, esto es, entre febrero y mayo de 1928, aunque el proceso de producción tuvo que iniciarse meses antes. De suerte que, si realmente Buñuel escribió *«Ménage à trois»* en 1927, debió ser a finales de ese año. Tal experimentación con el cine del realizador galo tuvo que ser, pues, la causa del protagonismo prácticamente exclusivo que cobran las imágenes *(SV,* pág. 259), y de que el eje Eros-Tánatos sobre el que pivota nos traslade irremediablemente al aliento tenebroso y fúnebre de otras composiciones de Poe.

En lo retórico, el uso de la concatenación de sustantivos y preposiciones que salpica las oraciones produce una distorsión en la imagen generada similar al de la utilización de procedimientos fílmicos como el ralentí. En *El hundimiento de la casa Usher,* Epstein utilizó esta por él tan apreciada técnica en los planos de Lady Madeleine, dando lugar a un efecto de progresión por encadenamiento de imágenes que insuflaba un extraordinario onirismo.

Noticias de Hollywood

Publicado en *La Gaceta Literaria,* núm. 43, 1 de octubre de 1928, pág. 2. No viene firmado, pero todo apunta —el tono, el registro y el hecho de que fuese el responsable de la página de cine de esta revista— que Buñuel es el autor de estas notas, que representan la irrupción de la microficción en un contexto dedicado a la información y opinión cinematográficas.

Redentora

Versión publicada, bajo la rúbrica *Poemas,* junto con «Bacanal», en *La Gaceta Literaria,* núm. 50, 15 de enero de 1929, pág. 2. Sánchez Vidal afirma que es la que, cuando preparaba *OL,* Buñuel seguía considerando la definitiva. Según este autor, existirían dos versiones, además de esta: la primera versión mecanuscrita, que es la que aportamos en el Apéndice I (que, con la variante citada en la nota 379, es la de *OL)* y una segunda versión con correcciones manuscritas *(SV,* pág. 267). De acuerdo con lo anotado al texto, no descartamos la existencia de otras versiones (véase la nota 379). Al igual que el resto de las composiciones de su periodo surrealista, es un microrrelato portador de una lírica innovadora en España, caracterizada por el onirismo y la captación de movimientos acelerados o vertiginosos, donde se dan la mano su precisión prolija y su mordacidad y anticlericalismo (Morris, 2000, pág. 69). El motivo del incesto «tensa todo el texto con una serie de oposiciones reflejo del deseo-represión: claustro/jardín, nieve/amapola, invierno/primavera, mastín/paloma, negro (fraile)/blanco (hermana)» *(SV,* pág. 267). Motivo a su vez tensionado por su relación con el religioso, que emerge desde el título, según ocurre en otros textos del periodo surrealista, como «No hay Dios» o «La descomunal batalla de las catedrales y las vagonetas».

No hay Dios

Este poema en prosa, en versión distinta a la que presentamos en el aparato textual, se publicó como «Olor de santidad» en *La Gaceta Literaria,* núm. 51, 1 de febrero de 1929, pág. 2 (véase el Apéndice I). De todo el corpus literario de Buñuel, este es el texto, junto con «Redentora», que más problemas textuales presenta dadas las variantes existentes en las diferentes versiones conocidas. La versión que hemos incluido en el apartado textual se corresponde con el mecanuscrito corregido a mano por su autor *(ELB).* También coincide bastante con la de *OL,* si bien esta última presenta alguna variante de calado y elide la oración que cierra el relato —la más irracional de la composición—, que sí aparece en todas las demás. Una omisión a todas luces achacable a un desliz en la edición. De lo anterior se infiere que hay dos versiones previas a la aparecida en *La Gaceta Literaria,* aunque podría haber más.

De todas las variantes, la más llamativa es el título, que en el manuscrito es, correjido a mano, «No hay Dios», por más que Sánchez Vidal testimonia que este fue «a su vez tachado para volver, esta vez de manera definitiva, a *Olor de santidad*» *(SV,* pág. 269). Pudiera ser que se refiriese al documento que se encuentra en la Fundación Max Aub, y en el que, con tinta azul, se escribió de nuevo el título «Olor de santidad». Ahora, no es ni letra de Buñuel ni de Aub, por lo cual nos inclinamos esta vez por la opción elegida por García Buñuel, que consideró como título final «No hay Dios». Sea como fuere, hagamos hincapié en el interés del título publicado en *La Gaceta Literaria,* ya que el olor de santidad remite a la incorruptibilidad cadavérica y la consiguiente osmogenesia —la liberación de aroma agradable y suave registrada del cuerpo mortal de algunos santos o de los sepulcros donde yacen sus reliquias—, cuestión que debía interesar altamente a Buñuel por contradecir la idea de putrefacción, y que podría aludir a una personal beatificación del sujeto lírico que, al final, muere.

Como está siendo habitual, particular atención merece el empleo de los signos de puntuación. Este es el caso más peliagudo de tratar, dada la anarquía en su uso. No hay criterio alguno: el poeta sigue la regla común en unos casos y no en otros. Hemos preferido mantener el uso que se hizo en la versión corregida a mano, pues, de haberlo querido enmendar, Buñuel lo hubiese hecho tal cual hizo con el contenido del texto.

Palacio de hielo

Publicado en *helix,* núm. 4, mayo de 1929, pág. 5, junto con «Pájaro de angustia». En carta dirigida a Pepín Bello, de enero de 1929, lo tituló «Mojigatería» y contiene las variantes que hemos anotado (algunas derivadas de ser un borrador del escrito finalmente publicado). En este poema hay asombrosas correspondencias con «Estilo del fantasma» de Pablo de Rokha, publicado en 1916 en la revista chilena *Selva Lírica,* que hacen que el chileno —cuya obra tuvo que conocer por mediación previsiblemente de Huidobro— engrose en la nómina de ascendientes buñuelianos. El título bien pudiera ser una referencia, con intencionalidad irracionalizante, al centro de ocio Palacio de Hielo y del Automóvil de Madrid, ya sea porque Buñuel lo frecuentaba (estaba cerca del Hotel Palace, al que asistía con asiduidad), ya sea por su popularidad (su publicidad estaba muy presente en algunas de las revistas de la época, como ocurre con el número de *Los Ciegos. Revista Tyflófila Hispanoamericana* donde publicó en 1923 el cuento «El ciego de las tortugas»).

En relación con las ediciones anteriores, hay que destacar que en *ELB* se sustituye la mayúscula por la cursiva en los sintagmas así redactados. Asimismo, es desconcertante observar la versión publicada en la selección que Jesús García Gállego realizó en *Litoral* (núms. 174-175-176, 1987, pág. 279), donde no se respeta la puntuación del texto de *helix.*

[¡¡¡Descansen en paz los taparrabos!!!]

Titulado «Proyecto de cuento» en *OL* y *ELB,* este boceto de relato corto se encuentra contenido en la carta enviada desde París a Pepín Bello y datada el 17 de febrero de 1929, donde leemos:

> También te incluyo [...] un fragmento de un cuento magnífico muy largo que hice hace poco y que incluyo en el libro [*El perro andaluz*]. Estoy seguro de que te entusiasmará: es infinitamente mejor y sobrepasa en mucho la intención de *Hamlet*»; para, a renglón seguido y después de deshacerse en elogios hacia Benjamin Péret, continuar: «Me da pereza escribir ahora mi fragmento de cuento. Prefiero, además, que lo leas íntegramente. Dentro de veinte días saldrá el libro, que te enviaré a vuelta de correo. Ya verás que, fuera modestia (además no tiene mérito, porque no hice más que transcribir lo que iba viendo), es algo estupendo. Se trata de una *soirée* que doy en mi casa [Buñuel reproduce aquí el proyecto de texto que nos ocupa] ¡¡¡DESCANSEN EN PAZ LOS TAPARRABOS!!!
>
> Con esta frasc termina el cuento, que es su título. Habrás visto en qué estado se encontraba la inmunda carroña del cardenal porque *ya ni los pobres la querían*. Con las cosas que me pasan con *los catedráticos* te mearás de risa, como me meé yo al hacerlo. El poema que te envié últimamente estaba hecho sobre unas frases de ese cuento» [Podría referirse a «Mojigatería» o a «El arco iris y la cataplasma». «Historia decente – Historia indecente» iba en una carta de un año antes].

Aranda indica que este cuento representa la obsesión de Buñuel por la muerte y la descomposición carnal (1974, pág. 54), a lo que hay que añadir que es igualmente un croquis de algunas de las imágenes que anidan en su filmografía, muy especialmente en la adaptación de *Tristana* de Galdós.

Hemos transcrito la versión que aparece en *BLD* y que presenta variantes respecto de las publicadas en *OL* y *ELB,* sobre todo con relación a la puntuación del primer párrafo, cuyo uso estas ediciones modernizan, y que no hemos referido para no atestar el ya bastante saturado texto de notas al pie.

Una jirafa

Texto revisado por Pierre Unik y publicado originariamente en francés en *Le Surréalisme au service de la révolution,* núm. 6, 15 de mayo de 1933, págs. 34-36. Es la consagración literaria de

Buñuel en el movimiento surrealista —la cinematográfica hacía ya cuatro años que la alcanzó— dado el carácter de tribuna oficial del mismo que tenía la publicación que acogió por primera vez esta prosa. Seguramente por ello es su creación literaria más comúnmente reconocida. Según Laurence Benaïm, fue Breton quien insistió a Buñuel para que escribiera el texto[2].

En cuanto a la elección del título, reseñar que la jirafa es uno de los protagonistas del bestiario daliniano, hasta el punto de que una figura del animal custodia el sepulcro de Gala en el castillo de Púbol.

Mención especial merece el poema «A Ricardo Corazón de León» de la mancha quinta. Buñuel afirmó que escribió dos versiones. La primera se la envió a Dalí cuando le escribía «de París a Cadaqués» —eso es más o menos entre 1927 y principios de 1929— y la aumentó «un año antes» de la redacción de «Una jirafa», «cuando hacía aquellas cosas de *Letra abierta, Carta abierta a Pepín*» [sic] (Aub, 2020, págs. 517-518)[3], es decir —teniendo en cuenta los *lapsus* memorísticos en que habitualmente incurría—, en 1932 o, más probable aún, 1933. Esto valida nuestra suposición de que se trata de una composición destinada inicialmente a *El perro andaluz*, que luego fue modificada, dando lugar a un poema cuyos registro y tono son más consonantes con los cuentos que escribió entre 1933 y 1935, un periodo caracterizado por la homogeneidad surrealista de sus creaciones y donde la irracionalidad va un peldaño más allá de las candidatas a formar parte de aquel poemario que, además, carecen de la dimensión reaccionaria y contestataria presente por momentos en «A Ricardo Corazón de León».

La agradable consigna de Santa Huesca

Cuento inconcluso. Si bien en su momento Sánchez Vidal indicó que fue compuesto en 1927 *(SV,* pág. 255), años más tarde establece finales de 1932 o principios de 1933 como fecha

---

[2] *Marie Laure de Noailles. La vicomtesse du bizarre,* París, Grasset, 2001, pág. 248.

[3] Véase el último párrafo del comentario a «[Querido Pepín]».

de redacción del cuento juntamente con Pepín Bello (1991a, pág. 212), lo que es más plausible, aunque podría haberse terminado más tarde. Cierto, el 30 de enero de 1933, Bello le escribe a Buñuel: «El trozo de carne asada duerme debajo de un olivo junto a la carretera de San Feliu a San Guíxols, tapada con un periódico y bajo una lápida que dice: "Las normas"». A lo que Buñuel, en carta con membrete del Café Select de París fechada en febrero de ese mismo año, le contesta: «No estoy conforme con la lápida para el trozo de carne. Está bien enterrada bajo el olivo, envuelta en el periódico. Pero "Las Normas" es solo un epitafio para Año Nuevo. El resto del año debe decir [...]», y escribe el texto para la inscripción de la lápida con el que termina el cuento, pero, a diferencia de todas las versiones publicadas, feminiza a los maristas, que devienen *las maristas,* lo que —además de ser coherente con uno de los títulos primitivos de *Un perro andaluz, La marista en la ballesta*— remite directamente al motivo del desconcierto identitario imperante en su obra. Sin embargo, nuestra tesis, expuesta ya, de que el trozo de carne quemada remite a los sucesos ocurridos en Casas Viejas entre el 10 y el 12 de enero de 1933, apunta a que la mayor parte del texto se redactó en enero, y su parte final, referida a la inscripción, se definió en febrero. Aun así, en la edición que conocemos no hay referencia alguna a un olivo, de lo que se infiere que el cuento debió afinarse y terminarse posteriormente hasta llegar a la versión que hoy publicamos, y que, *in absentia* de original, consideramos la última siguiendo la lógica cronológica expuesta. Lo mismo ocurre con la disposición del texto y el uso de las mayúsculas y/o las cursivas en algunas partes del cuento: cada versión tiene su peculiaridad, debido a lo cual nos hemos regido por la de *BLD,* que Sánchez Vidal cotejó con el original conservado por Pepín Bello. Por consiguiente, lo que parece claro es que tanto este cuento como «Una jirafa» fueron escritos aproximadamente en la misma época, lo cual no debe llamarnos la atención, pues ambos son dos de las manifestaciones más claras de la literatura surrealista de Luis Buñuel, precisamente en un momento en el que únicamente podía trasladar negro sobre blanco la creatividad irracional que años antes había vertido en el cine y que el escándalo producido por *La edad de oro* le truncó.

Como si sus autores perteneciesen al elenco de personajes de la primera escena de *Don Juan Tenorio,* el proceso de redacción se pergeñó en el madrileño Café Castilla, tal cual explica Sánchez Vidal: «en mesas separadas, frente a frente, y se ponían a escribir de forma automática sobre un tema dado (en este caso el *carnuzo).* Luego intercambiaban ideas. Como me ha contado Pepín, veía en su mesa a Luis que no podía contener la risa mientras emborronaba las cuartillas» *(BLD,* pág. 253).

Sobre el contenido del cuento, queremos recordar que Huesca es la ciudad natal de Bello. Estamos ante un relato sincrético, que aúna la mayoría de los temas y distorsiones sintagmáticas que salpicaban los textos escritos hasta la fecha, sobresaliendo la dialéctica entre mutilación (separar lo unido) y *collage* (unir lo separado) que tiñe toda la narración (Sánchez Vidal, 1984a, pág. 112). Más aún, su estructura y ritmo se basan en la repetición de determinados elementos, como el ciprés, el gobernador o la lápida (Arias, 2013, pág. 436). Todo ello lo convierte en un ejemplo de depurada narrativa surrealista, lo que ratificaría la hipótesis de haber sido redactado entrados ya los años treinta y de que estuviese alimentado por las ideas de Bello, presente, en segundo plano, en aquellos textos claramente surrealistas, como *Hamlet,* a los que este se acerca en bastantes aspectos. El propio título es un ejemplo de ruptura estructural, pues puede reducirse a cualquier tipo de oración mínima, sin ningún efecto retórico, pero con una total anarquía semántica. Sobre el particular, se ha vinculado el título con la «Oda al Santísimo Sacramento del altar» (1928) de Lorca *(BLD,* pág. 253).

Por otra parte, las cuartillas del Café Castilla donde se redactó el cuento van seguidas de otra página con idéntico membrete en la que, con letra de Bello, está apuntado un teléfono —según parece, de Rafael Alberti— y la dirección de Luis Buñuel, además de un dibujo *(BLD,* pág. 255). En ella el de Calanda anotó las siguientes ideas para el posterior desarrollo y conclusión del relato:

Un trozo de carne asada:

— se embadurna continuamente
— roe las patas de las mesas [tachado]
— se va al conejar y monta a las conejas
— los días de toros se encierra y no pone los pies ni en el sagrario

— le gusta disfrazarse [tachado]
— es masculino
— odia al ejército
— aunque habla mal de los curas solo va con ellos
— adora emular a los niños [tachado]
— no sale casi nunca porque le atropellarán [tachado] continuamente
— le encantaría ser invitado a comer

La descomunal batalla de las catedrales y las vagonetas

Continuación coherente de «La agradable consigna de Santa Huesca», es la menos conocida de las producciones literarias de Luis Buñuel, pues no solo no fue dada a conocer por Sánchez Vidal hasta *BLD* a partir de la documentación de Pepín Bello, sino que tampoco fue recogida en *ELB*. Es un cuento compuesto en torno a octubre de 1933 con la más que probable complicidad del oscense, pero, como en el cuento anterior, la huella de este es más inspirativa que otra cosa. Formaba parte de otra carta.

El título tiene palmarias reverberaciones quijotescas, pues la expresión *descomunal batalla* la utiliza Cervantes en los epígrafes de los capítulos XXXVI de la Primera Parte *(Que trata de la brava y descomunal batalla que don Quijote tuvo con unos cueros de vino tinto, con otros raros sucesos que en la venta le sucedieron)* y LVI de la Segunda *(De la descomunal y nunca vista batalla que pasó entre don Quijote de la Mancha y el lacayo Tosilos en la defensa de la hija de la dueña doña Rodríguez)* de su *opus magnum*. Asimismo, la alegoría tiene una dimensión mítica —David contra Goliat— que la empareja con la que Melchor Fernández Almagro identificó en la lucha entre la navaja y el máuser (arma, esta última, aludida por Buñuel en «No hay Dios») presente en el *Romancero Gitano* de García Lorca y a través de la cual el fuenterino emparentaba el antagonismo entre gitanos y guardias civiles («Federico García Lorca: *Romancero gitano*», *Revista de Occidente,* núm. 63, 1928, págs. 373-378). A este respecto, existe un claro juego paronomástico entre *vagonetas* y *bayonetas,* el arma blanca que se acopla a la boca del fusil que nos transfiere hipotextualmente al final de «Palacio de hielo», transferencia que se reproduce con la referencia, nada más empezar, a san Valero, obispo de Zaragoza (siglo IV) y su patrón. San Valero es protagonista de «[Querido Pepín]».

[Querido Pepín]

Cuento compuesto, como indica la datación de la misiva, en 1935 o semanas antes (lo recalcamos porque en diferentes ediciones fue datado en 1927). Siempre ha sido publicado con el título «Carta a Pepín Bello en el día de San Valero», lo que es inexacto, pues la festividad del santo se celebra el 29 de enero y no el 2 de febrero, mal que la fecha de la epístola no tiene que coincidir con la de su composición. Sin embargo, José Francisco Aranda afirma que esta carta es una contestación a la de felicitación de Bello por el día de San Valero (1975, pág. 343), pudiendo ser esta la razón de haberla titulado de esa manera en *OL* (en el libro de Aranda se titula escuetamente «Carta»). En *BLD* se dedica un apartado al texto (págs. 259-261), pero en ningún caso se hace referencia a él por esa denominación (ni por ninguna otra), por lo cual sospechamos que el título que aparece en *OL* no debió ser consensuado entre Buñuel y Sánchez Vidal. Tampoco lo menta Gibson (2013, pág. 819).

Hay que considerarlo un texto inacabado por lo expuesto en la Introducción, pero no es un boceto como ocurre con «[¡¡¡Descansen en paz los taparrabos!!!]». Existe un mecanuscrito que tenía en su poder García Buñuel, que se reproduce parcialmente en *ELB* (pág. 71) y que hemos seguido en lo relativo a esa parte.

Clarificado esto, queremos puntualizar que podría ser que la idea que tuviese en mente Buñuel fuera la de agrupar estos cuentos y otros textos que encontramos en su correspondencia bajo una rúbrica donde Pepín Bello apareciese como destinatario o interlocutor del narrador. Esta conjetura es fruto de su ya citada respuesta a Max Aub cuando este le preguntó sobre la fecha de composición del poema «A Ricardo Corazón de León». En concreto, le dijo que lo había escrito cuando «hacía aquellas cosas de *Letra abierta, Carta abierta a Pepín*» (Aub, 2020, pág. 518). No sabemos a qué «cosas» se refiere, pero todo parece señalar a que algunos de sus escritos contenían el nombre de Bello en el título.

Una noche en el Studio des Ursulines

Publicado en *La Gaceta Literaria,* núm. 2, 15 de enero de1927, pág. 6, y fechado al final, después de la firma del autor, «París, diciembre 1926». El Studio des Ursulines acogió el estreno de *Un perro andaluz* el 6 de junio de 1929.

Del plano fotogénico

Publicado en *La Gaceta Literaria,* núm. 7, 1 de abril 1927, pág. 6. Su temática abraza una categoría primordial del incipiente análisis fílmico de la época: la fotogenia, de la cual este texto es una excelente y educativa presentación. Este didactismo lo diferencia claramente de los ensayos de su mentor en estas lides, Jean Epstein, mucho más filosófico a la hora de abordar su aproximación al naciente séptimo arte.

Variaciones sobre Menjou

La versión que hemos incluido en el aparato textual es la publicada por primera vez en francés en el suplemento «feuilles volantes» de *Cahiers d'Art,* 1 de mayo de 1928, pág. 14, con el título «Variations sur Menjou». Gibson informa que en realidad «se trata del "número cero" o adelanto de la revista —antes el suplemento *Feuilles Volantes* de *Cahiers d'Art*— que no se llegó a publicar como estaba previsto aquel septiembre [de 1927]» (2013, pág. 813). Aparece a continuación de un texto de Vicente Huidobro sobre el actor cómico Harry Langdon, con el que formaba la sección «Figures de l'écran» y que después también se publicó, juntamente con la crítica que hizo Buñuel de *La pasión de Juana de Arco,* en el núm. 43 de *La Gaceta Literaria* (1 de octubre de 1928).

Este ensayo fue adaptado, ligeramente ampliado y publicado más tarde en *La Gaceta Literaria,* núm. 35, 1 de junio de 1928, pág. 4, con el título «Variaciones sobre el bigote de Menjou» (que incluimos en el Apéndice I y que es la versión que se incluyó en *OL* y *ELB*).

Hemos traducido de nuevo el texto, de manera que el lector pueda compararlo con la versión publicada en *La Gaceta,* con independencia de que esta fuese supervisada, e incluso directamente traducida y adaptada, con toda certeza, por Buñuel. De este modo hemos evitado tener que indicar en nota al pie las divergencias de traducción existentes, que pueden identificarse con la lectura confrontada de ambas versiones, bien que las más significativas se anotan en la versión apendicular. Por el contrario, hemos anotado aquellas divergencias que existen respecto del texto español, ya que se trata de correcciones que Buñuel hizo de la versión francesa.

Ya sabemos que Menjou fue protagonista de la primera crónica de «Noticias de Hollywood». Buñuel siguió refiriéndose a él en su más que interesante epistolario con Pepín Bello: «Cuando decimos que el bigote de Menjou —le dice al oscense en la misiva de 17 de febrero de 1929— hace tal y cual cosa decimos más verdad que cuando vemos un torpedo último modelo y hablamos de la velocidad que puede desarrollar [...] verdaderamente el bigote de Menjou se desplaza mejor en el espacio que un 50 caballos». O sea, el mostacho del actor estadounidense encarnaba, mejor que ningún otro objeto, la modernidad contemporánea en el cine y, según parece, también fuera de él.

«DÉCOUPAGE» O SEGMENTACIÓN CINEGRÁFICA

Publicado en *La Gaceta Literaria,* núm. 43, 1 de octubre de 1928, pág. 1, es sin duda el ensayo cinematográfico más importante de Buñuel. En él desarrolla la idea de *découpage,* vital en su concepción de la puesta en escena cinematográfica.

En el texto publicado, y en *OL* y *ELB, découpage* va entrecomillado y en redonda; y solo en el publicado va sin tilde: *decoupage.* A este propósito, estamos ante un texto paradigmático del caos ortotipográfico en el mundo editorial de la época, como demuestra la libérrima aplicación de las cursivas o los entrecomillados en el uso metalingüístico de los vocablos, que hemos unificado con la cursiva.

Nuestros poetas y el cine

Publicado en *La Gaceta Literaria,* núm. 43, 1 de octubre de 1928, pág. 6. Destaca por el tono sarcástico de Buñuel, que aprovecha la tribuna de este número especial de la revista dedicado al séptimo arte para arremeter contra las ideas despectivas de las generaciones del 98 y del 14 hacia el cine *(SV,* pág. 279). Con todo, se trata de una crítica de tono tibio, evitando así faltar a un poeta de la altura de Antonio Machado, a quien se dirige a través de sus líneas.

«Metrópolis»

Crítica publicada en *La Gaceta Literaria,* núm. 9, 1 de mayo de 1927, pág. 6. *Metrópolis* fue uno de los primeros films de ciencia ficción, dirigido en 1926 por el alemán Fritz Lang con guion de su entonces esposa Thea von Harbou.

«Napoleón», por Abel Gance

Crítica publicada en *Cahiers d'Art* («feuilles volantes», sección «Le cinématographe»), núm. 3, 1927 *(ca.* mayo), pág. 3, con el título «Napoléon, par Abel Gance». *Napoleón* es el film emblemático de Abel Gance por su aproximación narrativa y sus innovaciones técnicas. Buñuel visionó la versión de cinco horas estrenada en abril de 1927 en París *(SV,* pág. 276).

En *OL* y *ELB* se publicó una versión recortada del artículo, donde faltan varios párrafos, sin que lleguemos a comprender la razón (véase el Apéndice I). Todo apunta a que se trata de una adaptación hecha por Buñuel a la hora de preparar la edición de *OL,* adaptando el texto y eliminando aquellas partes cuya actualidad había perdido vigencia (véanse las notas 747, 749 y 757). Ahora bien, no tiene mucho sentido haberlo hecho en esta crítica y no en otras; pero no alcanzamos a encontrar otra explicación. La traducción de las partes inéditas es nuestra.

«El destino de la carne» (por Victor Fleming)

Crítica publicada en *Cahiers d'Art* («feuilles volantes», sección «Cinématographe» [en números anteriores «Le cinématographe»]), núm. 10, 1927 *(ca.* noviembre), pág. 6, con el título «Quand la chair succombe (par Victor Flemming [sic])». Las ediciones de la obra literaria de Buñuel se han empeñado en traducir el título de la película, *The way of all flesh,* por *Cuando la carne sucumbe,* es decir, haciéndolo literalmente del francés, cuando, a decir verdad, se estrenó en España con el que indicamos. La película se produjo en 1927. Hemos corregido, cuando correspondía, la traducción de *OL,* que pasó a *ELB.*

«El colegial» (por Buster Keaton)

Esta crítica se publicó en *Cahiers d'Art* («feuilles volantes», sección «Cinématographe»), núm. 10, 1927 *(ca.* noviembre), págs. 6-7, con el título «Sportif par amour (par Buster Keaton)», y a continuación de la anterior, ofreciendo así al lector un díptico buñueliano sobre lo bueno y lo malo en el cine. La película en cuestión es *College* (James W. Horne, 1927). Aquí ocurre lo mismo que con la crítica anterior: las ediciones han traducido el título francés, cuando en España se tituló *El colegial.* Hemos corregido, cuando correspondía, la traducción de *OL,* que también pasó a *ELB.*

«La dama de las camelias»

Crítica de la película *Camille* (Fred Niblo, 1926) publicada en *La Gaceta Literaria,* núm. 24, 15 de diciembre de 1927, pág. 4. La obra es una adaptación de la novela de Alejandro Dumas hijo, *La dama de las camelias*. Fred Niblo (1874-1948) fue un director muy admirado por los cineastas europeos de las primeras décadas del siglo xx, que dirigió, entre otros, éxitos de público y crítica como *Sangre y arena* (1922) y *Ben-Hur* (1925). El título de su estreno en España no fue el que encabeza la crítica, sino *Margarita Gautier*.

«Juana de Arco» de Carl Dreyer

Crítica publicada en *La Gaceta Literaria,* núm. 43, 1 de octubre de 1928, pág. 3. *La pasión de Juana de Arco,* título español del film que Carl Th. Dreyer rodó en 1928, es considerada una de las cimas de la historia del cine. La película está casi enteramente compuesta de primeros planos de los rostros de los actores.

En el texto publicado, a diferencia de otras críticas, se entrecomilla el título de la película. En *OL* se introduce una coma después del título, mientras que en *ELB* la autoría va entre paréntesis.

Noticiario

Publicado en *La Gaceta Literaria,* núm. 24, 15 de diciembre de 1927, pág. 5. Estas notas sueltas no vienen firmadas, pero es incuestionable que pertenecen a Buñuel, habida cuenta de su cargo como responsable de la página de cine de la revista y el contenido de lo que escribe, donde surgen preocupaciones buñuelianas presentes en textos sobre el cine por él firmados. Este es su principal interés, pues confirma algunas ideas muy vagas de nuestro autor, aquí cronista, sobre el cine y sus protagonistas, que había desarrollado o desarrollará en el futuro.

No se incluyó en *OL* ni en *ELB.*

Se trata del único noticiario publicado por Buñuel, pese a que en el núm. 27 de *La Gaceta Literaria* (1 de febrero de 1928), una breve nota titulada «LUIS BUÑUEL, EN MADRID» rezaba: «Acaba de llegar de París nuestro querido camarada y director de Cinema Luis Buñuel. En otro número nos contará sus más vivas noticias» (pág. 3). No hay ni rastro, al menos firmado, de tal colaboración.

La próxima sesión: lo cómico en el cinema

Publicado en *La Gaceta Literaria,* núm. 56, 15 de abril de 1929, pág. 1. Este texto, que anuncia la sesión del Cineclub Español de 4 de mayo, es la manifestación buñueliana de un hecho común en los miembros de la generación del 27: su pasión por el cine cómico estadounidense de los inicios de Hollywood (el *slapstick),* representado por actores (algunos a su vez directores) como Charles Chaplin, Buster Keaton, Harry Langdon, Ben Turpin o Harold Lloyd. En la sesión del Cineclub se proyectaron, en dos partes, los siguientes cortometrajes: *Robinet nihilista* (con Marcel Pérez), *Tancredo, cherif* (con Tancredo), *El torero* (con Clyde Cook), *Las novias de Ben Turpin* (con Ben Turpin), *Harold, policía* (con Harold Lloyd), *Charlot en la granja* (con Charles Chaplin), *El navegante* (con Buster Keaton), *Los apuros de un papá* (con Gleen Tryon) y *Los primeros pantalones* (con Harry Langdon). En el descanso Rafael Alberti realizó un «Recital de poemas a los cómicos del cine». Todo ello según el programa publicado en el número siguiente de la revista.

El texto incluye la siguiente frase introductoria antes de la presentación de Buñuel: «*El gran norte del Cineclub, Luis Buñuel, escribe a propósito de esta próxima sesión:*».

Apéndices

Apéndice I: Variantes

Redentora[1]

Me hallaba en el jardín nevado de un convento. Desde un claustro próximo me contemplaba curiosamente un monje de San Benito que tenía sujeto por una cadena un gran mastín rojo. Sentí que el fraile quería lanzarlo contra mí por lo que lleno de temor me puse a danzar sobre la nieve. Primero suavemente. Luego, a medida que crecía el odio en los ojos de mi espectador, con furia, como un loco, como un poseído. Toda mi sangre afluía a la cabeza cegándome en rojo los ojos, de un rojo idéntico al del mastín. Terminó por desaparecer el fraile y por fundirse la nieve. Por entre los trigos bañados en luz primaveral venía ahora vestida de blanco mi hermana, trayéndome una paloma de amor en sus manos alzadas. Era justo medio día, el momento en que todos los sacerdotes de la tierra levantan la hostia sobre los trigos.

Recibí a mi hermana con los brazos abiertos, plenamente liberado, en medio de un silencio blanco y augusto de hostia.

---

[1] Según hemos manifestado, «Redentora» es uno de los escritos de Buñuel con más problemas textuales. Esta es la versión que, con las variantes que ya han sido anotadas en la publicada por *La Gaceta Literaria,* se incluyó en *OL* y que parecería responder a la primera versión mecanográfica allí apuntada *(SV,* pág. 267).

Bacanal[2]

Carnero de 125 pesetas,
rizado abundoso, manual como el vientre
de la mujer de 150 pesetas;
los panes que come el pobre
pueden amasarse de ese vientre
y cocerse con fuego de pulgares.
Cuando cruzamos los pulgares para formar un aspa
se renueva el martirio de San Bartolomé,
que, como se supo después, era un diablo
o un fauno
que se reía de la cruz.
Al morir se lo comieron unas hormigas de oro,
de carne de mora,
de culo de bayadera.
San Bartolomé y el fauno danzaban
cuando las piedras salían disparadas de la tierra
como besos tirados con la punta de los dedos.
De la tumba de San Bartolomé sale una espiga de bronce
por cada beso que pudo y no quiso robar.

---

[2] Versión publicada, a renglón seguido de «Redentora», en *La Gaceta Literaria,* núm. 50, 15 de enero de 1929, pág. 2.

Olor de santidad[3]

Alguien me dio un empujón fatal. Comencé a deslizarme a una velocidad vertiginosa por un tobogán vertiginoso. Acelerado matemáticamente. Interplanetariamente. Tendido en los 45°, con la sensación de haberme convertido en uno de esos tornillos que sueltan las estrellas precipitados a un millón de vueltas por segundo. Todo vorágine, vueltas, siseos, gritos, flechazos, estómago en garganta, hurras de muchedumbre, gloria, suspensión, temor, frío.

¡Que me estrello! ¡Que me estrello!

Pero nunca llegaba el final de mi caída. Cada vez me sentía más desenfrenado tobogán dentro del tobogán.

Vueltas de peonza de enésima magnitud.

Descenso de columna de termómetro.

Frío de millones de estrellas perforando mi nariz.

La gravitación era tan exagerada que me eché a reír.

¡Hala! ¡Hala! —gritaba la muchedumbre por momentos más enfurecida.

Los siglos se hacían segundos en aquel tobogán rayado como un máuser.

Cuando ya desesperaba de encontrar reposo, produjose una terrible explosión como cuando estalla el planeta Saturno en un tranvía lleno de gente.

Sentí de pronto una languidez ecuatorial. Un manto de armiño puesto amorosamente sobre los hombros. Un sosegarse de

---

[3] Esta es la versión de «No hay Dios» publicada en *La Gaceta Literaria,* núm. 51, 1 de febrero de 1929, pág. 2.

todas mis vísceras, hasta entonces con los pelos de punta. Una somnolencia. Una mano o un ala que se posaba en mi frente. Y una voz eterna que decía: «Ya puedes morir».

Y sentí la entrada de la muerte, de mi muerte, que era como la primera sonrisa de un niño.

Variaciones sobre el bigote de Menjou[4]

De todos los fantasmas de carne y hueso de la pantalla, parecía ser Menjou el de mayores consonancias entre su vida privada y ese reflejo de vida quintaesenciada[5] que es el film[6]. Al contemplarlo en cualquiera de esas realidades, veíamos en Menjou el más extraordinario Menjou de[7] cuantos nos pueda dar el arte, la literatura o el cine. En una palabra: Menjou era el más Menjou de todos los Menjou. Y por esta sola razón, por haber creado ese tipo tan integralmente, no tan abarrotado de literatura, pero mucho más fotogénico que Don Juan, sentíamos nuestra admiración desbordarse entera hacia él. ¿Quién ignora, además, que, como las sirenas en el canto, su gran fuerza menjouquesca[8] irradia de su bigote, ese genial bigote negro[9] de los films?

Es tópico afirmar que los ojos son el mejor vehículo para llegar hasta el fondo de una personalidad. Pueden serlo igualmente unos

---

[4] Esta es la versión publicada en *La Gaceta Literaria,* núm. 35, 1 de junio de 1928, pág. 4.

[5] La traducción correcta sería *esencial.* Buñuel hiperboliza el vocablo como queriendo adecuar su discurso al entorno vanguardista hispano de *La Gaceta Literaria,* muy proclive a estos juegos lingüísticos

En *OL* y *ELB: de su vida quintaesenciada.*

[6] En este texto no se entrecomilla ni se utiliza la cursiva para referirse a la voz *film,* tanto en singular como en plural. Sí se utiliza el entrecomillado, en cambio, en *OL.*

[7] En *OL: que.*

[8] En *OL: menjounesca.*

[9] En *OL* y *ELB* desaparece este adjetivo.

bigotes como los suyos. Tantas veces inclinado sobre nuestras cabezas[10] en el gran plano[11], ¿qué pueden habernos dicho sus ojos que sus bigotes no nos hayan dicho ya? El gesto trivial o la imperceptible sonrisa adquieren bajo la sombra mágica del bigote una extraordinaria expresión; una página de Proust, realizada en el labio superior; una silenciosa, pero completa lección de ironía; si él no se hubiera percatado de ello, copyrightando[12] sus bigotes, la ironía habría quedado estandarizada[13], al alcance de las facies[14] más modestas.

Los bigotes de Menjou, que tan bien[15] encarnan el cine y su época, subsistirán en las vitrinas del porvenir ese insoportable e inexpresivo sombrero de Napoleón.

Los hemos visto, en el gran plano del beso, posarse como un raro insecto del verano en labios sensibles como mimosas y devorarlos íntegros, coleóptero del amor. Hemos visto su sonrisa, emboscada en el bigote, abrirse paso como un tigre, ágil y fina, para caer sobre su presa, para sujetar definitivamente las miradas de su *partenaire*.

La última encuesta realizada en New York entre las *stars* cinegráficas sobre el bigote de Menjou ha sido unánime; todas han dicho lo mismo:

—«Su bigote es tal vez el único que no pica al besarnos. Por el contrario, produce un cosquilleo delicioso e inconfesable, muy apreciado por nosotras».

Mas el viaje de Adolfo Menjou a París ha bastado para llenarnos de confusión. No es que, según él mismo ha declarado, le

---

[10] En *OL* y *ELB* se incluye una coma.

[11] En *OL* se omite la siguiente coma.

[12] En la versión original: *breveter (patentar),* que aquí se remplaza por el gerundio del anglicismo *copyrightar*. Si esta sustitución fue consentida por Buñuel, se trató de una licencia ultraísta a la revista que le publicaba el texto, pues en Francia no se permitió (o no le permitieron) tal libertad.

[13] En *OL: standarizada.*

[14] En *ELB: faciès* (en cursiva), es decir, *facciones* en francés. En español la raíz latina es la misma y la voz *facies* significa 'apariencia externa de algo'. Sin embargo, *faciès* se traduce *facies* en español cuando significa 'características de un mineral'. En otros casos, como aquí, la traducción más correcta es *facciones* o *rasgos,* o bien *faz* o *rostro*.

[15] En *OL* y *ELB: también.*

guste la pintura de *Beltrán Masses*[16], lo que vale tanto como decir que no le gusta la pintura. La sensibilidad y atención[17] de un hombre *actual* pueden proyectarse hacia otras mil cosas que la pintura: puede tener un gusto exquisito, sin que por ello haya forzosamente de[18] recurrir a los viejos tópicos de las artes, y Menjou se muestra en casi todos sus films como hombre de hoy[19], de refinado y original temperamento; recuérdese, entre otros, su estupendo axioma de *Monsieur Albert,* tan representativo de su especie: «Para hacer una ensalada, lo de menos son los ingredientes, pero es necesario tener[20] genio».

Tampoco ha motivado nuestra decepción, lo que en otro hombre más vulgar pudiera constituir un indicio de cretinismo o una peyorativa obsesión. Adolphe Menjou posee 372 corbatas, más un cuarto de corbata que aún tejen los dedos amantes de su novia, miss Kathryn Carver[21].

Lo intolerable en Menjou, lo que nos repugna creer, como si se tratase de una imposibilidad moral, es que su bigote, su excepcional bigote, no es negro, como todos habíamos pensado, sino rojizo, azafranado, desvergonzadamente terroso[22].

---

[16] En el texto publicado (y de ahí a *ELB): Bertrán Marses.* En *OL: Bertran Marses.*

[17] En *OL* y *ELB: y la atención.*

[18] En *OL* y *ELB: que.*

[19] En *OL* y *ELB: como un hombre de hoy.*

[20] En *OL* y *ELB* desaparece este verbo.

[21] En el texto publicado: *Cathryn-barver*. En *OL: Cathryn Barber.* En *ELB: Catheryn Barber.*

[22] Estamos de acuerdo con Urrutia cuando, después de relacionar esta declaración con la que abre el artículo («los fantasmas de carne y hueso de la pantalla»), infiere: «Es decir, la realidad real [...], lo misterioso del film que actúa como elemento estructurante de gran parte del cine de Buñuel, pero que en sus primeras películas es mucho más patente. Recordemos las fantasmagóricas imágenes de la terrible realidad de Las Hurdes. Realidad traída, sobre todo, por unos objetos que el cine, como Buñuel, Dalí y Díaz Plaja [véase la nota 652 en el aparato textual] supieron escribir en los albores de los años treinta españoles, está descubriendo en la significación de sí mismos. Ironizando sobre Menjou y su bigote real (negro) o irreal (rojizo) [...] Buñuel planteaba, en el fondo, problemas fundamentales del film» (1978, pág. 75).

—Como al trabajador las callosas manos, así me honra a mí este bigote[23], negro antes, decolorado hoy por el sudor de mi frente, bajo el sol africano de los *sun-light* —ha dicho el acusado.

Mas no basta la excusa. Si su bigote no es negro, es como si careciese de él, y sin la parte positiva y definidora de su personalidad Menjou[24] quedaría convertido en cualquiera, en todo menos Menjou.

* * *[25]

Adolphe Menjou era un hombre modesto, un pequeño autor teatral. Menjou era un pobre hombre afeitado. Un día se le ocurre dejarse el bigote: todas las grandes invenciones son debidas al azar. En otra ocasión, hallándose presente Chaplin, se le ocurre encender un pitillo, y a partir de ese momento comienza su gran carrera cinematográfica. Porque acto tan trivial, tan insignificante, pero de tan difícil realización, adquiere en la pantalla proporciones asombrosas, y esto es lo que un hombre como Chaplin no podía ignorar. Nada de gestos melodramáticos; nada de expresiones a lo Jannings; ni terror ni asombro arquetipados; basta saber elevar una ceja a tiempo y a ritmo; las máscaras del teatro clásico bajan avergonzadamente los ojos ante la prodigiosa expresión de un Menjou, lanzando su primera bocanada de humo. Por el modo de abrir un paraguas o por el de parar un taxi, nos atreveríamos a designar entre[26] una muchedumbre la persona mejor dotada para actuar en un film. El intérprete de cine nace y[27] no se hace. Un film, en último término, se compone de segmentos, de residuos de actitudes, que tomadas así, separada y arbitrariamente, son archibanales, desposeídas de significación lógica, de psicología, de transcendencia literaria. En literatura, un león o un águila pueden representar muchas cosas, pero en la pantalla serán úni-

---

[23] En *OL: Como al trabajar las callosas manos, así me honra el bigote.*

[24] En el texto publicado: *Menjón.*

[25] En *OL* y *ELB* se omite esta separación entre partes con asteriscos que tampoco existía en la versión original francesa.

[26] En *OL* y *ELB: a.*

[27] En *OL* y *ELB* se sustituye la copulativa por una coma.

camente dos bestias, y solo eso, aunque para Abel Gance puedan simbolizar la fiereza, el valor o el imperialismo. De ahí el error de tanta gente sesuda[28], de tanto lastimoso *gustador de arte,* al clamar contra la superficialidad del cine americano, sin tener en cuenta que fue el primero en percatarse de que las verdades cinematográficas[29] no forman denominador común con las de la literatura o[30] el teatro. ¿Por qué se obstinan en pedir metafísica al cinema y en no reconocer que en un film bien realizado el hecho de abrir una puerta o ver una mano —gran monstruo— apoderarse de un objeto puede encerrar una auténtica e inédita belleza? Ese *scénario*[31] siempre igual que nos dan los americanos es el que parece siempre más nuevo. ¡Admirable milagro de los panes y los peces! Todo su[32] valor fotogénico reside en los procedimientos, en la forma, y, hoy por hoy, esto puede quedar como una verdad fundamental, desde luego no exclusiva[33], del cinema.

---

[28] En la versión original: *intellectuels (intelectuales).* Este cambio no deja de ser indicativo de un cierto pudor a la hora de criticar abiertamente la intelectualidad española, seguramente para no ofender a alguno de sus colegas y antiguos compañeros residenciales.

[29] Que el original *cinégraphiques* no se haya traducido literalmente por *cinegráficas* (adjetivo que utilizaba siempre en esa época) debió pasar por alto a Buñuel, pues anteriormente se habla de «las *stars* cinegráficas».

[30] En *OL* y *ELB: y.*

[31] En el texto publicado: *«scenario»*. En *OL: Este «scenario»*. En *ELB: Este scenario* (en cursiva).

[32] En *OL* y *ELB: el.*

[33] La coma que sigue se omite en *OL* y *ELB*.

Napoleón Bonaparte (de Abel Gance)[34]

Me[35] parece que el arte cinematográfico es inherente a los pueblos del Norte y que nosotros, latinos, cargados de tradición, de misticismo, de cultura, de éxtasis —receptores sensibles de otras formas del arte— somos impotentes para asimilar la del cinematógrafo. Cada intento nuestro afirma aún más la superioridad de los pueblos nuevos sobre nosotros.

Se ha censurado mucho la trivialidad de los films americanos en general. Pero cualquiera de ellos, incluso el más modesto, contiene siempre una ingenuidad primitiva, un encanto fotogénico integral, un ritmo absolutamente cinematográfico.

Los americanos nos hacen ver la esencia del drama —este es solo secundario— y cuando descubren algo nuevo, no abusan jamás. No lo enseñan demasiado, pues su manera de ser los conduce siempre más lejos.

---

[34] Variante publicada en *OL* y *ELB*. Ya hemos comentado respecto de la versión original que no entendemos por qué motivos se llevaron a cabo las modificaciones. Únicamente puede deberse a una intervención de Buñuel a la hora de preparar la edición de *OL*. Esto no justifica, empero, el no haber respetado el título del estreno de la película tanto en España como en Francia *(Napoleón,* a secas).

En lo que atañe a la tipografía del título de la crítica, en *OL* el complemento entre paréntesis está en minúscula y la alineación es a la izquierda.

[35] Este pronombre personal no iniciaba este párrafo (el tercero de la versión francesa), por lo que corroboraría que fue el propio Buñuel quien decidió, o autorizó, las modificaciones, al subrayar de entrada su calidad de enunciador.

Es incontestable que poseen el sentido del cine en grado mucho más elevado que nosotros.

Sin duda[36], mucha gente de «elite» tiene cierta prevención contra el séptimo arte. Pero también es verdad que, arrastrada por la corriente de la época, estaría dispuesta a abrir los brazos cordialmente a toda noble tentativa. Para ello habría que crear el film propio para iniciarlos en las numerosas posibilidades del cine. Confiando quizás en la insistencia de los críticos más estimados, los incrédulos han ido a ver Napoleón, y ¿qué han deducido?

Señores, les decimos nosotros, esto no es cine. Esto vuelve la espalda al cine. Es mejor que vayan a ver *La ingenua,* film americano sobre la amazona enamorada, cuyo final es un beso discreto; por lo menos es ligero, fresco, lleno de imágenes ritmadas, talladas a golpes de intuición verdaderamente cinematográfica.

---

[36] Sustituye a *Es cierto que,* lo que denota una seguridad en el crítico que acaso no tenía cuando redactó el escrito y sí cincuenta y tres años más tarde, cuando preparaba la edición de *OL.*

Apéndice II: Conferencias y texto prologal

El Guiñol[37]

Para que llene nuestra alma con su alegría, esta noche Cristobica[38] se encuentra entre nosotros y pronto su amigo Ma-

---

[37] Ponencia conferenciada, según García Buñuel, en la Residencia de Estudiantes el 5 de mayo de 1922, sin que el sobrino del autor aclare la fuente *(GB,* pág. 116). No existe copia alguna de él ni en los archivos residenciales ni en Filmoteca Española. En su redacción debieron participar, tal cual hemos expresado, García Lorca y Juan Chabás. Prescindiendo de los extremos sintácticos, como el cuidadoso uso de la puntuación (que pudieran achacarse a García Buñuel), existen puntos en común con el discurso de las conferencias que sobre el cante jondo estaba ofreciendo Lorca en esos mismos meses. El más significativo es la idea de erradicar la barrera entre un arte culto y otro popular, pero con matices (véase la nota 114). Cambiando de lupa, esta vez internacional, el discurso se pronunció cuando, en Francia, autores de los que posteriormente Buñuel fue en cierto modo deudor, como Albert-Birot, estaban teorizando sobre el teatro de marionetas, siguiendo una tradición iniciada por Jarry y Cendrars.

El texto de la conferencia fue publicado por primera vez en *GB* (págs. 125-133), cuya versión reproduce *ELB.* Al desconocerse su paradero, hemos corregido las faltas ortográficas que afectan mayormente a errores de transcripción de vocablos extranjeros. En las ediciones en que se ha publicado, el título está tanto en español como en francés. Lo mismo ocurre en el cuerpo del texto, donde se utiliza el francés para referirse al personaje y el castellano para hablar del género teatral. Hemos unificado el uso con el vocablo español *guiñol* una vez normalizado por la RAE.

[38] Cristobica es la versión española de Polichinela que, según recuerda Gibson, «con su famosa cachiporra, ya interesaba intensamente a Manuel de Falla y al poeta [Lorca]» (2013, pág. 138). De hecho, el adjetivo *cristobícal* o *cristobítal* es utilizado por García Lorca como forma de

lleu[39] le hará piruetear desde su prisma, pero perdonad un momento si antes, como dándole la mano para que llegue hasta vosotros, para que os conozcáis y podáis tener con él una buena camaradería cordial, os hagamos esperar charlándoos un poco sobre Guiñol.

I

Es viejísimo Guiñol. Sería imposible precisar cuándo nació: ha sido siempre tan joven, tan nuevo, que no se le puede creer milenario y, sin embargo, sus antecesores se conocen en la más apartada antigüedad. En China, acaso antes que en ninguna parte, existieron muñecos articulados: también los egipcios, según algunos eruditos alemanes, usaron de ellos en procesiones y fiestas religiosas. Los griegos les llamaban neurospertas, y hasta qué punto pudieron parecerse a los muñecos del guiñol de hilos más modernos puede conjeturarse porque a ellos aluden ya Aristóteles y Platón, el cual pone en boca del ateniense dialogante con Critias una comparación entre el hombre y el muñeco, aquel movido por sus pasiones, como este por sus hilos[40].

---

denominar el género del teatro de títeres, según consta en las cartas que dirigió a Adolfo Salazar en 1921. Don Cristóbal fue el protagonista absoluto de las farsas que el de Fuente Vaqueros compuso para los títeres.

Aprovechamos la oportunidad para hacer notar que la afición/pasión de Lorca por el teatro de títeres y de Buñuel por las sombras chinescas debió de ser un punto de encuentro que influyó en la estrecha colaboración que mostraron en los primeros escarceos teatrales del aragonés, en donde casi siempre participaba el granadino (no así en *Hamlet,* aunque el hermano del poeta formó parte del efímero elenco actoral). No sería el único, pues hay que sumarle el entomológico, que en Lorca se plasmó en su pieza teatral, originariamente destinada a ser representada por títeres, *El maleficio de la mariposa,* compuesta en 1919 y protagonizada por insectos y gusanos. Con ello no estamos conjeturando ninguna impronta del baturro, sino únicamente apuntar que existe un subyacente entramado lorquiano en el corpus escrito de Buñuel que ha quedado ensombrecido por el devenir posterior de las relaciones entre ambos.

[39] *Manlleu* en *GB* y *ELB* cada vez que se nombra. No podemos achacar el error a Buñuel, ya que no disponemos del original.

[40] Se refiere al diálogo de Platón *Critias* (o *La Atlántida).*

Si solo puede aventurarse la existencia de un verdadero teatro guiñol entre los griegos, entre los romanos puede darse como cierta. Bajo la república romana se diferencian realmente los tipos que han de constituir los protagonistas de todos los teatros de títeres nacidos a partir del siglo XVIII en Nápoles.

Maccus es el Cristóbal romano[41] [*Proyección*]. Vedle aquí con la misma cara barbuda y prieta, ganchudo de nariz, estrecho de frente. Vanidoso y borracho, glotón y libidinoso era. Tanto vicio le dominaba y arrastraba hacia todas las malaventuras. Era como víctima de su karma, inexorable para él; karma de caído prestigio para nuestro Cristobica, a quien no suceden males inevitablemente, sino por cualquier detalle ingenuo e imprevisto, que hace surgir la catástrofe, siempre dominada por su cachiporra del mejor modo posible. La proyección que contempláis representa un Maccus romano y un personaje anónimo, acaso Pappus[42], encontrados en unas excavaciones verificadas en el monte Esquilino, en Italia.

Tienen unos siete centímetros de altura, están tallados en bronce y los ojos son de plata. Maccus es el personaje central en el teatro de Atelenas[43]; compañeros suyos eran Bucco, mentiroso, impertinente y con bastante ingenio. En nuestro guiñol actual existe también este tipo generalmente anónimo, más ocurrente y astuto que Cristobica, vencedor de este en cualquier disputa pero necesariamente derrotado al final por ese supremo e inapelable argumento que es la porra de Cristobica. Pappus, que en el Pul-

---

[41] En la farsa atelana, género articulado a partir de improvisaciones satíricas y populares que mezclaban todo tipo de bromas y chascarrillos, tanto en prosa como en verso, los actores llevaban una máscara para interpretar a los personajes, entre los que se cuenta Maccus, que representaba a un tipo de sirviente de nariz larga y rostro abultado con mejillas gruesas, vientre prominente, y ataviado con una camisa transformada en una gran túnica blanca.

[42] Los personajes de la farsa atelana eran cinco: Dossennus, Maccus, Bucco, Manducus y Pappus.

[43] *teatro de Atelenas:* 'farsa atelana'. Esta expresión no existe, lo correcto sería *teatro de Atella,* antigua ciudad a cuyos habitantes se suele atribuir su origen.

cinella[44] italiano equivaldrá a Pantalón, es un viejo avariento y lúbrico a quien a pesar de su desconfianza le estafan el dinero y la mujer. Dossennus[45] es filósofo y jorobado, tiene un buen sentido sensato; hoy ha desaparecido este tipo como muñeco; pero sigue viviendo entre bastidores; es el buen amigo de Cristóbal que le habla y aconseja como camarada, el que le mueve desde dentro. Toma la importancia de los coros griegos en la tragedia convirtiéndose en intermediario del público y Cristóbal.

Como indicábamos hace un momento, donde se dibujan con un perfil definido los actuales muñecos de guiñol es en las comedietas italianas en Nápoles, hacia el siglo XVII. Seguramente fueron creadas por Silvio Fiorillo[46] [*Proyección*. Polichinela de 1731]. Del mismo modo que actualmente en nuestras ferias y a la puerta de los barracones se exhibe un mono, declama un charlatán, toca el tambor un *clown* grotesco y de colorín, se hacían entonces representaciones burlescas para atraer público al espectáculo. En tiempos de Carlos de Anjou, un tal Pablo Pinella hacía estas representaciones y de su nombre es posible que le tomara el personaje italiano de estas comedietas. La trama era casi siempre la misma. Polichinela burlando a Casandra[47] [*Proyección*. Polichinela de 1831].

Primitivamente deliciosas estas comedietas de títeres evolucionaron después hacia un escenario romántico, de ojeras, languideces, rosas desmayadas y suspiros azul celeste[48]. Únicamente la gracia rítmica de un Verlaine o el encanto versallesco de un Watteau han podido triunfar de la degeneración sensiblera empalagosa de Pierrot y Colombina. Del Pulcinella italiano toman nombre el Punch inglés y el Polichinela francés.

---

[44] En *GB* y *ELB: Pulchinello* (y dos párrafos más adelante, *Pulcinello).*

[45] En *GB* y *ELB: Dossenus.*

[46] Silvio Fiorillo *(ca.* 1570-*ca.* 1632) fue un actor y dramaturgo teatral italiano. El origen del personaje de Polichinela (Pulcinella, en italiano) se sitúa en la *Commedia dell'Arte* napolitana, de la que fue intérprete destacado Fiorillo.

[47] Casandra es uno de los personajes de la *Commedia dell'Arte* veneciana.

[48] En los ensayos buñuelianos, el uso de la metáfora y la greguería se realiza tanto para ensalzar como, en este caso, para desprestigiar.

El origen del teatro de títeres en Francia data del siglo XVI. Es seguramente religioso: las *marionnettes*[49] acaso derivaran su nombre del de María la Virgen[50]. Más seguro es que Polichinela entró en Francia durante el reinado de Enrique IV [*Proyección*]. He aquí el tipo algo perfeccionado que se conservó hasta 1834. Le acompañaban Pierrot, Arlequín, el Doctor, Casandro y Colombina.

Pronto los Brioché[51], dos titiriteros franceses hacen alcanzar a Polichinela la más encumbrada fama. Uno de estos fue llamado por Luis XIV (1669) para que durante dos meses en Saint Germain en Laye divirtiesen sus representaciones la aburrida infancia del Delfín. La vida del último Brioché[52] ofrece un perfil peculiar. Había sido charlatán y sacamuelas. Muchos más guiñoleros antes de serlo han ejercido oficios estrambóticos y peregrinos que les desligaban por completo de una burguesía proletaria dándoles tanta independencia y libertad que podían nutrir su espíritu de imágenes imposibles de lograr en la mediocridad de los oficios normales. Buena afirmación de esto es la vida de Laurent Mourguet, también sacamuelas, a quien vais a conocer luego. José Vera[53], musico callejero; Juan de las Viñas[54], viejo mendigo; Malleu, domador de fieras, y tantos otros. En la literatura el tipo de titiritero es también hombre que ha ejercido oficios absurdos y para no citar sino el más conocido recordaremos a Ginesillo de Pasamonte[55]. Brioché poseía además un mono amaestrado que Cyrano de Bergerac atravesó con su estoque castigando una irreverencia del animal que le había hecho un gesto por su nariz.

---

[49] En *GB* y *ELB: marionettes.*

[50] *marionnette* deriva de *Marion,* figura pequeña que representaba a la Virgen.

[51] Pierre Datelin, conocido como Jean Brioché (1567-1671), fue un famoso titiritero. Cuando se retiró, su teatro lo gestionó su hijo François, conocido como Fanchon Brioché.

[52] En *GB* y *ELB: Brioche.*

[53] José Vera fue un titiritero, natural de Cartagena, activo entre 1917-1936.

[54] De este titiritero hay pocos datos, aun cuando sí que se menciona su existencia.

[55] Nombre al que responde el titiritero Maese Pedro en el *Quijote.*

Un siglo más tarde Dominico Seraphin[56] bajo el reinado de Luis XVI crea un teatrillo de niños con sombras chinescas. Tenía numerosos colaboradores anónimos a quienes pagaba doce libras por cada piececilla. Su sobrino en 1788 une los títeres ya conocidos al escenario de sombras chinescas. Creciente siempre esta evolución los Pupazzi de Lemercier de Neuville[57] consiguen representar en las Tullerías ante Napoleón III. Temiendo que al Emperador aburriría este espectáculo preguntó alguien: «¿Se divierte?». «Ya lo creo» le contestaron, «ríen de un modo que no es habitual en ellos».

Como se ve[58], en Francia es donde existen más antecedentes del teatro de títeres que todos conocemos. Polichinela se llama allí Guiñol y adquiere nacionalidad francesa. Ved como lo proclaman así Henri-Robert[59], antiguo bastonero de la Orden de Abogados en París

Francia tiene a Guiñol: audaz, estrepitoso, viperino, atrevido que infringe en ocasiones las buenas costumbres, se burla del juez, pega al gendarme, apalea o zurra al comisario, arruina al propietario, pero que en el fondo es generoso y un buen muchacho. Es muy de este país en que se hacen revoluciones por medio de canciones. Tiene la mascarilla de Fígaro, pero también de Cyrano. Es de nuestra raza descuidada, pero despabilada por

---

56 Dominique Séraphin (1747-1800) fue un titiritero galo famoso por haber popularizado las sombras chinescas en Francia. Se le considera el introductor del teatro de sombras en Europa. Buñuel, como ha sido apuntado, realizó en su infancia sesiones de sombras chinescas en su casa familiar de Calanda.

57 Louis Lemercier (1830-1918), conocido como Louis Lemercier de Neuville *(Veuville* en *GB* y *ELB),* fue un titiritero, periodista, cronista, dramaturgo y narrador francés, que fundó, en 1860, el Théâtre de Pupazzi. Este teatro, cuyas marionetas fueron pintadas por Gustave Doré y otros artistas famosos, alcanzó de inmediato un enorme éxito, provocando la admiración de, entre otros, Victor Hugo, Théophile Gautier, Léon Gambetta, Louis Pasteur y, como se afirma en la conferencia, el propio Napoleón III.

58 Se alude a la proyección que acompaña la lectura de la conferencia, cuyo contenido desconocemos.

59 En *GB* y *ELB: Henry Robert* (aquí y en el resto del texto, con la excepción que se indicará).

tradición y que se hace perdonar todo con una frase ingeniosa. Es un *enfant terrible* pero se le ama y no se tiene valor para reñirle.

La ciudad de Lyon es patria de este simpático personaje. Surge a fines del siglo XVIII y es de origen popular, hermano del Estado llano, de los sederos de Lyon. Su padre se llama Laurent Mourguet[60]. Es como el Molière del teatrillo de títeres y también vive sin casi ser conocido. Era hijo de un tejedor lionés, sin ninguna fortuna y él mismo fue obrero en seda. No tenía ninguna ilustración, no sabía ni escribir. Los disturbios de la revolución le hacen abandonar su oficio. Es negociante más tarde. En 1788 sacamuelas en las plazuelas públicas. Su nuevo oficio le coloca en el escenario del que va a ser su arte. Frecuenta las ferias, está entre el bullicio de los barracones y ve a menudo a Polichinela que sigue trabajando todavía desde que entrara en Francia bajo el reinado de Enrique IV.

En 1804 monta un teatrito en Brotteaux[61] que llamó Castelet[62]. Pronto comienza a innovar modificando el personaje central, todavía Polichinela, pero no está muy seguro de que sus modificaciones sean muy atinadas; no extrañéis mucho esta timidez y sobre todo no le supongáis menos genial por ella; es muy difícil innovar y cuando desconocemos un camino en el que por primera vez nos aventuramos, nuestros pasos vacilan y buscamos un guía experto que dé seguridad y confianza a nuestro caminar[63]. Mourguet adquirió la costumbre de consultar sus innovaciones a un buen amigo, zapatero remendón, ingenioso y original llamado el padre Tomás. No es nada reprochable esta costumbre. Molière experimen-

---

[60] Laurent Mourguet (1769-1844) fue sacamuelas *(arracheur de dents)* antes de convertirse en titiritero y creador del famoso títere Guignol.

[61] En 1804, Mourguet instaló su teatro de marionetas en la alameda des Brotteaux, hoy Boulevard des Brotteaux, en Lyon.

En *GB* y *ELB:* Brotleaux.

[62] *Castelet* es el sustantivo francés de *teatrillo de marionetas* y no una marca como parece indicarse aquí.

[63] Esta amalgama de erudición histórica y didactismo es más propia de Juan Chabás que de Buñuel. De todos modos, da la sensación de que la información proviene de una misma fuente, de alguna historia del teatro popular o del teatro de títeres.

taba en la criada el efecto de sus comedias. Siempre que Leon[64] Mourguet inventaba algo para su Castelet, antes de afrontar el juicio público requería el de su amigo Tomás. El agrado de este se hacía risa gustosa y franca y consagraba con una exclamación su adhesión: «*C'est guignolant*»[65]. Este buen zapatero tenía su léxico original con el mismo derecho que Belarmino, el zapatero de Pérez de Ayala, tiene también el suyo[66]. Eran los dos un poco creacionistas[67]. A Leon Mourguet le hacía gracia la expresión y la ponía en boca de sus personajes. Muy divertido pareció al público el nuevo sentido del vocablo que fue convirtiéndose en mote de quien le merecía. Así, el muñeco fue bautizado y Polichinela se llamó, ya para siempre y en todas partes, Guiñol.

Veamos ahora cómo Leon Mourguet fue innovando su teatro. Desde luego crea un nuevo tipo en el personaje central. Estiliza a Polichinela y le convierte en una figurilla verdaderamente ciudadana. Viste como los sederos lioneses[68]: redingote[69] largo, pobretón [y][70] apedazado, y peluca con trenza. Su arma es el bastón y usa de ella constantemente cuando quiere imponer su voluntad. Aumenta el número de muñecos inspirándose siempre para caracterizarlos en

---

[64] El hecho de que en lo que sigue Laurent pase a ser Leon no deja de ser prueba fehaciente de una escasa revisión del texto por parte de sus autores, aunque sin tener acceso a la fuente originaria todo son elucubraciones y bien pudiera ser un error involuntario de transcripción del sobrino de Buñuel en razón de la procedencia lionesa del personaje.

[65] *C'est guignolant:* expresión que se ha consolidado en la lengua francesa como alternativa a ser divertido, chistoso o gracioso.

[66] El zapatero Belarmino, personaje protagónico de la novela *Belarmino y Apolonio* de Ramón Pérez de Ayala (1921), inventa un lenguaje propio.

[67] Alusión a los poetas creacionistas y su capacidad de renovación del lenguaje poético. Ya hemos visto como Buñuel siempre se sintió atraído por ellos, más allá de sus enfrentamientos con alguno de sus abanderados.

[68] En *GB: lyonenses.* En *ELB: lionenses.*

[69] *redingote:* «Capote de poco vuelo y con mangas ajustadas» *(DLE).*

[70] Esta copulativa, ausente en *GB* y *ELB,* aparece en cambio en las ediciones francesa e inglesa de la obra literaria de Buñuel, lo que nos parece bastante más coherente, pese a que tales traducciones no hacen más que seguir las normas sintácticas propias de esas lenguas. Lo mismo ocurre con la coma siguiente.

gentes conocidas de él. Madelon, esposa de Guiñol es seguramente su mujer y Gnafron, compañero constante, es la caricatura del zapatero Tomás. Crea también unas cuantas historietas que luego se hacen típicas en los escenarios de Guiñol. Las disputas del casero con Guiñol y sus contiendas con los policías alcanzan una expresión ingeniosa y divertida[71]. He aquí una disputa entre Guiñol y su casero.

Aquel debe nueve recibos; hablan Guiñol y Gnafron. Dice este: «¡Nueve recibos! ¿No le has dado nunca nada?». Guiñol: «Nada». Gnopon: «Abrázame, Guiñol, te he querido siempre, eres el modelo de los inquilinos». M. Canezon[72], el casero, interviene: «¡Señor Guiñol, señor Guiñol!». *(Guiñol, oculto.)* «No estoy ahí. Canezon: «¿Y cómo respondéis?»[73]. Guiñol: «No puedo salir, estoy poniendo un remiendo a mi pantalón». Canezon: «Tengo que hablaros. ¿Queréis salir? Vengo para saber cuándo terminaremos con nuestra cuenta». Guiñol: «¿Nuestra cuenta? Si me debéis algunas nonadas, no os inquietéis, no me urge». Canezon: «¿Qué cuentos me contáis para tenerme tanto tiempo de pie?». Guiñol: «¡Ah, tenéis razón. Vamos a acostarnos!».

Posteriormente una nueva modalidad del Guiñol francés se produce en París. Gringalet, de quien Anatole France ha dicho que tiene algo de divino[74], hijo de Guiñol, enriquece el caudal de personajes ya creados, y se coloca en primer término. Es descocado y travieso. Se burla de los gendarmes; pega a su padre, pero fácilmente se le perdonan sus faltas por la gracia que pone en todo. Tiene para sus hazañas la superioridad de su ingenio. En París, Guiñol se hace espectáculo esencialmente infantil.

---

[71] Esta situación tan propia del teatro de marionetas acabó trasladándose al cine cómico americano, donde el humor basado en el conflicto entre los protagonistas y la policía es uno de los componentes identitarios de ese género tan apreciado, entre otras razones por este tipo de escenas, por Buñuel y sus compañeros residentes.

[72] En *GB* y *ELB* se castellaniza y se convierte en aguda: *Canezón.*

[73] Lo insólito de la situación y del diálogo parece un claro antecedente de alguno de los pasajes de *Hamlet.* No es de extrañar, por tanto, que se utilizara de ejemplo por Buñuel.

[74] France no dice esto, sino que cuenta cómo Gringalet mató al diablo en una representación a la que asistió en Lyon (Anatole France, *Le livre de mon ami,* París, Calmann-Lévy, 1885, págs. 220-228).

En Lieja existía un teatro de títeres cuyo Guiñol se llamaba Chaucet. Tenía de Polichinela su gran nariz cyranesca. Era familiar, amable, finamente malicioso: en el fondo un poco desconcertante.

Al terminar su representación, acercándose al público infantil que le admiraba, decía: «¿Quién quiere pegarme en las narices?». Y todos los muchachos le daban un puñetazo, palmoteando su risa verdadera sobre la nariz prodigiosa de Chaucet. En Alemania, Guiñol se llamaba Juan Salchicha, *Hans Wurst*[75]. Es muy desvergonzado e insulta a la divinidad, a la que no trata muy bien en una pieza titulada *La caída de Adán,* que se representó en Könisberg[76] en el siglo XVIII; en 1737 el poeta Gottsched[77], queriendo depurar el teatro alemán, quemó a Hans Wurst durante la representación de una tragicomedia que había hecho representar apropiadamente. Pero este atentado produjo tan mal efecto que el poeta Gottsched tuvo que emigrar a Rusia y Hans Wurst conquistó todo su prestigio arraigando en la devoción del público.

Semejante a Hans Wurst es el Pickei Haring *(arenque salado)* de los holandeses. Casparle, Gaspar, representa al campesino austriaco del Danubio.

Más que teatro de títeres es teatrillo de sombras chinescas el turco. Karagöz[78], protagonista, personifica al diablo, Tondon es una doncella maliciosa, Korards Chodsche, payaso jorobado, y Hopa, funcionario público. El Kaectchel-Pelevan persa es calvo, siendo esta su característica como lo fue de Polichinela la joroba[79].

---

[75] En *GB* y *ELB: Hanswurt.*

[76] En *GB* y *ELB: Koenisberg.*

[77] Johann Christoph Gottsched (1700-1766) fue un escritor, dramaturgo y crítico alemán.

[78] El personaje Karagöz da nombre a su vez al tipo de teatro de sombras chinescas con títeres de varillas o bastones movidos por un titiritero.

En *GB: Karagueuz* (más adelante: *Karaguentz).* En *ELB: Karaguentz* (aquí y más adelante).

[79] Este alarde de sabiduría demuestra, como mínimo, el interés que tenía Buñuel por el tema. Un interés que no puede desvincularse de su coetánea pasión por el cine y la ulterior entrada en su industria, que fue una prolongación ética y estética de este teatro popular y de su variante, las sombras chinescas.

Llegamos, por fin, a encontrarnos con nuestro amigo Cristobica. Dispensadle vuestra atención y oíd su genealogía con interés ya que él es tan nuestro que pudiéramos tenerle como a un hermano grotesco de todos. El mismo origen desconocido que encontramos como dificultad para fijar la historia de los polichinelas extranjeros surge al querer fijar los padres de este vástago español, miembro de una raza exótica, bellaca, pendenciera y cínica. El primer dato que permite ya conjeturar un embrión fecundo lo encontramos en el siglo XIII. Es como una profecía que anuncia su advenimiento. Los juglares de aquel siglo recitaban sus romances con matices y entonaciones distintas de voz para caracterizar cada uno de los personajes que intervenían en el romance. Giraldo Riquier[80], trovador narbonés que vivió muchos años en la corte del rey sabio debía sin duda ser hombre sensato y poco amigo de las cosas frívolas —Oscar Wilde hubiese dicho enseguida «poco profundo»[81]— puesto que en 1274 en su *Suplicatio al rey de Castela per lo noms dels juglars* anatematiza a[82] artistas inferiores de los que llevan monos y títeres[83].

[80] Guiraut Riquier de Narbona *(ca.* 1230-1292) fue uno de los últimos trovadores occitanos, que sirvió a Alfonso X el Sabio.

[81] En marzo de 1897, en la prisión de Reading, Oscar Wilde escribió *De profundis,* la epístola dirigida a Lord Alfred Douglas Bosie dos meses antes de que el escritor irlandés cumpliera la sentencia que le fue impuesta por el delito de sodomía. En esta carta le culpaba de traidor, desconsiderado, egoísta y derrochador a raíz de que el padre de aquel, el marqués de Queensberry, le acusara públicamente de sodomía por la relación que mantuvo con su hijo.

[82] *anatematizar:* 'maldecir, reprobar'.

En todas las ediciones: *anatematiza de.*

[83] Es interesante observar que la primera vez que aparecen los títeres en España están vinculados, como entretenimiento, a la exhibición de animales, especialmente monos, de modo que el mono y el títere nos presentan una parodia grotesca y diminuta de la vida, ya que ambos parecen seres humanos y no lo son (J. E. Varey, «Representación de títeres en teatros públicos y palaciegos: 1211-1760», *Revista de Filología Española,* vol. XXXVIII, núms. 1/4, 1954, págs. 172-173). Sin ir más lejos, encontramos constantes referencias a la exhibición de monos y títeres juntos en la descripción cervantina de *El retablo de Maese Pedro,* primera *mise en scène* buñueliana.

Ni cels que fan jogars
simis ni bavastel[84].

Mucho más tarde, un nuevo dato lo hallamos en el reinado de Carlos V, quien, según Henri-Robert[85], franqueó las fronteras de España a los manipuladores de títeres que representaban muy a menudo grandes corridas de toros, motivo titirero [sic][86] que todavía podéis ver hoy en el retablo de cualquiera de nuestros guiñoles callejeros.

Aunque la figura del protagonista no se define hasta el siglo XVIII, el teatrillo de títeres abunda copiosamente, tanto que en muchas novelas de costumbres sale a relucir. Creemos inútil recordar al célebre *El retablo de Maese Pedro,* y el aprecio en que eran tenidos estos titireros lo demuestra la alegría que reina en la venta cuando todos ven llegar a Maese Pedro con su mono. He aquí las notas de Clemencín[87], que concretan perfectamente detalles técnicos que sería difícil referir mejor.

En *El retablo de Maese Pedro* los títeres se movían y no hablaban, supliendo por todos el relator[88]; en otros retablos hablaban y representaban los mismos títeres, cuya voz se remedaba por medio de pitos y cerbatanas, sin perjuicio de que por fuera, un intérprete declarase lo que los títeres hacían y decían.

Covarrubias[89], en el artículo *Títeres*[90], añade la mención de otras figurillas que se movían por sí mismas sobre una mesa, de suer-

---

[84] La remisión al «idioma jocundo e improvisado» del inicio del Acto II de *Hamlet* es inevitable.

[85] Esta vez, en *GB: Henri Robert* (en el resto de las citas: *Henry).*

[86] Este término y *titerero* (referencia directa al *Quijote)* se utilizan indistintamente.

[87] Diego Clemencín y Viñas (1765-1834), escritor y político español, fue un cervantista ferviente. En sus últimos años se retiró a una hacienda próxima a Madrid donde culminó sus 5554 notas explicativas de *Don Quijote.*

[88] El uso del hipérbaton en un texto didáctico era muy propio de la vocación poética de su autor o autores.

[89] Sebastián de Covarrubias y Orozco (1539-1613), capellán de Felipe II, fue lexicógrafo y autor del célebre diccionario *Tesoro de la lengua castellana o española* (1611).

[90] Se refiere a la entrada «TÍTERES» del *Tesoro de la lengua castellana o española.*

te que parecían figuras animadas, y dice que fue invención de Juanelo Turriano[91], «gran matemático y segundo Arquímedes». Ya no se usan los retablos; solo queda un remedo de ellos en los monos de los ciegos y en don Cristóbal Polichinela, fingiendo y variando la voz el ciego y su lazarillo[92].

Dentro ya del siglo XVII, en la *Pícara Justina*[93], encontramos también algunos datos que dan idea del estado del teatro de títeres en aquel tiempo. Justina refiere cómo entre sus ascendientes, todos de grosera condición, hubo un bisabuelo que poseía títeres en Sevilla, «los más bien vestidos —dice— y acomodados del retablo que entraron jamás en aquel pueblo». El tamaño del retablo puede suponerse por esta frase: «era pequeño, no mayor que del codo a la mano». Es curioso que en el siglo XVII se emplease ya el mismo mamotreto usado actualmente por cualquiera de nuestros guiñoleros. La afición que la gente del pueblo tiene por estas representaciones queda afirmada al decir Justina: «daba tanto gusto el verle trabajar la arenga titerera que por oírle se iban detrás de él fruteras, castañeras y turroneras». No siempre sin embargo, ni a cualquier gente, debió parecer bien este espectáculo, puesto que Cervantes pone en boca de un personaje suyo «que era gente [los titereros] vagabunda y que trataba con indecencia de las cosas divinas»[94]. El bisabuelo de Justina terminó su vida de esta manera graciosa y extraordinaria: murió estrellándose el cráneo contra una piedra, pues en su demencia se creyó toro de títeres. Seguramente hubiese sido mejor para su existencia creerse porra de Cristobica, y entonces hubiese sido la piedra la que lo hubiera pasado mal[95].

---

[91] Juanelo Turriano (1500-1585) fue un ingeniero e inventor hispanomilanés. Covarrubias se refiere a él como *Ioanelo*.

[92] El ciego, de tan constante presencia en la obra literaria de Buñuel, no podía faltar aquí, aunque sea para ilustrar una anécdota. En este punto, Roof destaca que el cuento «El ciego de las tortugas» no deja de ser una reinterpretación ficcional de la confrontación entre élite y pueblo (cultura popular) que subyace en toda la conferencia (1993, pág. 97).

[93] Novela picaresca cuya primera edición data de 1605.

[94] En *El licenciado Vidriera*.

[95] La porra de Cristobica ha sido vista como una metonimia del poder (Annabella Cardinali, «Introducción», en Federico García Lorca, *Títeres*

En muchas obras de los siglos XVI y XVII se hace alusión a los títeres. Citemos a Figueroa[96] y Cosme Gómez de Tejada[97], entre otros. El primero, en la *Plaza universal*, excita a que se conserven los títeres «ministros —dice— de particular entretenimiento» y el segundo, en el *León prodigioso,* describe una extensa función titerera; pero siempre en las descripciones de esta época tiene el guiñol un carácter épico y erudito del que afortunadamente carece hoy día y aun careció entonces en las representaciones originales de sus manipuladores. Lo grotesco y lo ingenuo, producto del pueblo, ha sustituido ventajosamente a la afectación y matices filosóficos de los que trataban el guiñol en literatura. Preferimos el guiñol espontáneo de un exdomador de leones o un zapatero[98] al preocupado de un poeta o literato[99]. Para terminar esta breve genealogía de don Cristóbal Polichinela diremos que el último ingenio popular que cultivó este género de tan profunda y callejera emoción fue Juan de las Viñas, un viejo que anduvo por Madrid hace unos 40 años. Por todo decorado y escenografía usaba de su capa, mantenida en alto por un lazarillo que movía los muñecos en tanto el viejo matizaba las distintas voces y discurría nuevos episodios y lances. En la actualidad callejean por Madrid dos guiñoleros: Malleu y José Vera. El primero, expresión del guiñol popular culto, y el otro del guiñol popular bárbaro.

---

de cachiporra. Tragicomedia de don Cristóbal y la señá Rosita, Madrid, Cátedra, 1998, pág. 36).

[96] Cristóbal Suárez de Figueroa (1571-1644) fue un escritor y enciclopedista español del Siglo de Oro.

[97] Cosme Gómez de Tejada y de los Reyes (1593-1661), escritor español del Siglo de Oro, compuso sobre todo novelas bizantinas repletas de apólogos moralizantes.

[98] Referencia a Malleu y al padre Tomás, respectivamente.

[99] Cotéjense estas dos oraciones con la siguiente de García Lorca, procedente de su conferencia sobre el cante jondo: «Los poetas que hacen cantares populares enturbian las claras linfas del verdadero corazón; y ¡cómo se nota en las coplas el ritmo seguro y feo del hombre que sabe gramáticas!» («El *cante jondo.* Primitivo canto andaluz», leída en el Centro Artístico de Granada el 19 de febrero de 1922, es decir, tres meses antes que esta). Se advierte la comunión intelectual sobre la necesidad de difuminar, en el terreno artístico, las barreras entre culto y vulgo que hemos indicado (véase la nota 37, primer párrafo).

En ultramar también existe Guiñol. En Chile, por ejemplo, nos encontramos a don Cristóbal casado con doña Clara, a la cual, de vez en cuando, mete en razón con su garrote, entre las recriminaciones y denuestos de mamá Laucha, su suegra. El negro Federico también interviene, representa a una parte de pueblo tan abundante por América.

Todas estas notas históricas nos permiten hacer algunas observaciones sobre el carácter del guiñol actual.

II

Cristobica es hermano del pueblo; exalta su ademán en las calles soleadas de la ciudad. La democracia alegre del bullicio traza como un marco ideal a su escenario que se confunde con la calle por aquella virtud continuadora que había observado Gasset como una propiedad del marco[100]. Al trazar sobre este tema unas meditaciones que todos recordareis. El teatro guiñol es forma esencialmente popular de arte, esta ventaja es casi todo su mérito. ¡Es tan difícil lograr espontáneamente con una frescura sencilla la emoción que está en el alma y en el gesto de todos! Por esto tan pocos poetas han logrado arraigar su canto en el pueblo, y los que lo consiguieron fue porque les vino directamente de él la palabra encontrada para su verso, porque no era el alma del poeta más que resonadora de la de todos. No hacer arte para el pueblo, sino hacer del arte del pueblo es [el] verdadero itinerario de emoción. El artista que hace esta obra no tiene una personalidad, su perfil se desdibuja en el anónimo contorno del perfil del pueblo. ¿Quién podría decir al autor de la más linda copia viajera por la emoción de todas las almas aldeanas? Bien dice el poeta Manuel Machado.

> Hasta que el pueblo las canta
> las coplas, coplas no son,

---

[100] Alusión al ensayo de Ortega y Gasset «Meditación del marco» (1921).

y cuando el pueblo las canta
ya nadie sabe su autor[101].

Tampoco podría precisarse, ya lo hemos hecho notar, el auge de Guiñol. En cada nación él surge destacándose por su gesto de la masa misma del pueblo. Encarna siempre la psicología de sus compatriotas. Acaso al nacer representa comedias o farsas que no son totalmente populares, que su manipulador ha inventado sugestionado por el recuerdo de cualquier pieza para gran teatro. Pero bien pronto, por un natural fenómeno de imitación, se asimilan todos los caracteres populares que hacen de él un personaje democrático. De aquí esa específica diferencia que distingue cualquier guiñol nacional. No sería nunca aceptado, por ejemplo, entre germanos un guiñol meridional. Punch, inglés, es humorista: Hans Wurst, alemán, petulante y glotón; Chaucet, belga, como buen flamenco, un poco malicioso y buena persona; Karagöz, turco, procaz, sensual y libidinoso.

Nuestro Cristobica pronto Malleu lo hará seguir sobre su mamotreto; es individualista, pasional, obcecado, acaso demasiado salvaje, pero desde luego buen sujeto, inofensivo y deliciosamente ingenuo. También es, no podemos dejar de acusarle con estos dos calificativos, algo irreverente y desvergonzado. Heredaría bastante, sin darse cuenta tal vez, de los protagonistas de nuestras novelas picarescas, deslenguados, bufones y traviesos, y no poco también de[102] los graciosos de nuestro teatro clásico. Además, tiene Cristobica un afán continuo de pendencia y siempre ha de terminar contundentemente sus disputas. Admiramos en este proceder qué energía sana, qué dinamismo lleno de color existe; este total carácter de Cristobica merece cordial simpatía nuestra. Nos acercamos por él a una alegría sana y sin sentido que ha de vestir nuestras almas con el traje más lleno de luz para su fiesta interior.

---

[101] Se trata del íncipit del poema «La copla» de Manuel Machado *(Cante hondo)*, pero erróneamente copiado, pues reza como sigue:

Hasta que el pueblo las canta,
las coplas, coplas no son,
y cuando las canta el pueblo,
ya nadie sabe su autor.

[102] En *GB: a.*

Es, sobre todo, un buen ejemplo para los que tomaron una postura exageradamente rígida, sentándose en los bancos estáticos de su camino recto y sin espíritu. Para aquellas pobres almas, que están demasiado rendidas al peso grave de su sensatez y no pueden nunca trazar esa pirueta ideal tan graciosa y contenta que consigue libertarnos[103], hasta llegar a una sencillez ennoblecedora, concisa y pura como la sencillez de las pasiones en este teatro ingenuo e infantil que parece tener la misma desnuda estructura que la geométrica simplicidad del paralelepípedo[104] por el que Cristobica se asoma a nosotros. Anatole France, reconociendo esto mismo, ha dicho: «En cuanto a componer frases para la ilustre boca de las actrices de la Comédie-Française[105] no me atrevería nunca. No entiendo nada de intrigas bien urdidas. Si yo fuera autor dramático escribiría para los muñecos: todo mi arte consistiría en pintar pasiones encogiendo las más sencillas y nada valdría esto para el gimnasio, el *vaudeville* o la comedia francesa; pero sería excelente para Guiñol. Aquí es donde las pasiones son dominadoras y sencillas»[106].

Toda esta esquemática estructura, estas líneas simples de emoción están conseguidas porque se han reducido a un número determinado los personajes, siempre los mismos y familiarmente conocidos de todos. Las pasiones que combaten el alma de los muñecos son únicas, cada personaje está animado de una pasión que le define y que se enfrenta con otra pasión. De este modo todo conflicto se dibuja enseguida con un trazo seguro. La farsa nos interesa de pronto y la lucha nos domina.

Ahora bien, es de notar cómo esta sencillez interior y emocional no excluye la sensación de barroquismo que da el *retablo de títe-*

---

103 Se trata de una concepción romántica del teatro de marionetas como antídoto contra la rigidez de los valores burgueses (Roof, 1993, págs. 92-93), por lo que Buñuel está emparentando el arte de los titiriteros y el arte de vanguardia.

104 *paralelepípedo:* 'poliedro de seis caras, en el que todas son paralelas e iguales dos a dos'.

105 En *GB* y *ELB: C. F.*

106 France, *op. cit.,* págs. 220-221. La cita no es literal, aunque se respeta el sentido de lo escrito por su autor.

res[107]. Aquella es cualidad esencial[108]; de fondo; este, más bien carácter externo, forma. Está en la indumentaria, en el gesto, en la voz de los muñecos[109]. En todo cuanto hay de exagerado ademán, de color chillón, de grito falso. Así puede llegar a ser el guiñol como decía Henri-Robert «una caricatura cómica del hombre, tal como se le ve, o como se cree haberle visto, o como se quería verle».

Un caudal amplio de pasiones puede encarnar en estos muñecos, aptos para adoptar cualquier actitud instantáneamente; por virtud de su dinamismo. Jorge Sand[110] decía: «Aquellas figuras bosquejadas a la ligera y pintadas de un tono mate, bastante oscuro u opaco, toman poco a poco, con el movimiento, apariencia de vida. En tanto va y viene, vuelve la cabeza, cruza los brazos, los levanta al cielo, los agita en todas las direcciones, saluda, da puñetazos, golpea las paredes de gozo o desesperación. Uno llega a olvidarse que es una muñeca. Se creen ver todas las emociones dibujarse en su rostro. Y este prodigio consiste en que no es una muñeca vagamente autómata desprovista de pensamiento, sino instrumento blando y dócil de una inspiración humana que se expresa directamente a vista de los espectadores por el juego hábil y variadamente intencionado o reflexivo de los dedos»[111].

Un caudal de sugestiones estéticas surge a la sola contemplación del teatrillo de títeres. Inspiraciones para lograr formas más reducidas y sencillas orientadas hacia un teatro sano en que toda la fuerza

---

[107] *retablo de títeres:* 'teatro de títeres'.

En todas las versiones: *Retablo* (con mayúscula).

[108] En cursiva en *GB*.

[109] Tres párrafos más adelante, se vuelve a utilizar este tipo de anáfora consistente en repetir la preposición *en*.

[110] George Sand, pseudónimo de Amantine Aurore Lucile Dupin (1804-1876), novelista, dramaturga y ensayista francesa, fue una de las escritoras más prolíficas y populares de Europa en el siglo XIX.

[111] La cita parece dimanar de la novela de Sand, publicada en 1859, *L'Homme de neige,* y no de sus ensayos sobre el teatro de marionetas, que también cultivó. Lo intuimos porque es semejante a un pasaje de esta novela, que la escritora francesa dedicó a su hijo Maurice Sand (1823-1889), a quien ayudó a crear los decorados y el vestuario para el teatro de marionetas que este había montado en Nohant (véase George Sand, *L'Homme de neige,* Arlés, Actes du Sud, 2005, pág. 214).

emotiva estribaría en la parca simplicidad de los elementos escénicos y en la interior desnudez de las pasiones. Únicamente en el teatro ruso se ha conseguido acaso plenamente esta orientación. Se ha sentido la necesidad de incorporar la emoción de guiñol a otros espectáculos. Fijémonos, por ejemplo, qué importancia tan intensa tiene en Petrouska[112]. Desde que aparece el guiñol en la feria vive ya en el espíritu de todo el *ballet*. En la *Chauve-Souris*[113] *Le Bon Médecin* está sugerido también por guiñol. Una mayor complicación escénica ha alejado el espectáculo de su primitiva estructura. Pero el espíritu sigue siendo el mismo. He aquí un buen ejemplo de la medida en que pueden ser aprovechados los elementos litereros para hacer un nuevo espectáculo de arte. El guiñol debe quedar intangible en la calle: nadie se atreverá a desnaturalizarlo, como nadie osaría corregir un romance clásico[114]. Pero su gracia primera puede conquistar para hacer un arte nuevo con sus elementos.

Guiñol es un género completamente conseguido: tiene su técnica. Está en la voz, en la manera de moverse los muñecos y en el

[112] Petrushka, conocido también como Petrouchka, es un personaje del folclore ruso, creado en el siglo XVII y utilizado principalmente en el teatro de marionetas de ese país.

[113] Ya ha sido anotado que *La Chauve-Souris* era el nombre de una revista itinerante de principios del siglo XX, a cuyos espectáculos asistió Buñuel en el Teatro Fémina de París no solo atraído por la participación de marionetas en ellos, sino también por su estructura en diferentes *sketches,* similares al teatro corto cómico (entremeses y sainetes) que tanto apreciaba. *Le Bon Médecin* (en *GB* y *ELB: medicin)* era el título de una de las escenas humorísticas breves (según informaba el periódico *Le Figaro* de 23 de marzo de 1923). Su director artístico era el célebre diseñador escénico Serguéi Sudeikin (1882-1946).

[114] Invitamos al lector a que compare esta declaración con la siguiente de Lorca, sacada de la ya citada conferencia «El *cante jondo*. Primitivo canto andaluz»: «[...] se debe tomar del pueblo nada más que sus últimas esencias y algún que otro trino colorista, pero nunca querer imitar fielmente sus modulaciones inefables, porque no hacemos otra cosa que enturbiarlas». Si es verdad que Buñuel y Lorca critican la imitación del arte popular por los artistas, no lo es menos que su visión diverge (véase Roof, 1993, pág. 96).

decorado[115]. El falsete de voz puede producirse con pito, también llamado *práctica,* o sin él, pero es más frecuente su empleo. Este pito no es otra cosa que la cerbatana del siglo XVI. Por este procedimiento puede conseguirse una amplísima modulación y cada muñeco puede hablar con la voz que mejor le caracterice. Es bastante difícil el empleo de la *práctica:* se necesita larga costumbre. El instrumento se sujeta con la lengua contra el paladar. Refiere Henri-Robert que Carlos Nodier[116] hizo ir a su casa un guiñolero para que entretuviera a sus hijos. El buen académico intentó producir el tono gangoso del muñeco usando de la misma *práctica* que el artista. Como no lo conseguía[117], el profesional le hizo ensayar de nuevo. «Temo tragármela», dijo Nodier. El guiñolero entonces le contestó tranquilamente: «No importa, no le ocurrirá nada a usted, esa misma que usted tiene en la boca ya me la he tragado yo más de diez veces». Nodier no insistió más en su aprendizaje.

Los procedimientos empleados para mover los muñecos originan distintas clases de guiñol. El más complicado es el de hilos, que de vez en cuando, ya por desgracia muy raramente, puede verse en algunos barracones de feria [*Proyección*]. Cada gesto, cada ademán, está pendiente de un hilo: los muñecos tienen movimientos blandos y al andar se deslizan suavemente como las figuras silenciosas de los sueños. En este guiñol puede intervenir un número crecido de figurillas [*Proyección*]. En *Le Bon Médecin*[118], que hemos citado al hablar de la *Chauve-Souris,* los muñecos solo tienen movimientos en los brazos. El mismo actor que asoma su cabeza por encima del cuello del muñeco, como en las fotografías de las verbenas, mueve sus brazos oculto tras de él. En esta proyección pueden verse muñecos, modelo de madame Forain[119], que ha sido aprovechado por la *Chauve-Souris.* Otro pro-

---

[115] De nuevo la anáfora que indicábamos anteriormente (véase la nota 109).

[116] Charles Nodier (1780-1844) fue un escritor y bibliotecario francés.

[117] En *GB* y *ELB: consiguiera.*

[118] En *GB* se emplea indistintamente el entrecomillado (primera cita) y la cursiva (en esta cita).

[119] Jeanne Forain (1865-1954), pintora y escultora francesa, diseñó y esculpió marionetas para el teatro de Nabots, de títeres, que fundó en 1904.

cedimiento es el de nuestros guiñoleros actuales: se introduce el dedo índice que es el más expresivo de todos, en la cabeza del muñeco, y el pulgar y el corazón sirven para articular los brazos[120]. En último término tenemos los muñecos autómatas, que en los escenarios de varietés y en las pistas de circo exhiben Walder y Sanz.

En los muñecos de Guiñol puede ser adoptada una múltiple personalidad. En su gesto podemos ver retratado el de cualquier personaje que queramos imaginar. Es un elemento de ficción y por esto mismo rico en toda sugestión.

El retablo callejero suele tener dos formas: esta que veis y otra consistente en este mismo mamotreto, con una ventana en su cara anterior, abierta a la altura de la cabeza de un hombre que maneja sentado a los muñecos.

Escuchando estas notas sobre el guiñol habéis visto como especialmente es un espectáculo que ha de divertir a los niños. Está lleno, en efecto, de una emocionada alegría infantil, y sus pasiones llegan a las almas menudas con una intensa vibración cordial. Por ese regocijo, a veces sin sentido, absurdo y congestionado siempre de Cristobica, los espíritus niños abren su morada a una fiesta llena de la buena luz pura. Cada muñeco de la farsa chillona podría ser su amigo y su juguete, y en él descubre el infante un héroe cada vez distinto y le viste con todas las fantasías que puede imaginar. La variedad extraordinaria de escenas, su agitación conmovida y la estructura sencilla y concreta se definen bien en la inteligencia del niño. Ante todo, este quiere acción, dinámico existir, que durante cualquier momento él mismo pueda ser personaje de la tragicomedia[121]. Esta posibilidad que abre ante él instantáneamente una vida entera, es su satisfacción. Anatole Fran-

[120] Cardinali describe un procedimiento un poco distinto: «Cada mano se introduce en el trajecito del personaje: los dedos índice, corazón y anular accionan la cabeza, mientras que el pulgar y el meñique mueven brazos y manitas» *(op. cit.,* pág. 30).

[121] En este punto converge totalmente con la teoría teatral de Pierre Albert-Birot, fundamentada asimismo en el teatro de marionetas (véase la nota 241, primer párrafo, en el aparato introductorio), y que, a su manera, como ha sido señalado, llevó a la práctica con la implicación del público en su puesta en escena del *Retablo* de Manuel de Falla.

ce, llevando la mano a su amiguita Susana, ha visto esto mismo en guiñol. He aquí como lo muestra este párrafo de *El libro de mi amigo:* «Ayer he llevado a Susana al guiñol. Los dos disfrutamos mucho, es un teatro que está al alcance de nuestro entendimiento»[122]. No puede pensarse que un niño se interese por una tesis moral. Le divierte la irreverencia y la insensata acción. No encuentra su emoción en un fin, sino en cada momento, y la belleza se le revela siempre por el placer que ese momento le produce. Y tiene a veces un prodigioso[123] dominio solo posible en ellos. Frecuentemente, el barbudo Cristóbal, cuando aparece chillón con su cachiporra, atemoriza a los niños más pequeños, tan diminutos que tienen que auparlos sus niñeras para que puedan ver el espectáculo: se desasosiegan, lloran y no quieren permanecer cerca de Guiñol[124]. Una pequeña señorita rubia hace pocas tardes, en Rosales, pataleaba en brazos de su niñera y no podía consolarse cuando el diablo gritaba ante Cristóbal. Ved también este hermoso gesto que cita Mauricio Donnay[125]: «Un guardia era apaleado ensañadamente por Guiñol y Gringalet[126]; ya maltrecho, colgaba por el escenario. ¡Venid en mi auxilio, queridos niños! —gritaba—. Entonces, la niñita, ruborosa y estremecida, se acercó temerosamente y levantó al apaleado gendarme».

Y ahora, amigos, va a hablaros Guiñol. La emoción vestida de mamarracho con su voz de falsete va a saludar desde este mamotreto callejero al simpático y alegre que llevamos siempre dentro. Diríamos: «Aquí está Maese Malleu, buena noche se nos apareja»[127].

---

[122] France, *op. cit.,* pág. 220.

[123] A diferencia de sus ensayos, más postreros, Buñuel no utiliza el adjetivo *taumatúrgico,* al que recurrió más de una vez para significar la facultad de realizar prodigios; lo cual hace palidecer su sello autoral.

[124] Con razón Roof detecta aquí una de las marcas de fábrica de Buñuel, que le diferencia de Lorca, quien nunca hubiese introducido esta alusión a la capacidad de Guiñol de atemorizar a los niños (1993, pág. 94).

[125] Charles Maurice Donnay (1859-1945) fue un dramaturgo francés. En *GB* y *ELB: Donay.*

[126] En *GB* y *ELB: Gruingalet.*

[127] Paráfrasis cervantina: «[...] aquí está el señor maese Pedro! Buena noche se nos apareja».

Falta el bullicio barroco de la plazuela con niños, y falta el sol del domingo, para que Guiñol esté en su medio. Suplamos nosotros todo esto con la buena voluntad y abramos nuestras almas como para orearlas y rejuvenecerlas a las pueriles picardías de Cristóbal.

El cine, instrumento de poesía[128]

El grupo de jóvenes que forman la Dirección de Difusión Cultural[129] se acercó a mí para pedirme una conferencia. Aunque agradecí debidamente la distinción[130] de que me hacían objeto, mi respuesta fue negativa: aparte de que no poseo ninguna de las cualidades que requiere un conferenciante, siento un pudor especial de hablar en público. Fatalmente, el que diserta atrae la atención colectiva de sus oyentes, sintiéndose blanco de sus miradas. En mi caso, no puedo evitar una cierta confusión ante el temor de que puedan creerme un poco, digamos, exhibicionista[131]. Aunque esta idea mía sobre el conferenciante pueda ser exagerada o falsa, el hecho de sentirla como verdadera me obligó a suplicar que mi periodo de exhibición fuera lo más corto posible, y propuse la constitución de una mesa redonda, en la que unos cuantos amigos, pertenecientes a distintas actividades artísticas e intelectuales, pudiéramos discutir en familia algunos de los proble-

---

128 Conferencia pronunciada en 1953 y publicada, a partir de su transcripción, en *Universidad de México,* vol. XIII, núm. 4, diciembre de 1958, págs. 1-2, 11.

129 De la Universidad Nacional Autónoma de México (UNAM).

130 En *OL, ELB* y Buñuel (1999): *atención.*

131 No deja de ser paradójico que aquel poeta que se confundía con el sujeto lírico al que observaban no solo otros, sino algunas veces él mismo, ahora exprese este reparo a ser observado. A fin de cuentas, su preocupación por la imagen pública, la apariencia y el obrar a la luz de cómo se es observado es una constante en la obra y vida de Buñuel. Ya lo hemos dicho antes, este es un rasgo muy barroco de nuestro orador (véase la nota 54 en el aparato introductorio) y tal vez sea la razón de que se cristalizase en uno de sus *topoi* poemáticos.

mas que atañen al llamado *séptimo arte:* así se acordó que el tema fuera el de «el cine como expresión artística», o más concretamente, como instrumento de poesía, con todo lo que esta palabra pueda contener de sentido libertador, de subversión de la realidad, de umbral al mundo maravilloso del subconsciente, de inconformidad con la estrecha sociedad que nos rodea.

Ha dicho Octavio Paz: «Basta que un hombre encadenado cierre sus ojos para que pueda hacer estallar el mundo», y yo, parafraseando, agrego: bastaría que el párpado blanco de la pantalla pudiera reflejar la luz que le es propia para que hiciera saltar el universo[132]. Mas por el momento podemos dormir tranquilos, pues la luz cinematográfica está convenientemente dosificada y encadenada. En ninguna de las artes tradicionales existe una desproporción tan grande entre posibilidad y realización como en el cine. Por actuar de una manera directa sobre el espectador, presentándole seres y cosas concretas; por aislarlo, gracias al silencio, a la oscuridad, de lo que pudiéramos llamar su hábitat[133] psíquico, el cine es capaz de arrebatarlo como ninguna otra expresión humana. Pero como ninguna otra es capaz de embrutecerlo. Por desgracia, la gran mayoría de los cines actuales parece no tener más misión que esa: las pantallas hacen gala del vacío moral e intelectual en que prospera el cine, que se limita a imitar la novela o el teatro, con la diferencia de que sus medios son menos ricos para expresar psicologías; repiten hasta el infinito las mismas historias que se cansó de contar el siglo XIX y que aún se siguen repitiendo en la novela contemporánea[134].

---

[132] Buñuel nos está diciendo que el cine puede ser un instrumento revolucionario.

[133] En la transcripción publicada: *habitad.*

[134] Buñuel consideraba *churros* esas producciones moral e intelectualmente vacías: «El churro cinematográfico es una actitud muy vieja, anticuada, aceda. Es la serie de emociones humanas —amor, odio, dolor, etc.— medidas con el rasero de los folletines del siglo XIX [...] Con trajes de hoy, con una técnica casi perfecta, el cine continúa contando historias, tramas y anécdotas *a la manera* de los folletinistas. Este, para mí, es el churro cinematográfico [...] Francia, Inglaterra, Rusia, Hollywood. Todos hacen churros. Es más, la cinematografía mundial descansa en el churro. Aunque, naturalmente, con sus variaciones [...] Las que provoca

Una persona medianamente culta arrojaría con desdén el libro que contuviese alguno de los argumentos que nos relatan las más grandes películas. Sin embargo, sentada cómodamente en la sala a oscuras, deslumbrada por la luz y el movimiento que ejercen un poder casi hipnótico sobre ella, atraída por el interés del rostro humano y los cambios fulgurantes de lugar, esa misma persona, casi culta, acepta plácidamente los tópicos más desprestigiados.

El espectador de cine, en virtud de esa clase o de esa especie de inhibición hipnagógica[135] pierde un porcentaje elevado de sus facultades intelectivas. Pondré un ejemplo concreto: la película titulada *Detective Story* o *Antesala del infierno*[136]. La estructuración de su argumento es perfecta, el director magnífico, los actores extraordinarios, la realización genial, etc., etc. Pues bien, todo ese talento, todo ese *savoir faire*, toda la complicación que supone la máquina del film, fue puesta al servicio de una historia estúpida, notable por su bajeza moral[137]. Me viene a la mente aquella máquina extraordinaria del *Opus II*[138], aparato gigantesco, fabricado con el mejor acero, de

---

el modo de ser de cada público, en cada país. Por ejemplo, México es un país que se inclina por la sensiblería [...] Los productores hacen churros porque eso le gusta al público» (declaraciones de Buñuel en la entrevista de Fausto Castillo, *op. cit.*, págs. 1, 8).

135 Una alucinación hipnagógica es una alucinación auditiva, visual y/o táctil que se produce poco antes del inicio del sueño. Este adjetivo, en relación con las imágenes, fue utilizado por Dalí para describir el contenido de su guion cinematográfico *La cabra sanitaria* (Gubern y Hammond, 2021, pág. 167).

En la transcripción publicada: *hipnogógica*.

136 *Antesala del infierno,* título para el mercado hispanoamericano, se llamó en España *Brigada 21 (Detective Story,* William Wyler, 1951).

137 La película narra el trascurso de un día en una comisaría de policía. El protagonista es un detective, Jim McLeod (Kirk Douglas), que lleva la defensa de sus convicciones acerca del bien y del mal hasta el maniqueísmo.

138 Cortometraje experimental de animación dirigido en 1921 por el ya citado Walter Ruttmann, que explora el potencial del cine para cambiar nuestro entendimiento del espacio, el tiempo y el movimiento. Creemos que hay un error de transcripción que rebaja el alcance de la metáfora del aparato cinematográfico. Por otro lado, si lo que dice es una referencia directa al cortometraje, entonces Buñuel debe de confundirse con otra película, acaso con *La Marche des machines* (1928), de Eugène

mil engranajes complicados, tubos, manómetros, cuadrantes, exacto como un reloj, imponente como un transatlántico, que servía únicamente para timbrar la correspondencia.

El misterio, elemento esencial de toda obra de arte, falta por lo general en las películas. Ya tienen buen cuidado autores, directores y productores de no turbar nuestra tranquilidad abriendo la ventana maravillosa de la pantalla al mundo liberador de la poesía. Prefieren reflejar en aquella los temas que pudieran ser continuación de nuestra vida ordinaria, repetir mil veces el mismo drama, hacernos olvidar las penosas horas del trabajo cotidiano. Y todo esto, como es natural, bien sancionado por la moral consuetudinaria, por la censura gubernamental e internacional, por la religión, presidido por el buen gusto y aderezado con humor blanco y otros prosaicos imperativos de la realidad.

Si deseamos ver buen cine[139], raramente lo encontraremos en las grandes producciones[140] o en aquellas otras que vienen sancionadas por la crítica y el consenso de los públicos. La historia particular, el drama privado de un individuo, creo que no puede interesar a nadie digno de vivir en su época; si el espectador se hace partícipe de las alegrías, tristezas o angustias de algún personaje de la pantalla, deberá ser porque ve reflejadas en aquel las alegrías, tristezas o angustias de toda la sociedad, y por tanto las suyas propias[141]. La falta de

---

Deslaw —director de otra producción experimental, *Montparnasse* (1929), en la que el calandino hizo un cameo—, pues no aparecen los mecanismos de acero indicados. Nos inclinamos por la primera opción.

[139] En la transcripción publicada se omite la coma que sigue.

[140] Aquí, en cambio, la trascripción publicada incluye una coma.

[141] Se entreoyen aquí los ecos de la perspectiva unionista del cine que preconizaban los pioneros de la crítica francesa, capitaneados por Léon Moussinac, y que está en línea de lo que un viejo conocido del lector, el poeta y dramaturgo Yvan Goll, postulaba sobre la vanguardia artística: «La nueva obra de arte no se crea para un país, ni se realiza para una élite urbana, al contrario, pertenece al mundo entero y también a la gente de los cines de los suburbios» («Le drame cinématographique», en Daniel Banda y José Moure, *Le cinéma, naissance d'un art,* París, Flammarion, 2008, pág. 388. La traducción es nuestra). La armonía con el discurso de Buñuel es absoluta, demostrándose de nuevo la coherencia de sus ideas sobre el cine a lo largo de los años, que es la raíz de la consistencia que encontramos entre su primera y su última película.

trabajo, la inseguridad de la vida, el temor a la guerra, la injusticia social, etc., son cosas que, por afectar a todos los hombres de hoy, afectan también al espectador; pero que el señor X no sea feliz en su hogar y se busque una amiga para distraerse, a la que finalmente abandonará para reunirse con su abnegada esposa, es algo moral y edificante, sin duda, pero nos deja completamente indiferentes.

A veces la esencia cinematográfica brota insólitamente[142] de un film anodino, de una comedia bufa o de un burdo folletín. Man Ray ha dicho en una frase llena de significación: «los peores films que haya podido ver, aquellos que me hacen dormir profundamente, contienen siempre cinco minutos maravillosos, y los mejores, los más celebrados, cuentan solamente con cinco minutos que valgan la pena: o sea, que tanto [en] los buenos como [en] los malos films, y por encima y a pesar de las buenas intenciones de sus realizadores, la poesía cinematográfica pugna[143] por salir a la superficie y manifestarse».

El cine es un arma maravillosa y peligrosa[144] si la maneja un espíritu libre. Es el mejor instrumento para expresar el mundo de los sueños, de las emociones, del instinto. El mecanismo productor de imágenes cinematográficas, por su manera de funcionar, es, entre todos los medios de expresión humana, el que más se parece al de la mente del hombre, o mejor aún, el que mejor imita el funcionamiento de la mente en estado de sueño. El film es como una simulación involuntaria del sueño. B. Brunius nos hace observar que la noche paulatina que invade la sala equivale a cerrar los ojos: entonces comienza en la pantalla, y en el hombre, la incursión por la noche de la inconsciencia; las imágenes, como en el sueño, aparecen y desaparecen a través de disolvencias y oscurecimientos; el tiempo y el espacio se hacen flexibles, se encogen y alargan a [su] voluntad[145]; el orden cronológico y los

---

[142] El objetivo de la cámara es creador, capaz de hacer cosas por sí mismo, porque es el «cerebro con que piensa el cine», como escribió años antes en «Del plano fotogénico».

[143] En la transcripción publicada: *propugna*.

[144] En la transcripción publicada se añade una coma.

[145] *OL* y *ELB* han incorporado el posesivo *su: alargan a su voluntad.* Buñuel pensó en francés y dijo (si no hay error de transcripción) *a voluntad,* traducción literal de *à volonté,* esto es, 'sin límites'.

valores relativos de duración no responden ya a la realidad; la acción de un círculo es transcurrir, en unos minutos o en varios siglos; los movimientos aceleran los retardos[146].

El cine parece haberse inventado para expresar la vida subconsciente, que tan profundamente penetra, por sus raíces, la poesía; sin embargo, casi nunca se le emplea para esos fines. Entre las tendencias modernas del cine, la más conocida es la llamada neorrealista. Sus films presentan ante los ojos del espectador trozos de la vida real, con personajes tomados de la calle e incluso con edificios e interiores auténticos. Salvo excepciones, y cito muy especialmente *Ladrón de bicicletas,* no ha hecho nada el neorrealismo para que resalte en sus films lo que es propio del cine, quiero decir, el misterio y lo fantástico. ¿De qué nos sirve todo ese ropaje de vista si las situaciones, los móviles que animan a los personajes, sus reacciones, los argumentos mismos están calcados de la literatura más sentimental y conformista? La única aportación interesante que nos ha traído, no el neorrealismo, sino Zavattini personalmente, es la elevación al rango de categoría dramática del acto anodino. En *Humberto D.* [147], una de las películas más interesantes que ha producido el neorrealismo, una criada de servicio, durante todo un rollo, o sea[148], durante diez minutos, realiza actos que hasta hace poco hubieran podido parecer indignos de la pantalla. Vemos entrar a la sirvienta a la cocina, encender su fogón, poner una[149] olla a calentar, echar repetidas veces un jarro de agua a una línea de hormigas que avanza en forma-

---

[146] «Buñuel [...] privilegiaba el cine por la capacidad que tiene este medio para modelar la coordenada espacio-tiempo [...] Buñuel trajo al cine mexicano todo un arsenal de recursos y procedimientos para subvertir el ordenamiento lineal (propio del cine de Hollywood y de su imitación mexicana), de causa a efecto, en función de la obtención de un objetivo, y en donde la duración dramática se mide en función del tiempo que se tarda en alcanzar o no dicho objetivo» (Víctor Fuentes, *Buñuel en México,* Teruel, Instituto de Estudios Turolenses, 1993, págs. 74-76).

[147] *Umberto D.* (1952), dirigida por Vittorio De Sica, es una película emblemática del neorrealismo italiano. La transcripción castellaniza el nombre propio, a pesar de que en su estreno en México el título mantuvo la grafía italiana.

[148] En la transcripción publicada se omite la coma que sigue.

[149] En *OL* y *ELB: la.*

ción india hacia las viandas, dar el termómetro a un viejo que se siente febril, etc., etc. A pesar de lo trivial de estas situaciones, esas maniobras se siguen con interés y hasta con suspenso.

El neorrealismo ha introducido en la expresión cinematográfica algunos elementos que enriquecen su lenguaje, pero nada más. La realidad neorrealista es incompleta, oficial; sobre todo razonable; pero la poesía, el misterio, lo que completa y amplía la realidad tangente, falta en absoluto en sus producciones. Confunde la fantasía irónica con lo fantástico y el humor negro.

«Lo más admirable de lo fantástico —ha dicho André Breton— es que lo fantástico no existe, todo es real. Hablando con el propio Zavattini hace algún tiempo, expresaba mi inconformidad con el neorrealismo: estábamos comiendo juntos, y el primer ejemplo que se me ocurrió fue el vaso de vino en el que me hallaba bebiendo. «Para un neorrealista —le dije—, un vaso es un vaso y nada más que eso: veremos como lo sacan del armario, lo llenan de bebida, lo llevan a lavar a la cocina[150], en donde lo rompe la criada, la cual podrá ser despedida de la casa o no, etc. Pero ese mismo vaso contemplado por distintos hombres puede ser mil cosas distintas, porque cada uno de ellos carga de afectividad lo que contempla, y ninguno lo ve tal como es, sino como sus deseos y su estado de ánimo quieren verlo.» Yo propugno por un cine que me haga ver esa clase de vasos, porque ese cine me dará una visión integral de la realidad, acrecentará mi conocimiento de las cosas y de los seres y me abrirá el mundo maravilloso de lo desconocido, de lo que no puedo leer en la prensa diaria ni encontrar en la calle.

No crean por cuanto llevo dicho[151] que solo propugno un cine dedicado exclusivamente a la expresión de lo fantástico y del misterio, por un cine escapista, que, desdeñoso de nuestra realidad cotidiana[152], pretendiera sumergirnos en el mundo inconsciente del sueño. Aunque muy brevemente, he indicado hace poco la importancia capital que le doy al film que trate sobre los proble-

---

[150] En la transcripción publicada se omite la coma que sigue.

[151] Como anteriormente, aquí, en cambio, la trascripción publicada añade una coma.

[152] En la transcripción publicada se omiten las comas antes y después del sintagma *desdeñoso de nuestra realidad cotidiana*.

mas fundamentales del hombre actual, no considerado aisladamente, como caso particular, sino en sus relaciones con los demás hombres. Hago mías las palabras de Engels[153], que define así la función de un novelista (léase para el caso la de un creador cinematográfico): «El novelista habrá cumplido honradamente cuando, a través de una pintura de las relaciones sociales auténticas, destruya las funciones convencionales sobre la naturaleza de dichas relaciones, quebrante el optimismo del mundo burgués y obligue a dudar al lector de la perennidad del orden existente, incluso aunque no nos señale directamente una conclusión, incluso aunque no tome partido ostensiblemente»[154-155].

---

153 En el texto publicado el nombre que aparece es *Emers*. Se trata de un equívoco en razón de una mala transcripción de la grabación que se hizo de la lectura de la conferencia.

154 Friedrich Engels, «Carta a Minna Kautsky» (citada por Fuentes [2000, pág. 69], y que nos ha sido imposible verificar).

155 En el número 21 de la revista *Film Culture,* correspondiente al verano de 1960, apareció el texto «A statement» firmado por Luis Buñuel (págs. 41-42). No es un nuevo escrito del corpus ensayístico buñueliano, sino que se trata de un resumen elaborado por el editor responsable de este número dedicado a Buñuel —probablemente con su beneplácito, pero pensamos que sin su supervisión, a tenor de algunos errores de traducción al inglés muy infantiles—. Tal *declaración* compendia algunas de las ideas principales recogidas en «El cine, instrumento de poesía».

Palabras liminares[156]

Rara vez podrá el lector sin prejuicios encontrar en la Biblia un pensamiento revelador profundo. Y de contenido auténticamente poético, jamás. Y eso que la Biblia representa el libro cumbre de nuestra civilización occidental, que sabe explotar hasta la saciedad los mitos que más convienen a su conservación.

Y tal vez con más razón podrá decirse lo mismo de otros grandes y respetados monumentos literarios: de la *Divina Comedia,* por

---

[156] Preámbulo a la segunda edición (de 1972) del libro de cuentos *Esta noche... vienen rojos y azules* del escritor mexicano Pedro F. Miret. En carta fechada en México el 9 de agosto de 1967, dirigida a Carlos Fuentes, le comenta: «He conocido a un joven escritor Pedro Miret, hijo de catalanes refugiados y leído un libro suyo *Esta noche... vienen rojos y azules* que me parece extraordinario y poético. Su calidad estilística en cuanto al lenguaje no es gran cosa pero el contenido me ha subyugado. Podría situársele en la línea de Kafka, Buzzati, el Chirico de *Hebdomeros,* irracional surrealista [...] Si voy a Venecia le llevaré un ejemplar y veré si V. opina todo lo contrario que yo». Buñuel, como excelente cultivador de relatos breves que fue, siempre apreció más los cuentos que las novelas de cualquier autor que hubiese visitado ambos géneros.

Nacido en Barcelona en 1932, Miret llegó en 1939 a México, país donde cursó estudios de Arquitectura y en el que residió hasta su muerte, acaecida en 1988 en Cuernavaca. Fue autor o coautor de guiones de películas mexicanas, algunas de ellas dirigidas por realizadores de la talla de Luis Alcoriza y Arturo Ripstein. Publicó los libros de cuentos *Esta noche... vienen rojos y azules* (1964), *Prostíbulos* (1972), *El rompecabezas antiguo* (1981) y *El hombre del abismo* (1987), las novelas *La zapatería del terror* (1979) e *Insomnes en Tahití* (1989), y la obra de teatro *Eclipse con explosión* (1976).

La relación de Buñuel con las letras no se limitó a su actividad como poeta o a su pasión por la lectura. Se adentró en otras aventuras intelectuales, como sus estrechas relaciones con los principales representantes

ejemplo. Sería insensato luchar contra el consenso histórico y por consiguiente habremos de aceptar *a priori* esta tiránica imposición de nuestra sociedad con sus gobiernos, sus intelectuales y sus universidades. ¡Viva la Kultura![157].

Estamos atravesando un nuevo diluvio universal pero esta vez de libros. Millones, miles de millones, miles de miles de millones. Como dice un personaje de Galdós, «día llegará que ante el temor de morir asfixiados en esa inundación de papel impreso invente la tecnología un procedimiento para fabricar un buen guano con sus cenizas». Así, Nazarín, el personaje antes citado, afirma que solo salvaría la Biblia de esa hecatombe. En cambio, yo rescataría únicamente la obra sobre los insectos de J. H. Fabre, admirable y poética.

¿Hasta dónde pueden llevar los senderos de la literatura? Pocas veces a lo desconocido, a paisajes humanos inexplorados mejor aún al fondo de nuestra conciencia. Podremos admirar el juego semántico, el estilo, el léxico, las innúmeras variaciones de la conducta humana, etc. En cambio qué pocos autores, a la manera de Kafka y de Buzzati[158] de *El Desierto de los Tártaros,* logran trasmutar la realidad circundante[159]. Miret nos lleva de la mano a esa

---

del *boom latinoamericano*. Cortázar, Fuentes, García Márquez, Vargas Llosa, Donoso, Carpentier, Sabato o Mutis, entre otros, no solo le admiraban, sino que a menudo forjaron relaciones íntimas con él. Este interés fue recíproco, ya que el aragonés intentó adaptar algunas de las obras más representativas de estos autores, en particular los siguientes cuentos y novelas: *Las Ménades* (Cortázar), *Aura* (Fuentes), *En un lugar sin límites* (Donoso), *El acoso* (Carpentier), *La ciudad y los perros* (Vargas Llosa) y, sobre todo, *Pedro Páramo,* de Juan Rulfo.

157 Ya septuagenario, sigue aprovechando la oportunidad para arengar como lo podría hacer cualquier surrealista o anarquista a principios del siglo XX, o cualquier discípulo de Unamuno, para quien la *Kultura* era una alusión a la Kulturkrampf de Bismarck. Buñuel parece no haber perdido ni un ápice del aliento revolucionario que poseía cuando ejercía de ultraísta y surrealista.

158 Publicado *Buzatti*.

159 *Nota bene:* la oportunidad que tiene Buñuel para ofrecer su opinión sobre diferentes obras literarias, en especial para denigrar, de nuevo, la *Divina Comedia* —ya lo había hecho con Aub (2020, pág. 502)— o encomiar a Frank Kafka y Dino Buzzati (eso sí, el de *El desierto de los tártaros,* que intentó llevar a la gran pantalla, como si el resto de la obra

misteriosa transmutación, sus seres, sus objetos, las situaciones de algunos de sus relatos participan de una doble naturaleza. Son eso y al mismo tiempo otra cosa. Hay por tanto una especie de transfiguración de la realidad. Un pueblecito con sus habitantes es uno de tantos pueblos pero al mismo tiempo es algo fantasmal y terriblemente obsesionante y misterioso. Una fábrica con cientos de obreros y máquinas complicadas es a la vez una fábrica vacía de hombres y de máquinas. Un juego de escolares es una enconada y exasperante batalla con muertos y heridos aunque siga siendo una diversión inocente...

Se ha dado en hablar recientemente de un realismo mágico en literatura, que a mi juicio no es otra cosa sino la interpolación en un esquema realista de los elementos tradicionales de la magia y de la literatura de fantasía. En cambio Miret «hace magia» con la realidad misma y sin salirse de ella.

Quedaría defraudado el lector que busque en la obra de Miret un «brillante estilo literario». Aquel es puramente descriptivo, visual. Cada cuento suyo puede llevarse inmediatamente al celuloide sin la previa transformación del medio literario al de la imagen[160].

---

del italiano no le agradase), al tiempo que sigue siendo coherente con el discurso de su único influjo literario reconocido y por entonces todavía vigente: el entomólogo Fabre.

[160] Buñuel no solo considera a Miret uno de los representantes más auténticos del realismo mágico. Ya hemos advertido de la importancia de lo alquímico para los artistas surrealistas. En esta línea, el bajoaragonés ve en Miret no solo un mago, sino un alquimista, porque hace cine a través de la literatura, como insinúa en esta última frase. ¿No es ese el cine de Buñuel? ¿Una continua transmutación de la realidad circundante como la que caracterizó toda su poesía, literaria y cinematográfica? Por descontado. En suma, Luis Buñuel parece reflejarse en estas historias.